Nebentätigkeiten von Arbeitnehmern

T0326413

Schriften zum Arbeitsrecht und Wirtschaftsrecht

Herausgegeben von Abbo Junker

Band 38

PETER LANG

Frankfurt am Main · Berlin · Bern · Bruxelles · New York · Oxford · Wien

Doreen Peter

Nebentätigkeiten von Arbeitnehmern

Interessenkollisionen von Arbeitgebern und Arbeitnehmern

PETER LANG

Europäischer Verlag der Wissenschaften

Bibliografische Information Der Deutschen Bibliothek
Die Deutsche Bibliothek verzeichnet diese Publikation in der
Deutschen Nationalbibliografie; detaillierte bibliografische
Daten sind im Internet über <http://dnb.ddb.de> abrufbar.

Zugl.: Göttingen, Univ., Diss., 2005

Gedruckt auf alterungsbeständigem,
säurefreiem Papier.

D 7
ISSN 1433-4666
ISBN 3-631-54630-0

© Peter Lang GmbH
Europäischer Verlag der Wissenschaften
Frankfurt am Main 2006
Alle Rechte vorbehalten.

Printed in Germany 1 2 3 4 5 7

www.peterlang.de

Meinen Eltern und Großeltern

Vorwort

Die vorliegende Arbeit wurde im November 2004 abgeschlossen und im Sommersemester 2005 von der Juristischen Fakultät der Georg-August-Universität zu Göttingen als Dissertation angenommen.

Mein besonderer Dank gilt zunächst meinem Doktorvater, Herrn Professor Dr. Abbo Junker, für die Anregung und Betreuung der Arbeit sowie für die schnelle Erstellung des Erstgutachtens und schließlich für die Aufnahme der Arbeit in die von ihm herausgegebene Schriftenreihe. Mein Dank gilt weiter Herrn Professor Dr. Hansjörg Otto für die zügige Erstellung des Zweitgutachtens.

Danken möchte ich vor allem meiner Familie, durch deren Unterstützung diese Dissertation überhaupt erst möglich wurde. Für die engagierte Durchsicht des Manuskripts danke ich Frau Dr. Bettina Thorn, Frau Sandra Urban und Herrn Christian Säfken.

Göttingen, im Oktober 2005   Doreen Peter

Inhaltsverzeichnis

11

12

13

Abkürzungsverzeichnis

a.A.	andere(r) Ansicht
a.a.O.	am angegebenen Ort
a.f.	Alte Fassung
Abs.	Absatz
AcP	Archiv für die civilistische Praxis (Zeitschrift)
AGB	Allgemeine Geschäftsbedingungen
AGBG	Gesetz zur Regelung des Rechts der Allgemeinen Geschäftsbedingungen
AiB	Arbeitsrecht im Betrieb (Zeitschrift)
Alt.	Alternative
Anm.	Anmerkung
AP	Arbeitsrechtliche Praxis – Nachschlagewerk der Entscheidungen des Bundesarbeitsgerichts (Loseblattsammlung)
ArbG	Arbeitsgericht
ArbKrankhG	Gesetz zur Verbesserung der wirtschaftlichen Sicherung der Arbeiter im Krankheitsfall
AR-Blattei	Arbeitsrechts-Blattei (Loseblattsammlung)
AR-Blattei SD	Arbeitsrechts-Blattei Systematische Darstellung (Loseblattsammlung)
ArbR	Arbeitsrecht
ArbRB	Der Arbeitsrechts-Berater (Zeitschrift)
ArbuR	Arbeit und Recht (Zeitschrift)
ArbZG	Arbeitszeitgesetz
ArbZR	Arbeitszeitrecht
ARS	Arbeitsrechtsammlung mit Entscheidungen des Reichsarbeitsgerichts, der Landesarbeitsgerichte und Arbeitsgerichte
ARSt	Arbeitsrecht in Stichworten (Zeitschrift)
Art.	Artikel
AuA	Arbeit und Arbeitsrecht (Zeitschrift)
AuSozPol	Arbeit und Sozialpolitik (Zeitschrift)
AZO	Arbeitszeitordnung
BAG	Bundesarbeitsgericht
BAGE	Entscheidungen des Bundesarbeitsgerichts
BAT	Bundesangestelltentarifvertrag
BB	Betriebs-Berater (Zeitschrift)
BBG	Bundesbeamtengesetz
Beschl.	Beschluss
BetrVG	Betriebsverfassungsgesetz

BGB	Bürgerliches Gesetzbuch
BGBl.	Bundesgesetzblatt
BGH	Bundesgerichtshof
BGHZ	Entscheidungen des Bundesgerichtshofes in Zivilsachen
Bl.	Blatt
BlStSozArbR	Blätter für Steuerrecht, Sozialversicherung und Arbeitsrecht (Zeitschrift)
BR-Drucksache	Bundesrats-Drucksache
BRRG	Beamtenrechtsrahmengesetz
BT-Drucksache	Bundestags-Drucksache
BtMG	Betäubungsmittelgesetz
BUrlG	Bundesurlaubsgesetz
BuW	Betrieb und Wirtschaft (Zeitschrift)
BVerfG	Bundesverfassungsgericht
BVerfGE	Entscheidungen des Bundesverfassungsgerichts
BVerwG	Bundesverwaltungsgericht
bzw.	Beziehungsweise
DB	Der Betrieb (Zeitschrift)
ders./dies.	derselbe/dieselbe
d.h.	das heißt
Diss.	Dissertation
DLW	Handbuch Arbeitsrecht, 3. Auflage 2002 von Dörner/Luczak/Wildschütz
DÖD	Der öffentliche Dienst (Zeitschrift)
DStR	Deutsches Steuerrecht (Zeitschrift)
DVBl	Deutsches Verwaltungsblatt (Zeitschrift)
EFZG	Entgeltfortzahlungsgesetz
EGV	Vertrag zur Gründung der Europäischen Gemeinschaft
Einl.	Einleitung
Einf.	Einführung
EL	Ergänzungslieferung
Erf-Komm	Erfurter Kommentar, 5. Auflage 2005
EStG	Einkommensteuergesetz
EU	Europäische Union
EzA	Entscheidungssammlung zum Arbeitsrecht (Loseblattsammlung)
FA	Fachanwalt Arbeitsrecht (Zeitschrift)
f.	Folgende Seite
ff.	Folgende Seiten/Paragraphen

18

Fn.	Fußnote
FS	Festschrift
GastG	Gaststättengesetz
GG	Grundgesetz
GK	Gemeinschaftskommentar
GmbH	Gesellschaft mit beschränkter Haftung
GewArch	Gewerbearchiv (Zeitschrift)
HGB	Handelsgesetzbuch
Hs.	Halbsatz
i.S.	im Sinne
Jura	Juristische Ausbildung (Zeitschrift)
JuS	Juristische Schulung (Zeitschrift)
KR	Gemeinschaftskommentar zum Kündigungsrecht (Gesamtredaktion Etzel), 7. Auflage 2004
KSchG	Kündigungsschutzgesetz
LAG	Landesarbeitsgericht
LAGE	Entscheidungen der Landesarbeitsgerichte (Loseblattsammlung)
LG	Landgericht
LohnFG	Lohnfortzahlungsgesetz
MDR	Monatsschrift für Deutsches Recht (Zeitschrift)
Mio.	Millionen
MittAB	Mitteilungen aus der Arbeitsmarkt- und Berufsforschung (Zeitschrift)
MTB	Manteltarifvertrag für Arbeiter des Bundes
MTL	Manteltarifvertrag für Arbeiter der Länder
MüArbR	Münchener Handbuch zum Arbeitsrecht
Münch-Komm	Münchener Kommentar
NachwG	Nachweisgesetz
n.F.	Neue Fassung
n.v.	nicht veröffentlicht
NJW	Neue Juristische Wochenschrift (Zeitschrift)
Nr.	Nummer
NZA	Neue Zeitschrift für Arbeitsrecht (Zeitschrift)

NZA-RR	NZA-Rechtsprechungsreport (Zeitschrift)
OGH	Oberster Gerichtshof (Österreich)
PflegeR	Pflegerecht (Zeitschrift)
R.	Rückseite
RAG	Reichsarbeitsgericht
RdA	Recht der Arbeit (Zeitschrift)
RG	Reichsgericht
RGZ	Entscheidungen des Reichsgerichts in Zivilsachen
Rn.	Randnummer
RzK	Rechtsprechung zum Kündigungsrecht (Loseblattsammlung)
S.	Seite, Satz
SAE	Sammlung arbeitsrechtlicher Entscheidungen (Zeitschrift)
SchwArbG	Schwarzarbeitsgesetz
SGB IV	Sozialgesetzbuch – Viertes Buch – Gemeinsame Vorschriften für die Sozialversicherung
sog.	so genannte
StGB	Strafgesetzbuch
TÜV	Technischer Überwachungsverein
TzA	Teilzeitarbeit
TzBfG	Teilzeit- und Befristungsgesetz
u.a.	und andere
Univ.	Universität
u.U.	unter Umständen
Urt.	Urteil
usw.	und so weiter
UWG	Gesetz gegen den unlauteren Wettbewerb
v.	vom, von, vor
VG	Verwaltungsgericht
VGH	Verwaltungsgerichtshof
vgl.	vergleiche
Vorbem.	Vorbemerkung
ZAS	Zeitschrift für Arbeitsrecht und Sozialrecht (Zeitschrift)
z.B.	zum Beispiel

ZfA	Zeitschrift für Arbeitsrecht (Zeitschrift)
ZGS	Zeitschrift für das gesamte Schuldrecht (Zeitschrift)
ZIP	Zeitschrift für Wirtschaftsrecht (Zeitschrift)
ZPO	Zivilprozessordnung
ZTR	Zeitschrift für Tarifrecht (Zeitschrift)

§ 1 Einleitung

Zur Zeit sind in Deutschland etwa 30 Mio. Menschen im Rahmen von Arbeitsverhältnissen[1] beschäftigt. Mehr als 80 % der Erwerbstätigen bestreiten ihren Lebensunterhalt durch Erbringung weisungsgebundener Arbeit. Dies zeigt die überragende Bedeutung des Arbeitsverhältnisses. Die Entwicklungen in den letzten Jahren haben aber dazu geführt, dass immer mehr Arbeitnehmer neben ihrem Beruf einer oder mehrerer zusätzlicher Erwerbstätigkeiten nachgehen.

Die Motivation zur Aufnahme einer zweiten Erwerbstätigkeit hat verschiedene Ursachen. In den meisten Fällen ist der Wunsch nach einem zusätzlichen Einkommen und damit nach einer Verbesserung des Lebensstandards der entscheidende Grund. In vielen Fällen benötigen Arbeitnehmer eine zweite Erwerbstätigkeit zur Sicherung ihrer Existenzgrundlage. So fehlen in wirtschaftlich schwierigen Zeiten auf dem Arbeitsmarkt häufig Vollzeitarbeitsplätze, womit der Arbeitnehmer zwangsläufig auf die Ausübung mehrerer Teilzeitbeschäftigungen angewiesen ist, um ein angemessenes Einkommen zu erreichen. Die Ausübung einer weiteren Erwerbstätigkeit kann für den Arbeitnehmer außerdem eine Risikoverteilung bewirken. Entfällt ein Arbeitsverhältnis als Einkommensquelle, kann der Einkommensverlust zumindest teilweise durch das zweite Arbeitsverhältnis aufgefangen werden. Ziel einer Nebentätigkeitsausübung kann damit auch der Aufbau eines zweiten wirtschaftlichen Standbeins sein. Schließlich kann die Nebentätigkeit für den Arbeitnehmer eine willkommene Abwechslung zu seinem Arbeitsalltag sein, weil sich dem Arbeitnehmer im Rahmen der Nebentätigkeit neue Herausforderungen bieten.

Nach Angaben des Statistischen Bundesamtes gingen im Mai 2003 etwa 890.000 Erwerbstätige[2] – das entspricht etwa 2,5 % aller Erwerbstätigen – neben ihrer beruflichen Hauptbeschäftigung einer zweiten Erwerbstätigkeit nach. Von den Doppelterwerbstätigen übten 610.000 ihre Nebentätigkeit regelmäßig aus, die restlichen 280.000 arbeiteten nur gelegentlich oder saisonal in ihrem Nebenjob. Diese Zahlen beziehen sich auf Untersuchungen des Statistischen Bundesamtes, die jährlich im sog. Mikrozensus veröffentlicht werden.[3] Da im Bereich

---

[1] Im Mai 2003 gab es in Deutschland rund 40 Mio. Erwerbspersonen, die sich in 36 Mio. Erwerbstätige und 4 Mio. Arbeitslose aufteilen. Die 36 Mio. Erwerbstätigen gliedern sich in ca. 30 Mio. Arbeitnehmer, 2,2 Mio. Beamte und 3,7 Mio. Selbständige. Quelle: www.destatis.de/basis/d/erwerb/erwerbtab1.php Abfrage vom 10.09.2005

[2] Leben und Arbeiten in Deutschland – Mikrozensus 2003, S. 57. Bei 36 Mio. Erwerbstätigen ergibt sich damit eine Nebentätigkeitsquote von etwa 2,5 %.

[3] Der Mikrozensus ist die amtliche Repräsentativstatistik des Statistischen Bundesamtes über die Bevölkerung und den Arbeitsmarkt in Deutschland. Einmal jährlich werden 1 % aller Haushalte in Deutschland, das entspricht etwa 390.000 Haushalten mit rund 830.000

der Nebentätigkeiten der Übergang in die „Schattenwirtschaft" fließend ist, muss die im Mikrozensus veröffentlichte Zahl der Zweiterwerbstätigen als Untergrenze angesehen werden. Tatsächlich wird sie deutlich höher liegen.[4]

I. Veränderungen auf dem Arbeitsmarkt und Nebentätigkeiten

Die Zunahme von Nebentätigkeiten in den letzten Jahren wurde vor allem durch die Veränderungen auf dem Arbeitsmarkt begünstigt. So ist die regelmäßige Wochenarbeitszeit kontinuierlich gesunken,[5] womit dem Arbeitnehmer neue zeitliche Freiräume eröffnet wurden. Hinzu kommt, dass Arbeitszeitverkürzungen häufig mit Einkommenseinbußen verbunden sind, deren Ausgleich ebenfalls Anreiz für eine Nebentätigkeit sein kann.

Wie der Arbeitnehmer seine Freizeit gestaltet, steht ihm grundsätzlich frei. Er kann sie auch zur Ausübung einer zweiten Erwerbstätigkeit nutzen,[6] denn die Regel „Alle Kraft dem Prinzipal"[7] gilt schon lange nicht mehr. Soweit die Nebentätigkeit auch zur Erhaltung des Lebensunterhaltes beiträgt, ist an das Grund-

---

Personen, befragt. Der Mikrozensus ist eine Zufallsstichprobe, bei der alle Haushalte die gleiche Auswahlwahrscheinlichkeit haben.

[4] Auch weisen andere Untersuchungen mitunter höhere Nebentätigkeitsquoten auf. So zeigt beispielsweise die Nebenerwerbstätigkeitsumfrage von 1984 eine Nebenerwerbsquote von 9,4 %, während für den gleichen Zeitraum die Untersuchung des Mikrozensus nur eine Quote von 1,8 % aufwies. Diese unterschiedlichen Ergebnisse sind u.a. auf die verschiedenen Erhebungskonzepte zurückzuführen. Bei der Nebenerwerbstätigkeitsumfrage wurden die Zielpersonen gefragt, ob sie in den letzten drei Monaten eine zusätzliche Beschäftigung neben der Haupterwerbstätigkeit ausgeübt haben. Im Gegensatz dazu bezieht der Mikrozensus seine Fragen nur auf eine konkrete Woche, sog. Berichtswochenkonzept. Vgl. zum Ganzen: *Helberger/Schwarze*, MittAB 1986, 271 ff.; *Hohmann*, Arbeitsrechtliche Probleme der Nebentätigkeit, S. 28 ff.

[5] Leben und Arbeiten in Deutschland – Mikrozensus 2003, S. 52: In den letzten Jahren führten Arbeitszeitverkürzungen und -flexibilisierungen zu einem deutlichen Rückgang der durchschnittlichen Wochenarbeitszeit. Von April 1985 bis Mai 2003 sank die durchschnittliche Wochenarbeitszeit von 40 Stunden auf 35,5 Stunden (West) und 37,6 Stunden (Ost).

[6] Leben und Arbeiten in Deutschland – Mikrozensus 2003, S. 57: Den Untersuchungen des Statistischen Bundesamtes zufolge suchten im Mai 2003 etwa 37.000 Erwerbstätige zusätzlich zum bestehenden Arbeitsverhältnis eine zweite Beschäftigung. Auch hier kann davon ausgegangen werden, dass die tatsächliche Zahl um ein Vielfaches höher liegt.

[7] *Boudon*, Anm. zu BAG, Urt. v. 26.6.2001 – 9 AZR 343/00 – ArbRB 2002, 3 (4). Im älteren Schrifttum ging man davon aus, dass der Arbeitnehmer „mit seiner ganzen Arbeitskraft dem Arbeitgeber zur Verfügung stehen soll". So: *Nikisch*, S. 272; vgl. MüArbR-*Blomeyer*, § 55, Rn. 3. Prinzipal ist dabei die veraltete Bezeichnung für Arbeitgeber. Sie findet sich heute noch im HGB. Inhaltlich besteht zwischen beiden Begriffen aber kein Unterschied, vgl. Münch-Komm/*v. Hoyningen-Huene*, § 59 HGB, Rn. 9

recht der Berufsfreiheit zu denken. Art. 12 Abs. 1 GG gewährt dem Einzelnen das Recht, selbst zu entscheiden, wie er sein Leben im Bereich der Arbeit gestaltet.[8]

Im Zuge der Arbeitsmarktreformen sind umfassende Änderungen im Arbeits- und Sozialversicherungsrecht vorgenommen worden. Eine dieser Änderungen ist die grundlegende Neuregelung der geringfügigen Beschäftigung. Die im Zweiten Gesetz für moderne Dienstleistungen am Arbeitsmarkt[9] getroffenen Regelungen über geringfügige Beschäftigungsverhältnisse traten am 1. April 2003 in Kraft. Sie wurden von der Überlegung getragen, dass die Stärkung abgabenarmer Nebenjobs zur Belebung der anhaltend schwachen Konjunktur beitragen könne, weil das dabei erzielte Einkommen vor allem für Konsumzwecke verwendet werde.[10]

Eine geringfügig entlohnte und grundsätzlich versicherungsfreie Beschäftigung liegt gemäß § 8 Abs. 1 Nr. 1 SGB IV vor, wenn das regelmäßige monatliche Arbeitsentgelt 400 € nicht überschreitet. Man spricht insoweit von sog. Mini-Jobs. Bei gleichzeitiger Ausübung mehrerer geringfügiger Beschäftigungen werden diese grundsätzlich zusammengerechnet.[11] Im Falle der Ausübung einer oder mehrerer geringfügig entlohnter Beschäftigungen neben einer versicherungspflichtigen Hauptbeschäftigung bleibt nach der Neuregelung eine und zwar die zeitlich zuerst aufgenommene Nebentätigkeit immer anrechnungsfrei,[12] d.h. es

---

[8]   BVerfG, Beschl. v. 16.3.1971 – 1 BvR 52, 665, 667, 754/66 – BVerfGE 30, 292 (334); BVerfG, Beschl. v. 18.6.1980 – 1 BvR 697/77 – BVerfGE 54, 301 (313); BVerfG, Beschl. v. 5.5.1987 – 1 BvR 981/81 – BVerfGE 75, 284 (292).

[9]   Zweites Gesetz für moderne Dienstleistungen am Arbeitsmarkt vom 23.12.2002, BGBl. I S. 4621.

[10] *Rolfs*, NZA 2003, 65 (66); Erf-Komm-*Rolfs*, § 8a SGB IV, Rn. 3.

[11] Dies ergibt sich aus der Vorschrift des § 8 Abs. 2 S. 1 SGB IV. Solange dabei das Arbeitsentgelt insgesamt 400 € nicht übersteigt, besteht in den geringfügigen Beschäftigungsverhältnissen Versicherungsfreiheit. Eine Zusammenrechnung findet allerdings nicht statt, wenn eine geringfügig entlohnte Beschäftigung nach § 8 Abs. 1 Nr. 1 SGB IV mit einer kurzfristigen Beschäftigung nach § 8 Abs. 1 Nr. 2 SGB IV zusammentrifft, vgl. *Stuhlmann*, AuA 2003 (Heft 4), 42 (44); *Rolfs*, NZA 2003, 65 (68); *Scheriau*, Arbeitsverhältnis, S. 25.

[12] *Scheriau*, Arbeitsverhältnis, S. 26; *Stuhlmann*, AuA 2003 (Heft 4), 42 (44); *Niermann/ Plenker*, DB 2003, 304 (307); *Dröge*, AuA 2003 (Heft 3), 42 (43); *Staudacher/Hellmann/Hartmann/ Wenk*, Teilzeitarbeit, Rn. 925a – Beispiele dazu auf S. 404 f. Bislang noch ungeklärt ist die Situation, wenn neben der versicherungspflichtigen Hauptbeschäftigung mehrere geringfügige Beschäftigungsverhältnisse bestehen, die aber insgesamt die monatliche Geringfügigkeitsgrenze von 400 € nicht übersteigen. Der Wortlaut des § 8 Abs. 2 S. 1 SGB IV legt den Schluss nahe, dass in diesem Fall nur ein geringfügiges Beschäftigungsverhältnis von der Zusammenrechnung ausgenommen sein

findet keine Zusammenrechnung des ersten Mini-Jobs mit der Haupttätigkeit statt. Damit kann jeder Arbeitnehmer neben seinem Hauptberuf eine versicherungsfreie Nebentätigkeit auf 400-€-Basis ausüben.[13] Folglich dürfte ein Zweitjob für viele Arbeitnehmer attraktiver sein, als im Hauptberuf Überstunden abzuleisten. Denn im Gegensatz zum Entgelt einer geringfügigen Nebenbeschäftigung fallen für die Überstundenvergütung Sozialversicherungsbeiträge und Steuern an.[14] Insgesamt ist davon auszugehen, dass die gesetzlichen Neuerungen zu einer weiteren Zunahme von Nebentätigkeiten führen werden.

II. Problemstellung und Aufbau der Arbeit

Die Aufnahme und Ausübung einer zusätzlichen Erwerbstätigkeit kann allerdings im Zusammenhang mit dem Hauptarbeitsverhältnis zu Spannungen führen. Nebentätigkeiten sind problematisch, wenn durch sie das Hauptarbeitsverhältnis und schutzwürdige Interessen des Hauptarbeitgebers beeinträchtigt werden. In dieser Arbeit soll untersucht werden, welche Grenzen sich im Hinblick auf die Ausübung von Nebentätigkeiten ergeben.

Zu Beginn werden dazu die Grundlagen des Nebentätigkeitsrechts dargestellt. Dabei muss zunächst der Begriff der Nebentätigkeit geklärt werden. Weiterhin ist ein kurzer Blick auf den Zusammenhang zwischen der Ausübung einer Nebentätigkeit und dem Grundrecht der Berufsfreiheit zu werfen. Nachfolgend werden die wenigen gesetzlichen Regelungen erörtert, die das Recht der Nebentätigkeiten – auch wenn sie es nicht explizit regeln – zumindest beeinflussen.

Im zweiten Teil wird untersucht, welche Nebentätigkeitsgrenzen sich aus der Natur des Arbeitsverhältnisses ergeben. Zumeist beschränken sich arbeitsrechtliche Ausführungen auf die Formel: Nebentätigkeiten sind unzulässig, wenn

---

[13] soll. An dieser Stelle bleibt die Meinungsbildung der Spitzenverbände der Sozialversicherungsträger abzuwarten, vgl. *Niermann/ Plenker*, DB 2003, 304 (306).
Schlegel, in: Personalbuch – Nebentätigkeit, Rn. 32; *Dröge*, AuA 2003 (Heft 3), 42 (45) und Tabelle auf S. 47: Die neben einer versicherungspflichtigen Hauptbeschäftigung ausgeübte Nebentätigkeit bleibt für den Arbeitnehmer abgabenfrei. Der Zweitarbeitgeber hat eine Pauschalabgabe zu zahlen (12 % Rentenversicherung, 11 % Krankenversicherung, 2 % pauschale Einkommenssteuer).

[14] Einkünfte aus nichtselbständiger Arbeit unterliegen nach § 2 Abs. 1 S. 1 Nr. 4 EStG der Einkommenssteuer. In § 19 Abs. 1 EStG sind die typischen Einnahmen aus nichtselbständiger Arbeit aufgeführt. Grundsätzlich sind alle aus Anlass des Dienstverhältnisses vom Arbeitgeber an den Arbeitnehmer geleisteten Zuwendungen steuerpflichtig. Sie sind nur dann steuerfrei, wenn dies im EStG selbst vorgesehen ist. Zum steuerpflichtigen Arbeitslohn gehören damit auch Lohnzuschläge für Mehrarbeit, vgl. *Daumke*, Grundriss des deutschen Steuerrechts, S. 154/158.

durch sie berechtigte Arbeitgeberinteressen beeinträchtigt werden.[15] Im Rahmen dieser Arbeit soll der Begriff des „berechtigten Interesses" definiert und inhaltlich konkretisiert werden, denn Kollisionen zwischen Haupt- und Nebentätigkeit sind in verschiedener Hinsicht möglich.

In den meisten Arbeitsverträgen finden sich Klauseln, die das Recht zur Nebentätigkeitsausübung betreffen. Dabei stellt sich vor allem die Frage, inwieweit Nebentätigkeiten vertraglich untersagt oder von einer Zustimmung des Arbeitgebers abhängig gemacht werden dürfen. Der dritte Teil der Arbeit beschäftigt sich daher mit der Frage, inwieweit im Arbeitsvertrag Regelungen getroffen werden dürfen, die Nebentätigkeiten beschränken. Es werden dazu verschiedene Nebentätigkeitsklauseln dargestellt und rechtlich bewertet. Dabei ist zu beachten, dass der in der Praxis gängige Formulararbeitsvertrag nunmehr einer Inhaltskontrolle nach AGB-rechtlichen Maßstäben unterliegt, vgl. §§ 310 Abs. 4, 305 ff. BGB.

Im Anschluss wird untersucht, inwieweit bei der zulässigen Aufstellung von Nebentätigkeitsbeschränkungen Unterschiede zwischen Formular- und Individualarbeitsverträgen bestehen.

Die zunehmende Bedeutung der Teilzeitarbeit führt zu der Frage, ob sich im Hinblick auf die Zulässigkeit von Nebentätigkeiten und den Möglichkeiten der Vertragsgestaltung Unterschiede zwischen Arbeitsverträgen mit Vollzeit- und Teilzeitbeschäftigten ergeben.

Ziel dieser Arbeit ist es, einen Beitrag zum weitgehend ungeregelten Nebentätigkeitsrecht zu leisten. Die Ausübung zusätzlicher Erwerbstätigkeiten gewinnt in der Praxis mehr und mehr an Bedeutung, was für die Parteien des Arbeitsverhältnisses mitunter erhebliche Unklarheiten vor allem im Hinblick auf die Zulässigkeit und die vertragliche Reglementierung von Nebentätigkeiten mit sich bringt.

---

[15] Leitsatz zu BAG, Urt. v. 28.2.2002 – 9 AZR 357/01 – PflegeR 2002, 362 = DB 2002, 1560; Erf-Komm-*Preis*, § 611 BGB, Rn. 886; *Linke*, AuA 2002, 365; Kittner/Zwanziger-*Zwanziger*, § 139, Rn. 2; *Singer*, Anm. zu BAG, Urt. v. 11.12.2001 – 9 AZR 464/00 – AP Nr. 8 zu § 611 BGB – Nebentätigkeit, Bl. 6R; Preis-*Rolfs*, Arbeitsvertrag, II N 10, Rn. 21; *Franke*, Zweitarbeitsverhältnis, S. 16.

1.Teil: Grundlagen der Nebentätigkeit im Arbeitsrecht

Im ersten Teil der Arbeit sollen die allgemeinen Grundlagen des Nebentätig-keitsrechts erörtert werden. Hierbei ist zunächst der Begriff der Nebentätigkeit zu definieren. Im Anschluss erfolgt eine Erörterung des verfassungsrechtlichen Schutzes von Nebentätigkeiten und eine Auseinandersetzung mit spezialgesetz-lichen Regelungen zum Recht der Nebentätigkeiten.

§ 2 Begriff der Nebentätigkeit und Abgrenzungen

Im deutschen Recht fehlt es an einer Legaldefinition des Begriffs der Nebentä-tigkeit. Lediglich in einigen Normen des Beamtenrechts (§§ 42 Abs. 1 BRRG, 64 ff. BBG) und des öffentlichen Dienstes (§ 11 BAT für Angestellte bzw. §§ 13 MTB II / MTL II für Arbeiter) taucht der Begriff der Nebentätigkeit oder Ne-benbeschäftigung auf, jedoch ohne dass diese Begriffe dort gesetzlich näher be-stimmt werden. In arbeitsrechtlichen Gesetzen findet sich der Begriff Nebentä-tigkeit überhaupt nicht.

I. Definitionsansätze in Rechtsprechung und Literatur

Da es im deutschen Arbeitsrecht an einer gesetzlichen Definition der Nebentä-tigkeit fehlt, müssen Rechtsprechung und Schrifttum zur Begriffsklärung heran-gezogen werden. Eine allgemeingültige Definition findet sich aber auch hier nicht. Vielmehr werden zur Kennzeichnung mehrfacher Erwerbstätigkeit in Rechtsprechung und Schrifttum unterschiedliche Begriffe verwendet. Außer den synonym verwendeten Begriffen Nebentätigkeit und Nebenbeschäftigung[16] wird

---

[16] Beispiele aus dem Schrifttum, in denen beide Begriffe synonym verwendet werden: *Sin-ger*, Anm. zu BAG, Urt. v. 11.12.2001 – 9 AZR 464/00 – AP Nr. 8 zu § 611 BGB – Ne-bentätigkeit, Bl. 4; *Böhner*, DB 1969, 483; Schaub-*Schaub*, § 43; *Weber/Kaplik*, AuA 2000, 536; *Becker-Schaffner*, BlStSozArbR 1973, 321; *Linke*, AuA 2002, 365; *Mayer*, Außerdienstliches Verhalten von Arbeitnehmern, S. 218/231; *Glöckner*, Nebentätigkeits-verbote im Individualarbeitsrecht, S. 28/29; *Wehr*, AuSozPol 1960, 265; *Hartmann*, BuW 2003, 566; *Braun*, ArbuR 2004, 47.
Zum Teil verwendet auch das BAG innerhalb eines Urteils mal den Begriff Nebentätig-keit, mal den der Nebenbeschäftigung, vgl. BAG, Urt. v. 13.11.1979 – 6 AZR 934/77 – NJW 1980, 1917 (im Leitsatz wird von Nebenbeschäftigungen, in den Gründen vorwie-gend von Nebentätigkeiten gesprochen); BAG, Urt. v. 11.12.2001 – 9 AZR 464/00 – NZA 2002, 965 (967).

auch von Mehrfachbeschäftigung[17], Mehrfacherwerbstätigkeit[18], Zweitarbeitsverhältnis[19] oder Doppelarbeitsverhältnis[20] gesprochen. Im Rahmen der vorliegenden Arbeit wird der Einfachheit halber ausschließlich der Begriff der Nebentätigkeit verwendet. Dies ist auch die Bezeichnung, die in den Urteilen der Arbeitsgerichte am häufigsten zu finden ist.[21] Die Gerichte gehen von der grundsätzlichen Zulässigkeit einer Nebentätigkeit aus, ohne jedoch hierbei eine Definition des Begriffs Nebentätigkeit zu geben. Lediglich im Schrifttum finden sich verschiedene Ausführungen.

1. Erwerbszwecken dienende Tätigkeit

Im arbeitsrechtlichen Schrifttum finden sich zwei Möglichkeiten, den Begriff Nebentätigkeit zu definieren. Nach einer Auffassung wird der Begriff der Nebentätigkeit weit verstanden. Nebentätigkeit sei demnach jede Tätigkeit, die außerhalb eines bereits bestehenden Arbeitsverhältnisses, welches den Arbeitnehmer überwiegend in Anspruch nimmt, ausgeübt wird.[22] Kennzeichnend für eine Nebentätigkeit sei allein die anderweitige Verwertung der Arbeitskraft. Es komme nicht darauf an, ob der Arbeitnehmer mit seiner außerdienstlichen Tä-

---

[17] *Hunold*, AR-Blattei SD – Mehrfachbeschäftigung, Rn. 17: Mehrfachbeschäftigung liegt demnach vor, wenn ein Arbeitnehmer gleichzeitig mehrere Arbeitsverhältnisse mit verschiedenen Arbeitgebern eingeht.

[18] *Callam*, Arbeitsrechtliche Probleme mehrfacher Erwerbstätigkeit von Arbeitnehmern, S. 36 verwendet den Begriff Mehrfacherwerbstätigkeit, um mit dieser Bezeichnung alle denkbaren Formen mehrfacher entgeltlicher Tätigkeit von Arbeitnehmern zu erfassen.

[19] *Franke*, Zweitarbeitsverhältnis, S. 17 ff.

[20] BAG, Urt. v. 16.9.1959 – 1 AZR 565/57 – AP Nr. 1 zu § 611 BGB – Doppelarbeitsverhältnis; LAG Nürnberg, Urt. v. 19.9.1995 – 2 Sa 429/94 – Doppelarbeitsverhältnis = NZA 1996, 882; *Janert*, Das vertragswidrige Doppelarbeitsverhältnis, S. 1; *Bock*, Doppelarbeitsverhältnis, S. 18 spricht von einem Doppelarbeitsverhältnis, wenn ein Arbeitnehmer sich im Rahmen von zwei Arbeitsverhältnissen nebeneinander zur Leistungserbringung verpflichtet hat, wobei die einzelnen Arbeitsverhältnisse sowohl unterschiedlichen wie gleichen Umfang haben können. *Hunold*, NZA 1995, 558 definiert als Doppelarbeitsverhältnis zwei oder mehrere Tätigkeiten, die nebeneinander ausgeübt werden, ohne dass eine dieser Tätigkeiten dem Umfang nach als Hauptbeschäftigung angesehen werden kann. Ebenso: MüArbR-*Blomeyer*, § 55, Rn. 2.

[21] BAG, Urt. v. 21.9.1999 – 9 AZR 759/98 – DB 2000, 1336; BAG, Urt. 26.6.2001 – 9 AZR 343/00 – NZA 2002, 98 (99); BAG, Urt. v. 11.12.2001 – 9 AZR 464/00 – NZA 2002, 965; BAG, Urt. v. 28.2.2002 – 6 AZR 357/01 – PflegeR 2002, 362; LAG Hessen, Urt. v. 19.8.2003 – 13/12 Sa 1476/02 – MDR 2004, 517; LAG Rheinland-Pfalz, Urt. v. 29.1.2003 – 9 Sa 1148/02 – ZTR 2003, 618; LAG Köln, Urt. v. 8.6.1999 – 13 Sa 84/99 – ZTR 2000, 35; LAG Hamm, Urt. v. 28.9.1995 – 17 Sa 2267/94 – NZA 1996, 723 (727); LAG Hamm, Urt. v. 24.4.2001 – 7 Sa 59/01 – ArbRB 2002, 4; ArbG Solingen, Urt. v. 13.5.1982 – 1 Ca 1357/81 [S] – ArbuR 1983, 121.

[22] MüArbR-*Blomeyer*, § 55, Rn. 1; *Wertheimer/Krug*, BB 2000, 1462; Preis-*Rolfs*, Arbeitsvertrag, II N 10, Rn. 1; *Kuhn*, Probleme der Nebentätigkeit, S. 19.

tigkeit ein zusätzliches Einkommen erziele. Nach dieser Auffassung umfasst der Begriff der Nebentätigkeit sowohl Erwerbszwecken dienende Tätigkeiten als auch reine Freizeitaktivitäten, Ehrenämter und Hobbys.[23]

Die zweite Ansicht definiert den Begriff der Nebentätigkeit enger. Demnach seien unter einer Nebentätigkeit nur solche Tätigkeiten zu verstehen, die der Arbeitnehmer entgeltlich neben einem bestehenden Arbeitsverhältnis zu Erwerbszwecken ausübt.[24] Zur Begründung wird angeführt, dass reine Freizeitaktivitäten grundsätzlich nicht Gegenstand arbeitsrechtlicher Betrachtung sein können.[25] Diese Arbeit beschäftigt sich allein mit den Problemen der neben einem bereits bestehenden Arbeitsverhältnis ausgeübten Erwerbstätigkeit. Notwendigerweise müssen daher alle unentgeltlichen Tätigkeiten außer Betracht bleiben. Unter dem Begriff der Nebentätigkeit werden im Folgenden daher nur entgeltliche, Erwerbszwecken dienende Tätigkeiten verstanden, die neben einem bestehenden Arbeitsverhältnis ausgeübt werden.

2. Erfordernis einer Haupttätigkeit

Die Bezeichnung Nebentätigkeit setzt darüber hinaus begrifflich die Ausübung zumindest einer weiteren Erwerbstätigkeit, der sog. Haupttätigkeit, voraus. Im Verhältnis zur Haupttätigkeit hat die Nebentätigkeit eine nur untergeordnete Bedeutung, da sie nur zusätzlich zu einer anderen Tätigkeit ausgeübt wird. Daher nimmt die Nebentätigkeit ihrem Umfang nach in der Regel deutlich weniger Zeit und Kraft in Anspruch als die Haupttätigkeit.[26]

---

[23] *Wisskirchen*, Außerdienstliches Verhalten von Arbeitnehmern, S. 111; *Weber/Kaplik*, AuA 2000, 536; Preis-*Rolfs*, Arbeitsvertrag, II N 10, Rn. 1; *Brändli*, Arbeitsvertrag und Nebenbeschäftigung, S. 35; MüArbR-*Blomeyer*, § 55, Rn. 1; *Weber/Dahlbender*, Arbeitsvertrag, Rn. 414; *Glöckner*, Nebentätigkeitsverbote im Individualarbeitsrecht, S. 28.

[24] *Oligmüller*, Nebentätigkeitsproblematik im Individualarbeitsrecht, S. 19; *Hartmann*, BuW 2003, 566; *Berning*, Anm. zu BAG, Urt. v. 26.8.1993 – 2 AZR 154/93 – AP Nr. 112 zu § 626 BGB, Bl. 7R; *Hunold*, NZA 1995, 558; *Wank*, AR-Blattei SD – Nebentätigkeit, Rn. 2; *Resch*, Arbeitsvertrag und Nebenbeschäftigung, S. 12; *Gift*, BB 1959, 43; *Palme*, BlStSozArbR 1973, 137; *Linke*, AuA 2002, 365; *Grunewald*, NZA 1994, 971; *Wätzig*, Zulässigkeit einer Nebenbeschäftigung, S. 5; *Wehr*, AuSozPol 1960, 265; *Monjau*, AR-Blattei – Nebentätigkeit unter A III: Nebentätigkeit liegt vor, wenn zusätzlich zu einem vollen Arbeitsverhältnis erwerbsmäßig noch andere Aufgaben wahrgenommen werden, die zeitlich nicht in die Zeit der Hauptarbeitsleistung fallen, also neben der Hauptbeschäftigung noch möglich sind.

[25] *Hunold*, AR-Blattei SD – Mehrfacherwerbstätigkeit, Rn. 4; *ders*. NZA 1995, 558; *Wank*, AR-Blattei SD – Nebentätigkeit, Rn. 3.

[26] *Weber/Kaplik*, AuA 2000, 536; *Becker-Schaffner*, BlStSozArbR 1980, 321; *Berning*, Anm. zu BAG, Urt. v. 26.8.1993 – 2 AZR 154/93 – AP Nr. 112 zu § 626 BGB, Bl. 7R; *Wätzig*, Zulässigkeit einer Nebenbeschäftigung, S. 6; *Wehr*, AuSozPol 1960, 265; *Hoh-*

Zum Teil wird die Unterscheidung zwischen Haupt- und Nebentätigkeit für nicht zwingend erforderlich gehalten. Soweit ein Arbeitnehmer mehreren Erwerbstätigkeiten nachginge, sei jeweils aus der Sicht der einen die andere Tätigkeit Nebentätigkeit.[27] Dem ist nicht zu folgen, da der Begriff der *Neben*tätigkeit bereits vom Wortsinn her voraussetzt, dass die Nebentätigkeit neben einem bereits bestehenden übergeordneten Arbeitsverhältnis ausgeübt wird.

Entscheidend für die Einordnung als Nebentätigkeit ist, dass sie gegenüber dem bereits bestehenden Arbeitsverhältnis eine untergeordnete Bedeutung hat. Hingegen ist nicht maßgeblich, ob die Haupttätigkeit ein Vollzeit- oder Teilzeitarbeitsverhältnis ist. Nebentätigkeit ist damit jede Tätigkeit, die neben einem bestehenden Arbeitsverhältnis ausgeübt wird und einen geringeren zeitlichen Umfang und Arbeitskraftaufwand erfordert.

3. Rechtliche Form der Nebentätigkeit

Darüber hinaus ist fraglich, ob es für die Einordnung als Nebentätigkeit entscheidend darauf ankommt, in welcher Rechtsform diese ausgeübt wird. Zum Teil galt als Nebentätigkeit nur ein echtes entgeltliches zweites Arbeitsverhältnis neben einem bereits bestehenden Arbeitsverhältnis.[28] Folglich sei entscheidend, dass die Nebentätigkeit in Form eines Arbeitsverhältnisses ausgeübt wird. Dem ist nicht zuzustimmen.

Hinsichtlich der Frage, inwieweit Haupt- und Nebentätigkeit miteinander zu vereinbaren sind, kommt es nicht darauf an, in welcher rechtlichen Form die Nebentätigkeit ausgeübt wird. Interessenkollisionen zwischen Haupt- und Nebentätigkeit können sowohl bei einer in abhängiger Stellung ausgeübten als auch bei einer selbständig ausgeübten Nebentätigkeit auftreten. Es ist somit gleichgültig, in welcher rechtlichen Form eine Nebentätigkeit erbracht wird. Eine Nebentätigkeit kann sowohl aufgrund eines Arbeitsvertrages, als auch im Wege selbständiger, freiberuflicher Erwerbstätigkeit (z.B. Dienst- oder Werkvertrag) ausgeübt werden.[29]

---

meister, BuW 1996, 108; *Monjau*, AR-Blattei – Nebentätigkeit unter A III; *Petrovic*, ZAS 1983, 129 (140); *Radü*, Konkretisierung der Berufsfreiheit, S. 92.

[27] *Braun*, ArbuR 2004, 2282; *Glöckner*, Nebentätigkeitsverbote im Individualarbeitsrecht, S. 28; Preis-*Rolfs*, Arbeitsvertrag, II N 10, Rn. 1; *Keymer*, ZTR 1988, 193 (194).

[28] *Wehr*, AuSozPol 1960, 265.

[29] Ebenso: Kittner/Zwanziger-*Becker*, § 72, Rn. 44; *Hohmeister*, BuW 1996, 108; *Berrisch*, FA 2000, 306; *Bährle*, BuW 2004, 395; *Oligmüller*, Nebentätigkeitsproblematik im Individualarbeitsrecht, S. 19; *Hartmann*, BuW 2003, 566; *Riedel*, Grundrecht der Berufsfreiheit, S. 45; Münch-Komm/*Müller-Glöge*, § 611 BGB, Rn. 444; *Wertheimer/Krug*, BB 2000, 1462; Schaub-*Schaub*, § 43, Rn. 1; *Rewolle*, BB 1959, 670; *Weber/Kaplik*, AuA

4. Zusammenfassung

Im Rahmen der vorliegenden Arbeit wird der Begriff der Nebentätigkeit wie folgt definiert: Nebentätigkeit ist jede Tätigkeit eines Arbeitnehmers, die neben einem bestehenden Arbeitsverhältnis[30] zu Erwerbszwecken ausgeübt wird und die ihrem Umfang nach weniger Zeit und Kraft in Anspruch nimmt als die Haupttätigkeit. Unerheblich ist, in welcher Rechtsform die Nebentätigkeit ausgeübt wird.

II. Abgrenzung der Nebentätigkeit zu anderen Beschäftigungsformen

Nachfolgend soll die Nebentätigkeit von anderen Beschäftigungsformen abgegrenzt werden. Häufig weist die Nebentätigkeit Parallelen zur Teilzeitarbeit oder einer befristeten Beschäftigung auf.

1. Teilzeitarbeit

§ 2 des TzBfG enthält eine Legaldefinition des Teilzeitbeschäftigten. Nach § 2 Abs. 1 S. 1 TzBfG ist ein Arbeitnehmer teilzeitbeschäftigt, dessen regelmäßige Wochenarbeitszeit kürzer ist als die eines vergleichbaren vollzeitbeschäftigten Arbeitnehmers. Da eine Nebentätigkeit begriffsnotwendig neben einem bestehenden Arbeitsverhältnis ausgeübt wird, ist es praktisch nicht möglich, dass es sich bei einer Nebentätigkeit um ein Vollzeitarbeitsverhältnis handelt. Nebentätigkeiten werden daher regelmäßig als Teilzeitbeschäftigung ausgeübt.[31]

2. Befristetes Arbeitsverhältnis

Vielfach wird eine Nebentätigkeit auch in Form eines befristeten Arbeitsverhältnisses ausgeübt. Nach § 3 Abs. 1 TzBfG ist ein Arbeitnehmer befristet beschäftigt, wenn seinem Arbeitsverhältnis ein auf bestimmte Zeit geschlossener Arbeitsvertrag zugrunde liegt. Befristete Arbeitsverhältnisse können sowohl als

---

2000, 537; *Palme*, BlStSozArbR 1973, 137; *Hunold*, NZA 1995, 558; *Linke*, AuA 2002, 365; Preis-*Rolfs*, Arbeitsvertrag, II N 10, Rn. 1.
Ausweislich des Mikrozensus 2003, S. 59 gingen im Mai 2003 ca. 49 % aller Nebenerwerbstätigen einer selbständigen Nebentätigkeit nach, was vor allem durch die erhebliche zeitliche Gestaltungsfreiheit bedingt ist. Etwa 45 % waren im Nebenberuf als Arbeitnehmer beschäftigt.

[30] Diese sog. Haupttätigkeit kann sowohl ein Vollzeit- als auch ein Teilzeitarbeitsverhältnis sein.

[31] *Mosler*, AR-Blattei SD – Teilzeitarbeit, Rn. 10; *Wank*, AR-Blattei SD – Nebentätigkeit, Rn. 9.

Vollzeit- als auch als Teilzeitarbeitsverhältnisse ausgestaltet sein.[32] Die Befristung einer Nebentätigkeit ist sachgerecht, wenn es den Bedürfnissen der Vertragspartner – insbesondere des Arbeitnehmers – entspricht, sich wegen der bestehenden Haupttätigkeit nur in begrenztem Umfang vertraglich zu binden.[33] Somit ist es möglich, dass ein Arbeitnehmer neben seiner hauptberuflichen Tätigkeit eine lediglich auf einige Wochen oder Monate befristete Nebentätigkeit ausübt.

> **Beispiele:** Ein Arbeitnehmer arbeitet als Aushilfskellner auf dem Münchner Oktoberfest. Ein anderer Arbeitnehmer ist neben seiner hauptberuflichen Tätigkeit, für einen Zeitraum von 6 Wochen als Mitorganisator einer Ausstellung tätig.

3. Aushilfs- und Saisonarbeitsverhältnis

Der Grund für die Ausübung einer Nebentätigkeit liegt wie dargestellt sehr häufig in der Erzielung eines zusätzlichen Einkommens, um die finanzielle Situation zu verbessern oder besondere Anschaffungen tätigen zu können. Für Arbeitnehmer ist es damit attraktiv, eine zeitlich begrenzte Nebentätigkeit als Aushilfs- oder Saisonarbeitnehmer aufzunehmen.[34]

Aushilfs- und Saisonarbeitsverhältnisse sind besondere Formen der befristeten Beschäftigung. Aushilfsarbeitsverhältnisse werden angeboten, um den vorübergehenden Ausfall von Arbeitnehmern zu kompensieren oder einen zeitlich begrenzten zusätzlichen Arbeitsanfall bewerkstelligen zu können.[35] Spezifisches

---

[32]   Die Befristung ist nach § 14 Abs. 1 S. 1 TzBfG zulässig, wenn sie durch einen sachlichen Grund gerechtfertigt ist. In § 14 Abs. 1 S. 2 TzBfG werden beispielhaft sachliche Gründe aufgezählt.

[33]   *Dörner*, Der befristete Arbeitsvertrag, Rn. 268; KR-*Lipke*, § 14 TzBfG, Rn. 208.

[34]   In diesem Zusammenhang ist auch an die Vorschrift des § 8 Abs. 1 Nr. 2 SGB IV zu denken. Sie erfasst die sog. kurzfristige Beschäftigung und definiert sie als eine Beschäftigung, die innerhalb eines Kalenderjahres auf längstens zwei Monate oder 50 Arbeitstage begrenzt ist. Kurzfristige Beschäftigungen sind sozialversicherungsfrei, egal wie hoch das Einkommen oder wie lang die wöchentliche Arbeitszeit ist. Der Arbeitgeber muss auch keine Pauschalbeiträge an die Bundesknappschaft abführen. Sofern die Voraussetzungen des § 8 Abs. 1 Nr. 2 SGB IV erfüllt sind und es sich nicht um eine berufsmäßige Ausübung handelt, ist auch eine neben einer sozialversicherungspflichtigen Hauptbeschäftigung ausgeübte Nebentätigkeit eine kurzfristige, sozialversicherungsfreie Tätigkeit. So ist es möglich, dass ein vollzeitbeschäftigter sozialversicherungspflichtiger Arbeitnehmer im Sommer für maximal zwei Monate als Kellner oder Rettungsschwimmer eine sozialversicherungsfreie Nebentätigkeit ausübt, vgl. *Scheriau*, Arbeitsverhältnis, S. 36/41.

[35]   BAG, Urt. v. 12.12.1985 – 2 AZR 9/85 – AP Nr. 96 zu § 620 BGB – Befristeter Arbeitsvertrag, Bl. 3; BAG, Urt. v. 25.11.1992 – 7 AZR 191/92 – AP Nr. 150 zu § 620 BGB – Befristeter Arbeitsvertrag, Bl. 3; *Röller*, in: Personalbuch – Aushilfskräfte, Rn. 1; *Preis/*

Merkmal der Saisonarbeit ist, dass diese anfällt, weil zu bestimmten Zeiten aufgrund des erhöhten Arbeitsanfalls ein verstärkter Bedarf an Arbeitskräften besteht.[36]

Aushilfs- und Saisonarbeitsverhältnisse werden in der Regel als befristete Arbeitsverhältnisse vereinbart, die automatisch nach Ablauf einer bestimmten Zeit enden. Ebenso ist es möglich, das Aushilfsarbeitsverhältnis als sog. Teilzeit-Aushilfsarbeitsverhältnis auszugestalten.[37] Vor allem dann, wenn ein Arbeitnehmer die Aushilfstätigkeit als zusätzliche Einkommensquelle neben seiner Haupttätigkeit ausübt, wird dies der Regelfall sein.

---

[36] *Kliemt/Ulrich*, Aushilfs- und Probearbeitsverhältnis, Rn. 367; *Hunold*, in: Arbeitsrechtslexikon, Aushilfsarbeitsvertrag, unter I; MüArbR-*Richardi*, § 45, Rn. 65. Man differenziert bei der Saisonarbeit zwischen Saison- und Kampagnebetrieben. Während in Saisonbetrieben (Hotels in der Urlaubszeit, Seilbahnen zur Ferienzeit oder Kaufhäuser bei Schlussverkäufen) das ganze Jahr über gearbeitet wird und nur zu bestimmten Zeiten ein erhöhter Personalbedarf entsteht, sind Kampagnebetriebe nur für einige Monate tätig (Freibäder, Skiliftanlagen, Zuckerrübenverarbeitung), vgl. *Kania*, in: Personalbuch – Saisonarbeit, Rn. 1; *Preis/ Kliemt/Ulrich*, Aushilfs- und Probearbeitsverhältnis, Rn. 386; *Dörner*, Der befristete Arbeitsvertrag, Rn. 292.

[37] *Preis/Kliemt/Ulrich*, Aushilfs- und Probearbeitsverhältnis, Rn. 380.

§ 3 Der verfassungsrechtliche Schutz von Nebentätigkeiten

Für die Frage der Zulässigkeit von Nebentätigkeiten spielen die Grundrechte, insbesondere die Berufsfreiheit gemäß Art. 12 Abs. 1 GG, eine entscheidende Rolle.

I. Nebentätigkeit und Hauptarbeitsverhältnis

Kennzeichen des Arbeitsverhältnisses ist, dass der Arbeitnehmer sich mit Abschluss seines Arbeitsvertrages zur Erbringung von weisungsgebundener, abhängiger Arbeit verpflichtet.[38] Der Arbeitnehmer stellt dem Arbeitgeber bei Vertragsschluss jedoch nicht seine gesamte Arbeitskraft zur Verfügung. Der Arbeitsvertrag verpflichtet den Arbeitnehmer nur zur Erbringung der „versprochenen Dienste" innerhalb der vereinbarten Arbeitszeit.[39] Die Verwendung seiner Arbeitskraft außerhalb der Arbeitszeit steht dem Arbeitnehmer grundsätzlich frei. Wie er seine Freizeit gestaltet, ob mit Hobbys, ehrenamtlichen Tätigkeiten oder mit der Ausübung einer Nebentätigkeit, ist allein ihm überlassen.[40] Im arbeitsrechtlichen Schrifttum finden sich daher schon seit langem Stimmen,[41] die von der grundsätzlichen Zulässigkeit einer Nebentätigkeit ausgehen. *Kaskel* meinte bereits im Jahre 1925, dass „das Maß der zur Verfügung zu stellenden Arbeitskraft [...] grundsätzlich durch den Vertrag beschränkt" sei.[42] Der Arbeitnehmer sei jedoch, „soweit er die vertragsmäßig übernommene Leistung ord-

---

[38] *Hohmeister*, BuW 1996, 108; *Weber/Dahlbender*, Arbeitsverträge, Rn. 64; *Hromadka/Maschmann*, ArbR I, § 3, Rn. 1; DLW-*Dörner*, A, Rn. 40; Schaub-*Schaub*, § 8, Rn. 2; *Böhner*, DB 1969, 483; BAG, Beschl. v. 6.7.1995 – 5 AZB 9/93 – BAGE 80, 256 (260); BAG, Urt. v. 20.9.2000 – 5 AZR 61/99 – EzA Nr. 84 zu § 611 BGB – Arbeitnehmerbegriff, S. 9.

[39] *Hunold*, AR-Blattei SD – Mehrfachbeschäftigung, Rn. 38; *Wertheimer/Krug*, BB 2000, 1462; *Hanel*, Personal 1994, 92; *Färber*, Personalführung 1997, 782; Münch-Komm/*Müller-Glöge*, § 611 BGB, Rn. 444; *Hohmeister*, BuW 1996, 108 (109); *Preis*, Praxis-Lehrbuch, S. 307; *Kempff*, AiB 1990, 455 (459); *Boemke*, AR-Blattei SD – Nebenpflichten des Arbeitnehmers, Rn. 297; *Fuchs*, BlStSozArbR 1978, 321; LAG Hessen, Urt. v. 19.8.2003 – 13/12 Sa 1476/02 – MDR 2004, 517.

[40] *Wertheimer/Krug*, BB 2000, 1462; *Grunewald*, NZA 1994, 971; *Weber/Kaplik*, AuA 2000, 536; DLW-*Dörner*, C, Rn. 396; *Becker-Schaffner*, BlStSozArbR 1980, 321; *Roßbruch*, zu BAG, Urt. v. 28.2.2002 – 6 AZR 357/01 – PflegeR 2002, 362 (367); BAG, Urt. v. 18.1.1996 – 6 AZR 314/95 – NZA 1997, 41 (42); BAG, Urt. v. 14.8.1969 – 2 AZR 184/68 – AP Nr. 45 zu § 1 ArbKrankhG, Bl. 1R = BB 1969, 1311 (1312): „Darauf wie der Arbeitnehmer seine Freizeit verbringt, hat der Arbeitgeber dagegen nur insofern Einfluss, als die Arbeitsleistung [...] nicht beeinträchtigt werden darf."; BAG, Urt. v. 26.6.2001 – 9 AZR 343/00 – NZA 2002, 98 (99); MüArbR-*Blomeyer*, § 55, Rn. 3.

[41] *Kaskel*, S. 75; *Sinzheimer*, S. 172: „So wird man das Recht des Arbeitnehmers, außerhalb des Arbeitsverhältnisses eine Nebenbeschäftigung zu betreiben, anerkennen müssen."

[42] *Kaskel*, S. 75.

nungsgemäß erfüllt, nicht gehindert, eine Nebenbeschäftigung bei einem anderen Arbeitgeber zu übernehmen oder selbständig tätig zu sein." Gleicher Auffassung war das Reichsarbeitsgericht.[43] Später ging auch das Bundesarbeitsgericht von der grundsätzlichen Zulässigkeit mehrfacher Erwerbstätigkeit aus.[44]

II. Nebentätigkeit und Grundrechte

Mit der Verabschiedung des Grundgesetzes im Jahre 1949 wurde in den Artikeln 1 bis 19 ein umfassender Grundrechtskatalog geschaffen, der auch für das Arbeitsrecht erhebliche Bedeutung hat.[45]

1. Schutz durch Art. 12 Abs. 1 GG: Berufsfreiheit

Im Zusammenhang mit der Ausübung einer Nebentätigkeit ist vor allem das Grundrecht der Berufsfreiheit gemäß Art. 12 Abs. 1 GG zu beachten. Das Bundesverfassungsgericht hatte sich in vielen Verfahren mit diesem Grundrecht zu befassen und im Rahmen dieser Entscheidungen dessen Schutzbereich zu konkretisieren. Dem Grundrecht der Berufsfreiheit wird daher eine besondere Bedeutung beigemessen.[46]

---

[43] RAG, Urt. v. 17.10.1931 – RAG 146/31 – ARS 13, 311 (312): Das RAG bejahte in dieser Entscheidung die grundsätzliche Zulässigkeit der Übernahme einer Nebenbeschäftigung. Es betonte jedoch, dass der Arbeitnehmer verpflichtet sei, sich „die persönliche Bewegungsfreiheit zu sichern, die er braucht, um seinen Verpflichtungen aus dem Hauptbeschäftigungsverhältnis gerecht zu werden". Bereits in einer Entscheidung aus dem Jahr 1910 hat das RG, Beschl. v. 24.1.1910 – Rep. I. 188/08 – RGZ 72, 393 (394) die Übernahme einer weiteren Tätigkeit neben der Haupttätigkeit für zulässig gehalten. Es führte aus, dass „der Prinzipal keinen klagbaren Anspruch darauf [hat], daß der Handlungsgehilfe seine Arbeitskraft brach liegen lasse, daß er es also während der Vertragsdauer unterlasse, irgend einem anderen Prinzipale die Dienste eines Handlungsgehilfen zu leisten."

[44] BAG, Urt. v. 19.6.1959 – 1 AZR 565/57 – AP Nr. 1 zu § 611 BGB – Doppelarbeitsverhältnis; BAG, Urt. v. 13.6.1958 – 1 AZR 491/57 – AP Nr. 6 zu Art. 12 GG, Bl. 2.

[45] *Gamillscheg*, ZfA 1983, 307 (312): Es gäbe „kein Gebiet, in dem die Grundrechte so zum Kleingeld täglicher Rechtsanwendung geworden sind wie hier [gemeint ist das Arbeitsrecht]".

[46] „Für die Wirtschafts- und Gesellschaftsordnung bildet Art. 12 GG eine wertentscheidende Grundsatznorm." – BVerfG, Urt. v. 11.6.1958 – 1 BvR 596/56 – BVerfGE 7, 377 (404); *Tettinger*, in: Sachs, Art. 12 GG, Rn. 14; *Gamillscheg*, Die Grundrechte im Arbeitsrecht, S. 58 bezeichnete es sogar als „das arbeitsrechtliche Muttergrundrecht". Allgemein zur Bedeutung des Art. 12 GG im Arbeitsrecht: *Söllner*, ArbuR 1991, 45 ff.; BVerfG, Urt. v. 1.3.1979 – 1 BvR 532, 533/77, 419/78 und 1 BvL 21/78 – BVerfGE 50, 290 (362): „Art. 12 Abs. 1 GG schützt die Freiheit des Bürgers in einem für die moderne arbeitsteilige Gesellschaft besonders wichtigen Bereich: [...] Der Beruf wird in seiner Beziehung zur Persönlichkeit des Menschen im ganzen verstanden, die sich erst darin

Die Berufsfreiheit gewährleistet dem Einzelnen ein umfassendes Recht der Berufstätigkeit, das sowohl die Berufswahl als auch die Berufsausübung umfasst.[47] Als sog. Bürgerrecht gewährt es jedem Deutschen das Recht, jede Tätigkeit, für die er sich geeignet glaubt, als Beruf zu ergreifen und zur Grundlage seiner Lebensführung zu machen. Wegen des Diskriminierungsverbotes in Art. 12 EGV ist umstritten, ob Art. 12 Abs. 1 GG auch Bürger der Europäischen Union erfasst.[48] Art. 12 Abs. 1 GG konkretisiert das Grundrecht auf freie Entfaltung der Persönlichkeit im Bereich der individuellen Leistung und Existenzerhaltung und zielt somit auf eine möglichst unreglementierte berufliche Betätigung ab.[49] Jeder soll selbst entscheiden können, wie er sein Leben im Bereich der Arbeit gestaltet und seinen Lebensunterhalt eigenständig sichert. Wie sich der Einzelne entscheidet, ob für ein Vollzeitarbeitsverhältnis oder für Haupt- und Nebentätigkeit, muss jedem selbst überlassen bleiben. Das Bundesverfassungsgericht hat daher

---

[…] vollendet, daß der Einzelne sich einer Tätigkeit widmet, die für ihn Lebensaufgabe und Lebensgrundlage ist." A.A.: *Riedel*, Grundrecht der Berufsfreiheit, S. 146 hält es dagegen für fraglich, ob Art. 12 Abs. 1 GG wirklich eine so bedeutsame Rolle als Grundrecht der Arbeit spielt, wie es ihm von zahlreichen rechtswissenschaftlichen Stimmen zugeschrieben wird.

[47] BVerfG, Urt. v. 11.6.1958 – 1 BvR 596/56 – BVerfGE 7, 377 (401); BVerfG, Beschl. v. 16.6.1959 – 1 BvR 71/57 – BVerfGE 9, 338 (344); BVerfG, Urt. v. 4.3.1964 – 1 BvR 371,373/61 – BVerfGE 17, 269 (276); *Frey*, ArbuR 1967, 326 (327).

[48] Aufgrund des Diskriminierungsverbotes in Art. 12 EGV wird zunehmend für eine berufsgrundrechtliche Gleichstellung von EU-Ausländern und Deutschen plädiert. Nach Art. 12 EGV ist im Anwendungsbereich des EG-Vertrages jede Diskriminierung aus Gründen der Staatsangehörigkeit verboten. Die Befürworter einer Gleichstellung mit Deutschen stützen sich vor allem auf das Diskriminierungsverbot in Art. 12 EGV und befürworten, dass sich Bürger anderer EU-Mitgliedstaaten unmittelbar auf Art. 12 Abs. 1 GG berufen können, vgl. *Wernsmann*, Jura 2000, 657 ff.; *Breuer*, in: Handbuch des Staatsrechts VI, § 147, Rn. 21. Die Gegenansicht verweist auf den eindeutigen Wortlaut des Art. 12 Abs. 1 GG und will auch EU-Ausländer nur über das Auffanggrundrecht des Art. 2 Abs. 1 GG schützen, vgl. *v. Münch/Kunig*, Art. 12 GG, Rn. 5; *Manssen*, in: v. Mangoldt/Klein/Starck, GG I, Art. 12 Abs. 1, Rn. 260; *Sachs*, Verfassungsrecht II – Grundrechte, A 6, Rn. 18. Wegen Art. 12 EGV dürfen EU-Ausländer gegenüber Deutschen nicht diskriminiert werden. Wie diese Gleichstellung rechtlich herzuleiten ist, ob über eine europarechtskonforme Auslegung des Art. 12 Abs. 1 GG oder über das Auffangrundrecht des Art. 2 Abs. 1 GG soll und kann im Rahmen dieser Arbeit nicht entschieden werden. Im Ergebnis kommt EU-Ausländern aber ein vergleichbarer Schutz zu. Siehe dazu auch Fn. 57.

[49] BVerfG, Beschl. v. 16.3.1971 – 1 BvR 52, 665, 667, 754/66 – BVerfGE 30, 292 (334); BVerfG, Beschl. v. 18.6.1980 – 1 BvR 697/77 – BVerfGE 54, 301 (313); BVerfG, Beschl. v. 5.5.1987 – 1 BvR 981/81 – BVerfGE 75, 284 (292); ebenso: BAG, Urt. v. 26.6.2001 – 9 AZR 343/00 – NZA 2002, 98 (99); *Aussem*, Ausstrahlungswirkung der Grundrechte, S. 120.

klargestellt, dass die Berufsfreiheit des Art. 12 Abs. 1 GG auch das Recht umfasst, mehrere Berufe zu wählen und gleichzeitig nebeneinander auszuüben.[50]

Abgesehen von der Überlegung, dass der Einzelne in der Gestaltung seines Berufslebens weitestgehend von Beschränkungen frei sein soll, stellt das Bundesverfassungsgericht auch darauf ab, dass es zur Sicherung des Lebensunterhaltes unter Umständen erforderlich sein kann, zwei Berufe nebeneinander auszuüben.[51] Dieser Aspekt wird in wirtschaftlich angespannten Zeiten noch an Bedeutung gewinnen, vor allem dann, wenn sich die Motivation für die Ausübung einer Nebentätigkeit von der bloßen Verbesserung des Lebensstandards zu einer notwendigen Existenzsicherung durch mehrfache Erwerbstätigkeit wandelt.[52] Der Schutzbereich des Art. 12 Abs. 1 GG erfasst damit auch Zweit- bzw. Nebenberufe und Nebentätigkeiten.[53] Sie genießen den gleichen Schutz wie das alleinige Arbeitsverhältnis eines Arbeitnehmers.

a) Voraussetzungen des Art. 12 Abs. 1 GG

Als sog. Bürgerrecht steht das Grundrecht der Berufsfreiheit nur Deutschen zu. In sachlicher Hinsicht erfordert Art. 12 Abs. 1 GG, dass die Nebentätigkeit tatsächlich einen Beruf im Sinne der Norm darstellt. Beruf i.S. des Art. 12 Abs. 1 GG ist jede auf Dauer angelegte Tätigkeit, die der Schaffung und Erhaltung einer Lebensgrundlage dient.[54] Hinsichtlich des Arbeitsumfangs muss von einer berufsmäßigen Beschäftigung gesprochen werden können. Nebentätigkeiten, die

---

[50] BVerfG, Beschl. v. 15.2.1967 – 1 BvR 569, 589/62 – BVerfGE 21, 173 (179); BVerfG, Beschl. v. 4.11.1992 – 1 BvR 79/85 – NJW 1993, 317 (318).

[51] BVerfG, Beschl. v. 4.11.1992 – 1 BvR 79/85 – NJW 1993, 317 (318).

[52] *Bock*, Doppelarbeitsverhältnis, S. 22.

[53] *Papier*, DVBl 1984, 801 (804); *Manssen*, in: v. Mangoldt/Klein/Starck, GG I, Art. 12 Abs. 1, Rn. 34; *Stein*, AR-Blattei SD – Grundrechte im Arbeitsrecht, Rn. 507; Kittner/Zwanziger-*Zwanziger*, § 139, Rn. 1; *Riedel*, Grundrecht der Berufsfreiheit, S. 46; *Mayer*, Außerdienstliches Verhalten von Arbeitnehmern, S. 219; *Becker-Schaffner*, BlStSozArbR 1980, 321; *Wertheimer/Krug*, BB 2000, 1462; *Böhner*, DB 1969, 483; *Frey*, ArbuR 1967, 326 (331); BAG, Urt. v. 13.6.1958 – 1 AZR 491/57 – AP Nr. 6 zu Art. 12 GG, Bl. 2; BAG, Urt. v. 25.5.1970 – 3 AZR 384/69 – BAGE 22, 344 (349) = SAE 1971, 238 (240) mit Anm. *Dorndorf*; BAG, Urt. v. 3.12.1970 – 2 AZR 110/70 – AP Nr. 60 zu § 626 BGB; BAG, Urt. v. 18.1.1996 – 6 AZR 314/95 – NZA 1997, 41 (42); BAG, Urt. v. 26.6.2001 – 9 AZR 343/00 – NZA 2002, 98 (99); BGH, Beschl. v. 3.3.1986 – AnwZ (B) 1/86 – BGHZ 97, 204 (208); LAG Hamm, Urt. v. 28.9.1995 – 17 Sa 2267/94 – NZA 1996, 723 (727).

[54] BVerfG, Urt. v. 11.6.1958 – 1 BvR 596/56 – BVerfGE 7, 377 (397); BVerfG, Beschl. v. 18.6.1980 – 1 BvR 697/77 – BVerfGE 54, 301 (313); BVerfG, Beschl. v. 26.6.2002 – 1 BvR 558, 1428/91 – BVerfGE 105, 252 (265); *Wätzig*, Zulässigkeit einer Nebenbeschäftigung, S. 38; *Riedel*, Grundrecht der Berufsfreiheit, S. 16; *Tettinger*, in: Sachs, Art. 12 GG, Rn. 29.

sich in einer einmaligen Tätigkeit oder in einem unbedeutenden Ausmaß erschöpfen, erfüllen nicht den Berufsbegriff und unterfallen damit nicht dem Schutz des Art. 12 Abs. 1 GG.[55]

b) Ergebnis

Ein deutscher Arbeitnehmer kann sich hinsichtlich seiner Nebentätigkeit, wenn diese vom her Umfang einer berufsmäßigen Beschäftigung entspricht, auf den Schutz des Art. 12 Abs. 1 GG berufen.

2. Schutz durch Art. 2 Abs. 1 GG: Allgemeine Handlungsfreiheit

Auch wenn eine entgeltliche Nebentätigkeit nicht dem Schutzbereich des Art. 12 Abs. 1 GG unterfällt, weil sie beispielsweise lediglich ein- oder zweimal ausgeübt wird und es deshalb an der für Art. 12 Abs. 1 GG erforderlichen Dauerhaftigkeit fehlt, ist der Arbeitnehmer hinsichtlich der Nebentätigkeitsausübung nicht ohne verfassungsrechtlichen Schutz. Erschöpft sich die Nebentätigkeit in einer einmaligen oder kurzzeitigen Tätigkeit, so beurteilt sich ihre Zulässigkeit nach Art. 2 Abs. 1 GG.[56] Das Gleiche gilt, wenn ein ausländischer Arbeitnehmer neben seinem Hauptberuf eine Nebentätigkeit ausüben möchte. In diesen Fällen greift zum Schutz der betroffenen Arbeitnehmer das Recht der allgemeinen Handlungsfreiheit gemäß Art. 2 Abs. 1 GG ein.[57]

---

[55] *Manssen*, in: v. Mangoldt/Klein/Starck, GG I, Art. 12, Rn. 38; *Wank*, Nebentätigkeit, Rn. 91 f.; *Berning*, Anm. zu BAG, Urt. v. 26.8.1993 – 2 AZR 154/93 – AP Nr. 112 zu § 626 BGB, Bl. 7R.

[56] *Wank*, Nebentätigkeit, Rn. 92; *Wätzig*, Zulässigkeit einer Nebenbeschäftigung, S. 66-74; BAG, Urt. v. 18.1.1996 – 6 AZR 314/95 – NZA 1997, 41 (42): „[…] nichtberufliche Tätigkeiten sind durch das Recht auf freie Entfaltung der Persönlichkeit (Art. 2 Abs. 1 GG) geschützt und stehen daher dem Arbeitnehmer ebenfalls als Nebentätigkeiten frei."

[57] BVerfG, Beschl. v. 10.5.1988 – 1 BvR 482/84 und 1166/85 – BVerfGE 78, 179 (196): „Die Unanwendbarkeit des Art. 12 Abs. 1 GG auf Ausländer bedeutet nicht, daß die Verfassung sie in diesem Bereich schutzlos läßt. Der systemgerechte Ansatz liegt vielmehr bei dem subsidiären Freiheitsrecht des Art. 2 Abs. 1 GG."; *Tettinger*, in: Sachs, Art. 12 GG, Rn. 18.
Im Rahmen der vorliegenden Arbeit soll jedoch auf Art. 2 Abs. 1 GG nicht näher eingegangen werden. In nahezu allen Fällen wird eine Erwerbszwecken dienende Nebentätigkeit den Berufsbegriff erfüllen und damit dem Schutz des Art. 12 Abs. 1 GG unterfallen. Die Ergebnisse, die sich im Hinblick auf Art. 12 Abs. 1 GG für einen deutschen Arbeitnehmer ergeben, werden in aller Regel auch für ausländische Arbeitnehmer die gleichen sein, allerdings gestützt auf Art. 2 Abs. 1 GG. Gemäß Art. 2 Abs. 1 GG hat „jeder das Recht auf freie Entfaltung der Persönlichkeit, soweit er nicht die Rechte anderer verletzt und nicht gegen die verfassungsmäßige Ordnung oder das Sittengesetz verstößt." Als „Auffanggrundrecht" wird Art. 2 Abs. 1 GG daher im Hinblick auf das Recht der Nebentätigkeit über die sog. „Schrankentrias" zu gleichen Ergebnissen führen.

3. Zusammenfassung

Nebentätigkeiten sind grundsätzlich erlaubt und durch Art. 12 Abs. 1 GG geschützt. Für Nebentätigkeiten ausländischer Arbeitnehmer oder solchen, die den Berufsbegriff des Art. 12 Abs. 1 GG nicht erfüllen, ergibt sich der verfassungsrechtliche Schutz aus Art. 2 Abs. 1 GG.

III. Einschränkungen des Rechts zur Nebentätigkeitsausübung

Das Recht zur Ausübung einer Nebentätigkeit besteht nicht grenzenlos. Wie jedes andere Freiheitsrecht[58] unterliegt es gewissen Schranken. Bei allem, was ein Mensch tut, hat er auf die Rechte und Rechtsgüter anderer Rücksicht zu nehmen, d.h. er darf diese nicht verletzen oder gefährden. Dies hat auch Auswirkungen für die Zulässigkeit einer Nebentätigkeit. Nebentätigkeitsbeschränkungen können sich aus den verschiedenen Gestaltungsfaktoren des Arbeitsrechts ergeben.[59]

Untersuchungen haben gezeigt, dass in Arbeitsverträgen sehr häufig Klauseln enthalten sind, die das Nebentätigkeitsrecht des Arbeitnehmers betreffen.[60] Aber auch in arbeitsrechtlichen Gesetzen finden sich einige Regelungen, die Auswirkungen auf die Zulässigkeit von Nebentätigkeiten haben.[61] Sowohl die gesetzlichen als auch die vertraglichen Regelungen beschränken den Arbeitnehmer in

---

[58] Das Grundgesetz enthält entweder selbst Grundrechtsbegrenzungen wie z.B. in Art. 2 Abs. 2 S. 3, Art. 8 Abs. 2 oder Art. 12 Abs. 1 S. 2 GG. Sofern das GG für das entsprechende Grundrecht keinen Vorbehalt enthält wie z.b. in Art. 4 Abs. 3 oder Art. 5 Abs. 3 S. 1 GG ergeben sich die Grundrechtbegrenzungen durch kollidierendes Verfassungsrecht. *Sachs*, Verfassungsrecht II – Grundrechte, A 9, Rn. 21: „Für alle Freiheitsrechte, deren Betätigung sich auf andere Personen oder Gemeinschaftsinteressen auswirken kann, [ergeben sich] geradezu unabweisbare Notwendigkeiten, doch zu gewissen Einschränkungsmöglichkeiten zu kommen." BVerfG, Beschl. v. 26.5.1970 – 1 BvR 83, 244 und 345/69 – BVerfG 28, 243 (261): „Nur Grundrechte Dritter und andere mit Verfassungsrang ausgestattete Rechtswerte sind mit Rücksicht auf die Einheit der Verfassung und die von ihr geschützte gesamte Wertordnung ausnahmsweise imstande, auch uneinschränkbare Grundrechte in einzelnen Beziehungen zu begrenzen." Siehe auch: BVerfG, Beschl. v. 24.2.1971 – 1 BvR 435/68 – BVerfGE 30, 173 (185).

[59] Auf das individuelle Arbeitsverhältnis können eine Reihe von verschiedenen Gestaltungsfaktoren einwirken. Diese sind hierarchisch angeordnet. Dazu gehören beispielsweise das Grundgesetz, zwingendes Gesetzesrecht, Tarifvertragsnormen sowie der Arbeitsvertrag.

[60] *Preis*-*Preis*, Arbeitsvertrag, I B, Rn. 1/2, 46: Aus einer mit Unterstützung der Fritz-Thyssen-Stiftung durchgeführten Untersuchung von mehr als 800 Arbeitsverträgen ergab sich, dass 47 % der Arbeitsverträge von gewerblichen Arbeitnehmern Nebentätigkeitsklauseln enthielten. In Verträgen mit außertariflichen und leitenden Angestellten war dies sogar bei 68,6 % bzw. 75,4 % der Fall.

[61] Hierbei ist in erster Linie an die Regelungen im ArbZG über die Höchstdauer der Arbeitszeit zu denken.

seinem Nebentätigkeitsausübungsrecht. Diese Beschränkungen greifen auf unterschiedlichen Ebenen in die verfassungsrechtlich geschützte Berufsfreiheit ein.

1. Grundrechte und einfaches Gesetz

In Art. 1 Abs. 3 GG ist festgeschrieben, dass die Grundrechte Gesetzgebung, vollziehende Gewalt und Rechtsprechung als unmittelbar geltendes Recht binden. Damit ist auch der Gesetzgeber bei der einfachgesetzlichen Ausgestaltung des Arbeitsrechts an die Grundrechte gebunden.[62] Gesetzliche Regelungen dürfen daher nicht im Widerspruch zu den durch die Grundrechte geschützten Freiheiten stehen.[63] Inwieweit der Gesetzgeber in das Grundrecht der Berufsfreiheit eingreifen darf, überprüft das Bundesverfassungsgericht anhand der sog. Drei-Stufen-Theorie.[64] Hierbei werden besondere Anforderungen an die gesetzliche Zwecksetzung im Verhältnis zur Eingriffsintensität gestellt.[65] Je intensiver in die grundrechtlich geschützte Freiheit eingegriffen wird, desto größer muss das Gewicht des verfolgten Zweckes sein. Die Drei-Stufen-Theorie ist damit im Ergebnis eine strikte Anwendung des Verhältnismäßigkeitsgrundsatzes.[66]

Das Bundesverfassungsgericht differenziert hierbei zwischen drei verschiedenen Intensitätsstufen, auf denen gesetzliche Regelungen in das Grundrecht der Berufsfreiheit eingreifen. Die erste Stufe erfasst Regelungen der Berufsausübung. Sie betreffen die Frage, „wie" eine berufliche Tätigkeit ausgeübt werden soll.[67] Die zweite und dritte Stufe befassen sich dagegen mit sog. Berufswahlregelungen. Diese bestimmen, „ob" und unter welchen Voraussetzungen eine Berufstätigkeit aufgenommen werden darf.[68] Die subjektiven Zulassungsvoraussetzun-

---

[62] *Junker*, Grundkurs Arbeitsrecht, Rn. 45; MüArbR-*Richardi*, § 10, Rn. 6.

[63] *Boemke/Gründel*, ZfA 2001, 245 (248); MüArbR-*Richardi*, § 10, Rn. 6.

[64] Die Drei-Stufen-Theorie wurde vom BVerfG im sog. Apothekenurteil entwickelt: BVerfG, Urt. v. 11.6.1958 – 1 BvR 596/56 – BVerfGE 7, 377 (405). Auch heute noch wendet das BVerfG die in diesem Urteil entwickelten Grundsätze an: BVerfG, Beschl. v. 29.10.1997 – 1 BvR 780/87 – BVerfGE 97, 12 (32); BVerfG, Urt. v. 16.1.2002 – 1 BvR 1236/99 – BVerfGE 104, 357 (364); *Sachs*, Verfassungsrecht II – Grundrechte, B 12, Rn. 33; Siehe zum Ganzen: *Bock*, Doppelarbeitsverhältnis, S. 23.

[65] *Manssen*, in: v. Mangoldt/Klein/Starck, GG I, Art. 12 Abs. 1, Rn. 120.

[66] BVerfG, Beschl. v. 12.10.1977 – 1 BvR 217, 216/75 – BVerfGE 46, 120 (138); BVerfG, Beschl. v. 17.7.1961 – 1 BvL 44/55 – BVerfGE 13, 97 (104); BVerfG, Beschl. v. 18.12.1968 – 1 BvL 5, 14/64 und 5, 11, 12/65 – BVerfGE 25, 1 (12); ebenso *Sachs*, Verfassungsrecht II – Grundrechte, B 12, Rn. 42.

[67] *Sachs*, Verfassungsrecht II – Grundrechte, B 12, Rn. 34; *Manssen*, in: v. Mangoldt/Klein/ Starck, GG I, Art. 12 Abs. 1, Rn. 134; BVerfG, Urt. v. 11.6.1958 – 1 BvR 596/56 – BVerfGE 7, 377 (405); BVerfG, Beschl. v. 16.3.1971 – 1 BvR 52, 665, 667, 754/66 – BVerfGE 30, 292 (313).

[68] *Sachs*, Verfassungsrecht II – Grundrechte, B 12, Rn. 35; *Tettinger*, in: Sachs, Art. 12 GG, Rn. 103; BVerfG, Urt. v. 11.6.1958 – 1 BvR 596/56 – BVerfGE 7, 377 (406).

gen der zweiten Stufe betreffen dabei persönliche Eigenschaften des Grundrechtsträgers wie z.B. Qualifikationen. Die dritte Stufe beinhaltet dagegen objektive Zulassungsvoraussetzungen, die von den persönlichen Eigenschaften des Grundrechtsträgers unabhängig sind und allein nach objektiven Kriterien bestimmt werden.

Abhängig von der Stufe, auf welcher der Eingriff erfolgt, bedürfen diese einer unterschiedlichen Rechtfertigung. Je höher die Stufe ist, in die eingegriffen wird, desto strenger sind die Anforderungen an die Rechtfertigung des Eingriffs.[69] Welche Anforderungen jeweils nötig sind, hat das Bundesverfassungsgericht im sog. Apothekenurteil[70] entwickelt: Die Freiheit der Berufsausübung kann bereits begrenzt werden, wenn vernünftige Erwägungen des Gemeinwohls dies als zweckmäßig erscheinen lassen. Durch subjektive Zulassungsvoraussetzungen darf die Freiheit der Berufswahl nur beschränkt werden, wenn dies zum Schutz wichtiger Gemeinschaftsgüter erforderlich ist. Auf der dritten Stufe darf in die Berufswahlfreiheit durch objektive Zulassungsvoraussetzungen nur eingegriffen werden, wenn dies zur Abwehr schwerer Gefahren für ein überragend wichtiges Gemeinschaftsgut zwingend erforderlich ist. Ein Eingriff hat grundsätzlich auf der Stufe zu erfolgen, die den geringsten Eingriff in die Berufsfreiheit bedeutet.[71] Hieraus ergibt sich, dass der Erlass von Regelungen, die Nebentätigkeiten beschränken, durch den Gesetzgeber grundsätzlich möglich ist.

Im Nebentätigkeitsrecht spielen vor allem die Vorschriften des ArbZG eine wichtige Rolle. Die §§ 2, 3 ArbZG legen die zulässigen Höchstarbeitszeiten fest. Sie bestimmen, in welchem zeitlichen Umfang die Ausübung von Arbeitsverhältnissen zulässig ist. Damit regeln sie nicht das „Ob" einer Nebentätigkeit, sondern lediglich Einzelheiten im Hinblick auf die Art und Weise ihrer Ausübung.[72] Als Berufsausübungsregeln i.S. des Art. 12 Abs. 1 GG beschränken sie damit zwar faktisch den Arbeitnehmer in seiner Berufsfreiheit, dennoch sind sie nach der Drei-Stufen-Theorie zulässig, weil sie durch vernünftige Erwägungen

---

[69] *Manssen*, in: v. Mangoldt/Klein/Starck, GG I, Art. 12 Abs. 1, Rn. 133; BVerfG, Beschl. v. 11.6.1958 – 1 BvR 596/56 – BVerfGE 7, 377 (405 ff.).

[70] BVerfG, Urt. v. 11.6.1958 – 1 BvR 596/56 – BVerfGE 7, 377 (405 ff.).

[71] BVerfG, Urt. v. 11.6.1958 – 1 BvR 596/56 – BVerfGE 7, 377 (408); *Sachs*, Verfassungsrecht II – Grundrechte, B 12, Rn. 41; *Manssen*, in: v. Mangoldt/Klein/Starck, GG I, Art. 12 Abs. 1, Rn. 134.

[72] *Wätzig*, Zulässigkeit einer Nebenbeschäftigung, S. 262; *Bock*, Doppelarbeitsverhältnis, S. 24.

des Allgemeinwohls – wie dem Schutz der Arbeitnehmer vor beruflicher Überanstrengung – gerechtfertigt sind.[73]

2. Grundrechte und Arbeitsvertrag

Der Arbeitsvertrag besitzt von allen Gestaltungsfaktoren, die auf das Arbeitsverhältnis einwirken, eine herausragende Funktion. Er ist das wichtigste Instrument zwischen Arbeitgeber und Arbeitnehmer zur Regelung ihrer arbeitsrechtlichen Beziehung. In ihm werden die beiderseitigen Rechte und Pflichten festgelegt.

a) Privatautonomie im Arbeitsvertragsrecht

Im Arbeitsvertragsrecht gilt der Grundsatz der Privatautonomie. Privatautonomie wird definiert als die durch die Rechtsordnung gewährte und gesicherte Möglichkeit des Einzelnen, seine rechtlichen Beziehungen und die ihn betreffenden Rechtsverhältnisse innerhalb der gesetzlichen Grenzen rechtsgeschäftlich zu regeln.[74] Privatautonomie ist danach das Prinzip der Rechtsgestaltung durch die einzelnen Rechtssubjekte nach dem Grundsatz der Selbstbestimmung.[75] Die wichtigste Ausprägung der Privatautonomie ist die Vertragsfreiheit. Sie gewährleistet jedem das Recht, frei zu entscheiden, ob und mit wem er einen Vertrag schließt und wie dieser inhaltlich ausgestaltet wird. Als „Selbstbestimmung des Einzelnen im Rechtsleben"[76] ist die Vertragsfreiheit als Ausdruck der allgemeinen Handlungsfreiheit durch Art. 2 Abs. 1 GG verfassungsrechtlich geschützt. Im Arbeitsverhältnis genießt sie einen speziellen Schutz als Teil der beruflichen Handlungsfreiheit nach Art. 12 Abs. 1 GG.[77]

---

[73] *Schliemann/Meyer*, ArbZR, Rn. 35; *Zmarzlik*, AR-Blattei SD – Arbeitszeit, Rn. 39; *Neumann/Biebl*, § 1 ArbZG, Rn. 3; *Manssen*, in: v. Mangoldt/Klein/Starck, GG I, Art. 12 Abs. 1, Rn. 206.

[74] *Kittner/Zwanziger-Becker*, § 31, Rn. 1; *Boemke*, NZA 1993, 532; *Otto*, Wegfall des Vertrauens, S. 19; *Feuerborn*, Sachliche Gründe im Arbeitsrecht, S. 44; *Heinrich*, Formale Freiheit und materielle Gerechtigkeit, S. 43.

[75] *Dieterich*, Grundgesetz und Privatautonomie im Arbeitsrecht, S. 15; BVerfG, Beschl. v. 13.5.1986 – 1 BvR 1542/84 – BVerfGE 72, 155 (170); BVerfG, Beschl. v. 7.2.1990 – 1 BvR 26/84 – BVerfGE 81, 242 (254); BVerfG, Beschl. v. 19.10.1993 – 1 BvR 567, 1044/89 – BVerfGE 89, 214 (231).

[76] BVerfG, Beschl. v. 19.10.1993 – 1 BvR 567, 1044/89 – BVerfGE 89, 214 (231).

[77] BVerfG, Beschl. v. 7.2.1990 – 1 BvR 26/84 – BVerfGE 81, 242 (254); BAG, Urt. v. 16.3.1994 – 5 AZR 339/92 – NZA 1994, 937 (939); *Junker*, Grundkurs Arbeitsrecht, Rn. 17; *Papier*, RdA 1989, 137 (138); *Feuerborn*, Sachliche Gründe im Arbeitsrecht, S. 43.

Privatautonomie und Vertragsfreiheit sind Grundprinzipien des Arbeitsvertragsrechts.[78]

Die Vertragsfreiheit verwirklicht sich regelmäßig dadurch, dass Arbeitsverträge geschlossen werden, in denen Arbeitgeber und Arbeitnehmer ihre beiderseitigen Rechte und Pflichten festlegen. Die Vertragsparteien gestalten auf der Grundlage der Privatautonomie ihre Rechtsbeziehung eigenverantwortlich, sie bestimmen selbst, wie ihre gegenläufigen Interessen angemessen auszugleichen sind und verfügen damit zugleich über ihre grundrechtlich geschützten Positionen.[79] Begründung und inhaltliche Ausgestaltung des Arbeitsvertrages stellen sich somit als zweiseitige Wahrnehmung des Grundrechts der Berufsfreiheit dar.

Dennoch gewähren Privatautonomie und Vertragsfreiheit keine absolute Freiheit zur beliebigen Ausgestaltung rechtlicher Beziehungen. Sie bestehen von vornherein nur im Rahmen der von der Rechtsordnung gesetzten Schranken.[80] Die aufgrund der Vertragsfreiheit getroffenen arbeitsvertraglichen Regelungen müssen mit den geltenden Gesetzen vereinbar sein. Soweit die Privatautonomie nicht von vornherein durch konkrete Normen begrenzt ist, können sich weitergehende Beschränkungen aus den zivilrechtlichen Generalklauseln ergeben.[81] An dieser Stelle spielen die Grundrechte eine wichtige Rolle.

b) Einwirkung der Grundrechte

Die Grundrechte sollten in erster Linie den Grundrechtsträger vor Eingriffen der öffentlichen Gewalt schützen.[82] Die Bindung der öffentlichen Gewalt an die Grundrechte hat daneben zur Folge, dass die Grundrechtsnormen zugleich die normative Grundstruktur des Staates und der Gesellschaft festlegen. Sie sind

---

[78] *Boemke*, NZA 1993, 532 (533); MüArbR-*Richardi*, § 1, Rn. 26; *Hueck/Nipperdey*, S. 145; *Papier*, RdA 1989, 137ff; Schaub-*Schaub*, § 31, Rn. 2; Staudinger-*Richardi*, § 611, Rn. 23/24.

[79] BVerfG, Beschl. v. 7.2.1990 – 1 BvR 26/84 – BVerfGE 81, 242 (254); BAG, Urt. v. 16.3.1994 – 5 AZR 339/92 – NZA 1994, 937 (939).

[80] BAG, Urt. v. 16.3.1994 – 5 AZR 339/92 – NZA 1994, 937 (939); *Boemke*, NZA 1993, 532 (533); *Feuerborn*, Sachliche Gründe im Arbeitsrecht, S. 44.

[81] *Boemke*, NZA 1993, 532 (533); *Feuerborn*, Sachliche Gründe im Arbeitsrecht, S. 43.

[82] Sie werden daher oft als „Abwehrrechte gegen den Staat" bezeichnet, vgl. BVerfG, Urt. v. 15.1.1958 – 1 BvR 400/51 – BVerfGE 7, 198 (204); MüArbR-*Richardi*, § 10, Rn. 7; *Preis*, Praxis-Lehrbuch, S. 122; *Starck*, in: v. Mangoldt/Klein/Starck, GG I, Art. 1 III, Rn. 148; *Zöller/Loritz*, S. 90; *Stein*, AR-Blattei SD – Grundrechte im Arbeitsrecht, Rn. 2; *Hromadka/Maschmann*, ArbR I, § 2, Rn. 36.

daher auch Grundsatznormen für die gesamte Rechtsordnung,[83] womit sie auch im Zivil- und Arbeitsrecht von Bedeutung sind.

Während früher eine „unmittelbare Drittwirkung"[84] der Grundrechte angenommen wurde, ist nunmehr allgemein anerkannt, dass die Grundrechte im Zivilrecht und damit auch auf dem Gebiet des Arbeitsrechts nur noch im Wege der „mittelbaren Drittwirkung" auf die Rechtsverhältnisse einwirken.[85] Das Bundesverfassungsgericht hat im sog. Lüth-Urteil[86] ausgeführt, dass das Grundgesetz in seinem Grundrechtsabschnitt „eine objektive Wertordnung aufgerichtet hat." Dieses Wertesystem müsse „als verfassungsrechtliche Grundentscheidung für alle Bereiche des Rechts gelten", mithin auch im Privatrecht.[87] Der Rechtsgehalt der Grundrechte als objektive Normen entfalte sich „im Privatrecht durch das Medium der dieses Rechtsgebiet unmittelbar beherrschenden Vorschriften." Einbruchstellen der Grundrechte in das Zivilrecht sind danach „die wertausfüllungsfähigen und wertausfüllungsbedürftigen Begriffe und Generalklauseln des Privatrechts".[88]

---

[83] MüArbR-*Richardi*, § 10, Rn. 7; *Kempff*, AiB 1990, 455.

[84] In der älteren Arbeitsrechtswissenschaft ging man zunächst von einer „unmittelbaren Drittwirkung" der Grundrechte aus. Demnach galten die Grundrechte auch im Verhältnis Bürger-Bürger unmittelbar. Diese Lehre beruhte auf der Erkenntnis, dass zahlreiche Grundrechte „die wichtige Funktion von Ordnungssätzen und Grundsatznormen für die gesamte Rechtsordnung" haben. (*Nipperdey*, Grundrechte und Privatrecht, S. 13 ff.; *Wätzig*, Zulässigkeit einer Nebenbeschäftigung, S. 147-177; *Nipperdey*, RdA 1950, 121 (124)): Die Sicherung der das Gemeinschaftsleben beherrschenden grundlegenden Rechtssätze erfordere deren allgemeine Beachtung. Die Durchsetzung grundrechtlicher Bestimmungen sei nur dann sinnvoll gewährleistet, wenn neben den drei Staatsgewalten gemäß Art. 1 Abs. 3 GG auch die einzelnen Bürger an sie gebunden seien. Folglich sollten die Grundrechte auch den Privatrechtsverkehr unmittelbar binden. Dieser Ansicht folgte zunächst auch das BAG (BAG, Urt. v. 3.12.1954 – 1 AZR 150/54 – BAGE 1, 185 (193); BAG, Urt. v. 23.2.2959 – 3 AZR 583/57 – BAGE 7, 256 (260); BAG, Urt. v. 29.5.1962 – 1 AZR 343/61 – BAGE 13, 168 (176).

[85] **Rechtsprechung:** BVerfG, Urt. v. 15.1.1958 – 1 BvR 400/51 – BVerfGE 7, 198 (205); BAG, Urt. v. 27.2.1985 – GS 1/84 – BAGE 48, 122 (138); BAG, Urt. v. 20.12.84 – 2 AZR 436/83 – NZA 1986, 21 (22); **Schrifttum:** MüArbR-*Richardi*, § 10, Rn. 10; *Tettinger*, in Sachs, Art. 12 Abs. 1 GG, Rn. 32; *Zöllner/Loritz*, Arbeitsrecht, S. 92; *Kittner/Zwanziger-Bantle*, § 113, Rn. 4; *Bock*, Doppelarbeitsverhältnis, S. 24; *Preis*, Praxis-Lehrbuch, S. 125; *Junker*, Grundkurs Arbeitsrecht, Rn. 50; *Sachs*, Verfassungsrecht II – Grundrechte, A 5, Rn. 39; *Boemke*, NZA 1993, 532 (533); *Papier*, RdA 1989, 137 (138).

[86] BVerfG, Urt. v. 15.1.1958 – 1 BvR 400/51 – BVerfGE 7, 198 (205).

[87] BVerfG, Urt. v. 15.1.1958 – 1 BvR 400/51 – BVerfGE 7, 198 (205); BVerfG, Beschl. v. 23.4.1986 – 2 BvR 487/80 – BVerfGE 73, 261 (269); BVerfG – Beschl. v. 7.2.1990 – 1 BvR 26/84 – BVerfGE 81, 242 (254).

[88] BVerfG – Urt. v. 15.1.1958 – BVerfGE 7, 198 (206); BVerfG, Beschl. v. 23.4.1986 – BVerfGE 73, 261 (269); *Boemke/Gründel*, ZfA 2001, 245 (250).

Neben den gesetzlichen Grenzen ergeben sich weitere Beschränkungen der Privatautonomie aus den zivilrechtlichen Generalklauseln wie §§ 138, 242, 315 oder 307 BGB. Die in der Rechtsgemeinschaft anerkannten objektiven Werte, d.h. Wertentscheidungen und Prinzipien der Gesamtrechtsordnung, sind über diese Generalklauseln auch im Zivil- und damit im Arbeitsrecht zu berücksichtigen.[89] Die Grundrechte entfalten somit als Auslegungsmaßstab sowie als Beurteilungs- und Abwägungskriterium arbeitsrechtlicher Begriffe mittelbare Wirkung im Arbeitsrecht.

c) Nebentätigkeitsklauseln in Arbeitsverträgen

Arbeitgeber erwarten von ihren Arbeitnehmern optimale Arbeitsleistungen. Der Ausübung von Nebentätigkeiten stehen sie häufig skeptisch gegenüber, weil sie durch die Doppelbelastung Störungen im Arbeitsverhältnis befürchten. Aus diesem Grund finden sich in vielen Arbeitsverträgen Klauseln, die die Ausübung von Nebentätigkeiten beschränken.

Das Arbeitsrecht ist vom Grundsatz der Vertragsfreiheit geprägt. Arbeitgeber und Arbeitnehmer schließen Verträge, in denen sich beide Teile wechselseitig in ihrer beruflichen Handlungsfreiheit beschränken.[90] Die Vertragsparteien bestimmen, wie ihre wechselseitigen Interessen angemessen auszugleichen sind und verfügen damit über ihre grundrechtlich geschützten Positionen. In der Praxis werden Arbeitsverträge allerdings fast ausschließlich in Form von Formularverträgen geschlossen, bei denen die Vertragsbedingungen einseitig vom Arbeitgeber in den Vertrag eingeführt werden und der Arbeitnehmer meist keinerlei Einflussmöglichkeit hat. Dieses Vertragsungleichgewicht führt zu einer besonderen Schutzbedürftigkeit des Arbeitnehmers. Vertragliche Regelungen ürfen deshalb nicht dazu führen, dass der Arbeitnehmer nahezu vollständig seiner grundrechtlich geschützten Positionen beraubt wird. So gewährleistet Art. 12 Abs. 1 GG dem Einzelnen gerade das Recht, selbständig und eigenverantwortlich zu entscheiden, wie er seine wirtschaftliche Existenzgrundlage sichert. Der Wesensgehalt der Berufsfreiheit muss daher auch bei Einschränkungen im Rahmen vorformulierter Arbeitsverträge erhalten bleiben. Vertragliche Nebentätigkeitsbeschränkungen dürfen deshalb nicht so weit gehen, dass dem Arbeitnehmer die Möglichkeit anderweitiger Erwerbstätigkeit vollständig genommen wird. Bei der Beurteilung vertraglicher Nebentätigkeitsklauseln muss das Grundrecht der Berufsfreiheit über die Generalklauseln des BGB berücksichtigt werden.

---

[89] *Boemke/Gründel*, ZfA 2001, 245 (253); *Boemke*, NZA 1993, 532 (533).
[90] BAG, Urt. v. 4.10.1958 – 2 AZR 200/55 – AP Nr. 7 zu Art. 12 GG, Bl. 2; BVerfG, Beschl. v. 7.2.1990 – 1 BvR 26/84 – BVerfGE 81, 242 (254); BAG, Urt. v. 13.6.1958 – 1 AZR 491/57 – AP Nr. 6 zu Art. 12 GG, Bl. 2R; *Boemke/Gründel*, ZfA 2001, 245 (266).

3. Zusammenfassung

Das durch Art. 12 Abs. 1 GG verfassungsrechtlich geschützte Recht zur Ausübung einer Nebentätigkeit kann auf unterschiedliche Art und Weise beschränkt werden. Zum einen können gesetzliche Regelungen das Nebentätigkeitsausübungsrecht des Arbeitnehmers einschränken. Gesetzliche Beschränkungen der Berufsfreiheit sind zulässig, sofern sie durch gewichtige Gründe des Gemeinwohls gemäß der sog. Drei-Stufen-Theorie gerechtfertigt sind. Neben den gesetzlichen Beschränkungen können auch im Arbeitsvertrag selbst Einschränkungen getroffen werden. Diese dürfen aber nicht dazu führen, dass eine Vertragspartei ihrer grundrechtlich geschützten Position nahezu vollständig beraubt wird. Die Grundrechte wirken über die Generalklauseln des BGB im Wege der mittelbaren Drittwirkung auf das Arbeitsverhältnis ein.

§ 4 Gesetzliche Beschränkungen des Nebentätigkeitsrechts

In verschiedenen Gesetzen finden sich Regelungen, die das Recht zur Ausübung von Nebentätigkeiten einschränken. Diese Vorschriften nehmen zwar nicht explizit auf Nebentätigkeiten als solche Bezug, beeinflussen aber gleichwohl deren Inhalt, Umfang und Zulässigkeit.[91]

I. Arbeitszeitgesetz

Im Zusammenhang mit der Ausübung einer Nebentätigkeit kommt den Vorschriften des ArbZG erhebliche Bedeutung zu.[92] Die Normen des ArbZG stellen verbindliche Richtgrößen auf, anhand derer eine Überanstrengung des Arbeitnehmers gemessen werden kann und die dazu dienen, dies zu verhindern. Das ArbZG trifft u.a. Regelungen über Höchstarbeits- und Ruhezeiten. Es bildet damit den Kern der das Nebentätigkeitsrecht betreffenden arbeitsschutzrechtlichen Normen.[93] Zweck des ArbZG ist gemäß § 1 Nr. 1 ArbZG u.a. die Gewährleistung von Sicherheit und Gesundheitsschutz der Arbeitnehmer bei der Arbeitszeitgestaltung. Im Hinblick auf die Ausübung von Nebentätigkeiten schützt das ArbZG den Arbeitnehmer vor einer Überbeanspruchung seiner Arbeitskraft.[94]

Ist der Arbeitnehmer sowohl in der Haupt- als auch in der Nebentätigkeit im Rahmen von Arbeitsverhältnissen beschäftigt, müssen die Vorschriften des ArbZG ebenso eingehalten werden, als stünde der Arbeitnehmer in nur einem Arbeitsverhältnis. Die beiden Arbeitsverhältnisse dürfen hinsichtlich der Grenzen des ArbZG nicht isoliert betrachtet werden. Nach § 2 Abs. 1 S. 1 2. Hs. ArbZG sind die Arbeitszeiten bei mehreren Arbeitgebern zusammenzurechnen. Erst aus dieser Zusammenrechnung ergibt sich, ob die Ausübung einer Nebentätigkeit mit den Vorschriften des ArbZG in Einklang steht.

1. Geltungsbereich des ArbZG

Der Geltungsbereich des ArbZG ergibt sich aus § 2 und § 18 ArbZG. Dem Schutz des ArbZG unterliegen gemäß § 1 Nr. 1 ArbZG nur Arbeitnehmer. Als Arbeitnehmer i.S. des ArbZG gelten nach § 2 Abs. 2 ArbZG Arbeiter, Angestellte und zur Berufsbildung Beschäftigte. Der Arbeitnehmerbegriff in § 2

---

[91] *Wank*, Nebentätigkeit, Rn. 131; *Preis*, Praxis-Lehrbuch, S. 309; Kittner/Zwanziger-*Becker*, § 72, Rn. 45.

[92] Zu den Grundlagen des Arbeitszeitrechts vgl. *Tietje*, Grundfragen des Arbeitszeitrechts.

[93] *Wank*, AR-Blattei SD – Nebentätigkeit, Rn. 40; *Reiserer/Freckmann/Träumer*, Scheinselbständigkeit, geringfügige Beschäftigung, A, Rn. 55.

[94] *Palme*, BlStSozArbR 1973, 137 (138); *Hunold*, AR-Blattei SD – Mehrfachbeschäftigung, Rn. 43; *Wank*, Nebentätigkeit, Rn. 144; MüArbR-*Blomeyer*, § 55, Rn. 14.

Abs. 2 ArbZG entspricht der allgemein anerkannten Definition des Arbeitnehmers.[95] Das ArbZG erfasst damit alle Beschäftigten, die aufgrund eines privatrechtlichen Vertrags in fremder Arbeitsorganisation abhängige Arbeit erbringen.[96] Im Hinblick auf Nebentätigkeiten hat das ArbZG nur für die Arbeitnehmer Bedeutung, die ihre Nebentätigkeit ebenso wie die Haupttätigkeit im Rahmen eines Arbeitsverhältnisses ausüben. Nebentätigkeiten, die der Arbeitnehmer auf selbständiger Basis ausübt, werden vom ArbZG nicht erfasst. Wird die Nebentätigkeit im Rahmen eines Arbeitsverhältnisses erbracht, gelten die Bestimmungen des ArbZG grundsätzlich für jedes Arbeitsverhältnis ohne Rücksicht auf das jeweils andere. Ausnahmen ergeben sich aus § 18 ArbZG. Diese Vorschrift schränkt den Anwendungsbereich des ArbZG ein, indem es bestimmte Personengruppen, obwohl sie Arbeitnehmer sind, von der Anwendung des Gesetzes ausnimmt.

2. Regelungen des ArbZG

Im Hinblick auf die Ausübung von Nebentätigkeiten sind vor allem die Vorschriften über Höchstarbeitszeiten gemäß § 3 ArbZG und über Ruhezeiten gemäß § 5 ArbZG bedeutsam. Darüber hinaus können auch die Regelungen über die Sonn- und Feiertagsarbeit nach §§ 9 - 13 ArbZG für das Nebentätigkeitsrecht maßgeblich sein, da Arbeitnehmer nicht selten an Sonn- oder Feiertagen einer zusätzlichen Erwerbstätigkeit nachgehen.

a) Höchstarbeitszeiten

§ 3 S. 1 ArbZG normiert als Grundsatz an Werktagen eine zulässige Höchstarbeitszeit von acht Stunden täglich. Als Werktage gelten alle Kalendertage, die nicht Sonntage oder gesetzliche Feiertage sind.[97] Hieraus ergibt sich eine höchstzulässige Wochenarbeitszeit von 48 Stunden. Für die Ausübung von Nebentätigkeiten hat dies in zweierlei Hinsicht Bedeutung.

Zum einen ist heute anders als früher im Arbeitsverhältnis die Fünf-Tage-Woche üblich. Arbeitnehmer dürfen damit gemäß § 3 ArbZG an fünf Arbeitstagen insgesamt maximal 40 Stunden arbeiten. Zum anderen hatten fortschreitende Ar-

---

[95] *Neumann/Biebl*, § 2 ArbZG, Rn. 21; *Schliemann/Meyer*, ArbZR, Rn. 106; Erf-Komm-*Wank*, § 2 ArbZG, Rn. 3; *Schliemann*, ArbZG, § 2, Rn. 66.

[96] Erf-Komm-*Wank*, § 2 ArbZG, Rn. 3/4; *Schliemann/Meyer*, ArbZR, Rn. 108; *Neumann/Biebl*, § 2 ArbZG, Rn. 21; BAG, Urt. v. 20.7.1994 – 5 AZR 627/93 – AP Nr. 73 zu § 611 BGB – Abhängigkeit, Bl. 3; BAG, Urt. v. 20.9.2000 – 5 AZR 61/99 – EzA Nr. 84 zu § 611 BGB – Arbeitnehmerbegriff, S. 9.

[97] *Zmarzlik*, AR-Blattei SD – Arbeitszeit, Rn. 92; *Baeck/Deutsch*, ArbZG, § 3, Rn. 14; *Schliemann*, ArbZG, § 3, Rn. 6; Erf-Komm-*Wank*, § 3 ArbZG, Rn. 2; *Notz*, AuA 2003 (Heft 2), 18; *Roggendorff*, ArbZG § 3, Rn. 5.

beitszeitverkürzungen zur Folge, dass die Wochenarbeitszeit oftmals bei nur noch 35,5 bis 38 Stunden liegt.[98] Diese Entwicklungen im Arbeitszeitrecht bieten dem Arbeitnehmer vielfältige Möglichkeiten, neben der Hauptbeschäftigung noch eine weitere nebenberufliche Tätigkeit auszuüben. In arbeitszeitrechtlicher Sicht ist hierbei die Vorschrift des § 2 Abs. 1 S. 1 ArbZG von Bedeutung, nach dessen zweitem Halbsatz Arbeitszeiten bei mehreren Arbeitgebern zusammenzurechnen sind.[99] Hierbei kommt es nicht darauf an, inwieweit eine Tätigkeit als Haupttätigkeit, die andere als Nebentätigkeit anzusehen ist.[100] Die Beschäftigungszeiten aus allen Arbeitsverhältnissen sind zu addieren. Dabei darf die Summe der Arbeitszeiten in Haupt- und Nebentätigkeit die gesetzlichen Höchstgrenzen der Arbeitszeit nicht überschreiten.[101]

Die Arbeitszeit kann gemäß § 3 S. 2 ArbZG auf bis zu zehn Stunden täglich verlängert werden, wenn innerhalb eines Ausgleichszeitraumes von sechs Kalendermonaten oder 24 Wochen im Durchschnitt die werktägliche Arbeitszeit von acht Stunden nicht überschritten wird. Es ist daher grundsätzlich möglich, dass ein Arbeitnehmer bis zu 60 Stunden in der Woche arbeitet, sofern dann ein entsprechender Ausgleich innerhalb des vorgeschriebenen Zeitraumes erfolgt.[102]

---

[98] Leben und Arbeiten in Deutschland – Mikrozensus 2003, S. 52: In der Vergangenheit zeichnete sich die Entwicklung der Arbeitszeit durch deutliche Arbeitszeitverkürzungen und zunehmende Arbeitszeitflexibilisierung aus. In Folge dessen ist die durchschnittliche Wochenarbeitszeit in den alten Bundesländern im Zeitraum von April 1985 bis Mai 2003 von 40 auf 35,5 Stunden gesunken. In den neuen Bundesländern und Berlin-Ost sank die Arbeitszeit von 40 auf durchschnittlich 37,6 Stunden.

[99] Wird ein Arbeitnehmer für einen Dritten nicht aufgrund eines Arbeitsvertrages, sondern aufgrund eines Werk- oder Dienstvertrages tätig, sind diese Zeiten nicht zu berücksichtigen. § 2 Abs. 1 ArbZG spricht von Arbeitgebern und setzt damit Arbeitsverhältnisse voraus. Es sind daher nur die im Rahmen eines Arbeitsverhältnisses erbrachten Zeiten zusammenzurechnen.

[100] BAG, Urt. v. 14.12.1967 – 5 AZR 74/67 – AP Nr. 2 zu § 1 AZO mit Anm. *Gitter*, Bl. 4; *Schliemann/Meyer*, ArbZR, Rn. 90; *Becker-Schaffner*, BlStSozArbR 1980, 321 (322); *Palme*, BlStSozArbR 1973, 137 (138): Allein entscheidend sei, dass es sich um ein abhängiges Arbeitsverhältnis handelt.

[101] *Hunold*, AR-Blattei SD – Mehrfachbeschäftigung, Rn. 43; *Preis*, Praxis-Lehrbuch, S. 309; *Weber/Kaplik*, AuA 2000, 536 (537); BAG, Urt. v. 19.6.1959 – 1 AZR 565/57 – AP Nr. 1 zu § 611 BGB – Doppelarbeitsverhältnis; LAG Mannheim, Beschl. v. 27.9.1967 – 7 Ta BV 1/67 – AR-Blattei – Nebentätigkeit, Entscheidung 2; BAG, Urt. v. 11.12.2001 – 9 AZR 464/00 – NZA 02, 965 (967); LAG Bremen, Urt. v. 17.9.2001 – 4 Sa 43/01 – NZA-RR 2002, 186 (193).

[102] *Ignor/Rixen*, Handbuch Arbeitsstrafrecht, Rn. 790; *Bock*, Doppelarbeitsverhältnis, S. 52.

b) Ruhezeiten

In § 5 ArbZG ist festgelegt, welche Ruhezeiten den Arbeitnehmern zu gewähren sind. Nach Abs. 1 muss einem Arbeitnehmer nach Beendigung der täglichen Arbeitszeit eine ununterbrochene Ruhezeit von elf Stunden eingeräumt werden. Als Ruhezeit wird der Zeitraum bezeichnet, der zwischen dem Ende der täglichen Arbeitszeit und dem Beginn der nächsten täglichen Arbeitszeit liegt.[103] Die Ruhezeit soll dem Arbeitnehmer die Möglichkeit bieten, sich von den Belastungen der Arbeit zu erholen.

Im ArbZG fehlt es an einer Vorschrift, die ähnlich wie bei den Höchstarbeitszeiten (§ 2 Abs. 1 S. 1 2. Hs. ArbZG) eine Regelung bezüglich der Ruhezeiten bei mehreren Arbeitgebern trifft. Der Zweck des ArbZG – Schutz des Arbeitnehmers vor Überanstrengung – erfordert jedoch auch hier eine entsprechende Regelung, was aber nicht bedeutet, dass dem Arbeitnehmer in beiden Arbeitsverhältnissen jeweils eine Ruhezeit von elf Stunden zu gewähren ist.[104] Der Zweck der Ruhezeit, dem Arbeitnehmer die Möglichkeit zur Erholung und Regeneration zu geben, wird bereits dann erreicht, wenn ihm insgesamt einmal eine Ruhezeit von elf Stunden gewährt wird.[105] Bei der Ausübung von Haupt- und Nebentätigkeit ist darauf zu achten, dass der Arbeitnehmer während einer zusammenhängenden Zeitspanne von elf Stunden in keinem der beiden Arbeitsverhältnisse tätig wird. Abweichungen von der elfstündigen Regelruhezeit trifft das ArbZG in § 5 Abs. 2 ArbZG.[106]

c) Sonn- und Feiertagsarbeit

In den Fällen, in denen Arbeitnehmer im Rahmen ihrer Nebentätigkeit an Sonn- oder Feiertagen tätig sind, müssen zusätzlich die Regelungen des ArbZG über Sonn- und Feiertagsarbeit beachtet werden.

Gemäß § 11 Abs. 2 ArbZG gelten die §§ 3 - 8 ArbZG für die Beschäftigung an Sonn- und Feiertagen entsprechend. Arbeitnehmer dürfen daher auch an Sonn- und Feiertagen grundsätzlich nicht mehr als acht Stunden beschäftigt werden. Verlängerungen sind jedoch bei entsprechendem Ausgleich möglich. Zur Be-

---

[103] BAG, Urt. v. 23.11.1960 – 4 AZR 257/59 – AP Nr. 6 zu § 12 AZO, Bl. 2R; *Tietje*, Grundfragen des Arbeitszeitrechts, S. 127; *Schliemann*, ArbZG, § 5, Rn. 3; Erf-Komm-*Wank*, § 5 ArbZG, Rn. 1; *Neumann/Biebl*, § 5 ArbZG, Rn. 2.

[104] *Zmarzlik/Anzinger*, ArbZG, § 5, Rn. 24; *Bock*, Doppelarbeitsverhältnis, S. 53.

[105] *Bock*, Doppelarbeitsverhältnis, S. 53; *Zmarzlik/Anzinger*, ArbZG, § 5, Rn. 24; MüArbR-*Blomeyer* § 55, Rn. 14.

[106] Vor allem für Beschäftigte in Krankenhäusern, dem Gaststätten- und Beherbergungsgewerbe, beim Rundfunk oder in Verkehrsbetrieben sind gemäß § 5 Abs. 2 ArbZG Verkürzungen der Ruhezeiten möglich, soweit innerhalb eines Ausgleichszeitraumes die Ruhezeit auf mindestens 12 Stunden verlängert wird.

rechnung der Gesamtarbeitszeit einer Woche sind gemäß § 11 Abs. 2 ArbZG auch die Arbeitszeiten an Sonn- und Feiertagen einzubeziehen. Durch die Arbeit an Sonn- und Feiertagen dürfen die in § 3 ArbZG bestimmten Höchstarbeitszeiten und Ausgleichszeiträume nicht überschritten werden. Zwar ist es durch Kombination von § 3 S. 2 und § 11 Abs. 2 ArbZG denkbar, dass ein Arbeitnehmer unter Einbeziehung des Sonntags bis zu 70 Stunden in der Woche beschäftigt wird,[107] gleichwohl verbietet der Schutzzweck des ArbZG eine solch extensive Verwertung der Arbeitskraft. Es bleibt deshalb dabei, dass die höchstzulässige Wochenarbeitszeit eines Arbeitnehmers von 48 bzw. 60 Stunden bei entsprechendem Ausgleich auch unter Einbeziehung des Sonntags und der Ausgleichszeiträume nicht überschritten werden darf.[108] Die Ausübung einer Nebentätigkeit an Sonn- oder Feiertagen ist nur soweit möglich, als die nach § 3 ArbZG zulässige Höchstarbeitszeit nicht bereits durch die Arbeitserbringung an den Werktagen verbraucht ist.

3. Rechtsfolgen bei Verstößen gegen das ArbZG

Nachdem die für das Nebentätigkeitsrecht relevanten Vorschriften des ArbZG erörtert worden sind, stellt sich die Frage, welche Rechtsfolgen ein Verstoß gegen die Vorschriften des ArbZG hat und wie sich dies auf eine Nebentätigkeit auswirkt. Das ArbZG regelt zwar den zeitlichen Rahmen, innerhalb dessen Arbeitsleistungen von den Arbeitnehmern erbracht werden dürfen, enthält jedoch keine Vorschrift darüber, wie sich Verstöße gegen das ArbZG auf das Arbeitsverhältnis auswirken.

a) Auswirkungen auf den Bestand des Nebenarbeitsverhältnisses

Welche Rechtsfolgen Verstöße gegen das Arbeitszeitrecht nach sich ziehen, ist in Rechtsprechung und Schrifttum umstritten.

aa) Nichtigkeit des Nebenarbeitsvertrages gemäß § 134 BGB

Die Vorschriften des ArbZG stellen Verbotsgesetze i.S. des § 134 BGB dar.[109] Das Bundesarbeitsgericht und der Bundesgerichtshof gehen deshalb davon aus,

---

[107] *Zmarzlik*, AR-Blattei SD – Arbeitszeit, Rn. 466; *Baeck/Deutsch*, ArbZG, § 11, Rn. 14; *Zmarzlik/Anzinger*, ArbZG, § 11, Rn. 21.

[108] *Schliemann/Meyer*, ArbZR, Rn. 689; *Zmarzlik/Anzinger*, ArbZG, § 11, Rn. 21; *Bock*, Doppelarbeitsverhältnis, S. 54; *Zmarzlik*, AR-Blattei SD – Arbeitszeit, Rn. 97 und 466; *Ignor/Rixen*, Handbuch Arbeitsstrafrecht, Rn. 790.

[109] BGH, Urt. v. 28.1.1986 – VI ZR 151/84 – NJW 1986, 1486; *Oligmüller*, Nebentätigkeitsproblematik im Individualarbeitsrecht, S. 31; *Baeck/Deutsch*, ArbZG, § 2, Rn. 19; *Neumann/Biebl*, § 2 ArbZG, Rn. 20; *Schliemann/Meyer*, ArbZR, Rn. 91; *Dobberahn*, Rn. 12; *Gitter*, Anm. zu BAG, Urt. v. 14.12.1967 – 5 AZR 74/67 – AP Nr. 2 zu § 1 AZO, Bl. 4R;

dass Zweitarbeitsverträge nach § 134 BGB nichtig sind, sofern die Höchstarbeitszeit unter Berücksichtigung der im ersten Arbeitsverhältnis vereinbarten Arbeitszeit *erheblich* überschritten wird.[110] Allerdings führt nicht jeder Verstoß zur Nichtigkeit des Arbeitsvertrages. Vielmehr sei nach der Intensität des Verstoßes zu differenzieren:

> **BAG, Urteil vom 19.6.1959:** „Wird bei einem Doppelarbeitsverhältnis im zweiten Arbeitsverhältnis unter Berücksichtigung der im ersten Arbeitsverhältnis vereinbarten Arbeitszeit die gesetzlich zulässige Arbeitszeit sehr erheblich überschritten, so ist das zweite Arbeitsverhältnis in vollem Umfang nichtig."[111]

Die Arbeitszeitregelungen wollen zum Schutz des Arbeitnehmers die tatsächliche Beschäftigung über die zulässige Höchstarbeitszeit hinaus verhindern. Dieses Ziel könne am ehesten erreicht werden, wenn jeglicher Erfüllungsanspruch wegen Nichtigkeit des Vertrages ausgeschlossen wäre.[112] Das Bundesarbeitsgericht stellte auf die in beiden Verträgen insgesamt geschuldete Arbeitszeit ab und erklärte den zweiten Vertrag wegen Verstoßes gegen die Höchstarbeitszeitregelung für nichtig.

Hingegen hat das Bundesarbeitsgericht in einem späteren Fall trotz Überschreitung der zulässigen Höchstarbeitszeit keine Nichtigkeit nach § 134 BGB angenommen.

> **BAG, Urteil vom 14.12.1967:** „Überschreitet ein für kurze Zeit eingegangenes nebenberufliches Arbeitsverhältnis nur zum Teil die zulässige Höchstarbeitszeit, so ist der Arbeitsvertrag weder ganz noch teilweise nichtig. Es besteht vielmehr

---

Staudinger-*Sack*, § 134, Rn. 205; *Weber/Kaplik*, AuA 2000, 536 (537); *Callam*, Arbeitsrechtliche Probleme mehrfacher Erwerbstätigkeit von Arbeitnehmern, S. 53.

[110] BAG, Urt. v. 19.6.1959 – 1 AZR 565/57 – AP Nr. 1 zu § 611 BGB – Doppelarbeitsverhältnis; BGH, Urt. v. 28.1.1986 – VI ZR 151/84 – NJW 1986, 1486.

[111] Leitsatz des BAG, Urt. v. 19.6.1959 – 1 AZR 565/57 – AP Nr. 1 zu § 611 BGB – Doppelarbeitsverhältnis: In diesem Fall war ein vollbeschäftigter Metallarbeiter neben dieser Tätigkeit aufgrund eines zweiten später geschlossenen Arbeitsvertrages bei einem anderen Arbeitgeber durchschnittlich weitere 6 Stunden täglich beschäftigt. Diese Doppelbeschäftigung führte dazu, dass die gesetzlich zulässige Höchstarbeitszeit „auf das stärkste" überschritten wurde.

[112] BAG, Urt. v. 19.6.1959 – 1 AZR 565/57 – AP Nr. 1 zu § 611 BGB – Doppelarbeitsverhältnis, Bl. 2; ebenso: LAG Nürnberg, Urt. v. 19.9.1995 – 2 Sa 429/94 – NZA 1996, 882 (883) = LAGE Nr. 1 zu § 611 BGB – Doppelarbeitsverhältnis; BGH, Urt. v. 28.1.1986 – VI ZR 151/84 – NJW 1986, 1486 (1487): Dieses Urteil betrifft einen Fall, indem eine Vereinbarung eine Arbeitszeit von 12 bis 14 Stunden am Tag vorsah. Eine solche, die Höchstarbeitszeiten deutlich überschreitende Abmachung ist daher nach § 134 BGB nichtig.

nur ein Beschäftigungsverbot und ein Leistungsverweigerungsrecht hinsichtlich der darüber hinausgehenden Arbeitsleistung."[113]

Eine nur geringfügige Überschreitung der Höchstarbeitszeitgrenzen habe nicht die Nichtigkeit des zweiten Arbeitsverhältnisses zur Folge, weil damit nicht die Begründung einer dauerhaften Arbeitspflicht unter bewusster Umgehung arbeitsrechtlicher Vorschriften bezweckt sei.[114] Gleichwohl unterliege die Vertragsdurchführung dem Arbeitszeitrecht, so dass nach Ausschöpfung der Höchstarbeitszeit ein Beschäftigungsverbot eingreife.

Aus diesen Ausführungen ist zu entnehmen, dass das Bundesarbeitsgericht[115] jedenfalls bei einer erheblichen Überschreitung der Höchstarbeitszeiten die Nichtigkeit des Nebentätigkeitsarbeitsvertrages annimmt. Im Schrifttum finden sich unterschiedliche Reaktionen auf die Rechtsprechung des Bundesarbeitsgerichts. Teilweise wird der Rechtsprechung des Bundesarbeitsgerichts gefolgt,[116] vereinzelt wird aber auch schon bei einer nur geringfügigen Überschreitung der Höchstarbeitszeit zumindest eine (Teil-) Nichtigkeit gefordert.[117]

---

[113] BAG, Urt. v. 14.12.1967 – 5 AZR 74/67 – AP Nr. 2 zu § 1 AZO mit ablehnender Anm. von *Gitter:* In diesem Fall verpflichtete sich ein vollbeschäftigter Mechaniker, während der Karnevalstage in einer Tanzkapelle mitzuspielen.

[114] BAG, Urt. v. 14.12.1967 – 5 AZR 74/67 – AP Nr. 2 zu § 1 AZO, Bl. 3.

[115] In einem Urteil aus dem Jahr 2001 hatte das BAG über eine Abmahnung wegen Ausübung einer Nebentätigkeit zu entscheiden, die regelmäßig die nach dem ArbZG einzuhaltenden Höchstgrenzen überschritt. In diesem Fall ließ das BAG allerdings die Frage offen, ob die Begründung eines Arbeitsverhältnisses, dessen vertragsgemäße Erfüllung zu einem Verstoß gegen das ArbZG führt, ganz oder teilweise nichtig ist: BAG, Urt. v. 11.12.2001 – 9 AZR 464/00 – NZA 2002, 965.

[116] *Wertheimer/Krug,* BB 2000, 1462 (1463); *Schaub-Schaub,* § 43, Rn. 14; *Hohmeister,* BuW 1996, 108 (110); *Weber/Kaplik,* AuA 2000, 536 (537); *Neumann/Biebl,* § 2 ArbZG, Rn. 20; *Becker-Schaffner,* BlStSozArbR 1980, 321 (323); *Zmarzlik/Anzinger,* ArbZG, § 3, Rn. 56; *Dobberahn,* Rn. 12: Da die Arbeitszeiten bei mehreren Arbeitgebern nach § 2 Abs. 1 S. 1 ArbZG zusammenzurechnen sind, könne sich eine Überschreitung der Höchstarbeitszeit auch aus einer Addition der jeweiligen Arbeitszeit ergeben. Staudinger-*Sack,* § 134, Rn. 205: Da die Arbeitszeitregelungen des ArbZG nur die Beschäftigung zu unzulässigen Zeiten bzw. von unzulässiger Dauer verhindern sollen, geht *Sack* davon aus, dass nach dem Schutzzweck des ArbZG nicht der gesamte Arbeitsvertrag, sondern nur die unzulässige Arbeitszeitvereinbarung nichtig ist.

[117] *Gitter,* Anm. zu BAG, Urt. v. 14.12.1967 – 5 AZR 74/67 – AP Nr. 2 zu § 1 AZO, Bl. 4R spricht sich auch bei geringfügigen Überschreitungen der zulässigen Höchstarbeitszeiten für eine (Teil-) Nichtigkeit des Arbeitsvertrages jedenfalls dann aus, wenn bei Vereinbarung der Nebentätigkeit schon feststeht, dass diese zwangsläufig zu einem Verstoß gegen das ArbZG führen muss.

bb) Beschäftigungsverbot bei Arbeitszeitüberschreitung

Zahlreiche Stimmen im Schrifttum lehnen die Auffassung des Bundesarbeitsgerichts, wonach der Vertrag des Nebentätigkeitsarbeitsverhältnisses bei Überschreitung der Höchstarbeitszeit nichtig sein soll, unter Hinweis auf erhebliche Schwächen dieser Lösung ab.

Zum einen ergäben sich Rechtsunsicherheiten im Hinblick auf die Frage, wann von einer „erheblichen" Überschreitung der Arbeitszeit auszugehen sei. Zum anderen widerspreche sie rechtsdogmatischen Aspekten. Die einzelnen Arbeitsverträge verstoßen isoliert betrachtet nicht gegen die Vorschriften des ArbZG.[118] Die Überschreitung der Höchstarbeitszeit und damit ein Verstoß gegen das ArbZG ergebe sich erst aus der Zusammenrechnung der Arbeitszeiten in beiden Arbeitsverhältnissen. Dies sei jedoch kein von § 134 BGB erfasster Fall.[119] Dem § 134 BGB könne nicht entnommen werden, dass einzelne Rechtsgeschäfte allein deshalb nichtig seien, weil ihre Kombination mit anderen ein gesetzliches Verbot verletzt.

Zudem wolle das ArbZG nur die tatsächlich geleistete Arbeitszeit begrenzen, weshalb es nicht auf den Umfang der vertraglichen Verpflichtung ankomme.[120] Der Arbeitnehmer könne sich sehr wohl zu mehr verpflichten, als er später tatsächlich erfüllen dürfe,[121] ohne dass die gegen das Arbeitszeitrecht verstoßende Verpflichtung von vornherein nichtig wäre. Unterstützt wird diese Argumentation durch einen Vergleich zur Rechtslage beim mehrfachen Verkauf einer Sache,[122] bei der ebenfalls mehrere Kaufverträge wirksam geschlossen würden, der Verkäufer dennoch nur einmal wirksam erfüllen könne.

Große Teile des Schrifttums lehnen mit dieser Argumentation die Ansicht des Bundesarbeitsgerichts ab. Trotz eines Verstoßes gegen die Regelungen des ArbZG bleibe der Arbeitsvertrag wirksam. Sobald jedoch in einem der beiden Arbeitsverhältnisse die zulässige Höchstarbeitszeit überschritten werde, greife ein Beschäftigungsverbot ein. Dies hätte zur Folge, dass weder der Arbeitgeber Erfüllung verlangen noch der Arbeitnehmer auf Beschäftigung bestehen könne.

---

[118] *Franke*, Zweitarbeitsverhältnis, S. 91; MüArbR-*Blomeyer*, § 55, Rn. 20; *v. Stebut*, NZA 1987, 257 (259); *Callam*, Arbeitsrechtliche Probleme mehrfacher Erwerbstätigkeit von Arbeitnehmern, S. 57.

[119] *v. Stebut*, NZA 1987, 257 (259); MüArbR-*Blomeyer*, § 55, Rn. 20; *Wank*, AR-Blattei SD – Nebentätigkeit, Rn. 55, *Glöckner*, Nebentätigkeitsverbote im Individualarbeitsrecht, S. 59.

[120] *v. Stebut*, NZA 1987, 257 (259).

[121] *Callam*, Arbeitsrechtliche Probleme mehrfacher Erwerbstätigkeit von Arbeitnehmern, S. 56.

[122] *v. Stebut*, NZA 1987, 257 (259).

cc) *Stellungnahme*

Gegen die Ansicht der Rechtsprechung sprechen zahlreiche Argumente. So muss nicht jeder Verstoß gegen ein gesetzliches Verbot zwingend die Nichtigkeit eines Rechtsgeschäfts zur Folge haben. Vielmehr sind Sinn und Zweck des Verbotsgesetzes zu berücksichtigen.[123] Der Schutzzweck des § 1 Nr. 1 ArbZG ist nicht schon durch den Abschluss von Arbeitsverträgen gefährdet, sondern erst mit Durchführung der Verträge, bei der dann die tatsächliche Arbeitsleistung des Arbeitnehmers die Arbeitszeitgrenzen des ArbZG übersteigt.[124] Um das Ziel der Vermeidung von Arbeitszeitüberschreitungen zu erreichen, genügt auch ein Beschäftigungsverbot.

Darüber hinaus ist denkbar, dass Arbeitgeber und Arbeitnehmer im Arbeitsvertrag eine andere Arbeitszeit vereinbaren, als später tatsächlich vom Arbeitnehmer erbracht wird.[125] Unabhängig davon, ob es später tatsächlich zu einem Verstoß gegen das ArbZG kommt, wäre nach Ansicht der Rechtsprechung ein solcher Arbeitsvertrag bereits mit Vertragsschluss nichtig. Im Gegensatz dazu wäre ein Arbeitsvertrag jedoch voll wirksam, dessen Vereinbarungen zwar mit dem ArbZG in Einklang stehen, bei dessen vertraglicher Durchführung es aber zur Missachtung arbeitszeitrechtlicher Grenzen kommt. Auch ist es fragwürdig, einen Arbeitsvertrag für nichtig zu erklären, obwohl ein tatsächlicher Verstoß gegen das ArbZG noch nicht feststeht. Die Vertragsfreiheit des Arbeitnehmers und die Relativität schuldrechtlicher Verpflichtungen ermöglichen dem Arbeitnehmer grundsätzlich, mehrfache Verpflichtungen einzugehen, auch wenn diese vom Arbeitnehmer wegen Verstoßes gegen das ArbZG nicht erfüllt werden dürfen.[126]

Schließlich sprechen auch Praktikabilitätsgründe gegen die Auffassung des Bundesarbeitsgerichts. Erst bei einer erheblichen Überschreitung der zulässigen Höchstarbeitszeit nimmt das Bundesarbeitsgericht die Nichtigkeit des Nebenarbeitsvertrages an. Es trifft jedoch keine Aussage dazu, wann von einer erheblichen Überschreitung auszugehen ist. Rechtsunsicherheiten für Arbeitgeber und

---

[123] *Bock*, Doppelarbeitsverhältnis, S. 57; Palandt-*Heinrichs*, § 134, Rn. 6/7; Staudinger-*Sack*, § 134, Rn. 57 ff.

[124] *Glöckner*, Nebentätigkeitsverbote im Individualarbeitsrecht, S. 59; *Wank*, AR-Blattei SD – Nebentätigkeit, Rn. 55.

[125] *Wank*, AR-Blattei SD – Nebentätigkeit, Rn. 55; *Bock*, Doppelarbeitsverhältnis, S. 58.

[126] *v. Stebut*, NZA 1987, 257 (259); *Bock*, Doppelarbeitsverhältnis, S. 58; *Glöckner*, Nebentätigkeitsverbote im Individualarbeitsrecht, S. 59: Aufgrund des mit Überschreiten der Höchstarbeitszeit eintretenden Beschäftigungsverbotes kann der Arbeitnehmer nur einen Arbeitsvertrag unter Bruch des anderen erfüllen. Die Interessen des betroffenen Arbeitgebers sind durch Kündigungsmöglichkeiten und Schadensersatzansprüche ausreichend gewahrt.

Arbeitnehmer sind die Folge.[127] Derartige Unklarheiten bestehen bei Annahme eines Beschäftigungsverbotes nicht, da diescs unweigerlich eingreift, sobald die Höchstarbeitszeit in einem Arbeitsverhältnis überschritten wird.

Im Ergebnis erscheint es damit sachgerecht, für den Fall, dass erst die Zusammenrechnung der jeweiligen Arbeitszeiten zu einem Verstoß gegen § 3 ArbZG führt, keine Nichtigkeit des Nebenarbeitsvertrages anzunehmen, sondern es bei einem Beschäftigungsverbot zu belassen. Dieses greift mit Erreichen der gesetzlich zulässigen Höchstarbeitszeitgrenze ein.

b) Adressat des Beschäftigungsverbotes

Wenn Arbeitnehmer neben ihrer hauptberuflichen Tätigkeit zusätzlich noch einer Nebentätigkeit nachgehen, kommt es häufig zu Verstößen gegen das ArbZG, deren Folge nach zutreffender Ansicht das Eingreifen eines Beschäftigungsverbotes ist. Ein solches Beschäftigungsverbot soll den Arbeitnehmer vor einer übermäßigen Ausnutzung seiner Arbeitskraft schützen. Hierbei stellt sich die Frage, welches der beiden Arbeitsverhältnisse von dem Beschäftigungsverbot betroffen wird. Auch diese Frage ist im ArbZG nicht geregelt. Hierzu werden wiederum verschiedene Auffassungen vertreten.

aa) Vorrang des hauptberuflichen Arbeitsverhältnisses

Das Bundesarbeitsgericht und einige Vertreter im Schrifttum sind der Auffassung, dass dem Hauptarbeitsverhältnis grundsätzlich der Vorrang vor dem Nebenarbeitsverhältnis einzuräumen sei.[128] Da die Haupttätigkeit für den Arbeitnehmer den beruflichen Schwerpunkt bilde, indem er dort regelmäßig mehr Arbeitszeit verbringe und ein höheres Einkommen erziele, sei sie das für den Arbeitnehmer bedeutendere und damit schutzwürdigere Arbeitsverhältnis. Die Haupttätigkeit diene stärker als das Nebenarbeitsverhältnis der Schaffung und Erhaltung einer Lebensgrundlage und damit der Existenzsicherung.[129] Zudem würde das ArbZG davon ausgehen, dass Arbeitnehmer regelmäßig in nur einem Arbeitsverhältnis stünden,[130] weshalb die Arbeitszeitregelungen das „normale" Hauptarbeitsverhältnis schützen und eine zusätzliche darüberhinausgehende Tätigkeit begrenzen wollten. Ein Beschäftigungsverbot soll daher vornehmlich

---

[127] *Franke*, Zweitarbeitsverhältnis, S. 90; *Bock*, Doppelarbeitsverhältnis, S. 58; *Wank*, AR-Blattei SD – Nebentätigkeit, Rn. 55.

[128] *Franke*, Zweitarbeitsverhältnis, S. 89; *Oligmüller*, Nebentätigkeitsproblematik im Individualarbeitsrecht, S. 37; *Sturn*, BB 1968, 1252; BAG, Urt. v. 14.12.1967 – 5 AZR 74/67 – AP Nr. 2 zu § 1 AZO, Bl. 2R; wohl auch: *Wertheimer/Krug*, BB 2000, 1462 (1463).

[129] *Wank*, AR-Blattei SD – Nebentätigkeit, Rn. 50; MüArbR-*Blomeyer*, § 55, Rn. 19.

[130] *Oligmüller*, Nebentätigkeitsproblematik im Individualarbeitsrecht, S. 37.

das für die Existenzsicherung des Arbeitnehmers weniger bedeutsame Arbeitsverhältnis treffen. Dies sei regelmäßig das Nebenarbeitsverhältnis.

bb) Prioritätsprinzip

Nach anderer Ansicht ist für die Frage, welchen Arbeitgeber das Beschäftigungsverbot trifft, das Prioritätsprinzip zugrunde zu legen.[131] Maßgeblich seien demnach die Zeitpunkte, in denen die beiden Arbeitsverhältnisse eingegangen wurden. Bei zeitlich nacheinander eingegangenen Arbeitsverhältnissen soll grundsätzlich das später begonnene Arbeitsverhältnis von dem Beschäftigungsverbot betroffen sein.[132] Bei zeitgleich begonnenen Arbeitsverhältnissen soll die Haupttätigkeit vorgehen, so dass das Nebenarbeitsverhältnis vom Beschäftigungsverbot betroffen wäre.

cc) Präventionsprinzip

Schließlich wird mit dem Schutzzweck des ArbZG argumentierend auf das sog. Präventionsprinzip abgestellt.[133] Unabhängig von der Bedeutung der Arbeitsverhältnisse und der Reihenfolge ihrer Abschlüsse ist nach dem Präventionsprinzip allein entscheidend, wann es zu einer tatsächlichen Überschreitung der Höchstarbeitszeiten kommt. Das Beschäftigungsverbot greift demnach ein, sobald im Rahmen eines Arbeitsverhältnisses die zulässige Höchstarbeitszeit an dem konkreten Tag tatsächlich überschritten wird – unabhängig davon, ob es sich um das Haupt- oder Nebenarbeitsverhältnis handelt. Der Schutzzweck des ArbZG – nämlich den Arbeitnehmer vor den Gefahren übermäßiger Arbeitszeiten zu schützen – erfordere, dass das Beschäftigungsverbot eingreife, sobald die zulässige Höchstarbeitszeit tatsächlich überschritten werde.[134]

dd) Stellungnahme

Die überzeugendsten Argumente sprechen für die Anwendung des Präventionsprinzips. Als einzige der drei genannten Ansichten stellt es auf die tatsächlichen Gegebenheiten in den beiden Arbeitsverhältnissen ab. Das ArbZG will verhindern, dass Arbeitnehmer zu Leistungen herangezogen werden, durch die die Arbeitskraft des Arbeitnehmers in übermäßiger Weise zeitlich in Anspruch genommen wird. Dieses Schutzziel lässt sich am effektivsten erreichen, wenn das Beschäftigungsverbot in dem Arbeitsverhältnis eingreift, in dem tatsächlich die

---

[131] *Meisel/Hiersemann*, AZO, § 2, Rn. 94-96.

[132] *Meisel/Hiersemann*, AZO, § 2, Rn. 94-96.

[133] *Baeck/Deutsch*, ArbZG, § 2, Rn. 24; *v. Stebut*, NZA 1987, 257 (261); *Glöckner*, Nebentätigkeitsverbote im Individualarbeitsrecht, S. 59; *Hunold*, NZA 1995, 558 (559); *Bock*, Doppelarbeitsverhältnis, S. 162.

[134] *Hunold*, NZA 1995, 558 (559).

Gefahr einer Arbeitszeitüberschreitung besteht. Dies ist immer das Arbeitsverhältnis, in dem es tatsächlich zu einer Arbeitszeitüberschreitung kommt.

Darüber hinaus führen die beiden anderen Ansichten zu erheblichen praktischen Schwierigkeiten. Würde man stets dem Hauptarbeitsverhältnis den Vorrang einräumen, ergäben sich mit dem ArbZG unvereinbare Widersprüche.[135] Gerade dann, wenn ein Arbeitnehmer am Tag zunächst Leistungen im Rahmen seiner Nebentätigkeit erbringt, ein Verstoß gegen das ArbZG aber erst aufgrund der danach im Hauptarbeitsverhältnis zu erbringenden Arbeitsleistungen eintritt, liefe das Beschäftigungsverbot und damit der Schutzzweck des ArbZG bei strenger Anwendung dieses Prinzips leer. Nachträgliche Maßnahmen bezüglich des Nebentätigkeitsarbeitsverhältnisses wären nicht mehr möglich und dieses aufgrund des generellen Vorrangs des Hauptarbeitsverhältnisses vom Beschäftigungsverbot nicht betroffen.

Ähnliche Probleme ergeben sich bei der Anwendung des Prioritätsprinzips. Um das Ziel des Arbeitnehmerschutzes zu erreichen ist es unerheblich, in welcher Reihenfolge die Arbeitsverhältnisse eingegangen wurden. Es kann nur darauf ankommen, in welchem Arbeitsverhältnis tatsächlich die Arbeitszeitgrenzen überschritten werden.

Dem Präventionsprinzip gebührt daher der Vorrang. Das Beschäftigungsverbot greift in dem Arbeitsverhältnis ein, bei dessen Ausübung es tatsächlich zu einem Verstoß gegen die Höchstarbeitszeitregelungen des ArbZG kommt.

c) Nebentätigkeitsausübung und ArbZG in der Praxis

In den §§ 22, 23 ArbZG regelt das ArbZG Bußgeld- und Strafvorschriften. Diese Maßnahmen können gegen Arbeitgeber eingesetzt werden, die vorsätzlich oder fahrlässig Arbeitnehmer über die Höchstarbeitszeiten hinaus beschäftigen.[136] Die straf- und bußgeldrechtliche Verantwortung für die Einhaltung der arbeitszeitrechtlichen Grenzen trägt nach §§ 22, 23 ArbZG jeder Arbeitgeber.[137] Die dort genannten Sanktionen sieht das Gesetz nur für Arbeitgeber, nicht jedoch für Arbeitnehmer vor, obwohl grundsätzlich beide Seiten gegen die Ziele und Vorschriften des ArbZG verstoßen können.

---

[135] *v. Stebut*, NZA 1987, 257 (260); *Hunold*, NZA 1995, 558 (559).

[136] Zu den Folgen beim Überschreiten der Grenzen des ArbZG: *Notz*, AuA 2003 (Heft 2), S. 18 ff.

[137] *Hunold*, NZA 1995, 558 (559 f.); *Baeck/Deutsch*, ArbZG, § 2, Rn. 25; BAG, Urt. v. 11.12.2002 – 9 AZR 464/00 – NZA 2002, 965 (967).

Die Motivation von Arbeitnehmern, einer zusätzlichen Erwerbstätigkeit nachzugehen, hat vielfältige Gründe. Für den einen mag die Nebentätigkeit eine willkommene Abwechslung zur Haupttätigkeit darstellen, für den anderen bietet sie die Möglichkeit zur Erzielung eines zusätzlichen Einkommens. In vielen Fällen fühlen sich Arbeitnehmer aber aufgrund von Einkommenseinbußen, den Veränderungen in den Sozialversicherungssystemen und damit verbundenen Existenzängsten gezwungen, einer zusätzlichen Erwerbstätigkeit nachzugehen.[138] Aufgrund dieser Situation ist die Gefahr groß, dass Arbeitszeitüberschreitungen vom Arbeitnehmer und nicht vom Arbeitgeber verursacht werden.[139] Obwohl sich die arbeitszeitbeschränkenden Regelungen des ArbZG auch an Arbeitnehmer richten,[140] sieht das ArbZG keine Sanktionsmöglichkeiten gegen sie vor.[141] Diese Situation ist unbefriedigend, da Arbeitszeitüberschreitungen oftmals allein vom Arbeitnehmer ohne Wissen des Arbeitgebers verursacht werden. Es kann nicht sein, dass der Arbeitnehmer seinen Arbeitgeber bewusst der Gefahr einer Bestrafung aussetzen kann, während er selbst straflos bleibt.[142]

Festzuhalten bleibt, dass die Vorschriften des ArbZG grundsätzlich sowohl von den Arbeitgebern des Haupt- und Nebenarbeitsverhältnisses als auch vom Arbeitnehmer selbst zu beachten sind.

4. Zusammenfassung

Das ArbZG will die Beschäftigung in mehreren Arbeitsverhältnissen nicht verhindern.[143] Die Vorschriften des ArbZG bezwecken allein den Schutz des Arbeitnehmers vor gesundheitsschädlichen Höchstarbeitszeiten. Das ArbZG steht Nebentätigkeiten insoweit entgegen, als es durch die Doppelbelastung zu Überschreitungen der Arbeitszeitgrenzen kommt. Sobald in einem der beiden Arbeitsverhältnisse die zulässige Höchstarbeitszeit überschritten wird, greift in diesem ein Beschäftigungsverbot ein.

---

[138] *Hartmann*, BuW 2003, 566.

[139] *Oligmüller*, Nebentätigkeitsproblematik im Individualarbeitsrecht, S. 32.

[140] *Callam*, Arbeitsrechtliche Probleme mehrfacher Erwerbstätigkeit von Arbeitnehmern, S. 52; *Oligmüller*, Nebentätigkeitsproblematik im Individualarbeitsrecht, S. 32. Das ArbZG selbst sieht zwar keine Sanktionen gegen einen Arbeitnehmer vor, der die Vorschriften des ArbZG missachtet, jedoch hat der Arbeitgeber die Möglichkeit, seinen Arbeitnehmer wegen des durch die Nebentätigkeit begangenen Arbeitszeitverstoßes abzumahnen; *Wertheimer/Krug*, BB 2000, 1462 (1467); *Hunold*, NZA 1995, 558 (559).

[141] Dies ist immer wieder kritisiert worden, vgl. *v. Stebut*, NZA 1987, 257 (262); *Hunold*, NZA 1995, 558 (560). Die geltenden Arbeitszeitregelungen geben vielmehr Anreiz zur Selbstausbeutung, da auch die verbotswidrig geleistete Arbeit vergütet werden muss und als einzige praktische Konsequenz für den Arbeitnehmer eine Abmahnung oder Kündigung droht.

[142] Siehe dazu: *v. Stebut*, NZA 1987, 257 (262).

[143] *Zmarzlik*, AR-Blattei SD – Arbeitszeit, Rn. 129; *Zmarzlik/Anzinger*, ArbZG, § 2, Rn. 8.

II. Wettbewerbsverbot des § 60 Abs. 1 HGB

Das Wettbewerbsverbot des § 60 HGB kann ebenfalls Auswirkungen auf die Zulässigkeit von Nebentätigkeiten haben.

1. Grundlagen des Wettbewerbsverbotes

Der § 60 HGB normiert ein Wettbewerbsverbot für Handlungsgehilfen. Das Wettbewerbsverbot untersagt ihnen, ein Handelsgewerbe zu betreiben oder im Handelszweig ihres Prinzipals (Inhaber des Handelsgewerbes) Geschäfte zu machen. Handlungsgehilfen erbringen aufgrund eines privatrechtlichen Vertrages beim Prinzipal abhängige, weisungsgebundene Arbeit und sind damit Arbeitnehmer.[144]

Durch den Arbeitsvertrag verpflichtet sich der Arbeitnehmer grundsätzlich nur zur Erbringung der versprochenen Dienste. Auf Seiten des Arbeitgebers besteht jedoch ein nachvollziehbares Interesse dahingehend, dass der Arbeitnehmer seine spezifischen Kenntnisse und Fähigkeiten allein für den Betrieb bzw. das Unternehmen des Arbeitgebers einsetzt.[145] Gleichwohl gewährt Art. 12 Abs. 1 GG dem Arbeitnehmer das Recht, neben seinem Hauptberuf einer weiteren Erwerbstätigkeit nachzugehen. Allerdings muss diesem Recht dann eine Grenze gesetzt werden, wenn die Nebentätigkeit des Arbeitnehmers die Stellung des Arbeitgebers im Wettbewerb gegenüber Konkurrenten gefährdet.[146] Der kaufmännische Angestellte kann nicht einerseits, seine Fähigkeiten und Kenntnisse zum Nachteil des Arbeitgebers einsetzen, während er auf der anderen Seite von diesem seinen Lebensunterhalt bezieht.[147] Diesem Interessenkonflikt trägt die Vorschrift des § 60 Abs. 1 HGB Rechnung.

2. Persönlicher Anwendungsbereich

Das Wettbewerbsverbot des § 60 Abs. 1 HGB betrifft dem Wortlaut nach nur Handlungsgehilfen. Nach § 59 S. 1 HGB gelten als Handlungsgehilfen Arbeitnehmer, die in einem Handelsgewerbe kaufmännische Dienste leisten.[148] Der § 60 Abs. 1 HGB erfasst damit alle kaufmännischen Angestellten.

---

[144] *v. Hoyningen-Huene*, Die kaufmännischen Hilfspersonen, § 59 HGB, Rn. 50; *Wagner*, Besonderheiten beim Arbeitsverhältnis des Handlungsgehilfen, S. 21; *Röhsler/Borrmann*, Wettbewerbsbeschränkungen, S. 27.

[145] *Röhsler/Borrmann*, Wettbewerbsbeschränkungen, S. 19; MüArbR-*Blomeyer*, § 52, Rn. 2.

[146] MüArbR-*Blomeyer*, § 52, Rn. 2; *Hohmeister*, BuW 1996, 108 (109).

[147] *Röhsler/Borrmann*, Wettbewerbsbeschränkungen, S. 26.

[148] Erf-Komm-*Schaub*, § 59 HGB, Rn. 2-3; *Schmidt*, Handelsrecht, S. 500; *v. Hoyningen-Huene*, Die kaufmännischen Hilfspersonen, § 59, Rn. 49; *Wagner*, Die Besonderheiten

Die Rechtsprechung hat dieses Wettbewerbsverbot mittlerweile auf alle sonstigen Arbeitnehmer ausgeweitet. Nach Auffassung des Bundesarbeitsgerichts ist § 60 HGB Ausdruck eines allgemeinen Rechtsgedanken, der auf alle Arbeitnehmer übertragen werden kann.[149]

> „Aufgrund seines Arbeitsvertrages hat sich der Arbeitnehmer für die Interessen seines Arbeitgebers und das Gedeihen des Betriebes einzusetzen und alles zu unterlassen, was dem Arbeitgeber oder dem Betrieb abträglich ist. Er darf deshalb, solange das Arbeitsverhältnis besteht, keine Konkurrenztätigkeit ausüben. Insofern schließt der Arbeitsvertrag für die Dauer seines Bestehens ein Wettbewerbsverbot ein, und zwar über den persönlichen und sachlichen Anwendungsbereich des § 60 HGB hinaus. Das für kaufmännische Angestellte geltende gesetzliche Verbot enthält einen allgemeinen Rechtsgedanken, der seine Grundlage in der Treuepflicht des Arbeitnehmers hat."[150]

Damit enthält jeder Arbeitsvertrag ein immanentes Wettbewerbsverbot, das durch die Vorschriften im HGB lediglich konkretisiert wird.[151] Rechtsgrundlage für das Wettbewerbsverbot sind die auf §§ 241 Abs. 2, 242 BGB beruhenden vertraglichen Nebenpflichten.[152] Inhaltlich stimmt das arbeitsvertragsimmanente Wettbewerbsverbot mit den Beschränkungen überein, die § 60 HGB für kaufmännische Angestellte anordnet.

---

beim Arbeitsverhältnis des Handlungsgehilfen, S. 33; *Franke*, Zweitarbeitsverhältnis, S. 71; *Hohmann*, Arbeitsrechtliche Probleme der Nebentätigkeit, S. 154.

[149] BAG, Urt. v. 17.10.1969 – 3 AZR 442/68 – AP Nr. 7 zu § 611 BGB – Treuepflicht, Bl. 2R; BAG, Urt. v. 26.3.1965 – 3 AZR 248/63 – AP Nr. 1 zu § 306 BGB, Bl. 4; BAG, Urt. v. 16.1.1975 – 3 AZR 72/74 – AP Nr. 8 zu § 60 HGB unter I 2 der Gründe; BAG, Urt. v. 16.6.1976 – 3 AZR 73/75 – AP Nr. 8 zu § 611 BGB – Treuepflicht, Bl. 2R; BAG, Urt. v. 6.8.1987 – 2 AZR 226/87 – AP Nr. 97 zu § 626 BGB unter II 1 der Gründe; BAG, Urt. v. 15.3.1990 – 2 AZR 484/89 – RzK I 5i Nr. 60 unter II 2 a der Gründe; BAG, Urt. v. 16.8.1990 – 2 AZR 113/90 – NJW 1991, 518 (519) = AP Nr. 10 zu § 611 BGB – Treuepflicht; LAG Hessen, Urt. v. 28.4.1998 – 9 Sa 2007/97 – BB 1998, 1899.

[150] BAG, Urt. v. 17.10.1969 – 3 AZR 442/68 – AP Nr. 7 zu § 611 BGB – Treuepflicht, Bl. 2R.

[151] BAG, Urt. v. 16.8.1990 – 2 AZR 113/90 – AP Nr. 10 zu § 611 – Treuepflicht, Bl. 4; MüArbR-*Blomeyer*, § 52, Rn. 49.

[152] BAG, Urt. v. 17.10.1969 – 3 AZR 442/68 – AP Nr. 7 zu § 611 BGB – Treuepflicht, Bl. 2R; *Glöckner*, Nebentätigkeitsverbote im Individualarbeitsrecht, S. 31; *Wertheimer/ Krug*, BB 2000, 1462 (1463); *Hohmeister*, BuW 1996, 108 (110); MüArbR-*Blomeyer*, § 55, Rn. 12; *Braun*, DB 2003, 2282 (2283); *Oligmüller*, Nebentätigkeitsproblematik im Individualarbeitsrecht, S. 61; *Weber/Kaplik*, AuA 2000, 536 (537); *Böhner*, DB 1969, 483 (484); *Meyer*, Handbuch Arbeitsrecht für die Praxis, S. 134; *Kempen/Kreuder*, ArbuR 1994, 214 (216); Münch-Komm/*v. Hoyningen-Huene*, § 60 HGB, Rn. 8.

3. Zeitlicher Anwendungsbereich

Das Wettbewerbsverbot des § 60 Abs. 1 HGB gilt für die Dauer des Arbeitsverhältnisses. Maßgeblich ist allein der rechtliche Bestand des Arbeitsverhältnisses.[153] Es kommt nicht darauf an, ob tatsächlich Leistungen erbracht werden.

4. Sachlicher Anwendungsbereich

Das Wettbewerbsverbot des § 60 Abs. 1 HGB umfasst zwei Alternativen. Dem
Handlungsgehilfen ist es demnach sowohl verboten, ohne Einwilligung seines
Arbeitgebers ein Handelsgewerbe zu betreiben, als auch im Handelszweig des
Arbeitgebers für eigene oder fremde Rechnung tätig zu werden.

a) Betrieb eines Handelsgewerbes, § 60 Abs. 1 1. Alt. HGB

Der § 60 Abs. 1 1. Alt. HGB verbietet dem Handlungsgehilfen das Betreiben
eines eigenen Handelsgewerbes. Ein Handelsgewerbe betreibt, wer in eigenem
Namen ein Unternehmen führt. Vom Wortlaut des Gesetzes her ist damit jedes
Handelsgewerbe gemeint, ohne Rücksicht darauf, ob es im Wettbewerb zum
Arbeitgeber steht. Ein so weitgehendes Verbot ist jedoch mit dem Schutzzweck
der Vorschrift und dem durch Art. 12 GG gewährleisteten Grundrecht der Berufsfreiheit, das auch das Recht umfasst,[154] mehrere Berufe nebeneinander auszuüben, nicht vereinbar. Weder öffentliche Interessen noch berechtigte Arbeitgeberinteressen rechtfertigen ein derart weitreichendes Verbot.[155] Die erste Alternative des § 60 Abs. 1 HGB wird daher von Rechtsprechung und Literatur
verfassungskonform einschränkend ausgelegt. Der Betrieb eines Handelsgewerbes ist nur soweit verboten, als es im Handelszweig des Arbeitgebers betrieben
wird.[156] Denn nur in diesem Fall besteht die Gefahr, dass das Handelsgewerbe
für den Arbeitgeber wettbewerbsmäßig eine Gefahr darstellt. Dem Arbeitnehmer

---

[153] Da die Pflicht des Arbeitnehmers zur Unterlassung von Wettbewerb rechtlicher Natur ist
und sie Ausfluss der auf § 242 BGB beruhenden Nebenpflichten ist, kann es nur auf den
rechtlichen Bestand des Arbeitsverhältnisses ankommen. So: *Glöckner*, Nebentätigkeitsverbote im Individualarbeitsrecht, S. 33; Erf-Komm-*Schaub*, § 60 HGB, Rn. 5; BGH,
Urt. v. 16.11.1954 – I ZR 180/53 – AP Nr. 1 zu § 60 HGB, Bl. 2; BAG, Beschl. v.
17.10.1969 – 3 AZR 442/68 – AP Nr. 7 zu § 611 BGB – Treuepflicht; BAG, Urt. v.
30.5.1978 – 2 AZR 598/76 – AP Nr. 9 zu § 60 HGB.

[154] Siehe oben § 3.

[155] MüArbR-*Blomeyer*, § 52, Rn. 20.

[156] BAG, Urt. v. 25.5.1970 – 3 AZR 384/69 – AP Nr. 4 zu § 60 HGB = SAE 1971, 238 mit
Anm. *Dorndorf*; BAG, Urt. v. 7.9.1972 – 2 AZR 486/71 – AP Nr. 7 zu § 60 HGB;
Schmidt, Handelsrecht, S. 503; *Buchner*, AR-Blattei SD – Wettbewerbsverbot II, Rn. 21-
22; *Röhsler/Borrmann*, Wettbewerbsbeschränkungen, S. 29 f.; MüArbR-*Blomeyer*, § 52,
Rn. 20; *Bock*, Doppelarbeitsverhältnis, S. 33; *Franke*, Zweitarbeitsverhältnis, S. 72;
Hohmann, Arbeitsrechtliche Probleme der Nebentätigkeit, S. 155.

ist es also grundsätzlich möglich, jedes anderweitige, nicht im Wettbewerb zum Arbeitgeber stehende Handelsgewerbe zu betreiben.[157]

Beispiel: Ein Büroangestellter kann nebenberuflich eine selbständige Restaurationswerkstatt betreiben.

b) Geschäftemachen im Handelszweig des Arbeitgebers, § 60 Abs. 1 2. Alt. HGB

Die zweite Alternative des § 60 Abs. 1 HGB verbietet dem Arbeitnehmer einzelne Wettbewerbshandlungen. Sie erfasst sowohl das Geschäftemachen für eigene Rechnung als auch das für fremde Rechnung, beschränkt dies jedoch bereits vom Wortlaut her auf Geschäfte im Handelszweig des Arbeitgebers.

Der Begriff des Geschäftemachens wird dabei sehr weit gefasst. Unter Geschäftemachen versteht man jede auch nur spekulative Handlung, die sich als eine auf Gewinn gerichtete Teilnahme am Geschäftsverkehr darstellt.[158] Die zweite Alternative des § 60 Abs. 1 HGB soll den Arbeitgeber bereits vor der bloßen Gefährdung seiner Geschäftsinteressen durch den kaufmännischen Angestellten schützen, so dass es entscheidend auf die Zielrichtung der geschäftlichen Tätigkeit und nicht auf deren Erfolg ankommt.[159] Das Verbot des Geschäftemachens zielt auf einzelne Wettbewerbshandlungen ab. Es erfasst jede Betätigung, die mittelbar oder unmittelbar zum Geschäftsabschluss durch ein Konkurrenzunternehmen des Arbeitgebers führt, gleichgültig, ob der Arbeitnehmer im eigenen oder fremden Namen handelt.[160] Verboten sind damit alle Tätigkeiten, durch die der Arbeitnehmer selbst als Konkurrent zum Arbeitgeber auftritt oder er einen Wettbewerber unterstützt.

c) Einschränkung des verbotenen Tätigkeitsbereichs

Der § 60 Abs. 1 2. Alt. HGB verbietet dem kaufmännischen Angestellten geschäftliche Handlungen im Handelszweig des Arbeitgebers. Das Verbot hat da-

---

[157] MüArbR-*Blomeyer*, § 52, Rn. 20; Münch-Komm/*v. Hoyningen-Huene*, § 60 HGB, Rn. 32; *Wank*, Nebentätigkeit, Rn. 239; *Glöckner*, Nebentätigkeitsverbote im Individualarbeitsrecht, S. 42; BAG, Urt. v. 25.5.1970 – 3 AZR 384/69 – AP Nr. 4 zu § 60 HGB.

[158] *Wank*, AR-Blattei SD – Nebentätigkeit, Rn. 78; Münch-Komm/*v. Hoyningen-Huene*, § 60 HGB, Rn. 41; MüArbR-*Blomeyer*, § 52, Rn. 26; BAG, Urt. v. 30.1.1963 – 2 AZR 319/62 – AP Nr. 3 zu § 60 HGB, Bl. 2R; BAG, Urt. v. 24.4.1970 – 3 AZR 324/69 – AP Nr. 5 zu § 60 HGB; *Röhsler/Borrmann*, Wettbewerbsbeschränkungen, S. 32.

[159] *Franke*, Zweitarbeitsverhältnis, S. 74; Münch-Komm/*v. Hoyningen-Huene*, § 60 HGB, Rn. 42 – Dem Begriff „Geschäftemachen" unterfallen daher auch die Vorbereitungen von Vermittlungen oder Geschäftsabschlüssen; BAG, Urt. v. 30.1.1963 – 2 AZR 319/62 – AP Nr. 3 zu § 60 HGB.

[160] *Röhsler/Borrmann*, Wettbewerbsbeschränkungen, S. 33.

mit weitreichende Konsequenzen, weil alle geschäftlichen Tätigkeiten im Geschäftszweig des Arbeitgebers verboten sind. Das Wettbewerbsverbot darf den Arbeitnehmer jedoch nicht über Gebühr in seinem durch Art. 12 Abs. 1 GG geschützten Recht auf Ausübung mehrerer Erwerbstätigkeiten belasten. Das Verbot bedarf insoweit einer Einschränkung. Das Ausmaß der vom Verbot des § 60 Abs. 1 2. Alt. HGB erfassten Tätigkeiten hängt von den tatsächlichen Umständen des Konkurrenzverhältnisses ab.[161] Entscheidendes Kriterium ist der wettbewerbsrechtliche Bezug der zweiten Tätigkeit.[162]

Ist ein Arbeitnehmer nebenberuflich im selben Geschäftszweig tätig, besteht eine Gefahr für die schutzwürdigen Geschäftsinteressen des Hauptarbeitgebers. Es besteht die Möglichkeit, dass der Arbeitgeber ein anfänglich ihm zugeordnetes Geschäftsvolumen an einen Konkurrenten verliert.[163] Hinzu kommt die Gefahr, dass Arbeitnehmer ihr im Hauptarbeitsverhältnis gewonnenes firmenspezifisches Wissen über Marktverhältnisse, Kundenstämme oder Produktionsprozesse im Rahmen ihrer zweiten Tätigkeit verwerten.[164] Der Hauptarbeitgeber muss befürchten, dass Wettbewerber auf seine Kosten gestärkt werden und er selbst Kunden verliert.

Die zweite Alternative des § 60 Abs. 1 HGB erfasst daher nur solche geschäftlichen Tätigkeiten, die einen konkreten Wettbewerbsbezug aufweisen. Eine unzulässige Konkurrenzsituation besteht, wenn der Arbeitnehmer nebenberuflich aktiv im Geschäftsbereich des Hauptarbeitgebers auftritt und er einem zumindest teilweise übereinstimmenden Kundenkreis gleichartige Leistungen wie der Hauptarbeitgeber anbietet.[165] Dann stehen sich Arbeitnehmer und Hauptarbeitgeber als Wettbewerber gegenüber, wodurch berechtigte Wirtschaftsinteressen des Hauptarbeitgebers beeinträchtigt werden. Teilweise wird darüber hinaus eine gewisse räumliche Nähe der im Wettbewerb stehenden Tätigkeiten verlangt.[166]

---

[161] *Glöckner*, Nebentätigkeitsverbote im Individualarbeitsrecht, S. 44.

[162] *Bock*, Doppelarbeitsverhältnis, S. 35; *Glöckner*, Nebentätigkeitsverbote im Individualarbeitsrecht, S. 44; *Franke*, Zweitarbeitsverhältnis, S. 74; *Röhsler/Borrmann*, Wettbewerbsbeschränkungen, S. 33.

[163] *Bock*, Doppelarbeitsverhältnis, S. 35.

[164] *Röhsler/Borrmann*, Wettbewerbsbeschränkungen, S. 19; *Buchner*, AR-Blattei SD – Wettbewerbsverbot II, Rn. 51; Maßgeblich ist somit, ob der Arbeitnehmer zu Lasten seines ersten Arbeitgebers bei seiner nebenberuflichen Tätigkeit lediglich allgemeines Berufswissen verwertet oder ob er gezielt spezielles Fachwissen anwendet.

[165] *Brändli*, Arbeitsvertrag und Nebenbeschäftigung, S. 79; *Glöckner*, Nebentätigkeitsverbote im Individualarbeitsrecht, S. 44; *Bock*, Doppelarbeitsverhältnis, S. 35.

[166] *Bock*, Doppelarbeitsverhältnis, S. 36: Es müsse hierbei die konkrete marktwirtschaftliche Lage berücksichtigt werden. Vor allem bei Massenprodukten könne es bei fehlendem

Nicht vom Wettbewerbsverbot erfasst werden Tätigkeiten, die als sog. Hilfstätigkeiten in keinem direkten Zusammenhang zum Waren- oder Dienstleistungsumsatz stehen. Dazu zählen vor allem Dienstleistungstätigkeiten, wie Buchführungs-, Schreib- oder Verpackungsarbeiten.[167] Zum einen fehlt diesen Tätigkeiten der dem Geschäftemachen immanente spekulative Charakter;[168] zum anderen benötigt der Arbeitnehmer zur Ausführung dieser Arbeiten kein branchentypisches Spezialwissen, so dass die schützenswerten wirtschaftlichen Interessen des Hauptarbeitgebers durch Hilfsarbeiten nicht beeinträchtigt werden. Auch wenn diese Hilfstätigkeiten im entfernten Sinn einen Konkurrenten unterstützen, werden sie überwiegend für zulässig erachtet, weil ihnen der wettbewerbsrechtliche Bezug fehlt.[169]

Das Wettbewerbsverbot erfasst nur Tätigkeiten, die einen erkennbaren Wettbewerbsbezug zur Haupttätigkeit aufweisen. Eine Nebentätigkeit verstößt gegen § 60 Abs. 1 2. Alt. HGB, wenn der Arbeitnehmer im Rahmen dieser Tätigkeit seinem Arbeitgeber als Konkurrent gegenübertritt und dadurch dessen wirtschaftliche Interessen gefährdet.

5. Rechtsfolgen bei Missachtung des Wettbewerbsverbotes

Verstößt ein kaufmännischer Angestellter mit seiner Nebentätigkeit gegen das Wettbewerbsverbot des § 60 Abs. 1 HGB, greift als mögliche Rechtsfolge § 61 HGB ein. Für alle sonstigen Arbeitnehmer ergibt sich das Wettbewerbsverbot als vertragsimmanente Nebenpflicht aus §§ 241 Abs. 2, 242 BGB. Verstößt ein Arbeitnehmer mit seiner Nebentätigkeit gegen das Wettbewerbsverbot, so stellt dies eine Verletzung seiner Wettbewerbsenthaltungspflicht dar. Ein solches Verhalten kann als Verletzung arbeitsvertraglicher Nebenpflichten vom Haupt-

---

räumlichem Bezug kaum zu Gefährdungen des ersten Arbeitgebers kommen, da hierfür trotz einer großen Zahl von Anbietern noch immer ein ausreichender Kundenstamm vorhanden sei.

[167] *Röhsler/Borrmann*, Wettbewerbsbeschränkungen, S. 33; Schaub-*Schaub*, § 57, Rn. 7; *Glöckner*, Nebentätigkeitsverbote im Individualarbeitsrecht, S. 47; *Franke*, Zweitarbeitsverhältnis, S. 74; Münch-Komm/*v. Hoyningen-Huene*, § 60 HGB, Rn. 46.

[168] *Röhsler/Borrmann*, Wettbewerbsbeschränkungen, S. 33; Schaub-*Schaub*, § 57, Rn. 7.

[169] Münch-Komm/*v. Hoyningen-Huene*, § 60 HGB, Rn. 46; *Glöckner*, Nebentätigkeitsverbote im Individualarbeitsrecht, S. 47; *Boemke*, AR-Blattei SD – Nebenpflichten des Arbeitnehmers, Rn. 269; *Krause*, AR-Blattei SD – Arbeitsvertrag II A, Rn. 117; *Röhsler/Borrmann*, Wettbewerbsbeschränkungen, S. 33; *Bock*, Doppelarbeitsverhältnis, S. 36. **A.A.:** *Wank*, AR-Blattei SD – Nebentätigkeit, Rn. 81 hingegen hält die Abgrenzung nach einzelnen Tätigkeitsbereichen für fragwürdig, weil dies zu Rechtsunsicherheiten führen würde. Seiner Meinung nach solle jedes Tätigwerden für einen Konkurrenten dem Wettbewerbsverbot unterfallen.

arbeitgeber abgemahnt werden und bei Erfolglosigkeit auch zur Kündigung führen.[170]

6. Zusammenfassung

Nebentätigkeiten, durch die der kaufmännische Angestellte gegen das Wettbewerbsverbot des § 60 Abs. 1 HGB verstößt, sind unzulässig. Das gleiche ergibt sich für alle sonstigen Arbeitnehmer aus der arbeitsvertragsimmanenten Nebenpflicht. Solche Nebentätigkeiten verletzen berechtigte wirtschaftliche Interessen des Arbeitgebers.

III. § 8 BUrlG

Nach § 8 BUrlG dürfen Arbeitnehmer während des Urlaubs keine dem Urlaubszweck widersprechende Erwerbstätigkeit ausüben. Zweck der im BUrlG getroffenen Regelungen ist die Sicherstellung und Gewährung von bezahltem Erholungsurlaub für jeden Arbeitnehmer, vgl. § 1 BUrlG. Der Erholungsurlaub soll der Erholung des Arbeitnehmers von geleisteter Arbeit und der Auffrischung seiner Kräfte für künftige Arbeiten im Betrieb dienen.[171] Wesentliches Merkmal des Erholungsurlaubs ist dabei die freie Verfügbarkeit des Arbeitnehmers über die Gestaltung seiner Urlaubszeit. Die Vorschrift des § 8 BUrlG schränkt dieses Recht des Arbeitnehmers im Hinblick auf Nebentätigkeiten während des Urlaubs ein.

1. Die Regelung des § 8 BUrlG

Die Vorschrift des § 8 BUrlG verbietet den Arbeitnehmern die Ausübung von Erwerbstätigkeiten, die dem Urlaubszweck widersprechen. Sie dient damit sowohl dem Schutz von Arbeitgeberinteressen als auch denen des Arbeitnehmers. Denn zum einen will § 8 BUrlG den Urlaubszweck der Erholung des Arbeitnehmers sichern. Der Arbeitnehmer soll die ihm gewährte bezahlte Freizeit nicht dazu verwenden, sich unter Vereitelung des Urlaubszwecks durch zusätzliche Erwerbstätigkeit etwas hinzuzuverdienen.[172] Zum anderen schützt § 8 BUrlG

---

[170] *Meyer*, Handbuch Arbeitsrecht für die Praxis, A, Rn. 59 (S. 134); *Hohmeister*, BuW 1996, 108 (110); MüArbR-*Blomeyer*, § 52, Rn. 47 und 55.

[171] *Wank*, AR-Blattei SD – Nebentätigkeit, Rn. 63; *Winderlich*, ArbuR 1989, 300 (303); *Hohmann*, Arbeitsrechtliche Probleme der Nebentätigkeit, S. 145.

[172] Erf-Komm-*Dörner*, § 8 BUrlG, Rn. 1; *Friese*, Urlaubsrecht, Rn. 508; *Neumann*, DB 1972, 2209; *Wertheimer/Krug*, BB 2000, 1462 (1464); BAG, Urt. v. 25.2.1988 – 8 AZR 596/85 – NZA 1988, 607 (608); LAG Düsseldorf, Urt. v. 17.5.1966 – 8 Sa 77/66 – DB 1966, 1023 (1024): Zweck des Erholungsurlaubs sei nicht dem Arbeitnehmer ein zusätzliches Entgelt zu verschaffen, sondern ihm die Erholung von geleisteter Arbeit zu ermöglichen.

auch das Interesse des Arbeitgebers an der Beschäftigung ausgeruhter Arbeitnehmer.[173] Die Norm will auch sicherstellen, dass die den Arbeitgeber belastende Freistellung nicht die Leistungsfähigkeit des Arbeitnehmers beeinträchtigt.[174]

a) Erwerbstätigkeit

Durch § 8 BUrlG wird dem Arbeitnehmer nicht jede Tätigkeit untersagt. Verboten sind dem Arbeitnehmer nur bestimmte Erwerbstätigkeiten. Unter einer Erwerbstätigkeit wird eine Arbeit verstanden, die auf den Erwerb von Gegenleistungen abzielt.[175] Gleichgültig ist dabei, in welcher rechtlichen Form dies geschieht. Erwerbstätigkeiten im Sinne des § 8 BUrlG können sowohl im Rahmen eines Arbeitsverhältnisses als auch als selbständige Tätigkeiten in einem freien Beruf, Gewerbe oder Werkvertragsverhältnis ausgeübt werden.[176] Maßgeblich ist allein, dass der Arbeitnehmer mit seiner Tätigkeit den Erhalt einer dem Wert der Arbeit entsprechenden Vergütung bezweckt.

b) Nichtanwendung von § 8 BUrlG

Im Hinblick auf die Ausübung einer Nebentätigkeit während des gesetzlich vorgeschriebenen Erholungsurlaubs sind drei verschiedene Konstellationen bezüglich der Anwendung des § 8 BUrlG zu unterscheiden.

Nicht vom Verbot des § 8 BUrlG erfasst werden die Fälle, in denen ein Arbeitnehmer neben seinem Hauptarbeitsverhältnis zusätzlich einer erlaubten Nebentätigkeit nachgeht und diese während seines Urlaubs fortführt.[177] Denn eine

---

[173] *Wank*, AR-Blattei SD – Nebentätigkeit, Rn. 70a; *Schweigert*, Urlaubsrechtliche Probleme der Nebentätigkeit, S. 142.

[174] Erf-Komm-*Dörner*, § 8 BUrlG, Rn. 1.

[175] *Neumann/Fenski*, § 8 BUrlG, Rn. 4; *Leinemann/Linck*, § 8 BUrlG, Rn. 2; MüArbR-*Blomeyer*, § 55, Rn. 22; *Franke*, Zweitarbeitsverhältnis, S. 103.

[176] *Leinemann/Linck*, § 8 BUrlG, Rn. 5; *Friese*, Urlaubsrecht, Rn. 512; *Edelmann*, Verbot des § 8 BUrlG, S. 6; *Wank*, AR-Blattei SD – Nebentätigkeit, Rn. 62; *Neumann*, DB 1972, 2209; BAG, Urt. v. 25.2.1988 – 8 AZR 596/85 – NZA 1988, 607 (608).

[177] ArbG Kassel, Urt. v. 9.1.1980 – 4 Ca 539/79 – DB 1980, 599; *Friese*, Urlaubsrecht, Rn. 513; *Wank*, AR-Blattei SD – Nebentätigkeit, Rn. 64; *Edelmann*, Verbot des § 8 BUrlG, S. 31; *Glöckner*, Nebentätigkeitsverbote im Individualarbeitsrecht, S. 63; *Schweigert*, Urlaubsrechtliche Probleme der Nebentätigkeit, S. 145; *Wertheimer/Krug*, BB 2000, 1462 (1464); *Neumann/ Fenski*, § 8 BUrlG, Rn. 3; *Bock*, Doppelarbeitsverhältnis, S. 46; *Franke*, Zweitarbeitsverhältnis, S. 104; *Hohmann*, Arbeitsrechtliche Probleme der Nebentätigkeit, S. 149.
A.A.: MüArbR-*Blomeyer*, § 55, Rn. 23: § 8 BUrlG betreffe auch die permanente Nebenerwerbstätigkeit. Es komme im Rahmen des § 8 BUrlG allein auf die Gefährdung des Urlaubszweckes an. Sei es nicht möglich, in zwei dauerhaft nebeneinander ausgeübten Arbeitsverhältnissen einen einheitlichen Urlaub zu gewähren, so habe der Arbeitnehmer zumindest in einem der beiden Arbeitsverhältnisse weiterhin seine Leistungen zu erbrin-

Nebentätigkeit kann nicht allein deshalb als unzulässig angesehen werden, weil der Arbeitnehmer während seines Urlaubs seine Vertragspflichten aus einer ansonsten erlaubten Nebentätigkeit erfüllt.[178] Es darf sich für ihn nicht nachteilig auswirken, wenn ein zeitgleicher Urlaub in beiden Beschäftigungsverhältnissen nicht möglich ist. Da häufig betriebliche Gründe der Urlaubsabstimmung entgegenstehen, wäre im Ergebnis die Ausübung einer längerfristigen Nebentätigkeit oftmals nicht möglich.[179] Ein solches Ergebnis wäre mit dem verfassungsrechtlichen Schutz der Nebentätigkeit nicht vereinbar. § 8 BUrlG greift somit nicht für Nebentätigkeiten, die zulässigerweise auch außerhalb des Urlaubs ausgeübt werden.[180]

Ähnliche Überlegungen sind auch für den Fall anzustellen, dass eine Erwerbstätigkeit während des Erholungsurlaubs begonnen wird, der Arbeitnehmer sie aber gleichsam nach Urlaubsende als Nebentätigkeit fortführen will. In dieser Situation kann es nicht abstrakt auf den Zeitpunkt des Tätigkeitsbeginns ankommen. Es ist vielmehr zu fragen, ob die Nebentätigkeit auch nach Urlaubsende mit dem Hauptarbeitsverhältnis vereinbar ist.[181] Kann die Erwerbstätigkeit nach Urlaubsende im Einklang mit dem Hauptarbeitsverhältnis als Nebentätigkeit fortgeführt werden, so kann auch die Neuaufnahme einer Nebentätigkeit während des Urlaubs nicht durch § 8 BUrlG verhindert werden.

---

[178] gen. In einer solchen Situation sei dem Arbeitnehmer dann jedoch eine volle Erholung nicht möglich, was dem Schutzzweck des BUrlG widerspräche. Grundsätzlich beanspruche § 8 BUrlG daher auch im Rahmen permanenter Nebentätigkeitsausübung Geltung. Wenn die Arbeitskraft auch sonst durch die Nebentätigkeit nicht übermäßig beansprucht wird, ist dies auch bei einer Weiterausübung des Nebenjobs während des Urlaubs nicht der Fall. Insoweit kann die Fortführung der Nebentätigkeit während des Urlaubs auch die Wiederherstellung und Auffrischung der Arbeitskraft nicht beeinträchtigen, vgl. *Wank*, Nebentätigkeit, Rn. 206.

[179] *Glöckner*, Nebentätigkeitsverbote im Individualarbeitsrecht, S. 64; *Wank*, Nebentätigkeit, Rn. 206; *Wertheimer/Krug*, BB 2000, 1462 (1464).

[180] Etwas anderes gilt, wenn ein Arbeitnehmer den Erholungsurlaub nutzt, um eine bestehende Nebentätigkeit zeitlich erheblich auszuweiten. *Franke*, Zweitarbeitsverhältnis, S. 105: Ein Arbeitnehmer arbeitet hauptberuflich 35 Stunden in der Woche und übt zusätzlich eine Nebentätigkeit im Umfang von 10 Stunden aus. Nutzt er den Erholungsurlaub nun dazu, den Umfang seiner Nebentätigkeit erheblich zu erhöhen (z.B. von 10 auf 35 Stunden), so widerspreche dies dem Urlaubszweck. Ebenso: *Edelmann*, Verbot des § 8 BUrlG, S. 32; *Schweigert*, Urlaubsrechtliche Probleme der Nebentätigkeit, S. 150. A.A.: *Bock*, Doppelarbeitsverhältnis, S. 50.

[181] *Oligmüller*, Nebentätigkeitsproblematik im Individualarbeitsrecht, S. 55; *Wertheimer/ Krug*, BB 2000, 1462 (1464); *Glöckner*, Nebentätigkeitsverbote im Individualarbeitsrecht, S. 64; *Bock*, Doppelarbeitsverhältnis, S. 47; *Edelmann*, Verbot des § 8 BUrlG, S. 32; *Schweigert*, Urlaubsrechtliche Probleme der Nebentätigkeit, S. 148.

Anders ist die rechtliche Beurteilung, wenn der Arbeitnehmer eine Erwerbstätigkeit allein für die Zeit seines Urlaubs aufnimmt. Der Zweck des Erholungsurlaubs kann gefährdet sein, wenn der Arbeitnehmer trotz der gewährten entgeltlichen Freizeit eine weitere Erwerbstätigkeit ausübt. Der Arbeitnehmer soll nicht auf Kosten des Erholungszwecks zusätzliche Einnahmen erzielen.[182] Inwieweit Erwerbstätigkeiten, die allein während der Zeit des Erholungsurlaubs ausgeübt werden, zulässig sind, bestimmt sich nach § 8 BUrlG. Erwerbstätigkeiten während des Erholungsurlaubs sind nur zulässig, soweit sie nicht dem Urlaubszweck widersprechen.

c) Urlaubszweckwidrigkeit der Tätigkeit

Im Hinblick auf die Frage der Zulässigkeit einer entgeltlichen Nebentätigkeit allein für die Zeit des im Hauptarbeitsverhältnis gewährten Erholungsurlaubs ist auf die Vorschrift des § 8 BUrlG abzustellen. § 8 BUrlG steht jedoch nicht jeder ausschließlich im Urlaub ausgeübten Erwerbstätigkeit entgegen. Gegen das dort normierte Verbot verstoßen nur solche Erwerbstätigkeiten, die dem Urlaubszweck der Regeneration und Erholung widersprechen.[183] Es stellt sich damit die Frage, wann von einer Urlaubszweckwidrigkeit der Erwerbstätigkeit gesprochen werden kann.

Im Allgemeinen widerspricht eine Erwerbstätigkeit dem Urlaubszweck, wenn sie die für die Fortsetzung des Arbeitsverhältnisses notwendige Auffrischung der Arbeitskräfte des Arbeitnehmers verhindert.[184] Wann dies der Fall ist, muss anhand einer am Einzelfall orientierten Betrachtungsweise geklärt werden. Maßgeblich sind dabei vor allem Art, Umfang, Dauer und Schwere der Erwerbstätigkeit.[185] Überschreitet die Erwerbstätigkeit wegen der genannten Kriterien

---

[182] *Friese*, Urlaubsrecht, Rn. 508; *Neumann/Fenski*, § 8 BUrlG, Rn. 1.

[183] *Neumann/Fenski*, § 8 BUrlG, Rn. 5; *Wank*, AR-Blattei SD – Nebentätigkeit, Rn. 61; *Schweigert*, Urlaubsrechtliche Probleme der Nebentätigkeit, S. 149; *Glöckner*, Nebentätigkeitsproblematik im Individualarbeitsrecht, S. 62.
Teilweise wird im Schrifttum, vgl. GK-BUrlG/*Bachmann*, § 8, Rn. 2; *Adomeit*, Anm. zu BAG, Urt. v. 25.2.1988 – 8 AZR 596/85 – SAE 1989, 157 159 (160); *Bock*, Doppelarbeitsverhältnis, S. 49 gefordert, auf die in § 8 BUrlG vorgesehene Zweckwidrigkeitsprüfung zu verzichten. Es würde zuwenig berücksichtigt, dass der Urlaub auch der Selbstverwirklichung des Arbeitnehmers als Ausdruck seiner allgemeinen Handlungsfreiheit diene. Da Arbeitnehmern auch belastende und mitunter gesundheitsgefährdende Freizeitaktivitäten während des Urlaubs nicht verboten werden könnten, erscheine angesichts dieser Diskrepanz das Verbot des § 8 BUrlG als rechtspolitisch fragwürdig. Auf die Frage, inwieweit ein Festhalten an § 8 BUrlG sinnvoll ist, kann jedoch im Rahmen dieser Arbeit nicht eingegangen werden.

[184] Erf-Komm-*Dörner*, § 8 BUrlG, Rn. 5.

[185] LAG Hamm, Urt. v. 8.12.1967 – DB 1968, 715; *Leinemann/Linck*, § 8 BUrlG, Rn. 7; *Friese*, Urlaubsrecht, Rn. 512; *Becker-Schaffner*, BlStSozArbR 1980, 321 (323); GK-

ein die Erholung beeinträchtigendes Maß, so ist der Urlaubszweck gefährdet. Aus einem Vergleich zwischen der Haupttätigkeit und der im Urlaub ausgeübten Nebenerwerbstätigkeit lassen sich verschiedene Indizien gewinnen, die auf eine Urlaubszweckwidrigkeit hinweisen können.

Auf eine urlaubszweckwidrige Nebentätigkeit kann geschlossen werden, wenn ein Arbeitnehmer während des Urlaubs in gleicher oder ähnlicher Weise wie im Hauptarbeitsverhältnis tätig ist oder er im Rahmen seiner Urlaubserwerbstätigkeit wie eine Vollzeitkraft in Anspruch genommen wird.[186] Dabei wird vermutet, dass derart zeitintensive Tätigkeiten nicht der Erholung dienen können. Ebenfalls für die Urlaubszweckwidrigkeit einer Erwerbstätigkeit spricht, wenn der Arbeitnehmer durch die Nebentätigkeit in erheblichem Maße körperlich und geistig beansprucht wird.[187] Dagegen sind Nebentätigkeiten, die einen körperlichen Ausgleich für geistige Arbeit darstellen, mit § 8 BUrlG vereinbar, denn sie tragen zur körperlichen und geistigen Regeneration bei und fördern damit im Ergebnis die Leistungsfähigkeit des Arbeitnehmers.[188] Ergeben sich bei der Nebentätigkeitsausübung aber begründete Anhaltspunkte, die dafür sprechen, dass die Nebentätigkeit dem Urlaubszweck der Erholung und Regeneration zuwiderläuft, so ist sie wegen Verstoßes gegen § 8 BUrlG unzulässig.

---

[186] BUrlG/*Bachmann*, § 8, Rn. 8; Erf-Komm-*Dörner*, § 8 BUrlG, Rn 6; Preis-*Rolfs*, Arbeitsvertrag II N 10, Rn. 15; *Schweigert*, Urlaubsrechtliche Probleme der Nebentätigkeit, S. 143; *Hohmann*, Arbeitsrechtliche Probleme der Nebentätigkeit, S. 147; *Franke*, Zweitarbeitsverhältnis, S. 104; weitere Kriterien nennt *Oligmüller*, Nebentätigkeitsproblematik im Individualarbeitsrecht, S. 56.
ArbG Kassel, Urt. v. 9.1.1980 – 4 Ca 539/79 – DB 1980, 599: § 8 BUrlG wolle den Arbeitnehmern verbieten einer Tätigkeit nachzugehen, die den Arbeitnehmer von Art und Umfang her ähnlich belastet wie die Haupttätigkeit; GK-BUrlG/*Bachmann*, § 8, Rn. 8; Erf-Komm-*Dörner*, § 8 BUrlG, Rn. 6; *Schweigert*, Urlaubsrechtliche Probleme der Nebentätigkeit, S. 144; *Wank*, Nebentätigkeit, Rn. 199-202. Damit sind jedoch solche Tätigkeiten zulässig, die lediglich aus dem Beruf des Arbeitnehmers erwachsen. So kann eine Erzieherin ein Buch über Kinder- und Jugenderziehung schreiben oder ein angestellter Handwerker während seines Urlaubs kunstgewerbliche Gegenstände herstellen.

[187] GK-BUrlG/*Bachmann*, § 8, Rn. 8; Erf-Komm-*Dörner*, § 8 BUrlG, Rn. 7.
[188] ArbG Wilhelmshaven, Urt. v. 31.10.1968 – Ca 402/68 – ArbuR 1970, 28; *Leinemann/Linck*, § 8 BUrlG, Rn. 7; GK-BUrlG/*Bachmann*, § 8, Rn. 8; Erf-Komm-*Dörner*, § 8 BUrlG, Rn. 7; *Neumann*, DB 1972, 2209, Preis-*Rolfs*, Arbeitsvertrag II N 10, Rn. 14; *Adomeit*, Anm. zu BAG, Urt. v. 25.2.1988 – 8 AZR 596/85 – SAE 1989, 157 159 (160): „Manchem Büroangestelltem wird es gut tun, wenn er in einem israelischen Kibbuz Orangen pflückt oder Wein in Burgund erntet, sei es nur gegen Kost und Logis, sei es mit Taschengeld. Wer beim Urlaub im Club Mediterranné den Job des Animateurs übernimmt, wird interessante Erfahrungen machen. Weshalb soll er das nicht dürfen? Die heutige Arbeitswelt ist voll von Aufgaben, die […] den Horizont erweitern, dabei aber keineswegs furchtbar anstrengend sind."

d) Ergebnis

Der Arbeitgeber gewährt seinen Arbeitnehmern bezahlten Erholungsurlaub, damit diese sich von den Anstrengungen der Arbeit erholen können. Der durch das BUrlG geregelte Erholungsurlaub entspricht damit dem Interesse des Arbeitgebers, ausgeruhte Arbeitnehmer zu beschäftigen. Außerdem widerspricht ist dem Zweck des bezahlten Urlaubs, wenn der Arbeitnehmer diesen unter Missachtung des Erholungszweckes vorrangig dazu verwendet, zusätzliche Einnahmen zu erzielen.[189] Als urlaubszweckwidrig ist damit jede Erwerbstätigkeit anzusehen, die „den während des Urlaubs suspendierten Arbeitspflichten" in Art und Umfang annähernd gleichkommt, von „einer Verpflichtung zur Arbeit gekennzeichnet ist" und dem Arbeitnehmer „die Möglichkeit nimmt, das vom BUrlG angestrebte Ziel selbstbestimmter Erholung zu verwirklichen".[190]

2. Rechtsfolgen eines Verstoßes gegen § 8 BUrlG

Die Vorschrift des § 8 BUrlG normiert eine Nebenpflicht des Arbeitnehmers,[191] während des Urlaubs dem Urlaubszweck widersprechende Erwerbstätigkeiten zu unterlassen. Entgegen früherer Auffassung hat das Bundesarbeitsgericht mittlerweile klargestellt, dass ein Verstoß gegen § 8 BUrlG nicht die Nichtigkeit des für den Urlaubszeitraum geschlossenen Arbeitsvertrages nach § 134 BGB i.V.m. § 8 BUrlG zur Folge hat.[192] Verstößt ein Arbeitnehmer gegen das Verbot des § 8 BUrlG, stellt dies eine Nebenpflichtverletzung dar. Der Arbeitgeber des Hauptarbeitsverhältnisses kann vom Arbeitnehmer Unterlassung der urlaubszweckwidrigen Erwerbstätigkeit und möglicherweise Schadensersatz nach § 280

---

[189] BAG, Urt. v. 25.2.1988 – 8 AZR 596/85 – NZA 1988, 607 (608); LAG Düsseldorf, Urt. v. 17.5.1966 – 8 Sa 77/66 – DB 1966, 1023 (1024); *Neumann/Fenski*, § 8 BUrlG, Rn. 5: „Man kann daher darauf abstellen, dass die Erwerbstätigkeit nicht in erster Linie dem Erwerb dienen darf." *Edelmann*, Verbot des § 8 BUrlG, S. 39 und 153: „Verboten ist eine Urlaubsarbeit nach § 8 BUrlG dann, wenn die Tätigkeit in erster Linie, also zu mehr als 50 %, dem Erwerbszweck dient [und] nicht dem Urlaubszweck." *Winderlich*, ArbuR 1989, 300 (302): Es kann „nicht im Interesse des Arbeitgebers liegen, die Kosten der Beurlaubung tragen zu müssen, um dadurch dem Mitarbeiter eine zusätzliche Erwerbstätigkeit zu ermöglichen".

[190] *Leinemann/Linck*, § 8 BUrlG, Rn. 6; MüArbR-*Leinemann*, § 91, Rn. 50.

[191] MüArbR-*Blomeyer*, § 55, Rn. 24; *Wank*, AR-Blattei SD – Nebentätigkeit, Rn. 72.

[192] BAG, Urt. v. 25.2.1988 – 8 AZR 596/85 – NZA 1988, 607; *Leinemann/Linck*, § 8 BUrlG, Rn. 11/12: § 8 BUrlG enthält eine Pflicht für den Arbeitnehmer. Sie richtet sich damit nur an ihn und nicht an einen möglichen Vertragspartner. Voraussetzung eines Verbotsgesetzes ist jedoch, dass sich das gesetzliche Verbot gerade gegen die Vornahme des Rechtsgeschäftes und damit an beide Vertragspartner richtet. Dies ist bei § 8 BUrlG nicht der Fall. Er will nicht grundsätzlich eine Erwerbstätigkeit während des Urlaubs verhindern, sondern nur solche Tätigkeiten verbieten, die dem Urlaubszweck widersprechen.

Abs. 1 S. 1 BGB verlangen. Gegebenenfalls kann er auch unter den Voraussetzungen des Kündigungsrechts das Arbeitsverhältnis beenden.[193]

IV. Gesetz zur Bekämpfung der Schwarzarbeit

Im Zusammenhang mit der Ausübung einer Nebentätigkeit muss auch das Gesetz zur Bekämpfung der Schwarzarbeit erwähnt werden.

Eine Nebentätigkeit ist dann verbotene Schwarzarbeit i.S. des § 1 Abs. 1 SchwArbG, wenn durch Dienst- oder Werkleistungen wirtschaftliche Vorteile in erheblichem Umfang erzielt werden, obwohl der Anzeigepflicht gegenüber einer Behörde nicht nachgekommen wurde (Nr. 1), die Anzeige für den Beginn einer selbständigen Erwerbstätigkeit nicht erfolgte oder die erforderliche Reisegewerbekarte nicht erworben wurde (Nr. 2) bzw. die Eintragung des Gewerbes in die Handwerksrolle fehlt (Nr. 3). Nicht vom § 1 SchwArbG erfasst werden dagegen die Fälle, in denen Arbeitnehmer einer nebenberuflichen Erwerbstätigkeit nachgehen, ohne dass hierfür Steuern und Sozialversicherungsbeiträge abgeführt werden.[194]

Verträge, die der schwarzarbeitende Arbeitnehmer mit seinen Auftraggebern eingeht, sind nach § 134 BGB i.V.m. § 1 Abs. 1 SchwArbG nichtig.[195]

V. Zusammenfassung

In einigen Gesetzen finden sich Regelungen, die das Recht zur Ausübung einer Nebentätigkeit einschränken. Hierbei ist festzustellen, dass keine dieser Regelungen die Ausübung einer Nebentätigkeit absolut verbietet. Die gesetzlichen Vorschriften begrenzen das Recht zur Nebentätigkeitsausübung nur in bestimm-

---

[193] BAG, Urt. v. 25.2.1988 – 8 AZR 596/85 – NZA 1988, 607 (608); Erf-Komm-*Dörner*, § 8 BUrlG, Rn. 13; *Friese*, Urlaubsrecht, Rn. 516/517.

[194] Im allgemeinen Sprachgebrauch wird meist das Erzielen von Einkünften ohne Abführung von Steuern oder Sozialversicherungsbeiträgen als Schwarzarbeit bezeichnet, jedoch deckt sich diese Begriffsdefinition nicht mit den Vorschriften des SchwArbG. § 1 SchwArbG nennt verschiedene Tatbestände, die als Schwarzarbeit eine Ordnungswidrigkeit darstellen und definiert sie dadurch mittelbar als Schwarzarbeit, vgl. *Marschall*, Bekämpfung illegaler Beschäftigung, Rn. 571.

[195] BGH, Urt. v. 23.9.1982 – VII ZR 183/80 – NJW 1983, 109 = AP Nr. 2 zu § 1 SchwArbG; BGH, Urt. v. 19.1.1984 – VII ZR 121/83 – NJW 1984, 1175: Verträge über Schwarzarbeit sind in jedem Fall nichtig, wenn beide Vertragspartner den Verstoß gegen das Gesetz zur Bekämpfung der Schwarzarbeit kennen; *Marschall*, Bekämpfung illegaler Beschäftigung, Rn. 700; *Wertheimer/Krug*, BB 2000, 1462 (1464); *Sträßner/Ill-Groß*, PflegeR 2002, 343 (345).

ten Fällen unter besonderen Voraussetzungen. Die wohl größte Bedeutung kommt dabei den Vorschriften des ArbZG und dem Wettbewerbsverbot des § 60 HGB zu.

Die Regelungen des ArbZG sollen eine Überanstrengung und damit eine Gesundheitsgefährdung des Arbeitnehmers durch übermäßige Arbeitszeiten verhindern. Das ArbZG steht Nebentätigkeiten insoweit entgegen, als es durch sie zu tatsächlichen Überschreitungen der Arbeitszeitgrenzen kommt. Sobald in einem der beiden Arbeitsverhältnisse (Haupt- oder Nebentätigkeit) Arbeitszeitüberschreitungen erfolgen, greift in diesem ein Beschäftigungsverbot ein.

Ebenso bedeutsam ist das Wettbewerbsverbot in § 60 HGB. Kaufmännischen Angestellten ist es demzufolge untersagt, im Handelszweig des Arbeitgebers ein Handelsgewerbe zu betreiben (1. Alt.) sowie für eigene oder fremde Rechnung im Handelszweig des Arbeitgebers tätig zu werden (2. Alt.). Eine solche Wettbewerbsenthaltungspflicht ergibt sich für alle sonstigen Arbeitnehmer als vertragsimmanente Nebenpflicht aus §§ 241 Abs. 2, 242 BGB. Arbeitnehmer dürfen damit keine Nebentätigkeiten ausüben, die einen erkennbaren Wettbewerbsbezug zur Haupttätigkeit haben. Nebentätigkeiten sind immer dann unzulässig, wenn der Arbeitnehmer selbst oder als Mitarbeiter eines Dritten dem Arbeitgeber als Konkurrent gegenüber tritt.

Auch § 8 BUrlG beschränkt das Recht der Nebentätigkeitsausübung. Er verpflichtet den Arbeitnehmer, während des ihm gewährten Erholungsurlaubs, eine dem Urlaubszweck widersprechende Erwerbstätigkeit zu unterlassen.

Schließlich darf die ausgeübte Nebentätigkeit nicht gegen die Regelungen des SchwArbG verstoßen.

2. Teil: Arbeitsvertragsimmanente Nebentätigkeitsgrenzen

Die Ausübung von Nebentätigkeiten gewinnt in der Praxis immer mehr an Bedeutung, was vor allem durch die Entwicklungen auf dem Arbeitsmarkt bedingt ist. Viele Arbeitnehmer streben eine zusätzliche Erwerbstätigkeit an und erhalten dabei Unterstützung durch Art. 12 Abs. 1 GG, der auch das Recht zur Ausübung von Nebentätigkeiten schützt; jedoch nicht grenzenlos. Neben gesetzlichen Grenzen ergeben sich auch aus dem Arbeitsverhältnis selbst gewisse Restriktionen im Hinblick auf Nebentätigkeiten. Das Arbeitsverhältnis legt den Parteien verschiedene Pflichten auf, die sich in Haupt- und Nebenpflichten einteilen lassen. Mittelpunkt eines jeden Arbeitsverhältnisses sind die synallagmatischen Hauptpflichten: die Arbeitspflicht des Arbeitnehmers und die Vergütungspflicht des Arbeitgebers.[196] Daneben bestehen weitere sog. Nebenpflichten, die auch ohne ausdrückliche Vereinbarung immanenter Bestandteil eines jeden Arbeitsvertrages sind.[197] Sie haben bei der Durchführung des Arbeitsverhältnisses erhebliche Bedeutung. Inwiefern die arbeitsvertraglichen Haupt- und Nebenpflichten Einfluss auf das Nebentätigkeitsrecht des Arbeitnehmers haben, soll im Folgenden näher untersucht werden.

§ 5 Beeinträchtigung der arbeitsvertraglichen Hauptpflicht

Mit Abschluss des Arbeitsvertrages verpflichtet sich der Arbeitnehmer, dem Arbeitgeber seine Arbeitskraft für die vereinbarte Zeit zur Verfügung zu stellen. Zugleich verzichtet er damit auf jede anderweitige zeitlich kollidierende Tätigkeit.[198] Mit dem Leistungsversprechen des Arbeitnehmers geht die Verpflichtung einher, alles zu unterlassen, was den Zweck des Arbeitsverhältnisses oder den Leistungserfolg beeinträchtigen oder gefährden kann.[199] Die übernommene

---

[196] Erf-Komm-*Preis*, § 611 BGB, Rn. 487 und 789; *Junker*, Grundkurs Arbeitsrecht, Rn. 200; *Krause*, AR-Blattei SD – Arbeitsvertrag II A, Rn. 50 und 155; *Hromadka/Maschmann*, ArbR I, § 3, Rn. 1; DLW-*Dörner*, A, Rn. 40; *Zöllner/Loritz*, Arbeitsrecht, S. 163/185; Schaub-*Schaub*, § 8, Rn. 2; *Boemke*, Schuldvertrag und Arbeitsverhältnis, S. 257; *Heinrich*, Formale Freiheit und materielle Gerechtigkeit, S. 487.

[197] Palandt-*Heinrichs*, § 242, Rn. 23; *Grunsky*, JuS 1989, 593 (594); *Gotthardt*, Schuldrechtsreform, Rn. 23; Kittner/Zwanziger-*Becker*, § 72, Rn. 2; *Boemke*, Schuldvertrag und Arbeitsverhältnis, S. 319.

[198] *Hunold*, AR-Blattei SD – Mehrfachbeschäftigung, Rn. 78; MüArbR-*Blomeyer*, § 55, Rn. 4; BAG, Urt. v. 3.12.1970 – 2 AZR 110/70 – AP Nr. 60 zu § 626 BGB; LAG Hessen, Urt. v. 19.8.2003 – 13/12 Sa 1476/02 – MDR 2004, 517 (518).

[199] *Boemke*, AR-Blattei SD – Nebenpflichten des Arbeitnehmers, Rn. 106; *Callam*, Arbeitsrechtliche Probleme mehrfacher Erwerbstätigkeit von Arbeitnehmern, S. 89.

Arbeitspflicht ist damit entscheidende Grenze für die Nebentätigkeitsausübung. Ist der Arbeitnehmer aufgrund der Nebentätigkeit nicht mehr in der Lage, den Anforderungen seines Arbeitsplatzes gerecht zu werden und führt die Doppelbelastung des Arbeitnehmers zu Störungen bei der Leistungserbringung, stellt dies eine Arbeitspflichtverletzung dar. Zugleich ist damit das Interesse des Arbeitgebers am Erhalt ordnungsgemäßer Leistungen negativ betroffen. Störungen bei der Leistungserbringung können allerdings in unterschiedlicher Intensität auftreten. Sie reichen von völliger Nichtleistung über erhebliche Schlechtleistungen bis hin zu leichten Mängeln.[200]

Die Ausübung einer Nebentätigkeit darf nicht zu dauerhaften Störungen im Hauptarbeitsverhältnis führen. Hierbei stellt sich die Frage, wie zwischen einer vom Arbeitgeber noch hinzunehmenden Leistungsbeeinträchtigung einerseits und Störungen, die zur Unzulässigkeit der Nebentätigkeit führen andererseits, abzugrenzen ist.

I. Nichtleistung im Hauptarbeitsverhältnis

Nebentätigkeiten, die zu einer Nichtleistung des Arbeitnehmers im Hauptarbeitsverhältnis führen, sind unzulässig. Der Begriff der Nichtleistung bezeichnet die pflichtwidrige Nichterfüllung der Arbeitspflicht durch den Arbeitnehmer.[201] Hiervon werden sowohl das pflichtwidrige Nichterscheinen am Arbeitsplatz als auch die Nichtaufnahme der Arbeit trotz Erscheinens erfasst.[202] Die Nichtleistung betrifft die vertragliche Hauptleistungspflicht und stellt somit eine schwerwiegende Vertragsverletzung des Arbeitnehmers dar. Die arbeitsvertragliche Hauptpflicht gebietet es dem Arbeitnehmer alles zu unterlassen, was der vertraglichen Leistungserbringung abträglich ist.[203] Arbeitnehmer haben daher solche Nebentätigkeiten zu unterlassen, die mit der Arbeitspflicht kollidieren.[204]

---

[200] *Bock*, Doppelarbeitsverhältnis, S. 65; *Weber/Kaplik*, AuA 2000, 536 (537); *Wank*, AR-Blattei SD – Nebentätigkeit, Rn. 25 ff.; ähnlich: *Glöckner*, Nebentätigkeitsverbote im Individualarbeitsrecht, S. 85 ff.

[201] Staudinger-*Richardi*, § 611, Rn. 459; *Sommer*, Nichterfüllung der Arbeitspflicht, S. 21; *Convillé*, Schuldrechtliche Haupt- und Nebenpflichten, S. 11; *Motzer*, Die positive Vertragsverletzung des Arbeitnehmers, S. 125.

[202] MüArbR-*Blomeyer*, § 57, Rn. 1; Staudinger-*Richardi*, § 611, Rn. 459.

[203] *Preis*, Praxis-Lehrbuch, S. 308; *Hartmann*, BuW 2003, 566.

[204] BAG, Urt. v. 18.1.1996 – 6 AZR 314/95 – NZA 97, 41 (42); ebenso: LAG Köln, Urt. v. 23.8.1996 – 11 Sa 495/96 – NZA-RR 1997, 338 (339); *Buchner*, Anm. zu BAG, v. Urt. 11.12.2001 – 9 AZR 464/00 – RdA 2003, 177 (178); BAG, Urt. v. 13.11.1979 – 6 AZR 934/77 – NJW 1980, 1917.

Dies gilt zum einen für Nebentätigkeiten, die infolge zeitlicher Überschneidung von Haupt- und Nebentätigkeit zur Nichtleistung führen:[205]

BAG, Urt. v. 3.12.1970 – 2 AZR 110/70 – AP Nr. 60 zu § 626 BGB: Ein angestellter Lagerstätteningenieur wollte eine nebenberufliche Tätigkeit als Lehrer an drei Werktagen pro Woche ausüben. Das Bundesarbeitsgericht entschied, dass die Interessen des Hauptarbeitgebers in erheblichem Maße beeinträchtigt seien, wenn die Nebentätigkeit während der im Betrieb geltenden Dienststunden ausgeübt werde. Ginge der Arbeitnehmer gleichwohl dieser Nebentätigkeit nach, stelle dies eine beharrliche Arbeitsverweigerung und damit eine Nichtleistung dar.

BAG, Urt. v. 21.9.1999 – 9 AZR 759/98 – DB 2000, 1336: Eine Nebentätigkeit ist unzulässig, wenn nicht auszuschließen ist, dass sich beide Tätigkeiten zeitlich überschneiden. Hierbei sei zu befürchten, dass die Nebentätigkeitsverpflichtung vorrangig erledigt werde, wodurch es im Hauptarbeitsverhältnis zu einer Nichtleistung komme.

Dies gilt zum anderen für die Fälle, in denen der Arbeitnehmer zwar am Arbeitsplatz erscheint, er aber gleichwohl wegen Überbelastung keine Leistung erbringt. Was nutzt dem Arbeitgeber ein Mitarbeiter, der zwar anwesend ist, wegen körperlicher Überanstrengung aber während der Arbeit einschläft oder ständig Pausen machen muss? Nebentätigkeiten, die das Arbeitsverhältnis dauerhaft beeinträchtigen, sind damit unzulässig.[206] Es bedarf jedoch stets des Nachweises, dass die Nichtleistung tatsächlich aus der Nebentätigkeitsausübung resultiert.

---

[205] *Hartmann*, BuW 2003, 566; MüArbR-*Blomeyer*, § 55, Rn. 4; *Buchner*, Anm. zu BAG, Urt. v. 11.12.2001 – 9 AZR 464/00 – RdA 2003, 177 (178); *Bährle*, BuW 2004, 395; *Glöckner*, Nebentätigkeitsverbote im Individualarbeitsrecht, S. 85; *Oligmüller*, Nebentätigkeitsproblematik im Individualarbeitsrecht, S. 84; *Brändli*, Arbeitsvertrag und Nebenbeschäftigung, S. 71; Münch-Komm/*Müller-Glöge*, § 611 BGB, Rn. 446; *Motzer*, Die positive Vertragsverletzung des Arbeitnehmers, S. 102; BAG, Urt. v. 18.11.1988 – 8 AZR – 12/86 – AP Nr. 3 zu § 611 BGB – Doppelarbeitsverhältnis, Bl. 3; LAG Hamm, Urt. v. 28.9.1995 – 17 Sa 2267/94 – NZA 1996, 723 (727); BAG, Urt. v. 18.1.1996 – 6 AZR 314/95 – NZA 1997, 41 (42); LAG Köln, Urt. v. 23.8.1996 – 11 Sa 495/96 – NZA-RR 1997, 338 (339).

[206] BAG, Urt. v. 18.1.1996 – 6 AZR 314/95 – NZA 1997, 41 (42); LAG Köln, Urt. v. 23.8.1996 – 11 Sa 495/96 – NZA-RR 1997, 338 (339); BAG, Urt. v. 13.11.1979 – 6 AZR 934/77 – NJW 1980, 1917; *Hunold*, AR-Blattei SD – Mehrfachbeschäftigung, Rn. 78; *Wertheimer/Krug*, BB 2000, 1462; *Hartmann*, BuW 2003, 566; *Glöckner*, Nebentätigkeitsverbote im Individualarbeitsrecht, S. 85; *Brändli*, Arbeitsvertrag und Nebenbeschäftigung, S. 71; *Palme*, BlStSozArbR 1973, 137 (138); *Roßbruch*, Anm. zu BAG, Urt. v. 28.2.2002 – 6 AZR 357/01 – PflegeR 2002, 362 (367); *Kornbichler*, AuA 2003 (Heft 6), 16 (17).

Der Arbeitnehmer verletzt seine vertraglichen Pflichten auch dann, wenn er während der Arbeitszeit Arbeiten für seine Nebentätigkeit verrichtet oder verrichten lässt.[207]

> **Beispiel:** Arbeitnehmer F arbeitet hauptberuflich als Ingenieur in einer Firma. Neben dieser Haupttätigkeit arbeitet er in freiberuflicher Nebentätigkeit als Architekt. Er lässt wiederholt in nicht unerheblichem Maße durch Kollegen Kopien für seine Nebentätigkeit anfertigen.

Dem Arbeitnehmer ist es nicht gestattet, während der Arbeitszeit Tätigkeiten für außerdienstliche Zwecke zu erledigen. Er darf weder die Arbeitskraft unterstellter Mitarbeiter noch sachliche Ressourcen seines Arbeitgebers für außerbetriebliche Zwecke wie z.b. Nebentätigkeiten in Anspruch nehmen.

Nebentätigkeiten, die wegen zeitlicher Überschneidung oder physischer Überanstrengung zur Nichtleistung im Hauptarbeitsverhältnis führen, sind unzulässig, da die Nichtleistung eine wesentliche Verletzung der vertraglichen Arbeitspflicht darstellt.

II. Schlechtleistung im Hauptarbeitsverhältnis

Schwieriger zu beurteilen sind die Fälle, in denen die Ausübung einer Nebentätigkeit im Hauptarbeitsverhältnis Schlecht- oder Minderleistungen zur Folge hat. Anders als bei der Nichtleistung erbringt der Arbeitnehmer zwar seine geschuldete Arbeitsleistung, allerdings ist das Ergebnis seiner Arbeit nicht einwandfrei. Aufgrund der doppelten Arbeitsbelastung ist der Arbeitnehmer mit Nebentätigkeit im Vergleich zu Arbeitnehmern ohne Nebentätigkeiten stärker beansprucht und das Risiko von Schlechtleistungen erhöht sich dadurch.

Eine Schlechtleistung kann in qualitativer und quantitativer Weise vorliegen. Von einer qualitativen Schlechtleistung spricht man, wenn die erbrachte Leistung fehlerhaft ist und nicht den notwendigen Anforderungen entspricht.[208] Eine Schlechtleistung in quantitativer Form, die sog. Minderleistung, liegt vor, wenn die Arbeitsleistung z.B. durch Langsamarbeit oder Bummelei hinter dem Normalmaß zurückbleibt,[209] der Arbeitnehmer also weniger Leistung erbringt als

---

[207] Erf-Komm-*Preis*, § 611 BGB, Rn. 887; *Wertheimer/Krug*, BB 2000, 1462; *Hunold*, NZA-RR 2002, 505 (507); ArbG Passau, Urt. v. 16.1.1992 – 4 Ca 654/91 – BB 1992, 567; LAG Hamm, Urt. v. 5.6.1998 – 5 Sa 1397/97 – NZA-RR 1999, 126.

[208] *Brune*, AR-Blattei SD – Schlechtleistung, Rn. 2; MüArbR-*Blomeyer*, § 58, Rn. 1; Kasseler Handbuch-*Künzl*, 2.1, Rn. 181; *Hromadka/Maschmann*, ArbR I, § 6, Rn. 125; Staudinger-*Richardi*, § 611, Rn. 471/472.

[209] MüArbR-*Blomeyer*, § 58, Rn. 1; *Brune*, AR-Blattei SD – Schlechtleistung, Rn. 3; Staudinger-*Richardi*, § 611, Rn. 471/472; *Hromadka/Maschmann*, ArbR I, § 6, Rn. 124.

der Arbeitgeber von ihm erwartet. Bei der Feststellung von Schlechtleistungen ergeben sich Probleme.

1. Vergleichsmaßstab

Zunächst stellt sich die Frage, nach welchen Maßstäben zu beurteilen ist, ob eine Schlechtleistung vorliegt. Schwierig ist das vor allem in den Fällen, in denen der Arbeitnehmer geringere Arbeitsleistungen erbringt als von ihm erwartet werden. Dann stellt sich die Frage, ob es auf das individuelle Leistungsvermögen des einzelnen Arbeitnehmers ankommt oder ob als Vergleichsmaßstab auf die Leistung eines durchschnittlichen Arbeitnehmers abzustellen ist. Mit anderen Worten: Stellt man die Leistung des betroffenen Arbeitnehmers der eines vergleichbaren Arbeitnehmers gegenüber oder vergleicht man die „mangelhafte" Leistung mit den sonst üblichen Leistungen des Arbeitnehmers?

Zum Teil wird angenommen, dass bei der Beurteilung einer Schlechtleistung vergleichsweise auf die Leistungen eines durchschnittlichen Arbeitnehmers abzustellen sei.[210] Eine Schlechtleistung läge demnach vor, wenn ein Arbeitnehmer im Gegensatz zu vergleichbaren Arbeitnehmern eine „schlechtere" Arbeitsleistung erzielt, er also deutlich weniger Leistung erbringt. Als Begründung wird auf die Verschiedenheit der menschlichen Konstitution abgestellt. Während die Leistungsfähigkeit des einen Arbeitnehmers durch die Ausübung einer Nebentätigkeit gemindert sein kann, muss dies bei einem anderen nicht der Fall sein. Die praktischen Schwierigkeiten bei der Erfassung der menschlichen Kon-

---

[210] *Oligmüller*, Nebentätigkeitsproblematik im Individualarbeitsrecht, S. 97 f; *Kuhn*, Probleme der Nebentätigkeit, S. 41; *Hessel*, Anm. zu BAG, Urt. v. 17.7.1970 – 3 AZR 423/69 – ArbuR 1971, 61 (64): Eine Arbeitnehmerin erbrachte deutlich weniger Arbeitsleistung als vergleichbare Arbeitnehmerinnen ihrer Abteilung (=mangelnde Arbeitsintensität, quantitative Schlechtleistung). *Hessel* vertritt die Ansicht, dass die Feststellung, ob hierin eine Schlechtleistung zu sehen ist, nur unter Zugrundelegung eines objektiven Maßstabes beurteilt werden könne, der sich aus dem Verhältnis der umstrittenen Leistung des einzelnen Arbeitnehmers im Verhältnis zur Normalleistung vergleichbarer Arbeitnehmer ergebe.
Ebenso: BAG, Urt. v. 11.12.2001 – 9 AZR 464/00 – NZA 2002, 965 (966): Eine Arbeitgeberin ist auf die Nebentätigkeit eines Arbeitnehmers aufmerksam geworden, weil dieser durch zunehmende Schlechtleistungen im Betrieb auffiel. Neben fehlerhaften Arbeitsleistungen rügte sie bei ihm auch Arbeitsbummelei. Im Gegensatz zu vergleichbaren Kollegen erbrachte er nur etwa 50 % der von ihnen erbrachten Leistung. Zur Begründung der Schlechtleistung ist auch hier auf die Durchschnittsleistung vergleichbarer Arbeitnehmer abgestellt worden.

stitution müssten somit dazu führen, dass bei der Beurteilung von Schlechtleistungen ein objektiver Maßstab anzulegen sei.[211]

Dem wird entgegengehalten, dass das Arbeitsverhältnis durch seinen personalen Charakter geprägt sei. Dieser personale Charakter des Arbeitsverhältnisses zeige sich vor allem darin, dass der Arbeitnehmer grundsätzlich nicht einen bestimmten Arbeitserfolg schulde, sondern er nur verpflichtet sei, seine Arbeitskraft im Rahmen der vereinbarten Grenzen zur Leistung der versprochenen Dienste einzusetzen.[212] Die ganz überwiegende Meinung geht deshalb davon aus, dass sich die durch den Arbeitsvertrag versprochene Arbeitsleistung nach der individuellen Leistungsfähigkeit des einzelnen Arbeitnehmers bestimmt.[213] Der Arbeitnehmer hat seine Arbeitskraft zur Erbringung der „versprochenen Dienste" unter Anwendung all seiner Kräfte und Möglichkeiten einzusetzen.[214] Die geschuldete Leistung ist mit der Persönlichkeit des Arbeitnehmers untrennbar verbunden. Deshalb hat sich die vertraglich geschuldete Leistung am individuellen Leistungsvermögen des einzelnen Arbeitnehmers zu orientieren. Dementsprechend kann auch die durch eine Nebentätigkeit verursachte Schlechtleistung grundsätzlich nur bezogen auf den einzelnen Arbeitnehmer festgestellt werden.[215]

---

[211] *Kuhn*, Probleme der Nebentätigkeit, S. 41; *Hessel*, Anm. zu BAG, Urt. v. 17.7.1970 – 3 AZR 423/69 – ArbuR 1971, 61 (64); *Wlotzke*, RdA 1965, 180 (188/189): Die vom Arbeitnehmer geschuldete Arbeitsleistung beurteilt sich nach einem objektiven Maßstab.

[212] Erf-Komm-*Preis*, § 611 BGB, Rn. 792; Staudinger-*Richardi*, § 611, Rn. 313.

[213] *Müller*, Der Leistungsbegriff im Arbeitsverhältnis, S. 175; *Bitter*, AR-Blattei SD – Arbeitspflicht des Arbeitnehmers, Rn. 71; MüArbR-*Blomeyer*, § 48, Rn. 64; Kasseler Handbuch-*Künzl*, 2.1, Rn. 180; Erf-Komm-*Preis*, § 611 BGB, Rn. 794; *Gotthardt*, Schuldrechtsreform, Rn. 22; Staudinger-*Richardi*, § 611, Rn. 330; *Krause*, AR-Blattei SD – Arbeitsvertrag II A, Rn. 96; BAG, Urt. v. 17.7.1970 – 3 AZR 423/69 – ArbuR 1971, 61 (63) = DB 1970, 2226 (2227); BAG, Urt. v. 17.3.1988 – 2 AZR 576/87 – EzA Nr. 116 zu § 626 BGB n.F., S. 12; BAG, Urt. v. 21.5.1992 – 2 AZR 551/91 – NZA 1992, 1028 (1029); LAG Hamm, Urt. v. 23.8.2000 – 18 Sa 463/00 – NZA-RR 2001, 139.
A.A.: *Wlotzke*, RdA 1965, 180 (188); *Hessel*, Anm. zu BAG, Urt. v. 17.7.1970 – 3 AZR 423/69 – ArbuR 1971, 61 (64); *Motzer*, Die positive Vertragsverletzung des Arbeitnehmers, S. 117/121 stellt auf einen durch § 243 BGB konkretisierten Normalleistungsbegriff ab.

[214] MüArbR-*Blomeyer*, § 48, Rn. 64; *Müller*, Der Leistungsbegriff im Arbeitsverhältnis, S. 176; Kasseler Handbuch-*Künzl*, 2.1, Rn. 180, Erf-Komm-*Preis*, § 611 BGB, Rn. 794; *Hromadka/Maschmann*, ArbR I, § 6, Rn. 82.

[215] Ebenso: *Singer*, Anm. zu BAG, Urt. v. 11.12.2001 – 9 AZR 464/00 – AP Nr. 8 zu § 611 BGB – Nebentätigkeit, Bl. 6R; *Bock*, Doppelarbeitsverhältnis, S. 66; *Wank*, Nebentätigkeit, Rn. 105 gibt zu bedenken, dass bei Zugrundelegung eines objektiven Leistungsmaßstabes unter Umständen bestimmte Arbeitnehmer grundsätzlich keine Nebentätigkeit ausüben dürften. Als Beispiel führt er unerfahrene Arbeitnehmer an, deren Leistungen von vornherein hinter den Leistungen durchschnittlicher Arbeitnehmer zurückblieben.

Für die Praxis bedeutet dies, dass jeweils aufgrund einer genauen Einzelfallprüfung festgestellt werden muss, ob eine Schlechtleistung vorliegt. Beginnt ein Arbeitnehmer nach langjähriger Tätigkeit im Betrieb zusätzlich mit der Ausübung einer Nebentätigkeit und kommt es jetzt verstärkt zu mangelhaften Leistungen, so liegt zweifellos sowohl im Vergleich zu Kollegen als auch zu seinem individuellem Leistungsvermögen (Maßstab: frühere Leistungen) eine erkennbare Schlechtleistung vor. Wird dagegen ein Arbeitnehmer, der neben der Haupttätigkeit noch eine zweite Erwerbstätigkeit ausübt, in einem Betrieb neu eingestellt und erbringt von Beginn an geringere Arbeitsleistungen als seine Kollegen, so wird es für einen Arbeitgeber kaum möglich sein, einen Vergleich zum Leistungsvermögen des Arbeitnehmers ohne Nebentätigkeit anzustellen. In diesem Fall ist der Arbeitgeber darauf angewiesen, einen Vergleich zu Kollegen zu ziehen, den betroffenen Arbeitnehmer auf seine ungenügenden Leistungen hinzuweisen und ihn aufzufordern, dies zu ändern. Abgesehen von diesem Sonderfall hat die Beurteilung einer Schlechtleistung aber grundsätzlich anhand des individuellen Leistungsvermögens des einzelnen Arbeitnehmers zu erfolgen.

2. Grad der Schlechtleistung

Darüber hinaus ist problematisch, ab wann der Grad der Beeinträchtigung der Arbeitsleistung so stark ist, dass dies Auswirkungen auf die Zulässigkeit einer Nebentätigkeit hat. Es stellt sich hierbei die Frage, wo die Grenze zwischen einer erheblichen Schlechtleistung und einer nur unerheblichen und damit vom Arbeitgeber hinzunehmenden Beeinträchtigung der Arbeitsleistung zu ziehen ist.

Hat die Ausübung einer Nebentätigkeit zur Folge, dass der Arbeitnehmer gelegentlich geringfügige Schlechtleistungen erbringt, so darf dies noch nicht *per se* die Unzulässigkeit der Nebentätigkeit bedeuten. Denn die Leistungsfähigkeit eines Arbeitnehmers unterliegt bereits naturgemäß gewissen Schwankungen. Die Beurteilung von Leistungsbeeinträchtigungen durch die Ausübung von Nebentätigkeiten muss sich am Gedanken der Sozialadäquanz orientieren.[216] Demzufolge wäre es lebensfremd, von einem Arbeitnehmer stets ein Optimum an Leistung zu verlangen. Die Leistungsfähigkeit des Menschen ist Schwankungen unterworfen, die von verschiedenen Faktoren abhängen, wie z.B. Alter, Gesundheitszustand oder Tagesform. Der Arbeitnehmer hat seine Arbeit jedoch stets unter Anspannung der ihm aktuell möglichen Fähigkeiten zu verrichten.[217]

---

[216] *Wank*, Nebentätigkeit, Rn. 117.

[217] MüArbR-*Blomeyer*, § 48, Rn. 70; *Müller*, Der Leistungsbegriff im Arbeitsverhältnis, S. 176; BAG, Urt. v. 21.5.1992 – 2 AZR 551/91 – NZA 1992, 1028 (1029); BAG, Urt. v. 14.1.1986 – 1 ABR 75/83 – DB 1986, 1025.

Im Hinblick auf die durch eine Nebentätigkeit verursachten Schlechtleistungen gilt damit folgendes: Lediglich geringfügige, vorübergehende Leistungsminderungen, hervorgerufen durch eine Nebentätigkeitsausübung, sind generell ohne Auswirkungen auf das Hauptarbeitsverhältnis,[218] denn auch Arbeitnehmern, die keine Nebentätigkeit ausüben, unterlaufen hin und wieder Fehler. Nur in krassen Fällen führen Schlechtleistungen zur Unzulässigkeit einer Nebentätigkeit. Je qualifizierter und differenzierter die vom Arbeitnehmer geschuldete Leistung ist, desto schwieriger ist die Beurteilung der Arbeitsleistung.[219] Zur Bejahung einer erheblichen Beeinträchtigung des Arbeitsverhältnisses durch Schlechtleistung sind deutliche Auswirkungen notwendig. Zum einen müssen die Leistungsmängel eine gewisse Intensität erreichen, beispielsweise indem sich Leistungseinbußen zeitlich häufen.[220] Zum anderen müssen sich am Arbeitsergebnis erkennbare Fehler nachweisen lassen oder die Minderleistung einen merklichen Einfluss auf den Betriebsablauf haben.[221] Soweit auch der Nachweis erbracht ist, dass die erheblichen Schlechtleistungen aus einer vom Arbeitnehmer ausgeübten Nebentätigkeit herrühren, rechtfertigt dies die Unzulässigkeit und damit ein Verbot der Nebentätigkeitsausübung.

III. Zusammenfassung

Die Ausübung einer Nebentätigkeit – gleich welcher Art – ist unzulässig, wenn sie zu einer erheblichen Beeinträchtigung der Arbeitskraft des Arbeitnehmers führt.[222] Nichtleistung und erhebliche Schlechtleistung bedeuten eine Verletzung der vertraglichen Hauptpflicht des Arbeitnehmers. Nebentätigkeiten, die erhebliche Leistungsstörungen im Hauptarbeitsverhältnis zur Folge haben, sind damit unzulässig.

---

[218] *Glöckner*, Nebentätigkeitsverbote im Individualarbeitsrecht, S. 86; *Daum*, Außerdienstliche Verhaltenspflichten, S. 86; *Wank*, AR-Blattei SD – Nebentätigkeit, Rn. 27.

[219] *Bock*, Doppelarbeitsverhältnis, S. 66.

[220] *Wank*, Nebentätigkeit, Rn. 118; MüArbR-*Blomeyer*, § 55, Rn. 4; *Hohmeister*, BuW 1996, 108 (109): Ein Beispiel dafür wäre, dass der Arbeitnehmer regelmäßig unausgeschlafen im Büro erscheint und sich dadurch die Fehlerquote deutlich erhöht.

[221] *Bock*, Doppelarbeitsverhältnis, S. 67; *Wank*, Nebentätigkeit, Rn. 118.

[222] LAG Köln, Urt. v. 23.8.1996 – 11 Sa 495/96 – NZA-RR 1997, 338 (339); LAG Bremen, Urt. v. 17.9.2001 – 4 Sa 43/01 – NZA-RR 2002, 186 (193); BAG, Urt. v. 13.11.1979 – 6 AZR 934/77 – NJW 1980, 1917; BAG, Urt. v. 18.11.1996 – 8 AZR 12/86 – AP Nr. 3 zu § 611 BGB – Doppelarbeitsverhältnis, Bl. 3; BAG, Urt. v. 18.1.1996 – 6 AZR 314/95 – NZA 1997, 41 (42); *Bitter*, AR-Blattei SD – Arbeitspflicht des Arbeitnehmers, Rn. 86; *Glöckner*, Nebentätigkeitsverbote im Individualarbeitsrecht, S. 85 ff.; *Hartmann*, BuW 2003, 566; *Hohmeister*, BuW 1996, 108 (109); *Weber/Kaplik*, AuA 2000, 536 (537).

§ 6 Verletzung arbeitsvertragsimmanenter Nebenpflichten

Nebentätigkeiten können auch problematisch sein, ohne dass es zu direkten Beeinträchtigungen der Arbeitsleistung im Hauptarbeitsverhältnis kommt. Das Arbeitsverhältnis erschöpft sich nämlich nicht im Austausch von Leistung und Gegenleistung.[223] Wie in jedem Schuldverhältnis ergeben sich auch im Arbeitsverhältnis für die Vertragsparteien über die Erbringung der Hauptpflichten hinaus sog. Nebenpflichten.[224] Vor allem die dem Arbeitnehmer obliegenden Nebenpflichten können weitere Beschränkungen der Zulässigkeit von Nebentätigkeiten zur Folge haben.

I. Grundlagen der Nebenpflichten im Arbeitsverhältnis

In jedem Schuldverhältnis obliegen den Vertragsparteien neben den Hauptleistungspflichten Pflichten der Rücksichtnahme, des Schutzes und der Förderung des Vertragszweckes.[225] Dies gilt ebenso für das Vertragsverhältnis zwischen Arbeitgeber und Arbeitnehmer. Im Hinblick auf die Frage der Nebentätigkeitsausübung spielen vor allem die Nebenpflichten des Arbeitnehmers eine wichtige Rolle. Unter dem Begriff „Nebenpflichten des Arbeitnehmers" werden alle Pflichten zusammengefasst, die sich nicht primär auf die Arbeitsleistung beziehen, sondern die alle sonstigen mit dem Arbeitsverhältnis zusammenhängenden Pflichten betreffen.[226]

1. Dogmatische Herleitung vertragsimmanenter Nebenpflichten

In der Arbeitsrechtswissenschaft war lange Zeit die dogmatische Einordnung von arbeitsvertraglichen Nebenpflichten umstritten. So ging man zunächst davon aus, dass mit Abschluss des Arbeitsvertrages ein persönliches Herrschafts- und Gemeinschaftsverhältnis zwischen Arbeitgeber und Arbeitnehmer begrün-

---

[223] Kasseler Handbuch-*Künzl*, 2.1, Rn. 42; *Daum*, Außerdienstliche Verhaltenspflichten, S. 32; *Gotthardt*, Schuldrechtsreform, Rn. 23.

[224] Palandt-*Heinrichs*, § 242, Rn. 23; *Grunsky*, JuS 1989, 593 (594); *Gotthardt*, Schuldrechtsreform, Rn. 23; Kittner/Zwanziger-*Becker*, § 72, Rn. 2; *Boemke*, Schuldvertrag und Arbeitsverhältnis, S. 319.

[225] Erf-Komm-*Preis*, § 611 BGB, Rn. 869; Kittner/Zwanziger-*Becker*, § 72, Rn. 2; Palandt-*Heinrichs*, § 241, Rn. 6 ff.; Hk-BGB/*Schulze*, § 241, Rn. 4 ff.; *Boemke*, AR-Blattei SD – Nebenpflichten des Arbeitnehmers, Rn. 47; BGH, Urt. v. 23.2.1989 – IX ZR 236/86 – AP Nr. 9 zu § 611 BGB – Treuepflicht, Bl. 2R.

[226] Staudinger-*Richardi*, § 611, Rn. 380; *Boemke*, AR-Blattei SD – Nebenpflichten des Arbeitnehmers, Rn. 1; DLW-*Dörner*, C, Rn. 240; *Hromadka/Maschmann*, ArbR I, § 6, Rn. 96; MüArbR-*Blomeyer*, § 51, Rn. 1.

det würde.[227] Kennzeichen eines solchen personenrechtlichen Gemeinschaftsverhältnisses war eine echte persönliche Treuepflicht,[228] die als selbständige Pflicht neben der Arbeitspflicht stand. Der Arbeitnehmer war danach verpflichtet, bei Durchführung des Arbeitsverhältnisses die Interessen des Arbeitgebers und des Betriebes nach besten Kräften wahrzunehmen und alles zu unterlassen, was diese schädigen könnte.[229] Diese Auffassung war nach und nach zunehmender Kritik ausgesetzt.[230] Die Annahme einer aus dem personenrechtlichen Gemeinschaftsverhältnis abgeleiteten Treuepflicht brachte die Gefahr mit sich, dass dem Arbeitnehmer Pflichten auferlegt wurden, die weit über das rechtsgeschäftliche Leistungsversprechen hinausgingen und damit die vertragliche Rechtsstellung zu seinem Nachteil relativierten.[231]

Mittlerweile ist die Lehre vom Arbeitsverhältnis als „personenrechtlichem Gemeinschaftsverhältnis" überwunden. Das Arbeitsverhältnis gilt heute als schuldrechtliches Austauschverhältnis mit gegenseitigen Pflichten.[232] Für das Arbeitsverhältnis gelten die allgemeinen, ein jedes Schuldverhältnis konkretisierenden Regelungen. Die Nebenpflichten des Arbeitnehmers manifestieren sich heute somit nicht mehr in einer besonderen Treuepflicht, sondern ergeben sich – abge-

---

[227] Mit der Qualifizierung des Arbeitsvertrages als personenrechtlichem Austauschvertrag sollte hervorgehoben werden, dass der Arbeitnehmer seine Persönlichkeit in weitergehender Weise einbringt, als dass er lediglich reine Sachleistungen erzielt. Aufgrund der dem Arbeitsverhältnis innewohnenden besonderen Nähe zwischen Arbeitgeber und Arbeitnehmer wurde angenommen, dass die Arbeitsvertragsparteien einander besondere Treue und Fürsorge schulden. Die „schicksalhafte" Verbindung beider erzwinge eine solche persönliche Rücksicht, vgl.: *Hueck/Nipperdey*, S. 241 (insbesondere Fn. 2); *Daum*, Außerdienstliche Verhaltenspflichten, S. 32 ff.; MüArbR-*Blomeyer*, § 51, Rn. 12; Schaub-*Schaub*, § 29, Rn. 6.

[228] *Hueck/Nipperdey*, S. 241; RAG, Urt. v. 22.3.1939 – RAG 177/38 – ARS 36, 264 (269); LAG Düsseldorf, Urt. v. 4.11.1952 – 1 Sa 98/52 – DB 1953, 24.

[229] *Hueck/Nipperdey*, S. 242; RAG, Urt. v. 29.6.1932 – RAG 162/32 – ARS 15, 561 (565); LAG Düsseldorf, Urt. v. 4.11.1952 – 1 Sa 98/52 – DB 1953, 24; LAG Mannheim, Urt. v. 19.12.1952 – Sa 99/52 – AP 54, Nr. 42; BGH, Urt. v. 17.12.1953 – 4 StR 483/53 – AP Nr. 1 zu § 611 BGB – Treuepflicht, Bl. 1R; BAG, Urt. v. 17.10.1969 – 3 AZR 442/68 – AP Nr. 7 zu § 611 BGB – Treuepflicht, Bl. 2R.

[230] Schaub-*Schaub*, § 29, Rn. 6; *Ballerstedt*, RdA 1976, 5 (9); *Weise*, Persönlichkeitsschutz, S. 33 ff.; Staudinger-*Richardi*, § 611, Rn. 374 ff.; MüArbR-*Blomeyer*, § 51, Rn. 2; *Wisskirchen*, Außerdienstliches Verhalten von Arbeitnehmern, S. 23 f.

[231] Staudinger-*Richardi*, § 611, Rn. 382; MüArbR-*Blomeyer*, § 51, Rn. 2; *Janert*, Das vertragswidrige Doppelarbeitsverhältnis, S. 63.

[232] *Krause*, AR-Blattei SD – Arbeitsvertrag II A, Rn. 108; Kittner/Zwanziger-*Becker*, § 72, Rn. 2; *Gotthardt*, Schuldrechtsreform, Rn. 23.

sehen von spezialgesetzlichen Regelungen[233] – nach allgemeinen schuldrechtlichen Grundsätzen unmittelbar aus §§ 241 Abs. 2, 242 BGB.[234]

In § 241 Abs. 2 BGB ist normiert, dass „das Schuldverhältnis nach seinem Inhalt jeden Teil zur Rücksicht auf die Rechte, Rechtsgüter und Interessen des anderen Teils verpflichten kann". Damit stellt § 241 Abs. 2 BGB klar, dass auch die sog. Rücksichtnahmepflichten Inhalt des Schuldverhältnisses sind. Bei der inhaltlichen Ausgestaltung der Nebenpflichten ist der Grundsatz von Treu und Glauben (§ 242 BGB) zu beachten.[235] Er verpflichtet den Schuldner, „die Leistung so zu bewirken, wie Treu und Glauben mit Rücksicht auf die Verkehrssitte es erfordern". Die Vorschrift des § 241 Abs. 2 BGB verdeutlicht, dass Rücksichtnahmepflichten in jedem Schuldverhältnis bestehen. Eine Besonderheit besteht lediglich darin, dass die Nebenpflichten bei Dauerschuldverhältnissen wie dem Arbeitsvertrag intensiver sein können als bei punktuellen Rechtsgeschäften.[236] Einer besonderen Treuepflicht des Arbeitnehmers, wie sie früher vertreten wurde, bedarf es jedoch nicht.[237]

---

[233] z.B. § 60 HGB, § 5 EFZG.

[234] Bamberger/Roth-*Grüneberg*, § 241 BGB, Rn. 42; *Boemke*, AR-Blattei SD – Nebenpflichten des Arbeitnehmers, Rn. 55; *Junker*, Grundkurs Arbeitsrecht, Rn. 230; Kittner/Zwanziger-*Becker*, § 2, Rn. 2a, 10; Erf-Komm-*Preis*, § 611 BGB, Rn. 869/870; *Wisskirchen*, Außerdienstliches Verhalten von Arbeitnehmern, S. 36; Schaub-*Linck*, § 53, Rn. 1; Palandt-*Putzo*, § 611, Rn. 39; BGH, Urt. v. 23.2.1989 – IX ZR 236/86 – AP Nr. 9 zu § 611 BGB – Treuepflicht, Bl. 2R; BAG, Urt. v. 22.8.1974 – 2 ABR 17/74 – AP Nr. 1 zu § 103 BetrVG 1972, Bl. 6R.

[235] Bamberger/Roth-*Grüneberg*, § 241 BGB, Rn. 42.

[236] *Preis*, Grundfragen der Vertragsgestaltung, S. 517; *Boemke*, AR-Blattei SD – Nebenpflichten des Arbeitnehmers, Rn. 3; Kittner/Zwanziger-*Becker*, § 72, Rn. 2a; *Gotthardt*, Schuldrechtsreform, Rn. 31; Staudinger-*Richardi*, § 611, Rn. 379; *Otto*, Wegfall des Vertrauens, S. 78.

[237] Im arbeitsrechtlichen Schrifttum findet man jedoch noch immer den Begriff „Treuepflicht des Arbeitnehmers", auch wenn heute die Ansicht einer eigenständigen Treuepflicht überwunden ist. Zwar kommt dem Begriff „Treuepflicht" heute keine eigenständige Bedeutung mehr zu, gleichwohl wird er aber häufig als Oberbegriff für eine Reihe von Nebenpflichten des Arbeitnehmers verstanden; MüArbR-*Blomeyer*, § 51, Rn. 2; Schaub-*Linck*, § 53, Rn. 2; *Krause*, AR-Blattei SD – Arbeitsvertrag II A, Rn. 107; *Thees*, Arbeitnehmer-Persönlichkeitsrecht, S. 87; *Müller*, NZA 2002, 424 (429); BGH, Urt. v. 23.2.1989 – IX ZR 236/86 – AP Nr. 9 zu § 611 BGB – Treuepflicht, Bl. 2R; Staudinger-*Richardi*, § 611, Rn. 379; *Otto*, Wegfall des Vertrauens, S. 111; Hk-BGB/*Eckert*, § 611, Rn. 16.
Verschiedene Stimmen sprechen sich dagegen aus, den Begriff der Treuepflicht als Oberbegriff für arbeitnehmerseitige Nebenpflichten zu verwenden, weil hiermit die irrige Vorstellung gestärkt würde, im Arbeitsverhältnis bestünden von allgemeinen Schuldverhältnissen qualitativ abweichende Pflichten mit einem besonderen Pflichteninhalt, vgl.

Die Arbeitsvertragsparteien haben bei der Durchführung des Arbeitsverhältnisses auf die Rechte und Interessen des anderen Vertragspartners Rücksicht zu nehmen. Sie dürfen dessen Interessen nicht beeinträchtigen. Rechtsgrundlage der Nebenpflichten im Arbeitsverhältnis ist somit allein der Arbeitsvertrag in Verbindung mit §§ 241 Abs. 2, 242 BGB.

2. Inhalt der Nebenpflichten des Arbeitnehmers

Nachdem die rechtsdogmatische Einordnung erläutert wurde, stellt sich die Frage, welchen Inhalt die den Arbeitnehmer treffenden Nebenpflichten haben. Nach allgemeiner Meinung habe der Arbeitnehmer „auf die Interessen des Arbeitgebers Rücksicht zu nehmen" und „alles zu unterlassen, was die Belange des Arbeitgebers und des Betriebes schädigen bzw. beeinträchtigen" könne.[238]

Die aus §§ 241 Abs. 2, 242 BGB abzuleitenden Nebenpflichten lassen sich nach inhaltlichen Gesichtspunkten in leistungsbezogene und integritätsbezogene Nebenpflichten einteilen. Während erstere der Förderung des Leistungszweckes dienen, beziehen sich letztere auf das Erhaltungsinteresse des Vertragspartners.[239] Die dogmatische Unterscheidung zwischen leistungssichernden Nebenpflichten und Schutzpflichten schließt aber nicht aus, dass im Einzelfall Leistungs- und Schutzinteresse gleichzeitig betroffen werden.[240] Sinn und Zweck der Nebenpflichten sind die Verwirklichung des mit dem Arbeitsverhältnis verfolgten Leistungszweckes sowie der Schutz von Rechten, Rechtsgütern

---

[238] *Boemke*, AR-Blattei SD – Nebenpflichten des Arbeitnehmers, Rn. 53; *Kittner/Zwanziger-Becker*, § 72, Rn. 11.

[239] *Boemke*, AR-Blattei SD – Nebenpflichten des Arbeitnehmers, Rn. 50; *Becker-Schaffner*, BlStSozArbR 1980, 321 (326); *Kittner/Zwanziger-Becker*, § 72, Rn. 7; *Staudinger-Richardi*, § 11, Rn. 384; *Daum*, Außerdienstliche Verhaltenspflichten, S. 36; BGH, Urt. v. 17.12.1953 – 4 StR 483/53 – AP Nr. 1 zu § 611 BGB – Treuepflicht, Bl. 1R; BAG, Urt. v. 17.10.1969 – 3 AZR 442/68 – AP Nr. 7 zu § 611 BGB – Treuepflicht, Bl. 2R; BAG, Urt. v. 21.10.1970 – 3 AZR 479/69 – AP Nr. 13 zu § 242 BGB – Auskunftspflicht, Bl. 1R; BAG, Urt. v. 28.9.1972 – 2 AZR 469/71 – AP Nr. 2 zu § 134 BGB, Bl. 3R; BGH, Urt. v. 23.2.1989 – IX ZR 236/86 – AP Nr. 9 zu § 611 BGB – Treuepflicht, Bl. 3; BAG, Urt. v. 16.8.1990 – 2 AZR 113/90 – AP Nr. 10 zu § 611 BGB – Treuepflicht, Bl. 4R; BAG, Urt. v. 17.10.1990 – 2 AZR 113/90 – NJW 1991, 518 (519); Kritisch dazu: *Glöckner*, Nebentätigkeitsverbote im Individualarbeitsrecht, S. 65 ff.; Erf-Komm-*Preis*, § 611 BGB, Rn. 871: Vor allem bei außerdienstlichen Verhaltensweisen habe diese Formel wenig Erkenntniswert, weil sie bei konsequenter Anwendung zu einem problematischen und vertragsrechtlich übermäßigen Eingriff in die Privatsphäre führen könne.

[239] Münch-Komm/*Kramer*, § 241 BGB, Rn. 19; Palandt-*Heinrichs*, § 241, Rn. 6.

[240] Bamberger/Roth-*Grüneberg*, § 241 BGB, Rn. 89; Münch-Komm/*Roth*, § 241 BGB, Rn. 91; BGH, Urt. v. 22.6.1992 – II ZR 178/90 – ZIP 1992, 1464.

und Interessen des Vertragspartners.[241] Eine erfolgreiche Vertragsdurchführung erfordert von beiden Vertragsteilen leistungskonformes Verhalten. Daher haben sich Arbeitgeber und Arbeitnehmer so zu verhalten, dass Leistungserfolg und Vertragszweck nicht gefährdet werden. Darüber hinaus darf aber auch das Integritätsinteresse nicht beeinträchtigt werden. So hat beispielsweise der Arbeitgeber unabhängig vom Leistungsinteresse ein Interesse daran, die bereits erarbeiteten Erfolge beizubehalten,[242] z.B. den guten Ruf des Betriebes oder besondere betriebliche Informationen und Erkenntnisse.

Die vertraglichen Nebenpflichten können je nach Qualität und Intensität der Vertragsbeziehung unterschiedlich stark ausgeprägt sein. Das Arbeitsverhältnis ist ein Dauerschuldverhältnis, bei dem der Arbeitnehmer eng in die Arbeitsorganisation und den Betrieb des Arbeitgebers eingebunden ist.[243] Der Inhalt der Nebenpflichten ist daher durch die besonderen persönlichen Bindungen zwischen Arbeitgeber und Arbeitnehmer geprägt. Die vertraglichen Pflichten sind um so stärker, je intensiver die Leistung des anderen in Anspruch genommen wird.[244] Mit dem Arbeitsvertrag wird eine auf eine gewisse Dauer angelegte persönliche Zusammenarbeit der Parteien begründet. Das Dauerschuldverhältnis beeinflusst in erheblichem Maße die Lebensbetätigung der Parteien und bewirkt eine besondere gegenseitige Interessenverflechtung.[245] Bei einem Vollzeitarbeitsverhältnis kann der Arbeitnehmer bis zu 40 Stunden und mehr in der Woche für den Arbeitgeber tätig sein. Diese zeitintensive Zusammenarbeit verdeutlicht die enge Beziehung zwischen Arbeitnehmer und Arbeitgeber, die es rechtfertigt, Arbeitnehmern stärkere Rücksichtspflichten aufzuerlegen als Vertragspartnern in sonstigen schuldrechtlichen Beziehungen.[246] Den Arbeitnehmer treffen damit erhöhte Loyalitäts- und Rücksichtnahmepflichten. Intensität und Umfang der Neben-

---

[241] Kittner/Zwanziger-*Becker*, § 72, Rn. 2; *Krause*, AR-Blattei SD – Arbeitsvertrag II A, Rn. 106; *Gotthardt*, Schuldrechtsreform, Rn. 27: Die Aufführung von „Interessen" in § 241 Abs. 2 BGB mache deutlich, dass eben nicht nur Rechte (i.S. des § 823 BGB) und Rechtsgüter (z.B. Vermögen) des Vertragspartners zu beachten sind, sondern darüber hinaus auch bloße Interessen schützenswert sein können. Ebenso: Münch-Komm/*Roth*, § 241 BGB, Rn. 31.

[242] Münch-Komm/*Roth*, § 241 BGB, Rn. 90.

[243] *Boemke*, AR-Blattei SD – Nebenpflichten des Arbeitnehmers, Rn. 47; Erf-Komm-*Preis*, § 611 BGB, Rn. 870; BAG, Urt. v. 7.9.1995 – 8 AZR 828/93 – AP Nr. 24 zu § 242 BGB Auskunftspflicht, Bl. 3.

[244] Kittner/Zwanziger-*Becker*, § 72, Rn. 2.

[245] *Otto*, Wegfall des Vertrauens, S. 79; BGH, Urt. v. 23.2.1981 – II ZR 229/79 – BGHZ 80, 346 (349 f.); Erman-*Edenfeld*, § 611 BGB, Rn. 482.

[246] *Krause*, AR-Blattei SD – Arbeitsvertrag II A, Rn. 109; *Boemke*, Schuldvertrag und Arbeitsverhältnis, S. 383; *Grunsky*, JuS 1989, 593 (594); Gleichwohl besteht zu sonstigen schuldrechtlichen Beziehungen allein ein qualitativer, jedoch kein quantitativer Unterschied.

pflichten sind stets mit Blick auf die Umstände des einzelnen Arbeitsverhältnisses unter Berücksichtigung der Verkehrsanschauung zu bestimmen.[247] Maßgebliche Kriterien sind dabei vor allem die Art der ausgeübten Tätigkeit, die Dauer des Arbeitsverhältnisses und die Beziehung zwischen Arbeitgeber und Arbeitnehmer. Die inhaltlichen Anforderungen sind um so höher, je enger das Vertrauensverhältnis zwischen den Parteien ist.

3. Nebenpflichten als Grenze für Nebentätigkeiten

Die arbeitsrechtlichen Nebenpflichten haben unterschiedliche Funktionen. Zunächst können die Nebenpflichten des einen Vertragspartners Rechtsgrundlage für Ansprüche des anderen Vertragspartners sein.[248] Daneben können sie als Auslegungsmaßstab den Inhalt arbeitsrechtlicher Vorschriften und Vereinbarungen bestimmen. Schließlich haben Nebenpflichten eine rechtsbegrenzende Funktion.[249] Die Nebenpflichten im Arbeitsverhältnis können als Schranke für die Ausübung der dem Arbeitnehmer zustehenden Rechte wirken. Die zuletzt genannte Funktion spielt gerade im Nebentätigkeitsrecht eine wichtige Rolle. Aus der dem Arbeitnehmer obliegenden Rücksichtnahmepflicht können sich Einschränkungen im Hinblick auf Nebentätigkeiten ergeben.

In der Praxis kommt es immer wieder vor, dass Arbeitnehmer eine Nebentätigkeit aufnehmen wollen, der Arbeitgeber aber geltend macht, durch die angestrebte Nebentätigkeit in berechtigten betrieblichen Interessen beeinträchtigt zu sein. Zwar ist der Arbeitnehmer nach §§ 241 Abs. 2, 242 BGB grundsätzlich dazu verpflichtet, auf die Interessen des Arbeitgebers Rücksicht zu nehmen, allerdings stellt sich dabei regelmäßig die Frage, ob die betreffende Nebentätigkeit tatsächlich zu einer relevanten Interessenbeeinträchtigung führt. Zweifellos muss neben der ordnungsgemäßen Leistungserbringung auch das sonstige Verhalten des Arbeitnehmers mit dem Vertragszweck vereinbar sein.

Die aus den arbeitsrechtlichen Nebenpflichten hergeleiteten Nebentätigkeitsbegrenzungen sind nicht unproblematisch. Grundsätzlich übt der Arbeitnehmer die Nebentätigkeit zu einer Zeit aus, in der ihm im Hauptarbeitsverhältnis Freizeit gewährt wird. Sie fällt damit in einen Zeitraum, in dem der Arbeitnehmer nicht

---

[247] *Hromadka/Maschmann*, ArbR I, § 6, Rn. 108; Schaub-*Linck*, § 53, Rn. 7; *Boemke*, AR-Blattei SD – Nebenpflichten des Arbeitnehmers, Rn. 60-63.

[248] Kittner/Zwanziger-*Becker*, § 72, Rn. 9; *Boemke*, AR-Blattei SD – Nebenpflichten des Arbeitnehmers, Rn. 39: So kann der Arbeitgeber vom Arbeitnehmer verlangen, während des bestehenden Arbeitsverhältnisses nicht in Wettbewerb zu ihm zu treten. Auch soll der Arbeitnehmer verpflichtet sein, Eigentum und Vermögen des Arbeitgebers zu schützen.

[249] Kittner/Zwanziger-*Becker*, § 72, Rn. 9; *Boemke*, AR-Blattei SD – Nebenpflichten des Arbeitnehmers, Rn. 44.

zur Leistungserbringung verpflichtet ist.[250] Aktivitäten, die zeitlich und räumlich außerhalb des Betriebes stattfinden, fallen in die Privatsphäre des Arbeitnehmers und haben grundsätzlich keine arbeitsrechtlichen Konsequenzen. Hinzu kommt der verfassungsrechtliche Schutz der Nebentätigkeit durch Art. 12 Abs. 1 GG. Die Beschränkung von Arbeitnehmerrechten außerhalb der Arbeitszeit durch vertragsimmanente Nebenpflichten bedarf daher einer intensiven Rechtfertigung. Wegen der mit ihnen verbundenen Grundrechtseinschränkungen können Tätigkeiten außerhalb der Arbeitszeit nur unter strengen Voraussetzungen beschränkt oder als verboten angesehen werden.

Aufgrund der vertragsimmanenten Nebenpflichten hat der Arbeitnehmer auf berechtigte Arbeitgeberinteressen Rücksicht zu nehmen, was auch bei der Nebentätigkeitsausübung von erheblicher Bedeutung sein kann.[251] Im Folgenden soll unter besonderer Berücksichtigung der insoweit schutzwürdigen Arbeitgeberinteressen untersucht werden, inwieweit die arbeitsrechtlichen Nebenpflichten das Recht zur Ausübung einer Nebentätigkeit begrenzen.

II. Merkmale zur Bestimmung „Berechtigter Arbeitgeberinteressen"

Bevor auf die schutzwürdigen Arbeitgeberinteressen im Einzelnen näher eingegangen wird, sollen allgemeine Grundsätze zur Bestimmung der berechtigten Arbeitgeberinteressen herausgestellt werden. Das „berechtigte Arbeitgeberinteresse" ist ein unbestimmter Rechtsbegriff,[252] der durch Rechtsprechung und Schrifttum konkretisiert wird.

1. Betriebsbezogenheit des Arbeitgeberinteresses

Die arbeitsrechtlichen Nebenpflichten verpflichten den Arbeitnehmer, auf berechtigte Interessen des Arbeitgebers Rücksicht zu nehmen. Unstreitig ist, dass der Arbeitnehmer bei seinem Verhalten nicht auf jedes Arbeitgeberinteresse Rücksicht nehmen muss. Es stellt sich die Frage, welcher Bedeutungsgehalt den

---

[250] *Wertheimer/Krug*, BB 2000, 1462; *Becker-Schaffner*, BlStSozArbR 1980, 321; *Weber/ Kaplik*, AuA 2000, 536; *Berrisch*, FA 2000, 306.

[251] BAG, Urt. v. 26.6.2001 – 9 AZR 343/00 – NZA 2002, 98 (100); BAG, Urt. v. 28.2.2002 – 6 AZR 357/01 – PflegeR 2002, 362 = DB 2002, 1560; *Glöckner*, Nebentätigkeitsverbote im Individualarbeitsrecht, S. 69; *Bock*, Doppelarbeitsverhältnis, S. 63; *Sträßner/Ill-Groß*, PflegeR 2001, 343 (344); Münch-Komm/*Müller-Glöge*, § 611 BGB, Rn. 446; Erman-*Edenfeld*, § 611 BGB, Rn. 491; *Singer*, Anm. zu BAG, Urt. v. 28.2.2002 – 6 AZR 357/01 – AP Nr. 8 zu § 611 BGB – Nebentätigkeit, Bl. 4; *Buchner*, Anm. zu BAG, Urt. v. 11.12.2001 – 9 AZR 464/00 – RdA 2003, 177 (178).

[252] Unbestimmte Rechtsbegriffe sind durch einen bestimmten begrifflichen Fixpunkt gekennzeichnet, von dem aus sich ein weitergehender, nicht zweifelsfreier Bedeutungsinhalt erschließt, vgl. Ascheid/Preis/Schmidt-*Preis*, Grundlagen H, Rn. 6.

berechtigten Interessen zukommt. Das Bundesarbeitsgericht hat im Jahre 2002 in einem Urteil zum Nebentätigkeitsrecht[253] den Begriff des berechtigten Interesses näher definiert:

> „Der Begriff 'berechtigte Interessen' ist im weitesten Sinne zu verstehen. Davon werden alle Umstände erfasst, die für den Bestand und die Verwirklichung der Ziele des Dienstgebers von Bedeutung sein können. Hierzu gehören nicht nur die dienstlichen Belange, die innerbetrieblich für einen störungsfreien Ablauf der zu erledigenden Arbeitsaufgaben erforderlich sind. Berechtigte Interessen [...] sind auch beeinträchtigt, wenn sich Nebentätigkeiten [der] Mitarbeiter negativ auf die Wahrnehmung des Dienstgebers in der Öffentlichkeit auswirken."

Als berechtigtes Interesse kommen damit alle Faktoren in Betracht, die für die Verfolgung und Realisierung der betriebsbezogenen Ziele des Arbeitgebers von Bedeutung sind. Berücksichtigungsfähig sind damit nur Arbeitgeberinteressen, die im Zusammenhang mit betrieblichen Faktoren (wie ordnungsgemäße Vertragserfüllung, Betriebsziele, Betriebsansehen und wirtschaftliche Aspekte) stehen; rein private Belange des Arbeitgebers sind dagegen ohne Einfluss.[254] Damit kann der Arbeitgeber lediglich subjektive Abneigungen gegen eine bestimmte Nebentätigkeit nicht vorbringen.

Beispiel: Ein Arbeitnehmer arbeitet nebenberuflich als Mechaniker in einem Go-Kart-Center. Sein Hauptarbeitgeber kann nicht geltend machen, eine solche Nebentätigkeit verletze ihn in seinen Interessen, weil er persönlich strikter Gegner von Motorsportarten ist. Hier fehlt jeglicher Bezug zum Betrieb.

Darüber hinaus muss das Arbeitgeberinteresse im Zusammenhang mit den gesetzlichen Einschränkungen, denen der Arbeitnehmer im Hinblick auf Mehrfachbeschäftigungen unterworfen ist, gesehen werden.[255] Das Verbot urlaubszweckwidriger Erwerbsarbeit in § 8 BUrlG wird dem Anliegen des Arbeitgebers gerecht, mit ausgeruhten Arbeitnehmern zusammenzuarbeiten und deren Arbeitskraft voll ausschöpfen zu können.[256] Ziel des § 60 HGB ist es, den Arbeitgeber vor Konkurrenz durch den eigenen Arbeitnehmer zu schützen. Soll das Recht des Arbeitnehmers zur Ausübung von Nebentätigkeiten nicht ausgehöhlt werden, müssen die sich aus §§ 241 Abs. 2, 242 BGB ergebenen Beschränkun-

---

[253] BAG, Urt. v. 28.2.2002 – 6 AZR 357/01 – PflegeR 2002, 362 (365) = DB 2002, 1560.
[254] *Glöckner*, Nebentätigkeitsverbote im Individualarbeitsrecht, S. 69; *Bock*, Doppelarbeitsverhältnis, S. 63; *Mayer-Maly*, ArbuR 1968, 1 (12); *Buchner*, ZfA 1979, 335 (345); *Wisskirchen*, Außerdienstliches Verhalten von Arbeitnehmern, S. 37 f.; *Kreller*, AcP 123, 263 (298); Kittner/Zwanziger-*Zwanziger*, § 139, Rn. 2; *Gamillscheg*, RdA 1975, 13 (22).
[255] *Wank*, Nebentätigkeit, Rn. 100; *Glöckner*, Nebentätigkeitsverbote im Individualarbeitsrecht, S. 70.
[256] *Berning*, Anm. zu BAG, Urt. v. 26.8.1993 – 2 AZR 154/93 – AP Nr. 112 zu § 626 BGB, Bl. 7R; *Wank*, Nebentätigkeit, Rn. 70a.

gen ähnlich bedeutsame Belange schützen.[257] Die Rücksichtnahmepflicht bezieht sich also nur auf Arbeitgeberinteressen, die einen Bezug zum Arbeitsverhältnis und damit zum Betrieb aufweisen.[258]

2. Erhebliche Interessenbeeinträchtigung

Aufgrund der arbeitsvertraglichen Nebenpflichten hat der Arbeitnehmer solche Verhaltensweisen und Tätigkeiten zu unterlassen, durch die schutzwürdige Interessen des Arbeitgebers *beeinträchtigt* werden.[259] Eine Beeinträchtigung schützenswerter Arbeitgeberinteressen liegt vor, wenn aufgrund des Arbeitnehmerverhaltens Störungen im Arbeitsverhältnis oder in der Beziehung zwischen Arbeitgeber und Arbeitnehmer auftreten und sich daraus wirtschaftliche Nachteile für den Arbeitgeber ergeben. Eine *unmittelbare* Beeinträchtigung ist gegeben, wenn der Arbeitnehmer eine Nebentätigkeit ausübt und der Hauptarbeitgeber in

---

[257] *Glöckner*, Nebentätigkeitsverbote im Individualarbeitsrecht, S. 70; *Wank*, Nebentätigkeit, Rn. 101.

[258] Die Begriffe „berechtigtes *Arbeitgeberinteresse*", „*Betriebsinteresse*" oder „*betriebliches Interesse*" werden synonym verwendet. Der Arbeitgeber kann auf außerdienstliches Verhalten des Arbeitnehmers nur einwirken, wenn dieses negative Auswirkungen auf das Arbeitsverhältnis und damit den Betrieb hat. Lediglich subjektive Belange des Arbeitgebers können einer außerdienstlichen Aktivität nicht entgegen gehalten werden. Entscheidend ist der Betriebsbezug. Insoweit kommt es nicht auf eine Unterscheidung zwischen Interessen des Arbeitgebers und Interessen des Betriebes an, vgl. *Müller*, in: Das Arbeitsrecht der Gegenwart 1963, 19 (23): „Es fragt sich also, ob die Interessen des Betriebes und die Interessen des Arbeitgebers eigenständig nebeneinander stehen. Das ist jedoch zu verneinen. [...] Die fragliche Formel muss also dahin verstanden werden, daß die Interessen des Arbeitgebers maßgeblich in Hinblick auf den Betrieb zu sehen sind."; *Preis*, Prinzipien des Kündigungsrechts, S. 227.

[259] Auch im Kündigungsrecht stellt sich die Frage, wann außerdienstliches (Fehl-)Verhalten eine Kündigung rechtfertigt. Zunächst verlangte das BAG nur, dass das Arbeitsverhältnis durch das außerdienstliche Verhalten *betroffen* sei, vgl. BAG, Urt. v. 6.2.1969 – 2 AZR 241/68 – AP Nr. 58 zu § 626 BGB, Bl. 1R. Später forderte es eine *konkrete Berührung*, vgl. BAG, Urt. v. 11.12.1975 – 2 AZR 426/74 – AP Nr. 1 zu § 15 KSchG 1969; BAG, Urt. v. 26.5.1977 – 2 AZR 632/76 – AP Nr. 5 zu § 611 BGB – Beschäftigungspflicht, Bl. 2R; BAG, Urt. v. 4.11.1981 – 7 AZR 264/79 – AP Nr. 4 zu § 1 KSchG 1969 – verhaltensbedingte Kündigung, Bl. 2R. Heute nimmt das BAG an, dass außerdienstliches Verhalten zu einer *konkreten Beeinträchtigung* des Arbeitsverhältnisses führen müsse, um kündigungsrechtlich relevant zu sein, vgl. BAG, Urt. v. 6.6.1984 – 7 AZR 456/82 – AP Nr. 11 zu § 1 KSchG 1969 – verhaltensbedingte Kündigung; BAG, Urt. v. 20.9.1984 – 2 AZR 233/83 – AP Nr. 13 zu § 1 KSchG 1969 – verhaltensbedingte Kündigung; BAG, Urt. v. 28.9.1989 – 2 AZR 317/86 – AP Nr. 24 zu § 1 KSchG – verhaltensbedingte Kündigung, Bl. 6R; BAG, Urt. v. 17.3.1988 – 2 AZR 576/87 – AP Nr. 99 zu § 626 BGB, Bl. 6R; BAG, Urt. v. 20.7.1989 – 2 AZR 114/87 – AP Nr. 2 zu § 1 KSchG – Sicherheitsbedenken.

Folge dessen bereits konkrete Nachteile erlitten hat,[260] – so z.B., wenn der Arbeitnehmer wiederholt zu spät zur Arbeit erschienen ist oder eine Konkurrenznebentätigkeit ausübt, durch die dem Arbeitgeber konkrete Geschäftsabschlüsse entgangen sind.

Allerdings setzt eine Beeinträchtigung nicht zwingend den Eintritt eines konkreten Schadens voraus. In bestimmten Fällen genügt zur Bejahung einer Interessenbeeinträchtigung bereits die konkrete Gefährdung von Arbeitgeberinteressen und die damit einhergehende Gefahr eines wirtschaftlichen Schadens.[261] So verbietet auch das Wettbewerbsverbot des § 60 HGB schon die Kontaktaufnahme zu Kunden des Arbeitgebers zur Anbahnung von Vertragsgeschäften, unabhängig davon, ob diese tatsächlich zu Geschäftsabschlüssen führt.[262] Dem Arbeitgeber kann nicht zugemutet werden, bis zum Eintritt eines konkreten Schadens zu warten, um dann erst gegen die Nebentätigkeit einzuschreiten. In diesem Sinne entschied auch das Bundesarbeitsgericht:

BAG, Urt. v. 28.2.2002 – 6 AZR 357/01 – PflegeR 2002, 362: Ein Krankenpfleger übte eine Nebentätigkeit als Bestatter aus. Die Arbeitgeberin sah sich durch die Nebentätigkeit in ihren Interessen verletzt. Ihrer Ansicht nach bestehe zwischen heilender und bestattender Tätigkeit ein Zielkonflikt, der zu einer Verunsicherung bei Patienten führen könne. Diese könnten den Eindruck gewinnen, von einem solchen Krankenpfleger nicht in der gebotenen Weise behandelt zu werden und aus Angst davor die betroffene Klinik meiden, was die Gefahr erheblicher wirtschaftlicher Nachteile mit sich bringe. – Nach Auffassung des Bundesarbeitsgerichts komme es nicht darauf an, dass sich die Befürchtungen der Klinik tatsächlich realisieren und zu Schädigungen führen. Allein die negative Wirkung der Nebentätigkeit und die damit verbundene Möglichkeit einer wirtschaftlichen Schädigung des Arbeitgebers seien bereits ausreichend.

Bei der Prüfung, inwieweit durch eine Nebentätigkeit Arbeitgeberinteressen beeinträchtigt werden, ist eine Prognose vorzunehmen. Eine Beeinträchtigung berechtigter Interessen ist zu bejahen, wenn „bei verständiger Würdigung der gegenwärtigen erkennbaren Umstände unter Berücksichtigung der erfahrungsgemäß zu erwartenden Entwicklung eine Beeinträchtigung betrieblicher Interessen wahrscheinlich ist."[263] Muss demnach davon ausgegangen werden, dass die

---

[260] *Wisskirchen*, Außerdienstliches Verhalten von Arbeitnehmern, S. 40; so versteht es wohl auch *Wank*, RdA 1993, 79 (87).

[261] *Glöckner*, Nebentätigkeitsverbote im Individualarbeitsrecht, S. 71; *Wank*, RdA 1993, 79 (87); *Wisskirchen*, Außerdienstliches Verhalten von Arbeitnehmern, S. 40 f.

[262] *Glöckner*, Nebentätigkeitsverbote im Individualarbeitsrecht, S. 71; MüArbR-*Blomeyer*, § 52, Rn. 26.

[263] BAG, Urt. v. 26.6.2001 – 9 AZR 343/00 – NZA 2002, 98 (100); BAG, Urt. v. 24.6.1999 – 6 AZR 605/97 – DB 2000, 1336 (1337); BAG, Urt. v. 7.12.1989 – 6 AZR 241/88 – ZTR 1990, 379 (380); LAG Rheinland-Pfalz, Urt. v. 29.1.2003 – 9 Sa 1148/02 – ZTR

Ausübung einer Nebentätigkeit zu einem erheblichen wirtschaftlichen Schaden führen kann, ist eine Interessenbeeinträchtigung auf Arbeitgeberseite zu bejahen.

Nebentätigkeiten sind damit unzulässig, wenn sie zu einer unmittelbaren Beeinträchtigung von Arbeitgeberinteressen führen. Da dem Arbeitgeber jedoch das Abwarten bis zum tatsächlichen Eintritt eines Schadens nicht zugemutet werden kann, ehe er gegen eine Nebentätigkeit einschreiten darf, genügt zur Bejahung einer Interessenbeeinträchtigung mitunter bereits die konkrete Gefährdung von Arbeitgeberinteressen.[264]

3. Berücksichtigung von Arbeitnehmerinteressen

Bei der Beurteilung außerdienstlicher Verhaltenspflichten kann es nicht allein auf die vom Arbeitgeber vorgebrachten Argumente ankommen. Es sind stets auch die Interessen des Arbeitnehmers angemessen zu berücksichtigen. Dies ist in der arbeitsrechtlichen Wissenschaft schon lange anerkannt.[265] Grundsätzlich ist es dem Arbeitnehmer überlassen, wie er seine Freizeit gestaltet. Zudem ist das Recht zur Nebentätigkeitsausübung durch Art. 12 Abs. 1 GG geschützt. Bei der Beurteilung einer Nebentätigkeit sind die beiderseitigen Interessen von Arbeitgeber und Arbeitnehmer im Wege einer umfassenden Abwägung in einen angemessenen Ausgleich zu bringen.[266] Nur wenn das Arbeitgeberinteresse an der Unterlassung der Nebentätigkeit gegenüber dem Recht des Arbeitnehmers

---

[264] 2003, 618 (619); *Kornbichler*, AuA 2003 (Heft 6), 16 (19); *Gaul/Bonanni*, ArbRB 2002, 284 (285); Kittner/Zwanziger-*Zwanziger*, § 139, Rn. 4.
Glöckner, Nebentätigkeitsverbote im Individualarbeitsrecht, S. 71; *Wisskirchen*, Außerdienstliches Verhalten von Arbeitnehmern, S. 40; *Boudon,* Anm. zu LAG Hamm, Urt. v. 24.4.2001 – 7 Sa 59/01 – ArbRB 2002, 4; *Wank*, Nebentätigkeit, Rn. 102: Auswirkungen auf das Hauptarbeitsverhältnis habe eine Nebentätigkeit bereits dann, wenn sie die konkrete Gefahr einer Beeinträchtigung der Vertrauensbasis des Arbeitsverhältnisses mit sich bringe.

[265] Bereits im Entwurf eines Arbeitsvertragsgesetzes im Jahre 1977 wurde darauf abgestellt, dass es neben den betrieblichen Arbeitgeberinteressen auch auf die schutzwürdigen Interessen des Arbeitnehmers ankomme. Als gesetzliche Regelung (§ 77) wurde vorgeschlagen: „Der Arbeitnehmer hat seine Verpflichtungen aus dem Arbeitsverhältnis so zu erfüllen sowie Rechte so auszuüben und die im Zusammenhang mit dem Arbeitsverhältnis stehenden Interessen des Arbeitgebers so zu wahren, wie dies von ihm unter Berücksichtigung seiner Stellung im Betrieb, seiner eigenen Interessen und der Interessen der anderen Arbeitnehmer des Betriebes nach Treu und Glauben billigerweise verlangt werden kann."

[266] BAG, Urt. v. 28.2.2002 – 6 AZR 357/01 – PflegeR 2002, 362 (366); *Riedel*, Grundrecht der Berufsfreiheit, S. 43; *Gumpert*, BB 1974, 139 (142); *Glöckner*, Nebentätigkeitsverbote im Individualarbeitsrecht, S. 72; *Bock*, Doppelarbeitsverhältnis, S. 64; *Oetker*, RdA 2004, 8 (11): „Das Maß der gebotenen Rücksichtnahme (§ 241 Abs. 2 BGB) [...] kann nicht beurteilt werden, ohne hierbei auch den jeweils betroffenen Grundrechtspositionen ausreichend Aufmerksamkeit zu schenken."

an der Nebentätigkeitsausübung überwiegt, ist es als *berechtigtes* Arbeitgeberinteresse[267] anzusehen und rechtfertigt ein vertragsimmanentes Nebentätigkeitsverbot.

4. Zusammenfassung

Arbeitnehmer haben aufgrund der sich aus §§ 241 Abs. 2, 242 BGB ergebenden Nebenpflichten auf schutzwürdige Interessen des Arbeitgebers Rücksicht zu nehmen. Insoweit haben sie Nebentätigkeiten zu unterlassen, die berechtigte Interessen des Arbeitgebers beeinträchtigen. Der Begriff des berechtigten Interesses ist weit zu verstehen und erfasst alle Umstände, die für den Bestand und die Verwirklichung der Ziele des Arbeitgebers von Bedeutung sein können. Erforderlich ist, dass das Arbeitgeberinteresse einen Bezug zum Arbeitsverhältnis bzw. zum Betrieb hat. Die Nebentätigkeitsausübung muss konkrete betriebliche Auswirkungen haben. Eine Interessenbeeinträchtigung ist zu bejahen, wenn es zu konkreten Störungen im Arbeitsverhältnis kommt; in bestimmten Fällen aber auch schon dann, wenn Arbeitgeberinteressen durch die Nebentätigkeit gefährdet sind. Dies ist der Fall, wenn mit hoher Wahrscheinlichkeit der Eintritt eines Schadens zu erwarten ist. Bei dieser Beurteilung sind immer auch die Interessen des Arbeitnehmers zu berücksichtigen. Nur wenn das Arbeitgeberinteresse gegenüber dem Interesse des Arbeitnehmers an der Nebentätigkeit überwiegt, ist es berechtigt und rechtfertigt ein vertragsimmanentes Nebentätigkeitsverbot.

---

[267] Ähnliche Überlegungen hat das BAG zur Herausnahme von Leistungsträgern bei der Sozialauswahl im Zuge betriebsbedingter Kündigungen von Arbeitnehmern angestellt. Nach § 1 Abs. 3 S. 2 KSchG a.F. waren solche Arbeitnehmer nicht mit in die Sozialauswahl einzubeziehen, deren Weiterbeschäftigung wegen ihrer Kenntnisse, Fähigkeiten und Leistungen […] im *berechtigten betrieblichen Interesse* lag. Das BAG führte hierzu im Urteil vom 12.4.2002 – 2 AZR 796/00 – NJW 2002, 3797 (3798) aus: „Nach § 1 Abs. 3 S. 2 KSchG sind in die soziale Auswahl Arbeitnehmer nicht einzubeziehen, deren Weiterbeschäftigung, […] im berechtigten betrieblichen Interesse liegt. Indem der Gesetzgeber das bloße betriebliche Interesse nicht ausreichen lässt, sondern einschränkend fordert, das Interesse müsse ‘berechtigt’ sein, gibt er zu erkennen, dass nach seiner Vorstellung auch ein vorhandenes betriebliches Interesse ‘unberechtigt’ sein kann. Das setzt aber voraus, dass nach dem Gesetz gegenläufige Interessen denkbar und zu berücksichtigen sind.“ Es seien daher „das Interesse des sozial schwächeren Arbeitnehmers gegen das betriebliche Interesse an der Herausnahme des ‘Leistungsträgers’ abzuwägen.“ Die Einordnung als *berechtigtes betriebliches Interesse* setzt damit eine Abwägung mit den gegenläufigen Interessen des sozial schwächeren Arbeitnehmers voraus. Das *betriebliche Interesse* des Arbeitgebers an der Herausnahme des Leistungsträgers ist damit nur dann *berechtigt*, wenn es gegenüber den Interessen des sozial schwächeren Arbeitnehmers überwiegt.

III. Anhaltspunkte zur Konkretisierung vertragsimmanenter Nebentätigkeitsverbote

Im Folgenden sollen die berechtigten Arbeitgeberinteressen, die ein vertragsimmanentes Nebentätigkeitsverbot zur Folge haben, dargestellt und erörtert werden. Dabei wird versucht, die Nebentätigkeitsbeschränkungen in Fallgruppen zu systematisieren. Im deutschen Arbeitsrecht fehlt es – abgesehen von wenigen spezialgesetzlichen Normen – an gesetzlichen Regelungen zum Nebentätigkeitsrecht, die einen Anhaltspunkt bei der Ermittlung berechtigter Arbeitgeberinteressen und daraus resultierender unzulässiger Nebentätigkeiten bieten. Sofern auch arbeitsvertragliche Nebentätigkeitsregelungen fehlen, müssen Nebentätigkeitsgrenzen aus den vertragsimmanenten Pflichten hergeleitet werden. Anhaltspunkte zur Systematisierung dieser Beschränkungen können möglicherweise aus anderen Bereichen des Arbeitsrechts gewonnen werden.

1. Exkurs: Nebentätigkeiten von Angestellten im öffentlichen Dienst

Im Bereich des öffentlichen Dienstes gibt es gesetzliche Regelungen, die das Nebentätigkeitsrecht der dort Beschäftigten konkretisieren.[268] So ist das Nebentätigkeitsrecht der Beamten in den §§ 64 - 69 BBG und der Bundesnebentätigkeitsverordnung näher geregelt. Nebentätigkeiten von Beamten sind grundsätzlich genehmigungsbedürftig (§ 65 BBG), mit Ausnahme der in § 66 BBG genannten genehmigungsfreien Nebentätigkeiten. Das generelle Erfordernis einer Genehmigung für Nebentätigkeiten von Beamten und die dazu in § 65 Abs. 2 BBG getroffenen Regelungen rechtfertigen sich aus der besonderen Beziehung zwischen Staat und Beamten. Beamte stellen ihre gesamte Arbeitskraft auf Lebenszeit in den Dienst des Staates[269] und haben daher auch im Privatleben auf besondere Interessen des Staates Rücksicht zu nehmen. Im Gegenzug dazu genießen sie eine Reihe von Privilegien.[270]

Für die Angestellten des öffentlichen Dienstes bestimmt § 11 BAT, dass hinsichtlich der Ausübung von Nebentätigkeiten die für die Beamten des Arbeitgebers geltenden Bestimmungen sinngemäß Anwendung finden, d.h. die §§ 64 - 69 BBG und die erlassenen Verordnungen.[271] Die sinngemäße Anwendung der

---

[268] Dazu: *Weiß/Steinmeier*, Arbeitsrecht für den öffentlichen Dienst; *Braun*, ZTR 2004, 69 ff.; *Keymer*, ZTR 1988, 193 ff.; *Bieler*, DÖD 1978, 215 ff.; *Günther*, DÖD 1988, 78 ff.

[269] BVerfG, Urt. v. 5.11.1975 – 2 BvR 193/74 – BVerfGE 40, 296 (322); *Oligmüller*, Nebentätigkeitsproblematik im Individualarbeitsrecht, S. 102; *Glöckner*, Nebentätigkeitsverbote im Individualarbeitsrecht, S. 24.

[270] Der Staat sorgt ein Leben lang für eine angemessene Versorgung (Alimentationsprinzip), Beamte sind unkündbar und erhalten auch im Krankheitsfall ihre vollen Bezüge.

[271] *Weiß/Steinmeier*, Arbeitsrecht für den öffentlichen Dienst, Rn. 789; *Palme*, BlStSozArbR 1973, 137 (139): „Für die Angestellten des Bundes gelten die §§ 64 - 69 BBG und für die

für Beamte hinsichtlich der Ausübung von Nebentätigkeiten geltenden Vorschriften auf Angestellte im öffentlichen Dienst (§ 11 BAT) ergibt sich aus dem Umstand, dass Beamte und Angestellte in vielen Bereichen des öffentlichen Dienstes eng zusammenarbeiten. Diese ständige enge Zusammenarbeit hat es trotz des verschiedenen Status seit jeher erforderlich gemacht, die Regelungen für Angestellte und das Dienstrecht der Beamten aufeinander abzustimmen.[272] Folglich ist es zumindest in wesentlichen Fragen üblich geworden, Beamte und Angestellte gleich zu behandeln. Für die Angestellten im öffentlichen Dienst gelten daher sinngemäß dieselben Nebentätigkeitsvorschriften wie für Beamte. Somit bedarf auch der Angestellte im öffentlichen Dienst für die Aufnahme einer Nebentätigkeit grundsätzlich der vorherigen Genehmigung durch den Arbeitgeber.[273]

Nach § 65 Abs. 2 BBG ist eine Nebentätigkeitsgenehmigung zu versagen, „wenn zu besorgen ist, dass durch die Nebentätigkeit dienstliche Interessen beeinträchtigt werden". Eine solche Besorgnis ist zu bejahen, wenn einer der in den Nummern 1 - 6 beispielhaft genannten Gründe einschlägig ist. Nebentätigkeiten sind nach § 65 Abs. 2 BBG zu untersagen und damit unzulässig, wenn sie

1. nach Art und Umfang die Arbeitskraft des Angestellten so stark in Anspruch nehmen, dass die ordnungsgemäße Erfüllung der dienstlichen Pflichten behindert werden kann.

2. den Angestellten in einen Widerspruch mit seinen dienstlichen Pflichten bringen kann.

3. in einer Angelegenheit ausgeübt wird, in der die Behörde, der der Angestellte angehört, tätig wird oder tätig werden kann.

4. die Unparteilichkeit oder Unbefangenheit des Angestellten beeinflussen kann.

5. zu einer wesentlichen Einschränkung der künftigen dienstlichen Verwendbarkeit des Angestellten führen kann.

6. dem Ansehen der Verwaltung abträglich sein kann.

An der Aufreihung dieser beispielhaften Versagungsgründe zeigt sich, dass ganz unterschiedliche Aspekte einer Nebentätigkeit entgegenstehen können. Aller-

---

Angestellten der Länder und Gemeinden die entsprechenden landesrechtlichen Vorschriften."
[272] LAG Hamm, Urt. v. 28.9.1995 – 17 Sa 2267/94 – NZA 1996, 723 (726); *Braun*, ZTR 2004, 69 (70).
[273] *Braun*, ZTR 2004, 69 (71); *Weiß/Steinmeier*, Arbeitsrecht für den öffentlichen Dienst, Rn. 791.

dings können die im öffentlichen Dienst geltenden Nebentätigkeitsbeschränkungen nicht ohne weiteres auf das private Individualarbeitsrecht übertragen werden.[274] Eine Anwendung der dortigen Grundsätze ist weder direkt noch analog möglich, da eine Übertragung der im öffentlichrechtlichen Nebentätigkeitsrecht geltenden Grundsätze voraussetzen würde, dass die Situation von Beschäftigten im öffentlichen Dienst und Arbeitnehmern in der Privatwirtschaft vergleichbar ist. Dem stehen jedoch die Besonderheiten des öffentlichen Dienstes entgegen. Grund dafür ist die besondere Nähe der im öffentlichen Dienst Beschäftigten zum Staat.

Es gibt zwar im privaten Arbeitsrecht Aspekte, die einigen der in § 65 Abs. 2 BBG genannten ähneln; zu denken ist beispielsweise an den Gesichtspunkt der durch die Nebentätigkeit bedrohten Arbeitsleistung (vgl. § 65 Abs. 2 Nr. 1 BBG) oder den Aspekt der Ansehensgefährdung (vgl. § 65 Abs. 2 Nr. 6 BBG); gleichwohl dürfen die in § 65 Abs. 2 BBG genannten Versagungsgründe auf das private Arbeitsrecht nicht eins zu eins übertragen werden. Aspekte wie Arbeitsleistung und Ansehensgefährdung sind in vergleichbarer Weise im privaten Arbeitsrecht von Bedeutung, denn ein Arbeitgeber in der Privatwirtschaft akzeptiert genauso wenig schuldhafte Beeinträchtigungen der Arbeitsleistung oder eine Schädigung des Betriebsansehens wie der Staat als Arbeitgeber. Die Ähnlichkeit dieser Aspekte ergibt sich jedoch nicht aus einer Gleichartigkeit zum öffentlichen Dienst, sondern vielmehr aus der Eigenart und Charakteristik des Arbeitsverhältnisses an sich. Jedem Arbeitgeber liegt daran, dass seine Beschäftigten ihre Arbeitskraft für den Betrieb einsetzen und den Betrieb schädigende Handlungen und Tätigkeiten unterlassen. Rückschlüsse lassen sich daher nur insoweit ziehen, als Arbeitnehmer in der Privatwirtschaft nicht mehr Rücksicht auf Interessen des Arbeitgebers nehmen müssen als Angestellte des öffentlichen Dienstes auf dienstliche Belange.[275]

Die Nebentätigkeitsregelungen für die Angestellten im öffentlichen Dienst – wie z.B. § 65 Abs. 2 BBG – sind nicht auf die Problematik der sich aus der arbeitsvertragsimmanenten Rücksichtnahmepflicht ergebenden Nebentätigkeitsbeschränkungen anwendbar. Zur Beantwortung der Frage, welche Nebentätigkeiten aufgrund der vertragsimmanenten Schranken unzulässig sind, muss nach anderen Anhaltspunkten gesucht werden.

---

[274] *Oligmüller*, Nebentätigkeitsproblematik im Individualarbeitsrecht, S. 100 ff.
[275] *Glöckner*, Nebentätigkeitsverbote im Individualarbeitsrecht, S. 24. Das LAG Hamm, Urt. v. 28.9.1995 – 17 Sa 2267/94 – NZA 1996, 723 (726) hat herausgestellt, dass dem Arbeitgeber des öffentlichen Dienstes grundsätzlich keine weitergehenden Rechte zustehen als dem Arbeitgeber in der Privatwirtschaft. So auch: *Braun*, ZTR 2004, 69 (74); MüArbR-*Blomeyer*, § 55, Rn. 43.

2. Analyse des Kündigungsrechts im Hinblick auf die Nebentätigkeitsproblematik

Zur Bestimmung der sich aus den arbeitsrechtlichen Nebenpflichten ergebenden Nebentätigkeitsbeschränkungen kann möglicherweise das Kündigungsrecht herangezogen werden.

Das Kündigungsrecht ist eines der wichtigsten Gebiete des Arbeitsrechts. Dies zeigt sich nicht nur an der umfassenden Literatur, sondern auch an den unzähligen Entscheidungen der Rechtsprechung. Die überwiegende Zahl der Kündigungen wird von Arbeitgebern vorgenommen. Eine Kündigung kann auf unterschiedlichen Gründen beruhen. Arbeitnehmern wird nicht nur gekündigt, wenn ein Betrieb wegen wirtschaftlicher Schwierigkeiten gezwungen ist, betriebliche Umstrukturierungen vorzunehmen, was zumeist den Abbau von Arbeitsplätzen zur Folge hat. Kündigungen werden sehr oft auch auf Gründe gestützt, die nicht im Betrieb, sondern allein in der Sphäre des Arbeitnehmers begründet sind. Hierbei unterscheidet man zwischen in der Person des Arbeitnehmers[276] und in seinem Verhalten[277] liegenden Gründen. Besonderes Augenmerk ist auf die sog. verhaltensbedingte Kündigung zu werfen. Das Spektrum kündigungsrelevanter Verhaltensweisen reicht hierbei sehr weit. Dabei kann nicht nur innerbetriebliches, sondern auch außerdienstliches Verhalten eine Kündigung rechtfertigen. Zum außerdienstlichen Verhalten gehört alles, was sich außerhalb der für den Betrieb zu leistenden Arbeitszeit abspielt.[278] Dazu zählen beispielsweise Nebentätigkeiten, sportliche Aktivitäten, politische Betätigung aber auch private Überschuldungen oder außerdienstliche Straftaten.

Das Bundesarbeitsgericht hat in zahlreichen Entscheidungen ausgeführt, dass außerdienstliches Verhalten dann kündigungsrelevant sein kann, wenn es direkt oder indirekt auf das Arbeitsverhältnis und den Betrieb einwirkt.[279] Eine Kündi-

---

[276] Kündigungsgründe in der Person des Arbeitnehmers sind solche, die auf seinen persönlichen Eigenschaften und Fähigkeiten beruhen. Bei einem personenbedingten Kündigungsgrund kann der Arbeitnehmer die Quelle der kündigungsrelevanten Störung nicht steuern. Personenbedingte Kündigungsgründe sind z.B. Krankheiten, fehlende fachliche Qualifikationen oder eine fehlende Arbeitserlaubnis. *Berkowsky*, Personen- und verhaltensbedingte Kündigung, § 8, Rn. 2.

[277] Verhaltensbedingte Kündigungsgründe knüpfen allein am Verhalten des Arbeitnehmers an. Der Unterschied zu den personenbedingten Gründen liegt darin, dass der Arbeitnehmer grundsätzlich sein Verhalten steuern und es damit beeinflussen und ändern kann. *Berkowsky*, Anm. zu BAG, Urt. v. 21.1.1999 – 2 AZR 665/98 – RdA 2000, 112 (114).

[278] *Wisskirchen*, Außerdienstliches Verhalten von Arbeitnehmern, S. 12; *Daum*, Außerdienstliche Verhaltenspflichten, S. 2.

[279] BAG, Urt. v. 6.2.1969 – 2 AZR 241/68 – ArbuR 1969, 118 = SAE 1971, 43; BAG, Urt. v. 6.6.1984 – 7 AZR 456/82 – AP Nr. 11 zu § 1 KSchG 1969 – verhaltensbedingte Kündigung; BAG, Urt. v. 28.9.1989 – 2 AZR 317/86 – AP Nr. 24 zu § 1 KSchG 1969 – ver-

gung kann dann gerechtfertigt sein, wenn durch dieses Verhalten das Arbeitsverhältnis beeinträchtigt wird. Das Bundesarbeitsgericht hat wegen der Vielzahl möglicher Kündigungsgründe versucht, diese zu systematisieren und in Kategorien einzuteilen. Außerdienstliche Verhaltensweisen des Arbeitnehmers können eine Kündigung dann rechtfertigen, wenn sie zu Störungen im Leistungsbereich, im Bereich der betrieblichen Verbundenheit der Mitarbeiter, im personalen Vertrauensbereich oder im Unternehmensbereich führen.[280]

Zu den Störungen im Leistungsbereich gehört insbesondere die Verletzung der Arbeitspflicht durch den Arbeitnehmer. Diese zeigt sich zumeist in Form von Nicht- oder Schlechtleistungen. Von Störungen im Bereich der betrieblichen Verbundenheit der Mitarbeiter spricht das Bundesarbeitsgericht, wenn das außerdienstliche Verhalten eines Arbeitnehmers zu erheblichen Unruhen im Betrieb führt und damit das Zusammenwirken der Arbeitnehmer gefährdet.[281] Zumeist wird die betriebliche Verbundenheit der Mitarbeiter mit den Begriffen Betriebsordnung und Betriebsfrieden näher konkretisiert.[282] Beeinträchtigungen des Vertrauensverhältnisses sowohl zum Arbeitgeber als auch zu Kollegen können ebenfalls durch bestimmte außerdienstliche Verhaltensweisen hervorgerufen werden, z.B. dann, wenn dem Arbeitnehmer außerdienstliche Straftaten[283] zur Last gelegt werden und er durch diese oder andere Handlungen sowie Äußerungen den guten Ruf des Arbeitgebers schwer gefährdet.[284] Die mit dem Begriff

---

[280] haltensbedingte Kündigung, Bl. 6R; *Berkowsky*, Personen- und verhaltensbedingte Kündigung, § 22, Rn. 1; Stahlhacke/Preis/Vossen-*Preis*, Rn. 697; *Wank*, RdA 1993, 79 (86); *Hromadka/Maschmann*, ArbR I, § 10, Rn. 188a; *Dudenbostel/Klas*, ArbuR 1979, 296. BAG, Urt. v. 6.2.1969 – 2 AZR 241/68 – SAE 1971, 43 (44); BAG, Urt. v. 26.5.1977 – 2 AZR 632/76 – SAE 1978, 242 (244); BAG, Urt. v. 6.6.1984 – 7 AZR 456/82 – AP Nr. 11 zu § 1 KSchG 1969 – verhaltensbedingte Kündigung; BAG, Urt. v. 24.9.1987 – 2 AZR 26/87 – AP Nr. 19 zu § 1 KSchG 1969 – verhaltensbedingte Kündigung, Bl. 2; BAG, Urt. v. 28.9.1989 – 2 AZR 317/86 – AP Nr. 24 zu § 1 KSchG 1969 – verhaltensbedingte Kündigung, Bl. 6R; Stahlhacke/Preis/Vossen-*Preis*, Rn. 697; KR-*Fischermeier*, § 626 BGB, Rn. 166; *Dudenbostel/Klas*, ArbuR 1979, 296 ff.

[281] *Dudenbostel/Klas*, ArbuR 1979, 296 (298); KR-*Fischermeier*, § 626 BGB, Rn. 168.

[282] BAG, Urt. v. 6.2.1969 – 2 AZR 241/68 – SAE 1971, 43 (44); BAG, Urt. v. 17.3.1988 – 2 AZR 576/87 – AP Nr. 99 zu § 626 BGB; BAG, Urt. v. 21.1.1999 – 2 AZR 665/98 – RdA 2000, 109 (110); *Löwisch/Schönfeld*, Anm. zu BAG, Urt. v. 9.12.1982 – 2 AZR 620/80 – EzA Nr. 86 zu § 626 BGB n.F., S. 356a.

[283] Soweit die Straftat im Zusammenhang mit der Tätigkeit des Arbeitnehmers steht oder sonst konkrete Auswirkungen auf das Arbeitsverhältnis hat, vgl. *Otto*, Wegfall des Vertrauens, S. 186; *Glöckner*, Nebentätigkeitsverbote im Individualarbeitsrecht, S. 117.

[284] KR-*Fischermeier*, § 626 BGB, Rn. 169; *Dudenbostel/Klas*, ArbuR 1979, 296 (298).

Unternehmensbereich umschriebene Störung des Arbeitsverhältnisses meint eine Gefährdung der Existenz des Betriebes.[285]

Die Einteilung kündigungsrelevanter Verhaltensweisen in vier verschiedene Störbereiche zeigt, welche unterschiedlichen Auswirkungen außerdienstliches Verhalten auf das Arbeitsverhältnis haben kann. Diese Unterteilung kann möglicherweise für die Frage vertragsimmanenter Nebentätigkeitsgrenzen nutzbar gemacht werden. Zum einen zählt das Nebentätigkeitsrecht als Teilbereich zum außerdienstlichen Verhalten, und zum anderen können Nebentätigkeiten in unterschiedlicher Weise Rückwirkungen auf das Arbeitsverhältnis haben. Man wird zwar in der Regel beim Thema Nebentätigkeit meist allein an Störungen bei der Leistungserbringung denken, weil vorschnell auf eine körperliche Überanstrengung des Arbeitnehmers wegen der beruflichen Doppelbelastung geschlossen wird. Jedoch zeigen die das Nebentätigkeitsrecht betreffenden Entscheidungen und Schriften, dass die Ausübung von Nebentätigkeiten häufig auch andere Aspekte betrifft. Da sich für jeden Arbeitnehmer aus dem Wesen des Arbeitsverhältnisses auch ohne explizite Vereinbarung zahlreiche Nebenpflichten ergeben, hat er auf berechtigte Interessen des Arbeitgebers auch im außerdienstlichen Bereich Rücksicht zu nehmen, zumindest soweit ein Zusammenhang zum Arbeitsverhältnis besteht. Bei der Untersuchung, welche konkreten Nebentätigkeitsverbote sich daraus ableiten lassen, können die vom Bundesarbeitsgericht zum Kündigungsrecht entwickelten Kategorien Anhaltspunkte bieten.

IV. Systematisierung berechtigter Arbeitgeberinteressen und sich daraus ergebender vertragsimmanenter Nebentätigkeitsverbote

Die arbeitsvertragsimmanenten Nebenpflichten können das außerdienstliche Verhalten des Arbeitnehmers nur in begrenztem Umfang beeinflussen. Der Arbeitnehmer ist nur zur Unterlassung solcher Verhaltensweisen verpflichtet, durch die berechtigte betriebsbezogene Interessen des Arbeitgebers beeinträchtigt werden. Um ein vertragsimmanentes Nebentätigkeitsverbot zu rechtfertigen, muss mit der Nebentätigkeitsausübung eine erhebliche Beeinträchtigung berechtigter Arbeitgeberinteressen einhergehen oder mit an Sicherheit grenzender Wahrscheinlichkeit zu erwarten sein.

Im Folgenden soll untersucht werden, welche konkreten Arbeitgeberinteressen einer Nebentätigkeit entgegenstehen können. Es wird versucht, die sich hieraus

---

[285] So BAG, Urt. v. 6.2.1969 – 2 AZR 241/68 – SAE 1971, 43 (44); ebenso: *Glöckner*, Nebentätigkeitsverbote im Individualarbeitsrecht, S. 109; anders: KR-*Fischermeier*, § 626 BGB, Rn. 170.

ergebenden unzulässigen Nebentätigkeiten in Fallgruppen systematisch zusammenzufassen. Anhaltspunkte können dabei die vom Bundesarbeitsgericht zum Kündigungsrecht entwickelten Fallgruppen bieten. Besondere Berücksichtigung finden die zum Nebentätigkeitsrecht ergangenen Entscheidungen der arbeitsgerichtlichen Rechtsprechung.

1. Gefährdung der künftigen Leistungsfähigkeit

Nebentätigkeiten sind stets problematisch, wenn mit ihnen eine Verletzung der arbeitsvertraglichen Hauptleistungspflicht einhergeht. Führt die Doppelbelastung des Arbeitnehmers zu erheblichen Nicht- oder Schlechtleistungen, muss die Nebentätigkeit als unzulässig angesehen werden. Die Ausübung einer Nebentätigkeit kann aber auch unzulässig sein, ohne dass die Leistungserbringung konkret gestört ist. Dabei ist vor allem an sonstige betriebliche Interessen des Arbeitgebers zu denken. Unabhängig von einer konkreten Leistungsstörung des Arbeitnehmers werden verschiedene Fallgruppen diskutiert, die eine Beeinträchtigung von Arbeitgeberinteressen in Form einer Gefährdung der Leistungsfähigkeit des Arbeitnehmers bedingen sollen.

a) Langfristig ausgeübte Nebentätigkeiten

Vor allem im älteren Schrifttum[286] ist vertreten worden, dass nicht ganz unerhebliche, über einen längeren Zeitraum ausgeübte Nebentätigkeiten vollbeschäftigter Arbeitnehmer vertragswidrig und damit unzulässig seien. Arbeitgeber erwarten stets bestmögliche Leistungen von ihren Arbeitnehmern. In der Freizeit sollen sie sich von den Anstrengungen der Arbeit erholen und neue Kräfte sammeln.[287] Ginge ein Arbeitnehmer neben seinem Hauptberuf noch einer weiteren Erwerbstätigkeit nach, sei seine Regeneration gefährdet.

Das Landesarbeitsgericht Bayern betonte, dass es ein Erfahrungssatz des täglichen Lebens sei, dass ein nicht nur geringfügig beschäftigter Arbeitnehmer, die im Rahmen des Hauptarbeitsverhältnisses verbleibende Freizeit grundsätzlich zur Entspannung und Erholung benötige, um seine Arbeitskraft zu erhalten.[288] Ginge er daneben einer weiteren Nebentätigkeit nach, sei er zusätzlichen Belastungen ausgesetzt. Nebentätigkeiten, die einen nicht unerheblichen Umfang einnehmen und auf Dauer oder zumindest für einen längeren Zeitraum ausgeübt werden, könnten daher nicht ohne Einfluss auf die Leistungsfähigkeit des Ar-

---

[286] LAG Bayern, Urt. v. 13.6.1956 – N 135/5b V n.v.; *Gift*, BB 1959, 43; *Palme*, BB 1959, 329 (330); *Wehr*, AuSozPol 1960, 265 (266).

[287] Diesem Zweck trägt die nach § 5 ArbZG vorgeschriebene Ruhezeit Rechnung, vgl. *Roggendorff*, ArbZG, § 5, Rn. 9; Erf-Komm-*Wank*, § 5 ArbZG, Rn. 2.

[288] LAG Bayern, Urt. v. 13.6.1956 – N 135/5b V n.v. – zitiert nach *Gift*, BB 1959, 43.

beitnehmers sein.[289] Es sei folglich davon auszugehen, dass die Ausübung einer dauerhaften Nebentätigkeit über kurz oder lang die Leistungsfähigkeit des Arbeitnehmers beeinträchtige. Das Arbeitsverhältnis verpflichte als Dauerschuldverhältnis den Arbeitnehmer zu einer Dauerleistung. Der Arbeitnehmer habe daher Tätigkeiten zu unterlassen, die „seine volle Einsatzfähigkeit – wenn auch vielleicht nicht akut, so doch während der Dauer des Arbeitsverhältnisses – beeinträchtigen".[290] Hieraus wurde gefolgert, dass länger dauernde, nicht unerhebliche Nebentätigkeiten vollbeschäftigter Arbeitnehmer in der Regel vertragswidrig seien.[291]

Diese Auffassung begegnet erheblichen Bedenken. Es mag zwar zutreffen, dass eine längerfristige Nebentätigkeit möglicherweise negative Auswirkungen auf die Leistungsfähigkeit haben kann, dennoch ist diese Argumentation nicht haltbar. Um ein vertragsimmanentes Nebentätigkeitsverbot zu rechtfertigen, muss von der Nebentätigkeit eine unmittelbare Beeinträchtigung berechtigter betriebsbezogener Arbeitgeberinteressen ausgehen. Ein Interesse des Arbeitgebers an der Nichtgefährdung der Leistungsfähigkeit des Arbeitnehmers ist zwar nachvollziehbar, da bei einer Beeinträchtigung der Arbeitskraft der Leistungszweck des Arbeitsvertrages gefährdet ist, doch ist darüber hinaus eine gegenwärtige unmittelbare Beeinträchtigung erforderlich. Eine solche kann auch bei Ausübung einer längerfristigen Nebentätigkeit nicht ohne weiteres angenommen werden.[292] Der Vertragszweck – Erbringung von Leistungen gegen Entgelt – ist dadurch nicht unmittelbar gefährdet. Es besteht lediglich die Möglichkeit bzw. die Vermutung, dass längerfristig Minderungen der Leistungsfähigkeit des Arbeitnehmers zu befürchten sind.[293]

Weiterhin ist zu bedenken, dass das Arbeitsverhältnis an einem in der Zukunft liegendem Zeitpunkt, an dem eine Leistungsbeeinträchtigung eintreten könnte, möglicherweise gar nicht mehr besteht, weil es beispielsweise durch Kündigung beendet worden ist.[294] Eventuelle Leistungsminderungen müssen also nicht notwendig den jetzigen Arbeitgeber treffen. Letztlich übersieht eine solche Argu-

---

[289] LAG Bayern, a.a.O.; zustimmend: *Gift*, BB 1959, 43; *Palme*, BB 1959, 329 (330); *Wehr*, AuSozPol 1960, 265 (266).

[290] *Gift*, BB 1959, 43 (45).

[291] LAG Bayern, Urt. v. 13.6.1956 – N 135/5b V n.v.; *Gift*, BB 1959, 43; *Palme*, BB 1959, 329 (330); *Wehr*, AuSozPol 1960, 265 (266).

[292] *Wank*, Nebentätigkeit, Rn. 110; *Oligmüller*, Nebentätigkeitsproblematik im Individualarbeitsrecht, S. 123; *Kuhn*, Probleme der Nebentätigkeit, S. 41; *Glöckner*, Nebentätigkeitsverbote im Individualarbeitsrecht, S. 81.

[293] *Oligmüller*, Nebentätigkeitsproblematik im Individualarbeitsrecht, S. 123.

[294] *Glöckner*, Nebentätigkeitsverbote im Individualarbeitsrecht, S. 81; *Kuhn*, Probleme der Nebentätigkeit, S. 41; *Callam*, Arbeitsrechtliche Probleme mehrfacher Erwerbstätigkeit, S. 92.

mentation das Grundrecht der Berufsfreiheit, welches dem Arbeitnehmer die eigenständige Gestaltung des Arbeits- und Berufslebens garantiert. Gerade in wirtschaftlich angespannten Zeiten, in denen viele Arbeitnehmer um ihren Arbeitsplatz bangen, bietet eine Nebentätigkeit die Möglichkeit, eventuelle Einkommensverluste abzufangen und ein zweites wirtschaftliches Standbein aufzubauen. In diesen Fällen sollen Nebentätigkeiten notwendigerweise langfristig ausgeübt werden.

Die Annahme eines Verbotes längerfristiger Nebentätigkeiten, wegen möglicher negativer Auswirkungen auf die Leistungsfähigkeit, ließe das verfassungsrechtlich geschützte Recht des Arbeitnehmers aus Art. 12 Abs. 1 GG leerlaufen. Ein vertragsimmanentes Nebentätigkeitsverbot rechtfertigt sich nur bei einer gegenwärtigen oder in absehbarer Zeit mit an Sicherheit grenzender Wahrscheinlichkeit eintretenden Beeinträchtigung berechtigter Arbeitgeberinteressen. Die bloße Möglichkeit einer verminderten Leistungsfähigkeit in nicht absehbarer Zukunft genügt hierfür nicht.

b) Gleichartigkeit von Haupt- und Nebentätigkeit

Des Weiteren kann überlegt werden, ob eine Nebentätigkeit möglicherweise bei Gleichartigkeit zur Haupttätigkeit und der damit einhergehenden Doppelbelastung für den Arbeitnehmer unzulässig ist. Zur Verdeutlichung dienen zwei Fälle:

Fall 1: Ein Bergmann nimmt bei einem Subunternehmer seines Zechenbetriebes eine Nebentätigkeit auf.[295]

Fall 2: Ein Arbeitnehmer, der hauptberuflich als Auslieferungsfahrer tätig ist, möchte nebenberuflich als Taxifahrer arbeiten. Oder: Ein hauptberuflich als Busfahrer tätiger Arbeitnehmer möchte nebenberuflich als Fahrlehrer arbeiten.[296]

Beiden Fällen ist gemeinsam, dass die jeweiligen Tätigkeiten besondere Anforderungen an den Arbeitnehmer stellen. Die Arbeit als Bergmann in einer Zeche ist mit enormen Anstrengungen verbunden. Vor allem die schwierigen Arbeitsbedingungen stellen besondere Belastungen für die Arbeitnehmer dar. Würde ein Arbeitnehmer wie im ersten Fall einen derart Kräfte zehrenden Beruf auch als Nebentätigkeit ausüben, ist davon auszugehen, dass es im Hauptarbeitsverhältnis zu Beeinträchtigungen der Arbeitspflicht käme.

---

[295] Beispiel nach Schaub-*Schaub*, § 43, Rn. 13 (10. Auflage).

[296] Fälle in Anlehnung an: BAG, Urt. v. 26.6.2001 – 9 AZR 343/00 – NZA 2002, 98: Nebentätigkeit als LKW-Fahrer im Güterverkehr neben der hauptberuflichen Tätigkeit als Busfahrer; LAG Rheinland-Pfalz, Urt. v. 30.1.1997 – 5 Sa 1055/96 – AiB 1997, 429: Nebentätigkeit eines Dezernentenfahrers als Busfahrer für Wochenendfahrten nach Spanien.

Ähnliche Überlegungen sind auch im zweiten Beispiel anzustellen. Sowohl Haupt- als auch Nebentätigkeit haben das Führen von Kraftfahrzeugen zum Gegenstand. Es stellt sich die Frage, ob nicht allein dieser Umstand ein Interesse des Arbeitgebers rechtfertigt, vom Arbeitnehmer die Unterlassung einer solchen Nebentätigkeit zu verlangen. Das Führen von Kraftfahrzeugen verlangt vom Fahrer besondere Aufmerksamkeit und Konzentration.[297] Insbesondere im Bereich der Personenbeförderung muss gewährleistet sein, dass Fahrgäste nicht durch übermüdete Fahrer gefährdet werden. Wäre es Arbeitnehmern im Transport- und Beförderungsgewerbe uneingeschränkt möglich, auch Nebentätigkeiten in diesem Sektor auszuüben, bestünde die Gefahr, dass die Belastungen, die die Teilnahme am Straßenverkehr mit sich bringt, zu einer erhöhten Unfallgefahr führen. Im Interesse der Sicherheit des Straßenverkehrs und der Nichtgefährdung von Fahrgästen und sonstigen Verkehrsteilnehmern ist es nachvollziehbar, Beschäftigten des Transport- und Beförderungsgewerbes das Ausüben vergleichbarer Nebentätigkeiten zu untersagen.

Es bleibt jedoch fraglich, ob die genannten Aspekte zu einem automatischen Nebentätigkeitsverbot führen können. Ist es tatsächlich gerechtfertigt, Arbeitnehmern per se mit dem Hauptberuf vergleichbare Nebentätigkeiten zu untersagen? Dies erscheint sehr fraglich. Dem Arbeitnehmer steht es generell frei, seine Eignungen und Fähigkeiten auch außerhalb des Arbeitsverhältnisses zu verwerten. Man darf ihn insoweit nicht ohne sachlichen Grund der Möglichkeit berauben, sein Wissen und Können im Rahmen einer Nebentätigkeit einzusetzen. Eine Ausnahme kann in besonderen Fällen wie dem obigen Beispielsfall 2 gelten. Hieraus jedoch ein allgemeines vertragsimmanentes Nebentätigkeitsverbot abzuleiten, ginge zu weit. Bei der Beurteilung einer Nebentätigkeit müssen immer die Besonderheiten des Falles, insbesondere Art und Umfang der Haupttätigkeit, Leistungsvermögen des Arbeitnehmers und Ausmaß der Nebentätigkeit, beachtet werden.[298] Im zweiten Beispiel würde die Annahme eines generellen Verbotes vor allem bei teilzeitbeschäftigten Arbeitnehmern zu Problemen führen. Dies würde für einen teilzeitbeschäftigten Pizzaboten bedeuten, dass dieser nicht zusätzlich als Taxifahrer arbeiten dürfte. Das kann nicht richtig sein.

---

[297] Zu diesem Zweck sind Busse und LKWs mit Fahrtenschreibern ausgestattet, die eine Kontrolle der Lenkzeiten ermöglichen und so eine Überanstrengung der Fahrer und damit eine Gefährdung anderer Verkehrsteilnehmer verhindern sollen.

[298] Sollte es im Falle des Bergmanns aus dem ersten Beispiel tatsächlich zu Beeinträchtigungen der Leistungsfähigkeit kommen, so rechtfertigt sich ein (vertragsimmanentes) Nebentätigkeitsverbot bereits durch den Aspekt der Beeinträchtigung der Hauptleistungspflicht (Nicht- oder Schlechtleistung) des Arbeitnehmers. Ähnliches gilt im Transportfall: das Nebentätigkeitsverbot rechtfertigt sich in jedem Fall durch das Allgemeininteresse an der Sicherheit des Straßenverkehrs.

Folglich ist es nicht möglich, allein aus dem Aspekt der Gleichartigkeit von Haupt- und Nebentätigkeit einen Arbeitgeberbelang abzuleiten, der ein vertragsimmanentes Nebentätigkeitsverbot rechtfertigt. Möchte ein Arbeitgeber die Nichtausübung einer bestimmten Nebentätigkeit (berechtigterweise) sicherstellen, kann er dies im Wege vertraglicher Vereinbarung erreichen.[299] Allein aus der Gleichartigkeit von Haupt- und Nebentätigkeit lässt sich kein vertragsimmanentes Nebentätigkeitsverbot ableiten. Allerdings kann in solchen Fällen gegebenenfalls unter wettbewerbsrechtlichen Aspekten ein vertragsimmanentes Nebentätigkeitsverbot eingreifen.

c) Riskante und gefährliche Nebentätigkeiten

Ein vertragsimmanentes Nebentätigkeitsverbot könnte sich aus der Gefährlichkeit der Nebentätigkeit und den damit verbundenen gesundheitlichen Gefahren für den Arbeitnehmer ergeben. Vor allem im Schrifttum[300] findet man Ausführungen zu der Frage, ob eine besonders gefährliche oder riskante Nebentätigkeit automatisch wegen der mit ihr verbundenen Risiken unzulässig ist.

Beispiele: Ein Arbeitnehmer arbeitet abends nach seiner Haupttätigkeit als Hochseilartist in einem Varieté, stellt sich als bezahlter Sparringspartner einem Boxer zur Verfügung oder tritt am Wochenende in Actionshows als Stuntman auf.[301]

Solche Nebentätigkeiten sind regelmäßig mit einem hohen Verletzungsrisiko verbunden. Für den Arbeitgeber ergibt sich hieraus die Gefahr, dass es aufgrund des Verletzungsrisikos zur Arbeitsunfähigkeit und damit zu einem krankheitsbedingten Ausfall des Arbeitnehmers kommt. Der Arbeitgeber müsste infolge des § 3 EFZG die Entgeltfortzahlung gewährleisten und zugleich den Ausfall des Arbeitnehmers kompensieren. Fraglich ist, ob allein diese Gefahr ausreicht, um eine Nebentätigkeit aufgrund des mit ihr verbundenen Verletzungsrisikos als unzulässig zu bewerten.

In der Arbeitsrechtswissenschaft besteht Einigkeit, dass es keine automatische Verpflichtung gibt, jede mit Risiken behaftete Tätigkeit zu unterlassen.[302] Der

---

[299] Das Institut der Vertragsfreiheit ermöglicht den Vertragsparteien die freie und eigenverantwortliche Vertragsgestaltung. Zu den Möglichkeiten, Nebentätigkeitsklauseln in den Arbeitsvertrag aufzunehmen, siehe unten im 3. Teil, insbesondere § 10.

[300] *Oligmüller*, Nebentätigkeitsproblematik im Individualarbeitsrecht, S. 86; *Becker-Schaffner*, BlStSozArbR 1980, 321 (322); *Glöckner*, Nebentätigkeitsverbote im Individualarbeitsrecht, S. 81; *Wank*, Nebentätigkeit, Rn. 111-113; *Bock*, Doppelarbeitsverhältnis, S. 67.

[301] Beispiele nach *Oligmüller*, Nebentätigkeitsproblematik im Individualarbeitsrecht, S. 86; *Schnorr von Carolsfeld*, S. 211: Motorradfahren auf einem Drahtseil.

[302] *Motzer*, Die positive Vertragsverletzung des Arbeitnehmers, S. 110: „So kann eine generelle Pflicht des Arbeitnehmers, sich stets in bester Arbeitsverfassung zu halten und ge-

Arbeitnehmer hat aufgrund seines Persönlichkeitsrechts grundsätzlich die Freiheit, riskanten Hobbys, Freizeitbeschäftigungen und Sportarten nachzugehen. Gleiches muss folglich im Grundsatz auch für die Ausübung von Nebentätigkeiten gelten. Darüber hinaus ist zu bedenken, dass die Möglichkeit einer Gesundheitsbeeinträchtigung bei fast allen Tätigkeiten besteht, die ein Mensch ausübt. Lediglich die Intensität der Gefahr ist unterschiedlich. Sog. *abstrakt gefährliche* Nebentätigkeiten, bei denen nach allgemeiner Lebenserfahrung nur eine entfernte Verletzungsmöglichkeit besteht, können in der Regel nicht als unzulässig angesehen werden.[303] Weder die Verletzungsgefahr noch die Gefahr einer Arbeitsunfähigkeit haben sich hier hinreichend realisiert, so dass berechtigte Arbeitgeberinteressen weder beeinträchtigt noch konkret gefährdet sind. Wegen der grundrechtlichen Brisanz von Nebentätigkeitsbeschränkungen ist der nur präventive Schutz des Arbeitgebers vor solchen *abstrakten* Gefahren für ein vertragsimmanentes Nebentätigkeitsverbot nicht ausreichend.[304] Fraglich ist, wann mit Gesundheitsgefahren verbundene Nebentätigkeiten die Schwelle zur unmittelbaren Interessenbeeinträchtigung des Arbeitgebers überschreiten. Dies wird für *konkret gefährliche* Nebentätigkeiten angenommen. Im Gegensatz zu den nur abstrakt gefährlichen Tätigkeiten geht hier von der Nebentätigkeit ein erhebliches, über dem Normalmaß liegendes Verletzungsrisiko aus.[305]

Eine vergleichbare Problematik besteht im Entgeltfortzahlungsrecht im Bereich der Sportunfälle. Im Rahmen des § 3 EFZG entfällt der Entgeltfortzahlungsanspruch des Arbeitnehmers bei krankheitsbedingter Arbeitsunfähigkeit, wenn diesen an seiner Arbeitsunfähigkeit ein Verschulden trifft. Das Bundesarbeitsgericht nimmt ein Verschulden des Arbeitnehmers an, wenn dieser eine besonders gefährliche Sportart ausübt oder er sich in einer seine Kräfte deutlich übersteigenden Art sportlich betätigt.[306] Eine Sportart gilt als *besonders gefährlich*,

---

fährliche Freizeitbeschäftigungen zu unterlassen, nicht angenommen werden."; *Mayer*, Außerdienstliches Verhalten von Arbeitnehmern, S. 273: „Der Arbeitnehmer schuldet dem Arbeitgeber nicht das Führen eines bestimmten risikofreien Lebenswandels."; *Daum*, Außerdienstliche Verhaltenspflichten, S. 81: „Der Arbeitnehmer ist nicht generell verpflichtet, sich im Interesse des Arbeitgebers gesund und arbeitsfähig zu halten."; *Grunsky*, JuS 1989, 593 (598): Der Schuldner darf „auch gefährlichen Hobbies nachgehen. Er schuldet eben keinen möglichst risikofreien Lebenswandel."

[303] *Wank*, AR-Blattei SD – Nebentätigkeit, Rn. 29; MüArbR-*Blomeyer*, § 55, Rn. 5; *Bock*, Doppelarbeitsverhältnis, S. 67; *Brändli*, Arbeitsvertrag und Nebenbeschäftigung, S. 66.

[304] *Bock*, Doppelarbeitsverhältnis, S. 67; *Glöckner*, Nebentätigkeitsverbote im Individualarbeitsrecht, S. 83.

[305] *Wank*, Nebentätigkeit, Rn. 112; *Bock*, Doppelarbeitsverhältnis, S. 67.

[306] Schaub-*Linck*, § 98, Rn. 39; MüArbR-*Boecken*, § 83, Rn. 119/120; BAG, Urt. v. 7.10.1981 – 5 AZR 338/79 – NJW 1982, 1014; BAG, Urt. v. 25.2.1972 – 5 AZR 471/71 – AP Nr. 18 zu § 1 LohnFG, Bl. 1R; BAG, Urt. v. 21.1.1976 – 5 AZR 593/74 – AP Nr. 39 zu § 1 LohnFG, Bl. 1R.

wenn das Verletzungsrisiko auch durch einen gut trainierten Sportler nicht ausgeschlossen werden kann.[307] Bislang hat das Bundesarbeitsgericht jedoch noch keine Sportart als besonders gefährlich eingestuft.[308] Es wird vielmehr darauf abgestellt, ob der betroffene Arbeitnehmer entsprechend seinen Fähigkeiten die Sportart besonders leichtfertig ausgeübt hat. Diese Rechtsprechung muss auch Auswirkungen auf den Bereich des Nebentätigkeitsrechts haben.

Ebenso wie beim Sport handelt es sich bei der Ausübung von Nebentätigkeiten um eine Aktivität, die außerhalb des Hauptarbeitsverhältnisses ausgeübt wird. Der Unterschied liegt allein darin, dass der Arbeitnehmer mit der Nebentätigkeit ein zusätzliches Einkommen erzielt. Allein dieser Umstand rechtfertigt jedoch keine unterschiedliche Behandlung.[309] Ähnlich wie bei der Behandlung von Sportunfällen muss auch bei der Beurteilung von riskanten Nebentätigkeiten auf den konkreten Arbeitnehmer abgestellt werden. Eine mit Risiken behaftete Nebentätigkeit kann nur dann aufgrund ihrer Gefährlichkeit unzulässig sein, wenn der Arbeitnehmer die Nebentätigkeit aufgrund seiner persönlichen Leistungsfähigkeit von Anfang an nicht ohne eine konkrete Gefährdung seiner Arbeitskraft ausüben konnte.[310] Das Arbeitsgericht Braunschweig bejahte in einem Fall die Unzulässigkeit einer Nebentätigkeit wegen der damit verbundenen körperlichen Anstrengungen und der erhöhten Umfallwahrscheinlichkeit.[311] Nur Nebentätig-

---

[307] *Vogelsang*, Entgeltfortzahlung, Rn. 144; MüArbR-*Boecken*, § 83, Rn. 119; Schaub-*Linck*, § 98, Rn. 39; BAG, Urt. v. 7.10.1981 – 5 AZR 338/79 – NJW 1982, 1014: In den Fällen einer Sportverletzung wegen Ausübung einer „besonders gefährlichen Sportart" verstieße es gegen Treu und Glauben, das Verletzungsrisiko auf den Arbeitgeber abzuwälzen.

[308] Auch nicht Sportarten wie Amateurboxen (BAG, Urt. v. 1.12.1976 – 5 AZR 601/75 – AP Nr. 42 zu § 1 LohnFG) oder Drachenfliegen (BAG, Urt. v. 7.10.1981 – 5 AZR 338/79 – NJW 1982, 1014). Entscheidend sei nicht die abstrakte Gefährlichkeit einer Sportart, sondern ob der Arbeitnehmer die Sportart besonders leichtsinnig ausgeübt hat, d.h. unter Überschreitung seiner Leistungsfähigkeit, vgl. Schaub-*Linck*, § 98, Rn. 39; *Vogelsang*, Entgeltfortzahlung, Rn. 144.

[309] Ebenso: *Bock*, Doppelarbeitsverhältnis, S. 68.

[310] *Wank*, AR-Blattei SD – Nebentätigkeit, Rn. 29; *Glöckner*, Nebentätigkeitsverbote im Individualarbeitsrecht, S. 83/85; *Brändli*, Arbeitsvertrag und Nebenbeschäftigung, S. 69.

[311] ArbG Braunschweig, Urt. v. 29.9.1966 – 1 Ca 948/66 – BB 1966, 1310: Ein Arbeitnehmer übte neben seiner Hauptbeschäftigung noch eine Nebentätigkeit im Baugewerbe aus. Nach einem Unfall verlangte er vom Arbeitgeber einen Krankengeldzuschuss. Die hierauf gerichtete Klage wurde abgewiesen. Das ArbG stellte fest, dass der Arbeitnehmer in erheblichem Umfang unter Verstoß gegen das Arbeitszeitrecht der Nebentätigkeit nachgegangen sei. Ein Arbeitnehmer, der eine jedes vernünftige Maß übersteigende Nebentätigkeit ausübe, handle gegen den Hauptarbeitgeber schuldhaft. Dies sei insbesondere bei körperlich besonders anstrengenden Arbeiten, wie denen im Bausektor der Fall. Das ArbG war der Ansicht, dass der Arbeitnehmer nicht berechtigt war, die Nebentätigkeit im vorliegenden Umfang auszuüben. Nach Auffassung des Gerichts sei es fahrlässig, eine

keiten, die einen Arbeitnehmer offensichtlich überfordern und sich daher geradezu negativ auf dessen Arbeitskraft auswirken müssen, sind als arbeitsvertragswidrig zu bewerten.[312]

Nebentätigkeiten, denen der Arbeitnehmer aufgrund des mit ihnen verbundenen Risikos nicht gewachsen ist und die mit an Sicherheit grenzender Wahrscheinlichkeit eine Verletzung des Arbeitnehmers zur Folge haben werden, sind unzulässig. In diesen Fällen ist die Gefahr einer gesundheitlichen Schädigung des Arbeitnehmers und einer daraus resultierenden Störung des Hauptarbeitsverhältnisses so groß, dass bereits durch die Aufnahme der Tätigkeit eine Beeinträchtigung von Arbeitgeberinteressen anzunehmen ist.

d) Zwischenergebnis

Nebentätigkeiten sind grundsätzlich nur bei einer tatsächlichen Beeinträchtigung der Leistungserbringung des Arbeitnehmers unzulässig. Nur in wenigen Ausnahmefällen kann eine Nebentätigkeit bereits wegen der mit ihr einhergehenden Gefahr für die Leistungsfähigkeit des Arbeitnehmers unzulässig sein. Die Unzulässigkeit einer Nebentätigkeit ist anzunehmen, wenn mit an Sicherheit grenzender Wahrscheinlichkeit davon auszugehen ist, dass es in naher Zukunft zu Beeinträchtigungen der Leistungen im Hauptarbeitsverhältnis kommen wird. Dies ist nur bei Nebentätigkeiten zu bejahen, die aufgrund der mit ihnen verbundenen Risiken mit hoher Wahrscheinlichkeit zu einer Verletzung des Arbeitnehmers und damit zu einer Beeinträchtigung des Arbeitsverhältnisses führen werden. Ein vertragsimmanentes Nebentätigkeitsverbot rechtfertigt sich nicht allein aus der langfristigen Nebentätigkeitsausübung oder der Gleichartigkeit von Haupt- und Nebentätigkeit. Aufgrund der vertragsimmanenten Rücksichtspflicht haben Arbeitnehmer aber Nebentätigkeiten zu unterlassen, die sie von Anfang an nicht ohne konkrete Gefährdung ihrer Arbeitskraft ausüben können.

2. Beeinträchtigung wirtschaftlicher Interessen

Die zweite Fallgruppe erfasst Nebentätigkeiten, die Beeinträchtigungen wirtschaftlicher Interessen des Arbeitgebers zur Folge haben können.

Beschäftigung zu übernehmen, in der es nach dem Maß der aufzuwendenden Kraft und (oder) nach Art der Beschäftigung mit einiger Wahrscheinlichkeit zu einem Unfall kommen könne. Dies war vorliegend zu bejahen, da der Arbeitnehmer in beiden Beschäftigungsverhältnissen körperlich schwere Arbeit verrichten musste und zudem in Wechselschichten gearbeitet wurde, was zusätzliche Kräfte erforderte.

[312] *Glöckner*, Nebentätigkeitsverbote im Individualarbeitsrecht, S. 84; *Bock*, Doppelarbeitsverhältnis, S. 68; *Wank*, AR-Blattei SD – Nebentätigkeit, Rn. 29.

a) Konkurrierende Nebentätigkeiten

Ein wichtiger Arbeitgeberbelang im Zusammenhang mit der Ausübung zusätzlicher Erwerbstätigkeiten von Arbeitnehmern ist die Angst vor konkurrierenden Nebentätigkeiten. Der Arbeitnehmer hat grundsätzlich das Recht, eine Nebentätigkeit auszuüben und seine Fähigkeiten dort zu verwerten. Zugleich hat aber der Arbeitgeber ein Interesse daran, dass der Arbeitnehmer seine Arbeitskraft nicht zugunsten eines Konkurrenten einsetzt. Das Recht des Arbeitnehmers zur Nebentätigkeitsausübung ist dann beschränkt, wenn die Nebentätigkeit die Stellung des Hauptarbeitgebers im Wettbewerb gefährdet. Diesem Interesse entsprechend hat der Gesetzgeber in § 60 Abs. 1 HGB ein Wettbewerbsverbot für Handlungsgehilfen normiert. Da die Gefahr einer wirtschaftlichen Schädigung des Arbeitgebers aber in jedem Arbeitsverhältnis besteht, hat das Bundesarbeitsgericht das Wettbewerbsverbot auf alle Arbeitnehmer ausgeweitet.[313] Für sie ergibt sich das Wettbewerbsverbot wie dargestellt als vertragsimmanente Nebenpflicht aus §§ 241 Abs. 2, 242 BGB. Inhaltlich stimmt es mit dem Wettbewerbsverbot des § 60 Abs. 1 HGB überein.[314] Das Wettbewerbsverbot erfasst damit solche Nebentätigkeiten, durch die der Arbeitnehmer entweder selbst als Konkurrent zum Arbeitgeber auftritt oder er für einen im Wettbewerb zum Hauptarbeitgeber stehenden Dritten geschäftlich tätig wird. Hierzu einige Beispiele aus der Rechtsprechung:

aa) Mitarbeit in einer Gebrauchtwagenagentur

Fall: Der in einem Unternehmen der Automobilindustrie als Dreher beschäftigte Arbeitnehmer A arbeitete nebenberuflich in der von seiner Ehefrau betriebenen Gebrauchtwagenagentur mit. A tat dies, obwohl er wusste, dass sein Arbeitgeber ebenfalls eine eigene Jahreswagenvermittlung betrieb. Im Rahmen der Nebentätigkeit hat A Kontakte zu Verkaufsinteressenten hergestellt, den Zustand der Jahreswagen überprüft, die Überführung der PKW durchgeführt sowie gelegentlich selbst Verträge abgeschlossen.[315]

Durch die genannten Tätigkeiten hat A typischerweise beim Gebrauchtwagenhandel anfallende Arbeiten ausgeführt. Selbst wenn in den meisten Fällen der formelle Vertragsabschluß seiner Ehefrau oblag, war er doch maßgeblich an der Vermittlung von Jahreswagen beteiligt. Er hat somit im Marktbereich seines Ar-

---

[313] BAG, Urt. v. 17.10.1969 – 3 AZR 442/68 – AP Nr. 7 zu § 611 BGB – Treuepflicht, Bl. 2R; BAG, Urt. v. 26.3.1965 – 3 AZR 248/63 – AP Nr. 1 zu § 306 BGB, Bl. 4; BAG, Urt. v. 16.1.1975 – 3 AZR 72/74 – AP Nr. 8 zu § 60 HGB, Bl. 3R; BAG, Urt. v. 16.6.1976 – 3 AZR 73/75 – AP Nr. 8 zu § 611 BGB – Treuepflicht, Bl. 2R; BAG, Urt. v. 6.8.1987 – 2 AZR 226/87 – AP Nr. 97 zu § 626 BGB, Bl. 2; BAG, Urt. v. 15.3.1990 – 2 AZR 484/89 – RzK I 5i Nr. 60 unter II 2 a der Gründe; BAG, Urt. v. 16.8.1990 – 2 AZR 113/90 – NJW 1991, 518 (519) = AP Nr. 10 zu § 611 BGB – Treuepflicht.

[314] Zu den Einzelheiten siehe oben § 4 II 4.

[315] Fall nach BAG, Urt. v. 15.3.1990 – 2 AZR 484/89 – RzK I 5i Nr. 60.

beitgebers Handlungen für einen Dritten vorgenommen und diesen dadurch aktiv unterstützt. Zweck der Wettbewerbsenthaltungspflicht ist, dass dem Arbeitgeber der „Marktbereich ohne die Gefahr der nachteiligen, zweifelhaften oder zwielichtigen Beeinflussung durch den Arbeitnehmer offen steht".[316] Die Mitarbeit in der Gebrauchtwagenagentur der Ehefrau stellte eine unzulässige Konkurrenztätigkeit dar. A hat durch seine Mitarbeit trotz Wissens um die Jahreswagenvermittlung seines Hauptarbeitgebers in erheblichem Maße dessen wirtschaftliche Interessen beeinträchtigt und damit seine Rücksichtnahmepflicht verletzt.

bb) Betreiben eines eigenen Reisebüros

Fall: Die in einem Reisebüro angestellte Arbeitnehmerin B hat ohne Wissen ihres Arbeitgebers selbständig ein Gewerbe mit dem Unternehmensgegenstand Reiseleitung und Reisevermittlung angemeldet und ausgeübt. Sie hat dabei Reiseinteressenten beraten, eigene Reisen vorbereitet und öffentlich in diversen Anzeigen geworben.[317]

Die B hat ohne Wissen oder Einwilligung ihres Arbeitgebers Dienste und Leistungen im selben Marktbereich angeboten. Dabei kommt es nicht darauf an, ob sie durch diese selbständige Nebentätigkeit potentielle Kunden ihres Arbeitgebers abgeworben hat. Bereits die Aufnahme einer Tätigkeit im Marktbereich des Arbeitgebers stellt eine Verletzung der Wettbewerbsenthaltungspflicht dar.[318] Das nebenberufliche Betreiben einer eigenen Reisevermittlung durch eine hauptberuflich in einem Reisebüro angestellte Mitarbeiterin ohne Wissen des Arbeitgebers ist unzulässig.

cc) Rechtsschutzsekretär und Anwaltstätigkeit

Fall: Ein als Rechtsschutzsekretär beschäftigter Angestellter wollte neben dieser Tätigkeit eine stundenweise Beschäftigung als Rechtsanwalt im Umfang von zwei Nachmittagen pro Woche ausüben.[319]

Die Arbeitgeberin, eine Rechtsschutz-GmbH, sah sich durch eine solche Nebentätigkeit in ihren betrieblichen Interessen beeinträchtigt. Sie befürchtete, dass es durch die angestrebte anwaltliche Nebentätigkeit zu einer Wettbewerbssituation hinsichtlich des Arbeits- und Sozialrechts kommt. Da beide Tätigkeiten die Rechtsberatung und Prozessvertretung umfassten, waren Berührungen mit dem

---

[316] BAG, Urt. v. 15.3.1990 – 2 AZR 484/89 – RzK I 5i Nr. 60 unter II 2 b) bb) der Gründe; BAG, Urt. v. 16.6.1976 – 3 AZR 73/75 – AP Nr. 8 zu § 611 BGB – Treuepflicht, Bl. 2R.

[317] LAG Rheinland-Pfalz, Urt. v. 1.12.1997 – 9 Sa 949/97 – NZA-RR 1998, 496.

[318] LAG Rheinland-Pfalz, a.a.O. (497); *Röhsler/ Borrmann*, Wettbewerbsbeschränkungen, S. 33; BAG, Urt. v. 16.6.1976 – 3 AZR 73/75 – AP Nr. 8 zu § 611 BGB – Treuepflicht, Bl. 2R.

[319] BAG, Urt. v. 21.9.1999 – 9 AZR 759/98 – DB 2000, 1336.

Rechtsschutzangebot der GmbH nicht auszuschließen. Die Ausübung anwaltlicher Tätigkeit neben der Arbeit als Rechtsschutzsekretär würde somit eine unzulässige Wettbewerbssituation herbeiführen.[320]

dd) Hörfunksprecher als Backgroundsprecher in einer Fernsehproduktion

Fall: Arbeitnehmer H ist bei einem privaten Radiosender als Hörfunkredakteur beschäftigt. Ihm lag das Angebot eines Fernsehsenders für eine Nebentätigkeit vor. Danach war geplant, dass er bei einer für das Fernsehen produzierten Sendung mehrere Kommentare unter Bild spricht. Es stellte sich die Frage, ob durch die parallele Tätigkeit des H für einen Hörfunk- und einen Fernsehsender eine wettbewerbsrechtlich problematische Situation entstehen würde.[321]

Das Bundesarbeitsgericht führte in seiner Entscheidung aus, dass jedes im Hörfunk oder Fernsehen ansässige Unternehmen das Ziel habe, im Verhältnis zu anderen Hörfunk- und Fernsehanbietern durch Vielfalt und Qualität des Programms einen möglichst hohen Publikumsanteil für sich zu gewinnen.[322] Um ein interessantes und abwechslungsreiches Programm anbieten zu können, seien Medienunternehmen darauf angewiesen, sich durch Werbeeinnahmen zu finanzieren. Hieraus ergebe sich, dass Hörfunk- und Fernsehsender zueinander im publizistischen und finanziellen Wettbewerb stünden. Nach Ansicht des Bundesarbeitsgerichts würde der Hörfunkredakteur durch seine Tätigkeit als Backgroundsprecher in der Fernsehreportage die Attraktivität des Fernsehsenders fördern und diesen damit aktiv unterstützen. Das dies nicht im Interesse des Hörfunksenders liegt, ist verständlich. In Zeiten immer schärfer werdenden Wettbewerbs muss jedes Medienunternehmen dafür Sorge tragen, seine Interessen wirksam durchzusetzen.[323] Sofern der Arbeitgeber nicht ausnahmsweise eine solche Nebentätigkeit gestattet, verletzt der Arbeitnehmer seine Wettbewerbsenthaltungspflicht, weil er so einen Konkurrenten seines Arbeitgebers aktiv unterstützt. H kann seine Fähigkeiten als Sprecher auch in anderen Bereichen der Medienwirtschaft einsetzen, so z.B. in der Produktion von Tonträgern.[324]

ee) Müllmann mit eigener Sperrmüllabfuhr

Fall: Ein bei der Müllabfuhr beschäftigter Arbeitnehmer übte nebenberuflich eine selbständige Nebentätigkeit aus. Gegenstand seiner Nebentätigkeit war das entgeltliche Abfahren von Sperrmüll.[325]

---

[320] BAG, a.a.O.

[321] Fall nach BAG, Urt. v. 24.6.1999 – 6 AZR 605/97 – DB 2000, 1336 = AP Nr. 5 zu § 611 BGB – Nebentätigkeit mit Anm. *Wank.*

[322] BAG, Urt. v. 24.6.1999 – 6 AZR 605/97 – DB 2000, 1336 (1337).

[323] BAG, a.a.O. (1337).

[324] So auch das BAG, a.a.O. (1337).

[325] Fall nach LAG Frankfurt/Main, Urt. v. 6.11.1986 – 12 Sa 962/86 – ArbuR 1987, 275.

Die Ausübung einer solchen Nebentätigkeit beeinträchtigt berechtigte wirtschaftliche Interessen des Arbeitgebers. Da auch das Abfahren von Sperrmüll zum Aufgabenkreis der Müllabfuhr gehört, hat der Arbeitnehmer seinem Arbeitgeber mit seiner Nebentätigkeit unzulässigerweise Konkurrenz gemacht und damit das vertragsimmanente Wettbewerbsverbot verletzt.

ff) Sparkassenangestellte als Sekretärin in einem Versicherungsbüro

Fall: Arbeitnehmerin K ist in einer Sparkasse beschäftigt, die u.a. Versicherungsprodukte vertreibt. Sie strebt eine Nebentätigkeit als Sekretärin für einen Versicherungskaufmann an, der für ein Versicherungsunternehmen tätig ist.[326]

Das Gericht war der Auffassung, dass K mit der angestrebten Nebentätigkeit als Sekretärin aktiv den Vertrieb von Versicherungen durch den Versicherungskaufmann unterstützen würde. Zu ihren Aufgaben zählten der Empfang von Kunden, telefonische Terminvereinbarungen sowie das Entgegennehmen und Weiterleiten von Informationen. Durch diese Büroverwaltungstätigkeiten beeinflusse sie erheblich die Präsentation des Versicherungskaufmanns gegenüber potenziellen Kunden und fördere so dessen Erfolg und Attraktivität gegenüber Konkurrenten.[327] Da auch die Sparkasse Versicherungsprodukte anbiete und sich die Konkurrenzsituation im Versicherungsgewerbe zunehmend verschärfe, beeinträchtige die geplante Nebentätigkeit Wettbewerbsinteressen der Sparkasse. Die Entscheidung des Landesarbeitsgerichts verdient Zustimmung. Neben den vom Gericht vorgebrachten Argumenten muss auch berücksichtigt werden, dass die K (mitunter) in beiden Tätigkeiten Einblick in Kundenakten bekommt. Aus Wettbewerbsgesichtspunkten ist die geplante Nebentätigkeit damit unzulässig. Der Arbeitnehmerin ist zuzumuten, sich eine Nebentätigkeit außerhalb des Versicherungs- und Bankgewerbes zu suchen. Die Nebentätigkeit im Versicherungsgewerbe wäre nur mit ausdrücklicher Genehmigung der Sparkasse möglich.[328]

gg) Zwischenergebnis

Arbeitnehmer haben bei der Wahl ihrer Nebentätigkeit darauf zu achten, dass durch die Nebentätigkeit wirtschaftliche Interessen des Arbeitgebers nicht beeinträchtigt werden. Aufgrund der vertragsimmanenten Nebenpflichten, deren Bestandteil auch ein Wettbewerbsverbot ist, haben Arbeitnehmer solche Nebentätigkeiten zu unterlassen, durch die sie selbst als Konkurrent zum Arbeitgeber

---

[326] LAG Rheinland-Pfalz, Urt. v. 29.1.2003 – 9 Sa 1148/02 – ZTR 2003, 618.
[327] LAG Rheinland-Pfalz, a.a.O. (619).
[328] In dem vom LAG Rheinland-Pfalz entschiedenen Fall war gerade die Versagung der Nebentätigkeitsgenehmigung Steitgegenstand. Die Sparkasse weigerte sich wegen ihrer berechtigten Wettbewerbsinteressen, die angestrebte Nebentätigkeit zu genehmigen. Im Ergebnis entschied das Gericht zugunsten der Sparkasse.

auftreten oder für einen Dritten, der im Wettbewerb zum Hauptarbeitgeber steht, geschäftlich tätig werden. Etwas anderes gilt nur, wenn der Hauptarbeitgeber in die Nebentätigkeit einwilligt.[329]

b) Verwertung besonderer betrieblicher Informationen

Die Motivation eines Arbeitnehmers einer zweiten Erwerbstätigkeit nachzugehen, ist vielfältig. Neben der zusätzlichen Verdienstmöglichkeit kann auch die Nutzung und Erweiterung fachlicher Kenntnisse für den Arbeitnehmer Bedeutung haben. Aus diesem Aspekt ergibt sich zugleich eine weitere Nebentätigkeitsschranke.

Der Arbeitnehmer ist nicht Sklave seines Arbeitgebers. Er kann daher seine beruflichen Kenntnisse und Fähigkeiten auch außerhalb des Arbeitsverhältnisses nutzen. Die erworbenen Fähigkeiten sind sein „Kapital", welches er „möglichst ertragsreich verwenden darf."[330] Unerheblich ist, ob der Arbeitnehmer dies im Wege selbständiger oder abhängiger Arbeit tut. Eine Nebentätigkeit ist aber problematisch, wenn die Gefahr besteht, dass im Rahmen dieser Tätigkeit besondere betriebliche Kenntnisse, Erfahrungen oder vertrauliche Informationen offenbart und verwendet werden. Als Ausfluss der vertragsimmanenten Nebenpflichten trifft daher jeden Arbeitnehmer eine Verschwiegenheitspflicht. Der Arbeitnehmer hat zum Schutz materieller und immaterieller unternehmerischer Interessen des Arbeitgebers über bestimmte betriebliche Umstände Stillschweigen zu bewahren. Dies gilt vor allem für Tatsachen, Vorgänge und Informationen, die er im Rahmen seines Hauptarbeitsverhältnisses erfahren und an denen sein Arbeitgeber ein Geheimhaltungsinteresse hat. Besonderes heikel wird die Situation, wenn bei der Nebentätigkeit Betriebs- und Geschäftsgeheimnisse verletzt werden können.[331] Unter einem Betriebs- und Geschäftsgeheimnis werden Tatsachen verstanden, die im Zusammenhang mit dem Geschäftsbetrieb stehen, nur einem eng begrenzten Personenkreis bekannt und nicht offenkundig sind sowie nach dem Willen des Arbeitgebers und im Rahmen eines berechtigten

---

[329] MüArbR-*Blomeyer*, § 55, Rn. 12; *Braun*, DB 2004, 2282 (2283); *Hohmeister*, BuW 1996, 108 (111); BAG, Urt. v. 16.6.1976 – 3 AZR 73/75 – AP Nr. 8 zu § 611 BGB – Treuepflicht, Bl. 2R.

[330] *Wertheimer/Krug*, BB 2000, 1462 (1465); *Kempen/Kreuder*, ArbuR 1994, 214 (216).

[331] *Mayer*, Außerdienstliches Verhalten von Arbeitnehmern, S. 85/86; *Böhner*, DB 1969, 483 (485); *Palme*, BlStSozArbR 1973, 137 (138); *Fuchs*, BlStSozArbR 1978, 321 (322); Preis-*Rolfs*, Arbeitsvertrag, II N 10, Rn. 5; *Wertheimer/Krug*, BB 2000, 1462 (1465).

wirtschaftlichen Interesses geheim gehalten werden sollen.[332] Ein Beispielsfall soll die geschilderte Problematik verdeutlichen.

Fall: Ein angestellter technischer Zeichner sammelte systematisch betriebsgeheime Unterlagen. Er fertigte heimlich Abschriften von Zeichnungen und Plänen, um sie dann im Rahmen einer Nebentätigkeit zu verwenden.[333]

Mit einem solchen Verhalten verletzt der Arbeitnehmer in erheblichem Maße arbeitsvertragliche Pflichten. Jedem Arbeitsverhältnis ist das Verbot immanent, schutzwürdige Interessen des Arbeitgebers nicht zu verletzen. Arbeitnehmern ist es verboten, betriebsinterne Informationen wie Kunden- oder Lieferantenlisten zu verwenden, offenzulegen oder gar an Dritte weiterzugeben. Der Fall zeigt, welche Gefahren von Nebentätigkeiten ausgehen können, die in der gleichen oder einer ähnlichen Branche wie das Hauptarbeitsverhältnis ausgeübt werden.[334]

Einer Nebentätigkeit sind auch dann Grenzen gesetzt, wenn die konkrete Gefahr besteht, dass Arbeitnehmer im Rahmen der Nebentätigkeit besondere betriebliche Informationen und Erfahrungen verwerten. Das Interesse des Arbeitgebers an der Wahrung und Geheimhaltung betrieblicher Informationen, Erfahrungen und Kenntnisse ist besonders schutzwürdig. Nebentätigkeiten, die insoweit eine konkrete Gefahr darstellen, sind als unzulässig zu bewerten.

c) Störungen des Betriebsablaufs oder des Betriebsfriedens

Eine Beeinträchtigung von Arbeitgeberinteressen liegt weiterhin vor, wenn die Nebentätigkeit eines Arbeitnehmers die zwischenmenschlichen Beziehungen im Betrieb belastet und dadurch die ungestörte und reibungslose Zusammenarbeit der im Betrieb Beschäftigten in Frage stellt. So kann die Ausübung von Nebentätigkeiten neben den häufig mit ihr einhergehenden Leistungsstörungen weitere Auswirkungen auf den Betrieb und dort tätige Kollegen haben.

Untersucht man die Auswirkungen außerdienstlichen Verhaltens auf das Arbeitsverhältnis, werden häufig Störungen im Bereich der betrieblichen Verbundenheit der Mitarbeiter problematisiert. Die betriebliche Verbundenheit der Mit-

---

[332] BAG, Urt. v. 16.3.1982 – 3 AZR 83/79 – AP Nr. 1 zu § 611 BGB – Betriebsgeheimnis; MüArbR-*Blomeyer*, § 53, Rn. 56; *Kunz*, DB 1993, 2482 (2483); *Mayer*, Außerdienstliches Verhalten von Arbeitnehmern, S. 85/86.
Geschäftsgeheimnisse beziehen sich dabei mehr auf wirtschaftliche, Betriebsgeheimnisse mehr auf technische Angelegenheiten. Praktisch relevant ist hierbei § 17 UWG, der den Verrat von Betriebs- und Geschäftsgeheimnissen unter Strafe stellt.

[333] Fall nach BGH, Urt. v. 24.11.1959 – 1 StR 439/59 – DB 1960, 606.

[334] *Böhner*, DB 1969, 483 (485).

arbeiter kann in unterschiedlicher Weise gestört sein. Man differenziert zwischen Störungen des Betriebsablaufs bzw. der Betriebsordnung und Störungen des Betriebsfriedens.[335] Der Begriff der Betriebsordnung erfasst neben den Regelungen in einer Arbeitsordnung vor allem den äußeren Ablauf der Arbeit im Betrieb.[336] Für die Frage möglicher Auswirkungen von Nebentätigkeiten auf den Betrieb sind allein eventuelle Störungen im betrieblichen Ablauf von Interesse. Im Folgenden wird daher allein der Begriff Betriebsablauf verwendet. Dagegen bezieht sich der Begriff Betriebsfrieden auf das menschliche Zusammenleben der Arbeitnehmer im Betrieb.[337] Der Betriebsfrieden wird von der Summe der Faktoren bestimmt, die das Zusammenleben und Zusammenwirken der in einem Betrieb tätigen Betriebsangehörigen einschließlich des Betriebsinhabers ermöglichen, erleichtern oder auch nur erträglich machen.[338]

aa) Beispiele für Störungen im Betriebsablauf und Betriebsfrieden

Die Ausübung einer Nebentätigkeit kann zu Störungen im *Betriebsablauf* führen. Beispielsweise dann, wenn der Arbeitnehmer aufgrund der beruflichen Doppelbelastung den Anforderungen im Hauptarbeitsverhältnis nicht mehr gerecht wird.

Beispiel 1: Nichtleistungen von Arbeitnehmern im Hauptarbeitsverhältnis[339] führen dazu, dass der Arbeitgeber den Ausfall des Arbeitnehmers durch Umdisponierungen kompensieren muss. Bei doppelter Erwerbstätigkeit besteht die Gefahr, dass der Arbeitnehmer primär seine Verpflichtungen aus der Nebentätigkeit erfüllt. Der Ausfall des Arbeitnehmers muss durch Mehrarbeit der Arbeitskollegen ausgeglichen werden.[340] Gleiches gilt, wenn der Arbeitnehmer aufgrund der vor

335 BAG, Urt. v. 6.2.1969 – 2 AZR 241/68 – AP Nr. 58 zu § 626 BGB, Bl. 1R; *Löwisch/Schönfeld*, Anm. zu BAG, Urt. v. 9.12.1982 – 2 AZR 620/80 – EzA Nr. 86 zu § 626 BGB n.F., S. 356a; BAG, Urt. v. 17.3.1988 – 2 AZR 576/87 – AP Nr. 99 zu § 626 BGB, Bl. 6; KR-*Fischermeier*, § 626 BGB, Rn. 168; Kritisch zu dieser Differenzierung: *Preis*, Prinzipien des Kündigungsrechts, S. 229.

336 BAG, Urt. v. 17.3.1988 – 2 AZR 576/87 – AP Nr. 99 zu § 626 BGB, Bl. 6.

337 *Löwisch/Schönfeld*, Anm. zu BAG, Urt. v. 9.12.1982 – 2 AZR 620/80 – EzA Nr. 86 zu § 626 BGB n.F., S. 356a; BAG, Urt. v. 17.3.1988 – 2 AZR 576/87 – AP Nr. 99 zu § 626 BGB, Bl. 6; *Beer*, ArbuR 1958, 236; Eingehend zur rechtlichen Bewertung des Betriebsfriedens: *Blomeyer*, ZfA 1972, 85 ff.

338 KR-*Fischermeier*, § 626 BGB, Rn. 168; *Otto*, Wegfall des Vertrauens, S. 108; Erf-Komm-*Ascheid*, § 1 KSchG, Rn. 351.

339 Ein solches Verhalten stellt zugleich eine Verletzung der Hauptleistungspflicht des Arbeitnehmers dar. Dazu ausführlich oben § 5 I.

340 Wie beispielsweise im bereits erwähnten Fall des BAG, Urt. v. 21.9.1999 – 9 AZR 759/98 – DB 2000, 1336 in dem ein Rechtsschutzsekretär für zwei Nachmittage in der Woche eine Nebentätigkeit als Rechtsanwalt ausüben wollte. Nach Ansicht des BAG war eine zeitliche Überschneidung der beiden Tätigkeiten nicht auszuschließen und infolge-

der Haupttätigkeit auszuübenden Nebentätigkeit (z.B. Zeitungsaustragen) häufig zu spät zur Arbeit erscheint.

Beispiel 2: Ein Arbeitnehmer geht einer gesellschaftlich tabuisierten Nebentätigkeit nach (Beispiel: Mitbetreiben eines Paarclubs)[341]. Der Betriebsablauf wird erheblich gestört, wenn Arbeitskollegen Anstoß an einer solchen Nebentätigkeit nehmen, es daher zu heftigen Diskussionen während der Arbeitszeit kommt und die Arbeitnehmer aufgrund der Diskussionen zeitweise ihre Arbeit unterbrechen.

Die Ausübung einer Nebentätigkeit kann darüber hinaus zu Störungen des *Betriebsfriedens* führen, vor allem dann, wenn Mitarbeiter an der Nebentätigkeit eines Kollegen Anstoß nehmen und es deshalb zu Unruhen im Betrieb kommt. Die Spannungen im Betrieb steigen, wenn die negativen Reaktionen der Kollegen einen gewissen Intensitätsgrad erreicht haben.[342] Derartige Spannungen führen zu einem schlechten Betriebsklima und können Rückwirkungen auf den Arbeitsablauf und damit das Produktionsinteresse des Arbeitgebers haben.

Beispiel 3: Teile der Belegschaft weigern sich, aufgrund der ausgeübten Nebentätigkeit mit dem betreffenden Arbeitnehmer zusammenzuarbeiten.

Selbst wenn Meinungsverschiedenheiten über die Nebentätigkeit eines Kollegen nur in den Pausen ausgetragen werden, die Arbeitserbringung also hiervon zunächst nicht direkt betroffen ist, hat die im Betrieb hierdurch verursachte Unruhe gleichwohl Störungen des Betriebsklimas zur Folge. Kontroverse Diskussionen über die vermeintlich anstößige Nebentätigkeit eines Kollegen können sich negativ auf die Gruppendynamik auswirken, wodurch mitunter auch die Bereitschaft zur Teamarbeit sinkt. Gelingt es also nicht, die zwischen den Beschäftigten bestehenden Spannungen einzudämmen, sind Störungen bei der Arbeitserbringung und damit im betrieblichen Ablauf vorprogrammiert.

bb) Rechtliche Beurteilung

Die Beispiele machen deutlich, dass Nebentätigkeiten die betriebliche Ordnung nicht nur dann stören, wenn es zu Arbeitsausfällen kommt. Betriebliche Interessen des Arbeitgebers können auch dann beeinträchtigt sein, wenn die Nebentätigkeit eines Arbeitnehmers aufgrund ihrer Art zu Unruhen und Diskussionen im Betrieb führt, wodurch aufgrund von Arbeitsunterbrechungen der Betriebsablauf

---

dessen zu befürchten, dass dieser Interessenwiderstreit vorrangig durch Erledigung der anwaltlichen Tätigkeit gelöst würde.
[341] So z.B. im Fall des LAG Hamm, Urt. v. 19.1.2001 – 5 Sa 491/00 – ArbuR 2002, 433: In diesem Fall hatte sich das LAG mit einer angestellten Grundschullehrerin zu befassen, die nebenberuflich zumindest zeitweise als Mitbetreiberin eines von ihrem Ehemann geführten Swingerclubs tätig war.
[342] *Blomeyer*, ZfA 1972, 85 (99).

gestört wird. Zudem sind das Arbeitsklima und damit der Betriebsfrieden negativ betroffen, wenn die Nebentätigkeit zu Auseinandersetzungen unter den Beschäftigten führt. Bei Auftreten solcher Störungen müssen mögliche rechtliche Folgen immer anhand einer umfassenden Abwägung der gegenläufigen Interessen beurteilt werden. Das Interesse des Arbeitnehmers an der Ausübung der Nebentätigkeit muss gegen das Interesse des Arbeitgebers an störungsfreier Arbeitserbringung im Betrieb abgewogen werden.

Erhebliche Störungen im Betriebsablauf stellen eine wesentliche Beeinträchtigung berechtigter Arbeitgeberinteressen dar. Das Interesse des Arbeitgebers an einem ungestörten Arbeitsablauf und damit am Betriebsfrieden findet seine Rechtfertigung im Sinn und Zweck des Arbeitsvertrages.[343] Denn mit Abschluss des Arbeitsvertrages verpflichtet sich der Arbeitnehmer, seine Arbeitskraft zur Erreichung des Betriebszwecks einzusetzen. Durch ihn hervorgerufene Störungen des Betriebsablaufs oder des Betriebsfriedens behindern diese Zweckerreichung.[344] Arbeitgeber haben ein berechtigtes Interesse daran, dass die Arbeitnehmer ihre Arbeitsleistungen störungsfrei erbringen und damit den wirtschaftlichen Interessen des Arbeitgebers entsprechen. Dem darf auch außerdienstliches Verhalten nicht entgegenwirken. Führen Nebentätigkeiten zu erheblichen betrieblichen Störungen, so rechtfertigt das Arbeitgeberinteresse an einem störungsfreien Betriebsablauf ein vertragsimmanentes Nebentätigkeitsverbot.

d) Zwischenergebnis

Nebentätigkeiten sind unzulässig, wenn sie mit berechtigten wirtschaftlichen und betrieblichen Interessen des Arbeitgebers kollidieren. Dies ist der Fall, wenn der Arbeitnehmer im Rahmen der Nebentätigkeit seinem Hauptarbeitgeber gegenüber als Wettbewerber auftritt oder er unbefugterweise spezielle betriebliche Informationen oder Erfahrungen verwertet. Schließlich sind Nebentätigkeiten, die im Betrieb des Hauptarbeitgebers zu erheblichen Störungen des Betriebsablaufs oder Betriebsfriedens führen, problematisch. Vor allem in Fällen, in denen die eingetretenen Störungen so massiv sind, dass der Produktionszweck und damit das wirtschaftliche Interesse des Arbeitgebers beeinträchtigt werden, ist ein vertragsimmanentes Nebentätigkeitsverbot gerechtfertigt.

3. Vertrauensbeeinträchtigung und Ansehensgefährdung

Die Unzulässigkeit einer Nebentätigkeit wird schließlich für den Fall diskutiert, dass durch die Nebentätigkeit die Vertrauensbasis des Hauptarbeitsverhältnisses

---

[343] *Söllner*, in: FS-Herschel, S. 389 (399).

[344] *Blomeyer*, ZfA 1972, 85 (99); *Söllner*, in: FS-Herschel, S. 389 (399); *Glöckner*, Nebentätigkeitsverbote im Individualarbeitsrecht, S. 114.

erschüttert wird[345] oder das Ansehen des Arbeitgebers in der Öffentlichkeit unter ihr leidet. Derartige Störungen können auftreten, wenn die Nebentätigkeit im Widerspruch zu den Anforderungen des Hauptberufes steht.

Dem Arbeitnehmer obliegen aufgrund der vertragsimmanenten Nebenpflichten auch im außerdienstlichen Bereich bestimmte Verhaltenspflichten, weil auch privates Verhalten Rückwirkungen auf den Betrieb haben kann. Außerdienstlichen Aktivitäten ist dann eine Grenze gesetzt, wenn durch sie betriebliche Arbeitgeberinteressen beeinträchtigt werden. Dazu zählen alle Faktoren, die für die Verfolgung und Erreichung der Ziele des Arbeitgebers bedeutsam sind, insbesondere auch die Wahrnehmung des Arbeitgebers in der Öffentlichkeit.[346] Deshalb darf der Arbeitnehmer außerdienstlich kein Verhalten an den Tag legen, welches „das Vertrauensverhältnis zum Arbeitgeber zerrüttet, erkennbaren Betriebsinteressen widerspricht oder das Ansehen von Arbeitgeber oder Betrieb schädigen kann."[347] Das gilt ebenso für Nebentätigkeiten, die beim Arbeitgeber ernsthafte Zweifel an der Eignung des Arbeitnehmers zur Erfüllung der vertraglichen Pflichten hervorrufen.[348]

Die Beurteilung vertragsimmanenter Nebentätigkeitsverbote hat im Bereich „Vertrauens- und Ansehensbeeinträchtigung" mit besonderer Sensibilität zu erfolgen. Die Konkretisierung berechtigter Interessen stützt sich neben innerbetrieblichen auch auf außerbetriebliche Aspekte, soweit die Nebentätigkeit Auswirkungen auf den Betrieb hat. Der Begriff des berechtigten Interesses ist ausfüllungsbedürftig.[349] Sein konkreter Bedeutungsinhalt hängt immer auch von den Umständen des Einzelfalles ab.

Dabei besteht aber die Gefahr, dass Arbeitgeber vorschnell eine Nebentätigkeit wegen einer Erschütterung des notwendigen Vertrauens als unzulässig ansehen wollen.[350] Eine vergleichbare Problematik besteht hinsichtlich der Wahrnehmung des Betriebes in der Öffentlichkeit und einer daraus resultierenden Ansehensgefährdung. Die Meinungen in der Öffentlichkeit über bestimmte Verhaltensweisen sind meist überaus vielfältig. Wegen der Mannigfaltigkeit der Mei-

---

[345] Zur Bedeutung des Vertrauens im Arbeitsverhältnis vgl. *Otto*, Wegfall des Vertrauens.

[346] BAG, Urt. v. 28.2.2002 – 6 AZR 357/01 – PflegeR 2002, 362 (365) = DB 2002, 1560.

[347] *Mayer-Maly*, Österreichisches Arbeitsrecht I, S. 107.

[348] *Oligmüller*, Nebentätigkeitsproblematik im Individualarbeitsrecht, S. 129.

[349] Der Begriff des berechtigten Interesses ist ein im Arbeitsrecht weit verbreiteter Begriff, der an verschiedenen Stellen auftaucht und mit Inhalt gefüllt werden muss. Gerade im Bereich des Nebentätigkeitsrechts spielt er eine besonders wichtige Rolle. Das *berechtigte Interesse* eröffnet einen gewissen Beurteilungsspielraum, so dass die Beurteilung einer Nebentätigkeit von Arbeitsverhältnis zu Arbeitsverhältnis unterschiedlich ausfallen kann. Es muss sich jedoch stets um sachliche betriebliche Gründe handeln. Siehe dazu § 5 II 2.

[350] *Oligmüller*, Nebentätigkeitsproblematik im Individualarbeitsrecht, S. 130.

nungen wird es immer Personen geben, die an der Ausübung einer bestimmten Nebentätigkeit Anstoß nehmen[351] und als Folge den Betrieb zukünftig meiden. Allerdings ist zu bedenken, dass einzelne subjektive Meinungen über außerdienstliche Aktivitäten nicht ausschlaggebend sein dürfen. Ebenso wenig, wie es allein auf die subjektive Meinung des Arbeitgebers ankommen darf, kann auch die Missbilligung einer Nebentätigkeit durch einzelne Personen bzw. Kunden diese nicht *per se* unzulässig machen. Persönliche Missbilligungen oder moralisierende Betrachtungen des Arbeitgebers oder einzelner Personen sind nicht zu berücksichtigen.[352] Die Bewertung einer Nebentätigkeit und mit ihr kollidierender Interessen hat vielmehr aus Sicht eines objektiven Dritten zu erfolgen.[353] Eine Nebentätigkeit ist nur dann wegen Beeinträchtigung berechtigter Arbeitgeberinteressen unzulässig, wenn für einen objektiven Dritten die mit der Nebentätigkeit einhergehenden Konflikte und die daraus resultierende Interessenbeeinträchtigung auf Arbeitgeberseite nachvollziehbar sind.

Dem möglichen Einwand, Ansehensverlust und Vertrauensstörung seien lediglich Interessen immaterieller bzw. ideeller Art, kann entgegengehalten werden, dass von ihnen gleichwohl erhebliche wirtschaftliche Folgen ausgehen können. Die Nebentätigkeit ist zwar zunächst Ursache eines immateriellen Schadens, der sich aber regelmäßig in einem materiellen Schaden niederschlägt, wenn Kunden aufgrund der Reaktionen in der Öffentlichkeit ihre geschäftlichen Beziehungen zum Arbeitgeber einschränken.[354] Da dem Arbeitgeber allerdings das Abwarten bis zum Eintritt eines wirtschaftlichen Schadens nicht zugemutet werden kann, genügt bereits die erhebliche Gefahr eines immateriellen Schadens. Da die Beeinträchtigung immaterieller bzw. ideeller Interessen in der Regel wirtschaftliche Nachteile zur Folge hat, liegt eine relevante Interessenbeeinträchtigung bereits dann vor, wenn durch die Nebentätigkeitsausübung ideelle Interessen des Arbeitgebers beeinträchtigt werden.[355]

---

[351] *Söllner*, in: FS-Herschel, S. 389 (395): „Was für den einen bereits eine 'erhebliche' Störung ist, mag für den anderen eine 'quantité negligeable' [eine nicht weiter zu berücksichtigende Größe] sein."

[352] *Glöckner*, Nebentätigkeitsverbote im Individualarbeitsrecht, S. 113.

[353] *Bock*, Doppelarbeitsverhältnis, S. 69; *Glöckner*, Nebentätigkeitsverbote im Individualarbeitsrecht, S. 113; *Oligmüller*, Nebentätigkeitsproblematik im Individualarbeitsrecht, S. 130; *Wank*, Anm. zu BAG, Urt. v. 24.6.1999 – 6 AZR 605/97 – AP Nr. 5 zu § 611 BGB – Nebentätigkeit, Bl. 4R; *Otto*, Personale Freiheit, S. 66.

[354] *Kuhn*, Probleme der Nebentätigkeit, S. 49.

[355] Kittner/Zwanziger-*Zwanziger*, § 139, Rn. 2; *Kuhn*, Probleme der Nebentätigkeit, S. 49; *Säcker/Oetker*, ZfA 1987, 95 (123); *Resch*, Arbeitsvertrag und Nebenbeschäftigung, S. 132; *Bock*, Doppelarbeitsverhältnis, S. 68; *Glöckner*, Nebentätigkeitsverbote im Individualarbeitsrecht, S. 105 – 110; *Brändli*, Arbeitsvertrag und Nebenbeschäftigung, S. 84.

Nebentätigkeiten können unzulässig sein, wenn durch sie die Vertrauensbasis zwischen Arbeitgeber und Arbeitnehmer erschüttert wird und/oder das Ansehen des Arbeitgebers in der Öffentlichkeit darunter leidet. Das Wissen der Öffentlichkeit um brisante Nebentätigkeiten von Arbeitnehmern kann zu einer Rufschädigung des Arbeitgebers führen, die sich regelmäßig in wirtschaftlichen Nachteilen niederschlägt. Gleichwohl dürfen keine vorschnellen Entscheidungen getroffen werden. Im sensiblen Bereich der Vertrauensstörungen bedarf es einer gründlichen Abwägung der beiderseitigen Interessen. Ein Nebentätigkeitsverbot wird nur in besonders drastischen Fällen anzunehmen sein.[356] Nachfolgend wird anhand verschiedener Fälle untersucht, wann eine Nebentätigkeit unter Vertrauensgesichtspunkten problematisch und gegebenenfalls unzulässig ist. Die verschiedenen Fallbeispiele werden dabei in folgende Interessengruppen eingeteilt: Interessenkollisionen zwischen Haupt- und Nebentätigkeit, konträre Zielrichtungen zwischen beiden Tätigkeiten, Entwertung der Leistung im Hauptarbeitsverhältnis und gesellschaftlicher Stellenwert der Nebentätigkeit.

a) Interessenkollisionen zwischen Haupt- und Nebentätigkeit

Nebentätigkeiten sind unproblematisch, solange sie nicht zu Beeinträchtigungen des Hauptarbeitsverhältnisses führen. Der Arbeitgeber stellt Arbeitnehmer ein, damit diese ihn mit ihren Arbeitsbeiträgen bei der Erreichung der betrieblichen Zielsetzung unterstützen.[357] Zweifel an der ordnungsgemäßen Leistungserbringung können sich ergeben, wenn der Arbeitnehmer einer Nebentätigkeit nachgeht, die einen Interessenkonflikt mit sich bringen kann.

aa) Bankangestellter und Rechtsanwaltsnebentätigkeit

Fall: Ein als juristischer Referent bei einer Bank beschäftigter Angestellter strebt eine stundenweise Nebentätigkeit als Rechtsanwalt an. Der Arbeitgeber ist der Ansicht, dass eine solche Nebentätigkeit unzulässig sei, da eine Interessenkollision zwischen beiden Tätigkeiten nicht ausgeschlossen werden könne.[358]

Das Bundesarbeitsgericht entschied, dass ein Interessenkonflikt zwischen der Tätigkeit als juristischer Referent in einer Bank und der als Rechtsanwalt nicht auszuschließen sei. In der Öffentlichkeit könne die Meinung aufkommen, dass Personen, die den Bankangestellten als Anwalt in Anspruch nehmen, dadurch eine persönliche Verbindung mit ihm gewännen, die auch auf die Tätigkeit in der Bank übergreifen könne. Bei Dritten könne daher die Vermutung entstehen,

---

[356] Erf-Komm-*Preis*, § 611 BGB, Rn. 887: Das BAG erkennt ein „berechtigtes Interesse in der Zielsetzung des Arbeitgebers und [dessen] Wahrnehmung in der Öffentlichkeit. Das ist sehr weitgehend und nur in Ausnahmefällen berechtigt."

[357] *Buchner*, ZfA 1979, 335 (345); *Boemke*, AR-Blattei SD – Nebenpflichten des Arbeitnehmers, Rn. 115.

[358] Fall in Anlehnung an BAG, Urt. v. 13.6.1958 – 1 AZR 491/57 – AP Nr. 6 zu Art. 12 GG.

dass Mandanten des Anwalts durch die eingeleitete persönliche Beziehung auch bei der Bearbeitung ihrer Bankangelegenheiten Vorteile gewährt werden könnten. Es müsse jedoch „im Interesse der gleichmäßigen Behandlung" aller Bankkunden bereits „der Eindruck vermieden werden, dass eine solche Bevorzugung überhaupt nur im Bereich der Wahrscheinlichkeit liegt."[359] Das Bundesarbeitsgericht war daher der Ansicht, dass die Nebentätigkeit eines im juristischen Bereich tätigen Bankangestellten als Rechtsanwalt aufgrund des damit verbundenen Interessenkonflikts unzulässig sei. Anderer Auffassung hierzu ist *Glöckner*. Er meint, dass es ohne das Vorliegen konkreter Tatsachen, die den Missbrauch des dem Arbeitnehmer entgegengebrachten Vertrauens belegten, nicht unzulässig sein könne, wenn ein juristischer Referent einer Bank nebenher als Rechtsanwalt tätig sei.[360] Die Ansicht des Bundesarbeitsgerichts verdient Zustimmung, da tatsächliche Störungen in der Beziehung zwischen Bank und Kunde nicht ausgeschlossen werden können.[361] Zudem hat das Bundesarbeitsgericht in einem neueren Urteil festgestellt, dass es nicht auf den Eintritt eines tatsächlichen Schadens ankomme. Bereits die negative Wirkung der Nebentätigkeit in der Öffentlichkeit sei ausreichend.[362]

bb) Beratertätigkeiten

Ergibt sich aus der Kombination von Haupt- und Nebentätigkeit der nachvollziehbare Verdacht, dass beide Tätigkeiten zu einer Interessenkollision auf Kosten des Arbeitgebers führen können, so ist die Nebentätigkeit wegen des drohenden Interessenkonflikts unzulässig. Einem Arbeitgeber kann nicht zugemutet werden, bis zum Eintritt eines Schadens abzuwarten.

Beispiel 1: Ein in der Kreditabteilung einer Bank beschäftigter Bankkaufmann, der über die Vergabe von Krediten zu entscheiden hat, ist nebenberuflich als Berater für einen bei der Bank verschuldeten Kunden tätig.[363]

Beispiel 2: Ein Beschäftigter in einem Großbetrieb hat nebenberuflich einen Beratervertrag mit einem Zulieferbetrieb. Problematisch an einer solchen Nebentätigkeit ist, dass der Arbeitnehmer jedenfalls bei entsprechendem Tätigkeitsfeld im

---

[359] BAG, Urt. v. 13.6.1958 – 1 AZR 491/57 – AP Nr. 6 zu Art. 12 GG, Bl. 2.

[360] *Glöckner*, Nebentätigkeitsverbote im Individualarbeitsrecht, S. 114.

[361] So sind Störungen sind denkbar, weil Dritte den Eindruck gewinnen könnten, Kunden der Bank hätten möglicherweise aufgrund der Inanspruchnahme des Bankangestellten als Anwalt einen Vorteil bei Erledigung von Bankangelegenheiten.

[362] BAG, Urt. v. 28.2.2002 – 6 AZR 357/01 – PflegeR 2002, 362 (365).

[363] *Oligmüller*, Nebentätigkeitsproblematik im Individualarbeitsrecht, S. 130.

Rahmen seiner Nebentätigkeit zum Nachteil seines Arbeitgebers den einen oder anderen Zulieferer bevorzugen könnte.[364]

Arbeitnehmer müssen bei der Wahl der Nebentätigkeit berechtigte betriebliche Interessen achten. Sofern berechtigte Interessenkollisionen zwischen beiden Tätigkeiten zum Nachteil des Hauptarbeitgebers drohen, muss das Nebentätigkeitsausübungsrecht des Arbeitnehmers zurücktreten. So kann ein Arbeitnehmer mit erheblichen Entscheidungskompetenzen eben keine nebenberufliche Beratertätigkeit für Kunden seines Hauptarbeitgebers ausüben, da in derartigen Konstellationen stets die Vermutung nahe liegt, bestimmte Kunden könnten unberechtigterweise bevorzugt werden.

cc) Fahrlehrertätigkeit eines TÜV-Beschäftigten

Fall: Ein beim TÜV als technische Hilfskraft beschäftigter Arbeitnehmer nahm nebenberuflich eine Tätigkeit als Fahrlehrer in einer Fahrschule auf. Hauptberuflich war er als technischer Mitarbeiter in der Kraftfahrzeugüberwachung tätig, wo er unter Aufsicht eines Sachverständigen Fahrzeuge auf Fahrsicherheit und Fahrvoraussetzungen zu prüfen hatte. Nach dem Erwerb der Fahrlehrererlaubnis nahm er bei einer ortsansässigen Fahrschule eine Nebentätigkeit als Fahrlehrer auf. Als der TÜV als Arbeitgeber von dieser Nebentätigkeit erfuhr, forderte er den Mitarbeiter auf, die ausgeübte Nebentätigkeit als Fahrlehrer einzustellen, da eine solche Tätigkeit zu den Pflichten des TÜV im Widerspruch stehe.[365]

Als Mitarbeiter des TÜV ist der Arbeitnehmer an der Überwachung der am Straßenverkehr teilnehmenden Kraftfahrzeuge beteiligt. Eine solche Tätigkeit verpflichtet zu Unbefangenheit und Neutralität. Das Landesarbeitsgericht Saarbrücken war daher der Ansicht, dass die Nebentätigkeit als Fahrlehrer unter den gegebenen Umständen unzulässig sei.[366] Man müsse anerkennen, dass der TÜV in der Öffentlichkeit nicht die Meinung aufkommen lassen wolle, dass die Nebentätigkeit einer seiner Mitarbeiter auf den dienstlichen Bereich übergreifen könne. Persönliche Beziehungen zu Dritten, die während des Erwerbs der Fahrerlaubnis aufgebaut wurden, könnten Anlass zu der Vermutung geben, diese hätten zu dem betreffenden Mitarbeiter auch bei der technischen Überwachung und Überprüfung ihrer Fahrzeuge einen Vorteil.[367] Die Erwägungen des Landesarbeitsgerichts wurden durch den Umstand verstärkt, dass sowohl TÜV- als auch Fahrlehrertätigkeit im selben räumlichen Gebiet ausgeübt wurden. Solange die Fahrlehrertätigkeit im räumlichen Gebiet des TÜV ausgeübt werden soll, ist

---

[364] *Oligmüller*, Nebentätigkeitsproblematik im Individualarbeitsrecht, S. 86/87; *Glöckner*, Nebentätigkeitsverbote im Individualarbeitsrecht, S. 114.

[365] Fall nach LAG Saarbrücken, Urt. v. 22.10.1975 – 1 Sa 88/75 n.v. zitiert nach *Götz/ Söllner*, Einheitlichkeit und Unabhängigkeit der Technischen Überwachung, S. 102.

[366] LAG Saarbrücken, a.a.O., S. 103.

[367] LAG Saarbrücken, a.a.O.

nicht ausgeschlossen, dass der Fahrzeugprüfer mitunter nicht immer die erforderliche Neutralität und Objektivität an den Tag legt, die von einem Mitarbeiter des TÜV erwartet wird. Das Gericht war daher der Ansicht, die Nebentätigkeit als Fahrlehrer im Zuständigkeitsbereich des TÜV sei unzulässig, denn „im Interesse der gleichmäßigen Behandlung aller derjenigen, die ihre Kraftfahrzeuge zur technischen Überwachung beim [TÜV] vorführen, [müsse] schon der Eindruck vermieden werden, dass eine solche Bevorzugung überhaupt nur im Bereich der Wahrscheinlichkeit liegt."[368] Insoweit ist dem Urteil des Landesarbeitsgerichts zuzustimmen. Findet die Nebentätigkeit als Fahrlehrer hingegen in einem Gebiet statt, in dem der TÜV-Mitarbeiter als Fahrzeugprüfer ausscheidet, so steht die Tätigkeit beim TÜV der Nebentätigkeit als Fahrlehrer nicht entgegen, da die geschilderte Interessenkollision dann ausgeschlossen ist.

dd) Zwischenergebnis

Die Ausübung einer Nebentätigkeit kann unzulässig sein, wenn zu befürchten ist, dass es aufgrund der Charakteristik von Haupt- und Nebentätigkeit in der Person des Arbeitnehmers zu Interessenkollisionen kommt, die Rückwirkungen auf das Hauptarbeitsverhältnis haben. Dabei besteht die Gefahr, dass bei Dritten (Kunden und Geschäftspartnern des Hauptarbeitgebers) der Eindruck entsteht, einzelne Personen könnten infolge der durch die Nebentätigkeit entstandenen persönlichen Beziehung zum betreffenden Arbeitnehmer auch bei sonstigen geschäftlichen Angelegenheiten im Rahmen der Haupttätigkeit Vorteile erlangen. Sofern diese Befürchtungen aus objektiver Sicht nachvollziehbar sind, ist eine Beeinträchtigung von Arbeitgeberinteressen zu bejahen und ein Nebentätigkeitsverbot gerechtfertigt.

b) Konträre Zielrichtungen in Haupt- und Nebentätigkeit

In den zuvor genannten Beispielen liegt das durch die Nebentätigkeitsausübung bedrohte Arbeitgeberinteresse darin begründet, dass aufgrund der Kombination von Haupt- und Nebentätigkeit Dritte den Eindruck gewinnen können, dass bestimmten Personen aufgrund einer durch die Nebentätigkeit eingeleiteten persönlichen Beziehung durch den Arbeitnehmer unzulässigerweise Vorteile gewährt werden könnten. Bei den im Folgenden zu untersuchenden Fällen ist wiederum ein bestehender Interessengegensatz zwischen Haupt- und Nebentätigkeit maßgebliches Kriterium. Jedoch geht es hierbei nicht um ungerechtfertigte Bevorteilungen einzelner Personen, sondern um die aufgrund der Verknüpfung von Haupt- und Nebentätigkeit hervorgerufene Diskrepanz der in beiden Tätigkeiten verfolgten Zielsetzung.

---

[368] LAG Saarbrücken, a.a.O.

Im Rahmen des Arbeitsverhältnisses stellt sich oftmals die Frage, inwieweit der Arbeitsvertrag den Arbeitnehmer neben der Leistung der versprochenen Dienste zu einem Begleitverhalten verpflichtet, das dem vom Arbeitgeber verfolgten Ziel förderlich ist oder zumindest dem Betriebszweck nicht zuwiderläuft.[369] Inwieweit Arbeitnehmer außerhalb des Dienstes auf den vom Arbeitgeber verfolgten Zweck Rücksicht nehmen müssen, spielt in besonderem Maße bei sog. Tendenzbetrieben i.s. von § 118 BetrVG eine Rolle, ist jedoch auch bei sonstigen Arbeitsverhältnissen von nicht zu unterschätzender Bedeutung. Meist geht es dabei um die Frage, welche Verhaltensweisen der Arbeitnehmer außerhalb seines Arbeitsverhältnisses zu unterlassen hat.[370] Hieraus können sich auch Rückschlüsse für die Beurteilung von Nebentätigkeiten ergeben.

Unstrittig ist, dass den Arbeitnehmer neben der Arbeitsleistungspflicht weitere Nebenpflichten treffen, die kurz dahingehend umschrieben werden können, dass der Arbeitnehmer mit seinem Verhalten weder seine Arbeitsleistung gefährden noch den Arbeitgeber oder Betrieb schädigen darf.[371] Es stellt sich hierbei die Frage, inwieweit der Arbeitnehmer im außerdienstlichen Bereich an die vom Betrieb verfolgte Zielsetzung gebunden ist. Ohne Zweifel enthält das Arbeitsverhältnis keine absolute Inpflichtnahme des Arbeitnehmers für die vom Arbeitgeber verfolgten Ziele.[372] Die Bedeutung des Arbeitsverhältnisses für den Bestand des Betriebes und die Existenz des Arbeitnehmers erfordert jedoch beiderseitige Anstrengungen zur Erhaltung der unerlässlichen Vertrauensbasis und damit der Grundlage einer erfolgreichen Arbeitsbeziehung.[373] Der Arbeitgeber setzt einen wirtschaftlichen Zweck als unternehmerisches Ziel.[374] Zur Errei-

---

[369] *Buchner*, ZfA 1979, 335 (336); *Bitter*, AR-Blattei SD – Arbeitspflicht des Arbeitnehmers, Rn. 88.

[370] Insbesondere werden folgende Fragen aufgeworfen und diskutiert: Darf ein Arbeitnehmer an Demonstrationen und Veranstaltungen teilnehmen, die den Zielsetzungen seines Arbeitgebers widersprechen? Darf er öffentlich eine gegen den Arbeitgeber gerichtete Meinung äußern?

[371] *Boemke*, AR-Blattei SD – Nebenpflichten des Arbeitnehmers, Rn. 34; *Becker-Schaffner*, BlStSozArbR 1980, 321 (326).

[372] *Bitter*, AR-Blattei SD – Arbeitspflicht des Arbeitnehmers, Rn. 88; MüArbR-*Blomeyer*, § 55, Rn. 17; *Dudenbostel/Klas*, ArbuR 1979, 296 (299).

[373] *Mayer-Maly*, Treue- und Fürsorgepflicht, in: Wiener Beiträge, S. 86; *Buchner*, ZfA 1979, 335 (343); LAG Nürnberg, Urt. v. 25.7.1996 – 8 (5) Sa 206/95 – LAGE Nr. 98 zu § 626 BGB: „Ein Arbeitsverhältnis als Dauerschuldverhältnis kann nur dann Bestand haben, wenn beide Vertragspartner ein gewisses Maß an Vertrauen füreinander aufbringen."

[374] *Oetker*, RdA 2004, 8 (15) spricht von der „grundrechtlich besonders abgesicherten unternehmerischen Betätigung" des Arbeitgebers. *Müller*, Die Berufsfreiheit des Arbeitgebers, S. 26: Die als Unternehmensfreiheit bezeichnete Freiheit des Unternehmensträgers/Arbeitgebers zur Verfolgung der unternehmerischen Ziele am Markt, hat das BVerfG als einen Teilbereich der Berufsfreiheit konkretisiert. (BVerfG, Urt. v. 1.3.1979 – 1 BvR 532, 533/77, 419/78 und 1 BvL 21/78 – BVerfGE 50, 290 (363)). Sie umfasse sowohl die

chung dieses Zieles stellt er Arbeitnehmer ein. Das hat zur Folge, dass Arbeitsverhältnis und Pflichteninhalt nicht losgelöst von der Zuordnung zum betrieblichen Zweck gesehen werden können. Die Nebenpflichten des Arbeitnehmers
müssen also unter Berücksichtigung des Betriebsinteresses bewertet werden.
Der Arbeitnehmer kann somit als verpflichtet angesehen werden, ein Begleitverhalten an den Tag zu legen, das dem Unternehmenserfolg nicht zuwider
läuft.[375] Dass bedeutet jedoch nicht, dass der Arbeitnehmer die Ziele des Arbeitgebers aktiv zu fördern hat. Er muss dem Unternehmen nur insoweit dienen, als
er sich hierzu im Rahmen des Arbeitsverhältnisses verpflichtet hat.

Bei Arbeitnehmern in Führungspositionen wie etwa leitenden Angestellten oder
Abteilungsleitern ist die Verpflichtung zur Rücksichtnahme auf Betriebsinteressen unproblematisch anzunehmen. Aufgrund ihrer besonderen Stellung im Betrieb bringt ihnen der Arbeitgeber regelmäßig besonderes Vertrauen entgegen,
was zu einer intensiven Rücksichtspflicht führt. Aber auch alle sonstigen Arbeitnehmer treffen Rücksichtnahmepflichten. Die Intensität dieser Pflicht hängt
davon ab, inwieweit die Arbeitnehmer ihre Arbeitsleistung einer konkreten Zielsetzung des Betriebes arbeitsvertraglich zugeordnet haben.[376] Bei Eingehung des
Arbeitsverhältnisses weiß der Arbeitnehmer, zur Erreichung welcher Zwecke
der Arbeitgeber ihn eingestellt hat. Er ist damit auch verpflichtet, auf diese Zwecke Rücksicht zu nehmen.[377] Hinzu kommt, dass der Arbeitnehmer durch eine
den Zielvorstellungen im Hauptarbeitsverhältnis widersprechende Nebentätigkeit, seine Glaubwürdigkeit gefährdet und beim Arbeitgeber und Kunden Zweifel an dessen fachlicher Eignung aufkommen können. Die Problematik soll
durch einige Fälle verdeutlicht werden.

aa) Krankenpfleger mit Nebentätigkeit als Bestatter

Einem Urteil des Bundesarbeitsgerichts, das für einiges Aufsehen gesorgt hat,
lag folgender Sachverhalt zugrunde.

„Freiheit, ein Erwerbszwecken dienendes Unternehmen zu gründen" als auch die „Freiheit zur Festlegung des Unternehmenszwecks, also welche Dienstleistungen angeboten
und welche Produkte hergestellt und vertrieben werden sollen."

[375] *Buchner*, ZfA 1979, 335 (338); *Bitter*, AR-Blattei SD – Arbeitspflicht des Arbeitneh-
mers, Rn. 88; Erf-Komm-*Preis*, § 611 BGB; Rn. 896: Jeden Arbeitnehmer treffe ein
Mindestmaß an Loyalität gegenüber dem Arbeitgeber. Er habe sich so zu verhalten, dass
der Ruf des Betriebes nicht geschädigt wird; *Dudenbostel/Klas*, ArbuR 1979, 296 (299):
Der Arbeitnehmer sei verpflichtet, die Existenz des Betriebes durch Rufschädigung oder
Vereitelung des bezweckten betrieblichen Erfolges nicht zu gefährden.

[376] *Oligmüller*, Nebentätigkeitsproblematik im Individualarbeitsrecht, S. 127; *Buchner*, ZfA
1979, 335 (352).

[377] Der Arbeitnehmer darf sich jedenfalls nicht in Widerspruch zu seinem betrieblichen Verhalten setzen.

BAG, Urt. v. 28.2.2002 – 6 AZR 357/01 – DB 2002, 1560[378]: Der K war in einer Klinik als Krankenpfleger im Bereich Anästhesie beschäftigt. Zusätzlich zu dieser Tätigkeit war er nebenberuflich als Gesellschafter in einem Bestattungsunternehmen tätig. Er arbeitete dort im Umfang von fünf Wochenstunden. Zu seinen Aufgaben gehörten Trauergespräche, Einsargungen, Überführungen und Bürotätigkeiten. Diese Nebentätigkeit übte der Krankenpfleger zunächst ohne Kenntnis seiner Arbeitgeberin aus. Als diese hiervon erfuhr, untersagte sie ihm die Ausübung der Nebentätigkeit. Sie war der Auffassung, dass beide Tätigkeiten aufgrund der verfolgten Zielrichtungen nicht miteinander zu vereinbaren seien und es dadurch zu einer erheblichen Beeinträchtigung ihrer berechtigten Interessen komme.

Bei der Entscheidung dieses Falles hatten sich die Arbeitsgerichte mit dem Begriff des berechtigten Interesses auseinander zu setzen.[379] Es musste die Frage geklärt werden, ob durch die nebeneinander ausgeübten Tätigkeiten Krankenpfleger und Bestatter berechtigte Interessen der Klinik beeinträchtigt werden.

(1) Urteil des ArbG Hamm vom 8.12.2000

Das Arbeitsgericht Hamm[380] war der Ansicht, dass die ausgeübte Nebentätigkeit zulässig sei. Es betonte, dass grundsätzlich jedem Arbeitnehmer das Recht zustünde, in seiner arbeitsfreien Zeit eine Nebentätigkeit auszuüben. Ausnahmen bestünden nur in den Fällen, in denen durch die Nebentätigkeit die Arbeitskraft des Arbeitnehmers oder sonstige Interessen des Arbeitgebers beeinträchtigt seien. Beides sei vorliegend nicht der Fall.

Der Krankenpfleger habe seine Arbeitspflicht stets ordnungsgemäß erbracht. Auch seien keine Anhaltspunkte ersichtlich, dass er während seiner Tätigkeit im Krankenhaus gezielt Werbung für das Bestattungsunternehmen gemacht habe. Das Arbeitsgericht räumte zugunsten der Klinik zwar ein, dass man ihr zugestehen müsse, bereits den „bösen Schein" einer Interessenkollision in der Öffentlichkeit vermeiden zu wollen. Ein solcher sei darin zu erkennen, dass im Krankenhaus Mitarbeiter tätig seien, um Patienten zur Genesung zu verhelfen, die aber u.U. zugleich ein wirtschaftliches Interesse dahingehend verfolgten, Patienten nach deren Ableben bestatten zu können.[381] Dennoch war das Arbeitsgericht der Auffassung, die Interessenabwägung müsse zugunsten des Krankenpflegers ausfallen. Bei der von der Klinik vorgetragenen Interessenkollision handele es sich lediglich um eine rein spekulative, abstrakte Gefährdung. Es sei nicht zu

---

[378] Eine ausführliche Wiedergabe des Urteils findet sich bei *Roßbruch*, PflegeR 2002, 362 ff.; Ausführlich zur „Nebentätigkeit in der Pflege", vgl. *Sträßner/Ill-Groß*, PflegeR 2001, 343 ff.

[379] Im Arbeitsvertrag des Krankenpflegers war festgelegt, dass Nebentätigkeiten unzulässig seien, soweit dadurch berechtigte Interessen des Arbeitgebers erheblich beeinträchtigt würden.

[380] ArbG Hamm, Urt. v. 8.12.2000 – 2 Ca 2095/00 n.v.

[381] ArbG Hamm, Urt. v. 8.12.2000 – 2 Ca 2095/00 n.v.

erkennen, dass die Nebentätigkeit dazu geeignet sei, die gute Reputation der Klinik negativ zu beeinflussen und deren Belegungssituation zu schädigen. Folglich müsse das verfassungsrechtlich geschützte Interesse des Krankenpflegers an der freien Verwertung seiner Freizeit gegenüber den seitens der Klinik geäußerten Bedenken und der bloß abstrakten Gefährdung überwiegen. Nach Ansicht des Arbeitsgerichts Hamm war die Nebentätigkeit als Bestatter folglich zulässig.

(2) Urteil des LAG Hamm vom 24.4.2001

Gegen das Urteil des Arbeitsgerichts legte die Klinik Berufung ein. Das Landesarbeitsgericht Hamm hob daraufhin das Urteil auf und entschied, dass die Ausübung der Nebentätigkeit in einem Bestattungsunternehmen nicht zulässig sei, weil hierdurch berechtigte Interessen der Klinik beeinträchtigt würden.[382]

Das Landesarbeitsgericht bestätigte die Ausführungen des Arbeitsgerichts, wonach ein Arbeitnehmer grundsätzlich das Recht zur Nebentätigkeitsausübung habe, sofern berechtigte Arbeitgeberinteressen nicht beeinträchtigt würden. Nach Ansicht des Landesarbeitsgerichts beeinträchtige die vom Krankenpfleger ausgeübte Nebentätigkeit jedoch berechtigte Arbeitgeberinteressen, da sich die Wahrnehmung pflegerischer Tätigkeiten in einem Krankenhaus und die Bestattertätigkeit gegenseitig ausschlössen. Ziel eines Krankenhauses sei die Genesung der Patienten. Dieser Zielrichtung hätten sich Ärzte und Pflegedienst verschrieben. Die Bestattertätigkeit hingegen verfolge kein karitatives, sondern ein wirtschaftlich orientiertes Ziel. Hinzu käme, dass Bestattungsunternehmen lediglich in der kurzen Zeit zwischen dem Ableben und der Bestattung in Erscheinung träten. Um auf diesem Fachgebiet tätig sein zu können, müssten sie jedoch zuvor auf sich aufmerksam machen. Das Landesarbeitsgericht war daher der Auffassung, dass die Klinik im Falle der Duldung einer solchen Nebentätigkeit in einem Interessenkonflikt stehen würde. Ein Krankenhaus müsse jeden Anschein vermeiden, dass Mitarbeiter des Pflegedienstes bei Ausübung dieser Tätigkeit erlangte Kenntnisse ausnutzten und sich hiermit für den durch die Nebentätigkeit unterstützten Bereich gegenüber Mitbewerbern Vorteile verschafften. Hierin liege nicht nur eine abstrakte Gefährdung der Interessen der Klinik; vielmehr stelle dies eine latente Gefahr dar.[383] Die Ausübung einer Nebentätigkeit als Bestatter sei daher mit den von einem Krankenhaus verfolgten Interessen nicht zu vereinbaren.

---

[382] LAG Hamm, Urt. v. 24.4.2001 – 7 Sa 59/01 – ArbRB 2002, 4 mit Anm. *Boudon*.
[383] Im vorliegenden Fall ist die Gefahr einer Schädigung von Interessen dauerhaft latent, wenn nur die Möglichkeit einer Schädigung besteht, etwa durch unredlichen Wettbewerb oder Ansehensverlust der Klinik, vgl. *Boudon*, Anm. zu LAG Hamm, Urt. v. 24.4.2001 – 7 Sa 59/01 – ArbRB 2002, 4.

(3) Urteil des BAG vom 28.2.2002

Die daraufhin vom Krankenpfleger eingelegte Revision hatte keinen Erfolg. Das Bundesarbeitsgericht entschied, dass der Krankenpfleger nicht berechtigt sei, eine Nebentätigkeit als Bestatter auszuüben, weil hierdurch berechtigte Interessen der Klinik erheblich beeinträchtigt würden. Das Bundesarbeitsgericht stellte zunächst klar, was unter dem Begriff des berechtigten Interesses zu verstehen sei.[384] Es führte aus, dass neben innerbetrieblichen Vorgängen berechtigte Interessen auch dann beeinträchtigt seien, wenn sich die Nebentätigkeit eines Mitarbeiters negativ auf die Wahrnehmung des Arbeitgebers in der Öffentlichkeit auswirken könne. Dieser Aspekt war nach Ansicht des Bundesarbeitsgerichts im vorliegenden Fall von entscheidender Bedeutung.

Nach Auffassung des Bundesarbeitsgerichts seien beide Tätigkeiten aufgrund ihrer unterschiedlichen Zielrichtungen nicht miteinander zu vereinbaren. Auf der einen Seite stünde das karitative Ziel, Patienten zur Genesung zu verhelfen. Ein Krankenpfleger habe sich für die Erhaltung von Leben und Gesundheit der Patienten einzusetzen und alles zu tun, was die Genesung fördert und alles zu unterlassen, was diesem Ziel abträglich sein könnte. Auf der anderen Seite stünde die Bestattertätigkeit, die den Tod eines Menschen voraussetzend ein rein wirtschaftliches Ziel verfolge. Hierdurch könnten Irritationen hervorgerufen werden. So könnte bei Patienten der Eindruck entstehen, sie würden von einem Pfleger mit einer Nebentätigkeit als Bestatter nicht in der gebotenen Weise behandelt werden.[385] Infolge dessen könnte es zu Störungen im Genesungsprozess der Patienten kommen. Auch sei nicht auszuschließen, dass das Krankenhaus wirtschaftliche Schäden erleide, wenn Patienten von vornherein die Klinik meiden würden. Das Bundesarbeitsgericht betonte, dass es nicht darauf ankomme, ob solche Befürchtungen tatsächlich einträten. Entscheidend sei allein die mögliche negative Wirkung der Nebentätigkeit auf Patienten und Öffentlichkeit.[386]

Zudem sei die Klinik daran interessiert, jeden Anschein zu vermeiden, Mitarbeiter des Pflegedienstes verschafften sich durch ihre hauptberufliche Tätigkeit hinsichtlich ihrer Nebentätigkeit Vorteile gegenüber Mitbewerbern. Das Interesse der Klinik an der Unterlassung der Nebentätigkeit als Bestatter überwiege gegenüber dem Interesse des Arbeitnehmers an der Nebentätigkeitsausübung. Beide Tätigkeiten stünden in einem unlösbaren Zielkonflikt. Die Nebentätigkeit sei aufgrund des immanenten Widerspruchs zu den Zielen im Hauptberuf, der hier-

---

[384] BAG, Urt. v. 28.2.2002 – 6 AZR 357/01 – PflegeR 2002, 362 (365) = DB 2002, 1560: Das berechtigte Interesse umfasse alle Umstände, die für den Bestand und die Verwirklichung der Ziele des Arbeitgebers von Bedeutung sein können.

[385] D.h. ohne eindeutige Lösung des durch Haupt- und Nebentätigkeit entstandenen Zielkonflikts.

[386] BAG, Urt. v. 28.2.2002 – 6 AZR 357/01 – PflegeR 2002, 362 (365) = DB 2002, 1560.

durch in der Öffentlichkeit entstehenden Bedenken und den damit für die Klinik verbundenen potenziellen wirtschaftlichen Nachteilen unzulässig.[387]

(4) Rechtliche Würdigung

Der geschilderte Fall zeigt, dass auch ohne direkte Störungen bei der Leistungserbringung (Nicht- bzw. Schlechtleistung) Nebentätigkeiten zu einer Beeinträchtigung des Hauptarbeitsverhältnisses führen können.

Die Bedeutung des vom Bundesarbeitsgericht getroffenen Urteils liegt in der Ermittlung der Beeinträchtigung berechtigter Arbeitgeberinteressen und deren Abwägung mit der Berufsfreiheit des Arbeitnehmers aus Art. 12 Abs. 1 GG. Die Entscheidung verdeutlicht, inwieweit eine Zweitbeschäftigung aufgrund ihres Charakters und der bestehenden konträren Zielrichtungen in Haupt- und Nebentätigkeit schützenswerte Arbeitgeberinteressen beeinträchtigen und damit unzulässig sein kann. Besteht bei der vom Arbeitnehmer ausgeübten oder angestrebten Nebentätigkeit ein derart krasser Widerspruch wie im Krankenpfleger-Fall, ist dies bereits ausreichend, um eine Beeinträchtigung von Arbeitgeberinteressen zu begründen. Soweit eine Nebentätigkeit geeignet ist, die Wahrnehmung des Arbeitgebers in der Öffentlichkeit negativ zu beeinflussen, ist sie unzulässig. Ein Arbeitnehmer verletzt seine arbeitsvertragsimmanente Rücksichtspflicht, wenn er trotz der negativen Wahrnehmung in der Öffentlichkeit und der damit für den Arbeitgeber drohenden negativen Folgen einer solchen Nebentätigkeit nachgeht.

Im Folgenden sollen weitere mögliche Problemkonstellationen dargestellt werden.

bb) Ernährungsberaterin als Aushilfe im Fast-Food-Restaurant

Fall: Arbeitnehmerin A ist in einer privaten Ernährungsberatung tätig. Sie informiert hierbei Klienten in Ernährungs- und Gesundheitsfragen und erarbeitet mit ihnen Ernährungsalternativen. A möchte zur Aufbesserung ihres Einkommens stundenweise in einem Fast-Food-Restaurant arbeiten. Sind beide Tätigkeiten miteinander vereinbar?

Ernährungsberatungsstellen sollen den Klienten helfen, sich gesund und ausgewogen zu ernähren. Dabei ist zu berücksichtigen, dass sehr oft falsches Ernährungsverhalten und das häufige Besuchen sog. Fast-Food-Restaurants (Mit-)Ursachen für Gewichtsprobleme und ernährungsbedingte Erkrankungen sind.[388]

---

[387] *Holtkamp*, Anm. zu BAG, Urt. v. 28.2.2002 – 6 AZR 357/01 – AuA 2002, 472 (473); ebenso: *Singer*, Anm. zu BAG, Urt. v. 28.2.2002 – 6 AZR 357/01 – AP Nr. 8 zu § 611 BGB – Nebentätigkeit, Bl. 4.

[388] *Graf*, Dienstleistung Ernährungsberatung, S. 86; *Pudel*, Praxis der Ernährungsberatung, S. 2: Das falsche Ernährungsverhalten resultiert vor allem aus dem großen Überangebot

Insoweit ist die angestrebte Kombination von Haupt- und Nebentätigkeit nicht unproblematisch. Möglicherweise werden durch die Nebentätigkeit schützenswerte Arbeitgeberinteressen verletzt.

Wie bereits erwähnt, kommen als berechtigtes Interesse alle Faktoren in Betracht, die für die Realisierung der vom Arbeitgeber verfolgten Ziele bedeutsam sind. Zu berücksichtigen sind dabei insbesondere die mit der vom Arbeitgeber angebotenen Dienstleistung verfolgten Ziele. Die Ernährungsberatung dient dazu, individuelle Ernährungsprobleme zu lösen, Fehlernährung und damit verbundene Krankheiten zu verhindern und bei Bestehen ernährungsbedingter Erkrankungen eine Heilung bzw. Besserung zu erzielen.[389] Sie will dem Kunden vermitteln, wie er durch eine gesunde und ausgewogene Nahrungsmittelauswahl krankheits- und/oder ernährungsbedingte Risiken vermindern und sogar ausschalten kann.[390] Eine erfolgreiche Beratungsarbeit setzt neben der fachlichen Kenntnis des Beraters, insbesondere die Fähigkeit voraus, das Fachwissen so aufzubereiten und darzustellen, dass der Klient es aufnehmen und anwenden kann. Die Fähigkeit zur Menschenführung ist dabei ebenso notwendig wie die Fähigkeit, das Vertrauen des Klienten zu erwecken und zu erhalten.[391]

Fraglich ist, ob sich eine Ernährungsberaterin in Widerspruch zu den mit der Beratung verfolgten Zielen setzt, wenn sie zugleich eine Nebentätigkeit in einem Fast-Food-Restaurant ausübt – vor allem dann, wenn sie die Aushilfstätigkeit in einer Region ausübt, in der auch die Beratungsstelle liegt. Gerade dann ist zu erwarten, dass Klienten der Beratungsstelle die Beraterin mit großer Wahrscheinlichkeit bei ihrer Aushilfstätigkeit sehen oder zumindest von dieser erfahren. Bei ihnen könnten Zweifel an der Ernsthaftigkeit und Glaubwürdigkeit der Beratung aufkommen. Sie könnten der Beraterin vorwerfen, sie würde einerseits von bestimmten Nahrungsmitteln abraten, diese jedoch andererseits selbst in einem Fast-Food-Restaurant anbieten. Hieraus könnten sie schließen, die Beraterin sei mit den dort angebotenen Lebensmitteln trotz anderslautender Beratung dennoch einverstanden. Die Kunden könnten sich von der Beraterin nicht ernst genommen fühlen. Zudem könnte es dann an dem für eine erfolgreiche Beratung notwendigen Vertrauen zwischen Berater und Klient fehlen. Dies hätte zur Folge, dass Klienten die Beratungsstelle in Zukunft nicht mehr aufsuchen und gegebenenfalls auf andere Anbieter ausweichen. Die Aushilfstätigkeit in einem

---

an Nahrung, welches den Menschen in den westlichen Industrienationen zur Verfügung steht.

[389] *Graf*, Dienstleistung Ernährungsberatung, S. 104

[390] *Pudel*, Praxis der Ernährungsberatung, S. 10.

[391] *Steinhausen*, Berufsziel: Ernährungsberatung, S. 17; *Pudel*, Praxis der Ernährungsberatung, S. 4.

Fast-Food-Restaurant widerspräche folglich den mit der Ernährungsberatung verfolgten Zielen.

Im Ergebnis ist davon auszugehen, dass Beratungswillige aufgrund der genannten Probleme die in der betreffenden Beratungsstelle angebotenen Dienstleistungen nicht mehr in Anspruch nehmen würden, was wiederum erhebliche wirtschaftliche Nachteile zur Folge haben kann. Aufgrund der Gegensätzlichkeit von Haupt- und Nebentätigkeit und den damit verbundenen Folgen ist die geplante Nebentätigkeit unzulässig.

cc) Therapeutin für Suchtkrankheiten mit Nebentätigkeit in der Werbung

Fall: T arbeitet als Therapeutin für Suchtkrankheiten. Auf der Suche nach einer Nebentätigkeit bietet sich ihr die Möglichkeit eines sog. Promotionjobs, bei dem sie u.a. Werbung für eine bestimmte Zigarettenmarke machen soll. Die Tätigkeit besteht darin, an den Wochenenden auf Musikveranstaltungen einen Werbestand zu betreuen, an dem Werbeartikel verteilt werden und die Besucher an einem Gewinnspiel teilnehmen können. T fragt sich, ob dies mit ihrer Therapeutentätigkeit zu vereinbaren ist.

Die Aufgabe einer Suchttherapeutin ist es, Menschen von ihrer krankhaften Abhängigkeit zu heilen und ihnen zu einem Leben ohne Sucht zu verhelfen. Häufige Suchterkrankungen, die stationär behandelt werden, sind u.a. Alkohol- und Drogenabhängigkeit. An einen Therapeuten für Suchterkrankungen werden verschiedene Anforderungen gestellt. Neben der fachlichen Eignung sind vor allem Belastbarkeit, Geduld und soziale Kompetenz erforderlich. Ein Therapeut muss in der Lage sein, dem Abhängigkeitskranken als kompetenter Austausch- und Dialogpartner zur Verfügung zu stehen. Eine erfolgreiche Therapie bedarf eines gewissen Vertrauensverhältnisses zwischen Therapeut und Patient, andernfalls wird sich der Patient dem Therapeuten nicht öffnen können.

Zu den mit der Therapeutentätigkeit verfolgten Zielen steht die Werbetätigkeit für Zigaretten im eklatanten Widerspruch. Während mit einer Suchttherapie versucht wird, eine krankhafte Abhängigkeit zu heilen, hat die Werbetätigkeit das Ziel, Menschen gezielt auf ein Produkt aufmerksam zu machen, dessen abhängige Wirkung wissenschaftlich erwiesen ist. Die Zigarettenpromotion soll vor allem junge Leute ansprechen und zum Konsum von Zigaretten anregen. Damit will die Werbetätigkeit gezielt zu einem *Verhalten* (Zigarettenkonsum) anhalten, das sehr häufig zu einem *Zustand* (Abhängigkeit) führt, den T im Rahmen ihrer Therapeutentätigkeit zu heilen versucht. Das Argument, T könne auch der private Zigarettenkonsum nicht verboten werden, überzeugt in diesem Zusammenhang nicht. Bei der Werbetätigkeit wird gezielt ein Verhalten (Rauchen) angeregt, dass abhängig machen kann, indem vor allem durch kleine Werbegeschenke die Aufmerksamkeit auf eine bestimmte Zigarettenmarke gelenkt wird. Ließe man eine solche Nebentätigkeit zu, deren Ziele den Zweck der Therapietätigkeit geradezu konterkarieren, wären ernsthafte Zweifel an der für eine Suchtbehandlung erforderlichen persönlichen Kompetenz der Therapeutin berechtigt. Die Werbetätigkeit für Zigaretten ist mit den im Hauptberuf verfolgten Zielen nicht vereinbar und damit unzulässig.

dd) *Jugendbetreuer mit Nebentätigkeit als Videothekenbetreiber*

Fall: B ist beruflich als Betreuer in einem Erziehungsheim tätig. Gemeinsam mit einem Bekannten betreibt er nebenberuflich eine Videothek. Es stellt sich die Frage, ob das Betreiben einer Videothek mit der Betreuertätigkeit vereinbar ist. [392]

Heimerzieher arbeiten täglich mit Kindern und Jugendlichen zusammen, die in der Regel wegen Verhaltensauffälligkeiten – zumindest vorübergehend – in einem Heim untergebracht sind. Aufgabe der Erzieher ist es, die bestehenden Verhaltensauffälligkeiten abzubauen und Hilfen zur Wiederherstellung ungestörter sozialer und emotionaler Beziehungen zu geben. [393] In vielen Fällen stammen Heimkinder aus Problemfamilien, in denen schwierige materielle und soziale Bedingungen bestehen. Diese Situation führt nicht selten zu Spannungen in der Familie, die die Kinder dazu veranlassen, aus der Familie auszubrechen. Da die Entwicklung des Kindes erheblich durch die Familie geprägt wird, ein intaktes Familienleben aber oftmals nicht stattfindet, fehlt es den betroffenen Kindern in vielen Fällen am Verständnis für die geltenden Rechts- und Verhaltensnormen, [394] was Mitursache für die Begehung von Straftaten ist. Es stellt sich die Frage, ob das Betreiben einer Videothek mit den auch pädagogisch anspruchsvollen Aufgaben eines Heimerziehers vereinbar ist.

Gegen die Zulässigkeit einer solchen Nebentätigkeit könnte sprechen, dass Videotheken in der Regel ein großes Filmangebot haben, wozu neben dem „normalen" Angebot auch Filme mit jugendgefährdendem Inhalt wie Kriegs-, Horror-, Porno- oder brutale Actionfilme zählen. [395] Jugendliche identifizieren sich sehr oft mit Filmfiguren und imitieren deren Verhalten. Filme mit jugendgefähr-

---

[392] Anregung zu diesem Fallbeispiel gab ein Urteil des VG Hannover, Urt. v. 23.6.1987 – 2 A 141/86 – NJW 1988, 1162: Ein Strafvollzugsbeamter wollte eine Nebentätigkeit als Mitinhaber einer Videothek ausüben. Das VG Hannover hielt eine solche Nebentätigkeit für mit der Haupttätigkeit eines Strafvollzugsbeamten unvereinbar. Nach Auffassung des Gerichts sei es unmöglich, einerseits mit Videos zu handeln, deren Inhalt deutlichen Sachbezug zu Fällen schwerer Kriminalität und damit genau zu den Gefangenen aufweise, die er als Strafvollzugsbeamter beaufsichtige. Folglich sei das Mitbetreiben einer Videothek mit der Tätigkeit eines Strafvollzugsbeamten nicht vereinbar. Darüber hinaus sei dies auch in erheblichem Maße dem Ansehen der öffentlichen Verwaltung abträglich.

[393] *Kindschuh-van Roje*, Der Erzieher im Heim, S. 13 ff., 32.

[394] *Zirk*, Jugend und Gewalt, S. 90.

[395] *Zirk*, Jugend und Gewalt, S. 110.

denden Inhalten können negative Auswirkungen auf die soziale und psychische Entwicklung von Kindern und Jugendlichen haben.[396] Als Heimerzieher hat B jedoch die Aufgabe, die Verhaltensauffälligkeiten, die oft durch den Konsum solcher Filme verstärkt wurden, abzubauen. Es ließe sich argumentieren, dass B nicht einerseits die teilweise bereits straffällig gewordenen Jugendlichen betreuen kann, während er andererseits an der Miturssache solcher Entwicklungen beteiligt ist.

Hingegen sprechen auch zahlreiche Argumente für die Zulässigkeit der Nebentätigkeit. B wird in erster Linie finanzielle Interessen mit dem Videothekenbetrieb verfolgen. Es kann nicht unterstellt werden, dass ein Großteil des Filmangebotes seiner Videothek jugendgefährdenden Inhalt hat. Auch darf nicht davon ausgegangen werden, dass B als Videothekenbesitzer selbst solche (möglicherweise) angebotenen Filme konsumiert. Zwischen dem Betreiben seiner Videothek und den Verhaltensauffälligkeiten der ihm anvertrauten Kinder besteht kein unmittelbarer Zusammenhang. Es ist zwar unbestritten, dass Jugendliche für ihr Alter verbotene Filme konsumieren, z.b. weil volljährige Freunde sie ihnen gezielt beschaffen oder Eltern ihnen fahrlässig den Zugriff ermöglichen. Aufgrund der Erziehertätigkeit kann jedoch davon ausgegangen werden, sofern derartige Filme zum Angebot seiner Videothek zählen, dass die Jugendschutzbestimmungen eingehalten werden. Hinzu kommt, dass der Verleih der genannten Filme an sich nicht verboten ist. Daher steht die Tätigkeit als Erzieher der Nebentätigkeit als Videothekenbetreiber nicht grundsätzlich entgegen.[397]

ee) Zwischenergebnis

Die geschilderten Fälle haben gezeigt, dass vom Arbeitnehmer auch im außerdienstlichen Bereich das Unterlassen bestimmter Verhaltensweisen verlangt werden kann. Dies gilt insbesondere für Tätigkeiten, die zu den im Hauptberuf verfolgten Zwecken im Widerspruch stehen und deshalb zu Vertrauensstörungen und Eignungszweifeln beim Arbeitgeber und der Öffentlichkeit (insbesondere Kunden und Klienten) führen können.

Im Krankenpfleger-Fall stand zu befürchten, dass sich aus der Kombination von heilender und bestattender Tätigkeit Irritationen bei Patienten ergeben können, die möglicherweise Störungen im Genesungsprozess verursachen. Es war im besprochenen Fall daher nicht auszuschließen, dass Patienten von vornherein eine andere Klinik aufsuchen. Die Ernährungsberatung will Hilfestellungen für eine gesunde und ausgewogene Ernährung geben, womit eine Tätigkeit im Fast-Food-Restaurant nicht zu vereinbaren ist. Ähnlich liegt es im Therapeuten-Fall.

---

[396] *Zirk*, Jugend und Gewalt, S. 110.
[397] Etwas anderes gilt, wenn der Erzieher den Jugendlichen indizierte Filme verschafft.

Es ist widersprüchlich, wenn krankhaftes Suchtverhalten geheilt werden soll, zugleich aber aktiv ein Produkt beworben wird, das abhängig macht. Auch im Erzieher-Fall werden besondere Zwecke verfolgt. Gerade bei Kindern mit Verhaltensauffälligkeiten hat die Heimunterbringung das Ziel, diese abzubauen und zugleich fehlendes gesellschaftliches Verständnis zu vermitteln. Gleichwohl kann daraus nicht geschlossen werden, das Betreiben einer Videothek sei mit der Erziehertätigkeit nicht zu vereinbaren.

Der Arbeitnehmer wird vom Arbeitgeber eingestellt, um diesen bei der Erreichung der verfolgten Ziele zu unterstützen. Folglich ist der Arbeitnehmer verpflichtet, in gewissem Maße auch außerhalb seines Arbeitsverhältnisses auf die verfolgten Betriebsziele Rücksicht zu nehmen. Vom Arbeitnehmer kann damit verlangt werden, bestimmte Tätigkeiten, die mit den Zielen der Haupttätigkeit in Widerspruch stehen, zu unterlassen. Hierbei muss eine Interessenabwägung vorgenommen werden.

c) Entwertung der Leistung im Hauptarbeitsverhältnis

Das Verhältnis zwischen Arbeitgeber und Arbeitnehmer ist weiterhin erheblich gestört, wenn sich der Arbeitnehmer durch seine Nebentätigkeit in Widerspruch zu den im Hauptarbeitsverhältnis erbrachten bzw. zu erbringenden Leistungen setzt. Dies ist der Fall, wenn die Leistungen des Arbeitnehmers im Hauptarbeitsverhältnis durch die Nebentätigkeit faktisch entwertet werden.

Fall: Arbeitnehmerin T ist in einer Klinik als Krankenschwester beschäftigt. Sie betreibt nebenberuflich eine eigene Heilpraktikerpraxis.[398]

Eine solche Nebentätigkeit ist nicht generell unzulässig. Allein die Unterschiede zwischen herkömmlicher Schulmedizin und alternativen Heilmethoden machen die Nebentätigkeit noch nicht unzulässig. Insbesondere findet man heute bereits eine ganze Reihe von Arztpraxen, in denen neben der Schulmedizin auch „besondere Therapierichtungen" wie z.B. homöopathische Behandlungen durchgeführt werden. Zudem ist nicht ausgeschlossen, dass sich beide „Behandlungsphilosophien" gegenseitig ergänzen. Jedoch ist einer solchen Nebentätigkeit eine Grenze gesetzt, wenn berechtigte Interessen der Klinik betroffen werden. Dies ist jedenfalls dann der Fall, wenn die Krankenschwester im Rahmen der Heilpraktikerbehandlung einem Patienten, den sie von der Tätigkeit im Krankenhaus her kennt, empfiehlt, die ihm in der Klinik verordneten Medikamente abzusetzen und angesetzte Behandlungstermine zu verschieben.[399] Die Tätigkeit als Krankenschwester verpflichtet dazu, sich auch „außerhalb der Dienstzeit und erst

---

[398] LAG Köln, Urt. v. 11.9.1996 – 8 Sa 292/96 – LAGE Nr. 103 zu § 626 BGB.
[399] So geschah es in dem Fall des LAG Köln, a.a.O.

recht im Rahmen einer [...] Nebentätigkeit jeglicher Einflussnahmen zu enthalten, die geeignet [sind], den Patienten stark zu verunsichern und sein Vertrauen in die medizinischen Behandlungsmethoden zu erschüttern."[400]

Nebentätigkeiten, mit denen bewusst die Tätigkeiten und Zielsetzungen des Hauptarbeitsverhältnisses in Frage gestellt werden, sind unzulässig. In solchen Fällen ergeben sich für den Arbeitgeber gravierende Zweifel an der Integrität und Eignung des Arbeitnehmers.[401] Dies wiegt für den Arbeitgeber mitunter schwerer als zeitweilige Leistungseinbußen des Arbeitnehmers.

d) Nebentätigkeit und gesellschaftlicher Stellenwert

Schließlich wird eine letzte Fallgruppe problematischer Nebentätigkeiten unter dem Stichwort „Nebentätigkeit mit zweifelhaftem gesellschaftlichen Stellenwert" diskutiert. Hiermit sind Nebentätigkeiten gemeint, die als sittlich und moralisch bedenklich eingeordnet werden.[402] Geht ein Arbeitnehmer nebenberuflich einer solchen Tätigkeit nach, muss der Arbeitgeber mit Ansehensverlusten rechnen, wenn die Öffentlichkeit hiervon Kenntnis erlangt. Obwohl sich die moralischen Vorstellungen unserer Gesellschaft in den letzten Jahrzehnten stark verändert haben, haftet bestimmten Tätigkeiten auch heute noch ein zweifelhafter gesellschaftlicher Stellenwert an, weshalb sie weiterhin in der arbeitsrechtlichen Literatur diskutiert werden.[403]

Der Arbeitgeber verfolgt mit seinem Betrieb wirtschaftliche Interessen. Er bietet Produkte oder Dienstleistungen an und muss sich damit gegenüber Konkurrenten durchsetzen. Der wirtschaftliche Erfolg hängt davon ab, inwieweit Kunden die angebotenen Leistungen gerade bei diesem Arbeitgeber in Anspruch nehmen und wird durch die positive Wahrnehmung des Betriebes in der Öffentlichkeit verstärkt. Der gute Ruf eines Betriebes hängt aber nicht nur von der Qualität der Produkte und Leistungen ab,[404] sondern wird darüber hinaus vom Ruf der im Betrieb tätigen Arbeitnehmer beeinflusst, weil auch sie den Betrieb nach außen repräsentieren.[405] So können bestimmte Nebentätigkeiten zu einem Ansehensverlust in der Öffentlichkeit führen und Zweifel an der Geeignetheit des Arbeit-

---

[400] LAG Köln, a.a.O., S. 4.

[401] *Bock*, Doppelarbeitsverhältnis, S. 69; *Oligmüller*, Nebentätigkeitsproblematik im Individualarbeitsrecht, S. 129.

[402] *Oligmüller*, Nebentätigkeitsproblematik im Individualarbeitsrecht, S. 125.

[403] *Oligmüller*, Nebentätigkeitsproblematik im Individualarbeitsrecht, S. 125; *Motzer*, Die positive Vertragsverletzung des Arbeitnehmers, S. 112; *Glöckner*, Nebentätigkeitsverbote im Individualarbeitsrecht, S. 114; *Brändli*, Arbeitsvertrag und Nebenbeschäftigung, S. 85; *Bock*, Doppelarbeitsverhältnis, S. 68.

[404] *Conrad*, Freiheitsrechte und Arbeitsverfassung, S. 174.

[405] *Motzer*, Die positive Vertragsverletzung des Arbeitnehmers, S. 111.

nehmers zur Erbringung der im Hauptarbeitsverhältnis geschuldeten Leistungen aufkommen lassen. Im Folgenden sollen verschiedene Fälle dargestellt werden.

aa) Betreiben einer Gaststätte oder Bar

Im arbeitsrechtlichen Schrifttum finden sich noch immer Ausführungen zu der Frage, ob das Betreiben einer Gaststätte oder Bar wegen des gesellschaftlichen Stellenwertes mit der Haupttätigkeit unvereinbar ist.[406] Arbeitgeber befürchten ein negatives Image ihres Betriebes, wenn bei ihnen beschäftigte Arbeitnehmer mit solchen Tätigkeiten in Verbindung gebracht werden. Im Hinblick auf das Betreiben einer Gaststätte ist festzustellen, dass eine solche Tätigkeit nicht generell wegen ihres gesellschaftlichen Stellenwertes als unzulässig bewertet werden kann.

Das Betreiben eines sog. Gaststättengewerbes bedarf nach §§ 1, 2 Abs. 1 GastG einer behördlichen Erlaubnis, die nur erteilt wird, wenn bestimmte Voraussetzungen erfüllt sind. Aufgrund der Erlaubnisbedürftigkeit und der ständigen Kontrollen wird eine gewisse Zuverlässigkeit des Gaststättenbetreibers gewährleistet. Inwieweit der Betrieb eines Gaststättengewerbes durch einzelne Arbeitnehmer zulässig ist, muss anhand einer differenzierten Betrachtung beurteilt werden. Denn was spricht gegen das nebenberufliche Betreiben eines Ausflugslokals an einer touristischen Sehenswürdigkeit? Ebenso wenig kann das Betreiben einer Bar pauschal als unzulässig angesehen werden.[407] Soweit allein moralische oder sittliche Bedenken gegen die Nebentätigkeit bestehen, ist dies arbeitsvertraglich irrelevant.[408] Der Arbeitgeber hat nicht die Aufgabe eines Sittenwächters. Sollten Kunden des Hauptarbeitgebers an einer Nebentätigkeit Anstoß nehmen, hat dies arbeitsrechtlich erst Bedeutung, wenn es hierdurch zu konkreten betrieblichen Störungen kommt oder durch das Kundenverhalten für den Betrieb spürbare negative geschäftliche Konsequenzen drohen.[409] Zweifelsfrei unzulässig ist das Betreiben einer Gaststätte oder Bar aber dann, wenn die betreffende Lokalität zum Umschlagplatz für Drogen oder Hehlerware wird.[410]

---

[406] *Glöckner*, Nebentätigkeitsverbote im Individualarbeitsrecht, S. 114; *Oligmüller*, Nebentätigkeitsproblematik im Individualarbeitsrecht, S. 126.

[407] Auch wenn diese vorrangig in den Abend- und Nachtstunden frequentiert werden, bedarf es einer differenzierten Betrachtung.

[408] *Oligmüller*, Nebentätigkeitsproblematik im Individualarbeitsrecht, S. 124; *Glöckner*, Nebentätigkeitsverbote im Individualarbeitsrecht, S. 113.

[409] *Glöckner*, Nebentätigkeitsverbote im Individualarbeitsrecht, S. 114; *Daum*, Außerdienstliche Verhaltenspflichten des Arbeitnehmers, S. 116: Die Einbuße des betrieblichen Ansehens müsse auch zu einer ernsthaften geschäftlichen Schädigung des Betriebes führen können.

[410] *Oligmüller*, Nebentätigkeitsproblematik im Individualarbeitsrecht, S. 126: In diesen Fällen sind strafbewehrte Normen des StGB oder BtMG betroffen.

Allein die Tatsache des nebenberuflichen Betreibens einer Gaststätte führt grundsätzlich nicht zu einer Beeinträchtigung berechtigter Arbeitgeberinteressen.

bb) Unterhaltungstätigkeiten in Diskotheken und Bars

Ein weiteres Beispiel problematischer Nebentätigkeiten sind sog. Unterhaltungstätigkeiten in Bars oder Diskotheken.[411] Dabei geht es meist um Arbeiten als Musiker oder Tänzer. Gegen eine nebenberufliche Tätigkeit als Café-Haus-Pianist am Wochenende wird der Arbeitgeber regelmäßig nichts einzuwenden haben.[412] Problematischer scheint die Beurteilung einer Nebentätigkeit als Tänzer oder Tänzerin in einer Diskothek. Häufig handelt es sich dabei um Tanzdarbietungen mit Stripteaseeinlagen. Inwieweit eine solche Nebentätigkeit u.U. als unzulässig zu bewerten ist, muss im Zusammenhang mit der im Hauptarbeitsverhältnis geschuldeten Leistung gesehen werden:

Nach Ansicht von *Brändli* stößt die nebenberufliche Tätigkeit einer Lehrerin als Stripteasetänzerin beim Schulamt, Kollegen und Eltern auf Missbilligung, da nicht abzuschätzen sei, welche Auswirkungen eine solche Tätigkeit auf die Schüler habe. Ginge hingegen eine Raumpflegerin einer solchen Tätigkeit nach, würde kaum jemand daran Anstoß nehmen.[413]

Glöckner führt als weiteres Beispiel an, dass die Auftritte einer bekannten Schauspielerin als Stripteasetänzerin zwar ihr Ansehen schmälern könnten, gleichwohl dies aber kaum eine nennenswerte Anzahl von Personen vom Theaterbesuch abbringen würde. Möglicherweise würde ein kleiner Skandal das Theatergeschäft sogar beleben.[414]

Auch *Motzer* ist der Auffassung, dass von einem Arbeitnehmer kein puritanischer Lebenswandel verlangt werden könne und es damit noch keine Rufgefährdung darstelle, wenn eine Bankkassiererin nebenberuflich als Stripteasetänzerin arbeite.[415]

---

[411] In der Regel werden solche Nebentätigkeiten ohne Wissen des Arbeitgebers ausgeübt, da die Arbeitnehmer – wohl zu recht – befürchten, dass ihr Arbeitgeber eine solche Nebentätigkeit ablehnt, weil er Ansehensverluste für seinen Betrieb befürchtet.

[412] Allerdings meinte *Kreller*, AcP 123, 263 (298), dass der künstlerische Ruf eines bekannten und renommierten Theaterorchesters gefährdet sein könnte, wenn Mitglieder dieses Orchesters in Wirtschaften zum Tanz aufspielten.

[413] *Brändli*, Arbeitsvertrag und Nebenbeschäftigung, S. 85.

[414] *Glöckner*, Nebentätigkeitsverbote im Individualarbeitsrecht, S. 115; Hingegen ist *Motzer*, Die positive Vertragsverletzung des Arbeitnehmers, S. 112 der Ansicht, dass der gute Ruf eines renommierten Schauspielensembles leiden könne, wenn ein Mitglied der Gruppe einer solchen Nebentätigkeit nachginge.

[415] *Motzer*, Die positive Vertragsverletzung des Arbeitnehmers, S. 112.

Diese Aussagen machen deutlich, dass es bei der Beurteilung einer Nebentätigkeit nicht allein auf ihren gesellschaftlichen Stellenwert ankommt. Von entscheidender Bedeutung ist das Zusammenspiel von Haupt- und Nebentätigkeit. So kann aus einer Nebentätigkeit eine Rufschädigung des Arbeitnehmers bzw. des ihn beschäftigenden Betriebes nur eintreten, wenn von dem Arbeitnehmer bestimmte Eigenschaften erwartet werden. Dies betrifft in erster Linie leitende Angestellte und Führungskräfte, daneben aber auch alle sonstigen Arbeitnehmer, bei denen eine tadellose inner- und außerdienstliche Lebensführung zur Berufspflicht gehört. Dies gelte für Berufe in der Justiz oder im Bewachungsgewerbe,[416] aber auch und vor allem für Berufsgruppen, von denen gerade im Bezug auf Kinder und Jugendliche eine gewisse Vorbildwirkung ausgeht, wie z.b. Lehrern, Erziehern, Trainern in Sportvereinen und Jugendbetreuern.

cc) Sprechstundenhilfe als Nacktmodell

Fall: Die als Sprechstundenhilfe in einer allgemeinmedizinischen Praxis tätige M arbeitet gelegentlich als Fotomodell. Sie ist dafür in einer Agentur gemeldet, die sie zwecks Fotoaufnahmen an die verschiedenen Auftraggeber vermittelt. Ihr liegen Angebote für Nacktaufnahmen vor. Wie ist eine solche Nebentätigkeit zu beurteilen?[417]

Die Ausübung einer Nebentätigkeit ist dann unzulässig, wenn durch sie berechtigte Arbeitgeberinteressen beeinträchtigen werden. Eine solche Beeinträchtigung liegt vor, wenn die Nebentätigkeit negative Auswirkungen auf das Arbeitsverhältnis hat und dem Arbeitgeber durch sie konkrete Nachteile drohen. Fraglich ist, ob durch die Aufnahme und Veröffentlichung von Nacktfotos berechtigte Interessen des Arbeitgebers beeinträchtigt sind.

Das Arbeitsgericht Passau hatte in einem Fall über die fristlose Kündigung einer Umschülerin zu entscheiden, die sich mit ihrem Freund unbekleidet in einer Zeitschrift ablichten ließ, die softpornografischen Inhalt hatte. Nach Auffassung des Gerichts lag eine Beeinträchtigung des Arbeitsverhältnisses durch die Fotos nicht vor, weshalb es die Kündigung für unwirksam erklärte. Der Betrieb sei „keine moralische Anstalt."[418] Dies habe zur Folge, dass der Arbeitgeber die Entscheidungsfreiheit des Arbeitnehmers zu berücksichtigen habe. Nur unter ganz besonderen Umständen könne durch den schlechten Ruf eines Arbeitnehmers auch das Ansehen des Betriebes leiden. Bei den veröffentlichten Fotos handele es sich weder um Pornografie i.S. des § 184 StGB noch sei es Sache des

---

[416] *Daum*, Außerdienstliche Verhaltenspflichten des Arbeitnehmers, S. 117/118.

[417] Beispiel in Anlehnung an einen vom ArbG Passau entschiedenen Fall, Urt. v. 11.12.1997 – 2 Ca 711/97 D – NZA 1998, 427.

[418] ArbG Passau, a.a.O. (428).

Arbeitgebers, über den „künstlerischen" Wert der Aufnahmen zu entscheiden. Ausschlaggebend sei nur die arbeitsrechtliche Relevanz der Fotos.

Nicht maßgeblich sei, ob Mitarbeiter oder Geschäftsfreunde die Aufnahmen als anstößig oder bedenklich empfinden. Es komme nur darauf an, inwieweit derartige Fotos objektive Auswirkungen auf das Arbeitsverhältnis haben.[419] Da die fotografischen Aufnahmen im Rahmen dessen blieben, was nach „derzeitiger gesellschaftlicher Auffassung im sexuellen Bereich allgemein üblich ist und geduldet wird",[420] war für das Arbeitsgericht nicht ersichtlich, wie durch die Aufnahmen, das Ansehen des Arbeitgebers geschädigt werden könnte. Zwar sei denkbar, dass die Fotos im Wohnort der Umschülerin für Gesprächsstoff sorgten, gleichwohl sei zu beachten, dass es sich bei ihnen um den persönlichen Lebensbereich handele. Auswirkungen auf das Arbeitsverhältnis seien nur gegeben, wenn es durch die Fotos zu einer nachhaltigen Störung im Vertrauensbereich käme. Dies wäre nach Auffassung des Gerichts etwa denkbar, wenn die Arbeitnehmerin in einem Tendenzbetrieb oder einem Arbeitsverhältnis im sicherheits- oder vertrauensintensiven Bereich tätig wäre. So wäre bei einer Sprechstundenhilfe einer nervenärztlichen Praxis durchaus denkbar, dass „wegen der 'Breitenwirkung' derartiger Aufnahmen bei Interessierten der Eindruck entstehen könnte, dass zwischen dienstlichen Vertrauensbelangen und privatem Bereich nicht mehr hinreichend unterschieden wird."[421] Derartige Gesichtspunkte lagen im Fall der Umschülerin jedoch nicht vor, weshalb das Gericht die außerordentliche Kündigung für unwirksam erklärte.

Im Ergebnis verdient die Entscheidung des Gerichts Zustimmung. Allerdings sind die Ausführungen hinsichtlich der Sprechstundenhilfe in einer nervenärztlichen Praxis kritikwürdig. Die Aussage, in diesem Falle könne der Eindruck entstehen, dass zwischen dienstlichem und privatem Bereich nicht hinreichend getrennt würde, ist nicht nachvollziehbar. Auch die Tätigkeit in einer nervenärztlichen Praxis rechtfertigt eine solche Aussage nicht. Jeder Arbeitnehmer hat schutzwürdige Interessen des Arbeitgebers zu wahren und dies auch im Bezug auf Nebentätigkeiten zu berücksichtigen. Insofern muss stets zwischen dienstlichem und außerdienstlichem Bereich differenziert werden. Die bei der Tätigkeit in einer nervenärztlichen Praxis angeblich verstärkt bestehende Gefahr einer Vermischung von privaten und dienstlichen Interessen ist unbegründet. Insoweit stellen die Aussagen des Gerichts eine bloße Behauptung dar, die jeglicher Grundlage entbehrt.

---

[419] ArbG Passau, a.a.O. (428).

[420] ArbG Passau, a.a.O. (428).

[421] ArbG Passau, a.a.O. (429).

Es steht grundsätzlich im Belieben der Arbeitnehmer, wie sie ihre Freizeit gestalten und sich in der Öffentlichkeit präsentieren. Einschränkungen sind nur insoweit zu machen, als dadurch das Arbeitsverhältnis beeinträchtigt wird. So ist auch bei den Nacktaufnahmen der M im Hinblick auf die arbeitsrechtliche Zulässigkeit der Modelltätigkeit an eventuelle Vertrauensstörungen zu denken. Allerdings muss auch hier differenziert werden. Die Wahrscheinlichkeit von Vertrauensstörungen besteht nicht automatisch deshalb, weil M als Sprechstundenhilfe arbeitet. Es gibt keinen Anlass, aufgrund der Fotoaufnahmen auf eine Ungeeignetheit für die Tätigkeit als Sprechstundenhilfe zu schließen. Hinzu kommt, dass eine gewisse Freizügigkeit in der heutigen Gesellschaft toleriert wird, was sich insbesondere an der Art bestimmter Anzeigen und Werbespots in den Medien verdeutlicht. Auch kommen als Modells in der Regel nur Personen in Betracht, die einem gewissen Schönheitsideal entsprechen, so dass an deren Abbildung nur in konservativ oder religiös geprägten Kreisen Anstoß genommen würde. Die Nebentätigkeit der M als Fotomodell auch für Nacktaufnahmen ist damit zulässig, da kein überwiegendes Arbeitgeberinteresse ersichtlich ist. Allerdings kann im besonderen Einzelfall eine andere rechtliche Bewertung möglich sein.

dd) Lehrerin als Verlegerin jugendgefährdender Schriften

Kuhn führt das Beispiel einer an einer Privatschule tätigen Lehrerin an, die nebenberuflich als Verlegerin jugendgefährdender Schriften tätig ist.[422] Eine solche Nebentätigkeit sei abzulehnen, da Diskussionen innerhalb und außerhalb der Schule bei Kollegen und Eltern sowie daraus resultierende mögliche Verunsicherungen bei den Schülern zu befürchten seien. Mit der Stellung einer Lehrerin als Vorbild und Vertrauensperson ist eine solche Nebentätigkeit nicht zu vereinbaren.[423]

ee) Mitbetreiben eines Swingerclubs

Im Januar 2001 hatte das Landesarbeitsgericht Hamm über einen ungewöhnlichen Fall zu entscheiden.[424] Eine im Angestelltenverhältnis beschäftigte Grundschullehrerin hatte eine Nebentätigkeit als Mitbetreiberin eines Swingerclubs ausgeübt.[425] Bei Swingerclubs handelt es sich um Einrichtungen, in denen Sin-

---

[422] *Kuhn*, Probleme der Nebentätigkeit, S. 47.
[423] Der Fall wäre anders zu beurteilen, wenn die Lehrerin in einem wertneutralen Verlag tätig wäre, denn allein die Tatsache der Lehrertätigkeit steht einer Verlagstätigkeit nicht entgegen. Es spreche nichts gegen das Verlegen von Kinderbüchern oder Romanen.
[424] LAG Hamm, Urt. v. 19.1.2001 – 5 Sa 491/00 – ArbuR 2002, 433.
[425] Die Grundschullehrerin übte die besagte Nebentätigkeit ohne Wissen der Schule aus. Die Lehrerin war im Rahmen eines öffentlich-rechtlichen Anstellungsverhältnisses an einer staatlichen Grundschule beschäftigt. Der Fall spielte damit im öffentlichen Dienst,

gles und Paare nach Zahlung einer Eintrittspauschale die Gelegenheit zum unge-zwungenen intimen Austausch haben.[426] In dem Verfahren wurde die Rechtmä-ßigkeit einer wegen dieser Nebentätigkeit ausgesprochenen ordentlichen verhal-tensbedingten Kündigung überprüft. Dabei stellte sich die Frage, ob die Neben-tätigkeit des Mitbetreibens eines Swingerclubs mit dem Beruf einer Grundschul-lehrerin zu vereinbaren ist.

Bevor auf das Urteil des Landesarbeitsgerichts Hamm eingegangen wird, muss eine Entscheidung des Bundesverwaltungsgerichts zur Problematik von Swin-gerclubs angesprochen werden. Das Bundesverwaltungsgericht hatte dabei zu entscheiden, ob Swingerclubs als sittenwidrig einzustufen sind. Diese Entschei-dung ist nunmehr auch bei der Beurteilung ähnlich gelagerter arbeitsrechtlicher Sachverhalte zu berücksichtigen.

(1) Sittenwidrigkeit von Swinger- bzw. Pärchenclubs?
In den letzten Jahren ergaben sich im Zusammenhang mit sog. Pärchen- bzw. Swingerclubs eine Reihe gewerbe- und gaststättenrechtlicher Fragen. Dabei war vor allem unklar, ob das Betreiben eines Swingerclubs gemäß § 2 Abs. 1 GastG erlaubnisfähig ist.[427] Nach § 4 Abs. 1 S. 1 Nr. 1 GastG ist eine Erlaubnis zu ver-sagen, „wenn Tatsachen die Annahme rechtfertigen, dass der Antragsteller die für den Gewerbebetrieb erforderliche Zuverlässigkeit nicht besitzt, insbesondere [zu befürchten ist, dass er] der Unsittlichkeit Vorschub leisten wird." Die Mei-nungen darüber, ob Swingerclubs den guten Sitten zuwiderlaufen und damit nicht erlaubnisfähig sind, waren geteilt.[428]

---

[426] gleichwohl können die Grundaussagen dieser Entscheidung auf vergleichbare Berufe in der Privatwirtschaft übertragen werden, wie z.B. Lehrern an Privatschulen oder Arbeit-nehmern in Jugendeinrichtungen, Kindergärten oder Jugendzentren. Die Problematik bleibt dieselbe.
Haferkorn, GewArch 2002, 145; *Stollenwerk*, GewArch 2000, 317; *Metzner*, § 3 GastG, Rn. 43.
[427] BVerwG, Urt. v. 6.11.2002 – 6 C 16.02 – GewArch 2003, 122 ff.: „Gewerbe im Sinne der Gewerbeordnung und des GastG, das ein besonderes Gewerbegesetz ist, ist jede nicht sozial unwertige (nicht generell verbotene), auf Gewinnerzielung gerichtete und auf Dauer angelegte selbständige Tätigkeit." Nach § 1 Abs. 1 GastG betreibt ein Gaststätten-gewerbe, wer im stehenden Gewerbe Getränke oder zubereitete Speisen zum Verzehr an Ort und Stelle verabreicht oder Gäste beherbergt, wenn der Betrieb jedermann oder be-stimmten Personenkreisen zugänglich ist. Nach § 3 GastG wird die Erlaubnis für be-stimmte Räume und eine bestimmte Betriebsart erteilt. Eine solche besondere Betriebsart stellen Swinger- oder Pärchenclubs dar. Siehe auch: *Metzner*, § 3 GastG, Rn. 43.
[428] Sittenwidrigkeit bejahend: *Stollenwerk*, GewArch 2000, 317 (319); *Pauly*, Anm. zu VG Berlin, Beschl. v. 17.1.2000 – VG A 441.99 – GewArch 2000, 203; *Metzner*, § 4 GastG, Rn. 79; Sittenwidrigkeit verneinend: VGH Bayern, Urt. v. 29.4.2002 – 22 B 01.3183 –

Das Bundesverwaltungsgericht hat Ende 2002 entschieden, dass allein durch das Betreiben eines Swingerclubs nicht stets der Unsittlichkeit Vorschub geleistet werde und die kommerzielle Ausnutzung sexueller Interessen nicht grundsätzlich als sittenwidrig angesehen werden könne.[429] Bei der Bestimmung des Begriffs der Unsittlichkeit müsse das Recht auf freie Entfaltung der Persönlichkeit nach Art. 2 Abs. 1 GG beachtet werden, welches auch das Recht auf freie Gestaltung der Intimsphäre umfasse. Da die Besucher selbst entscheiden könnten, in welcher Weise sie sich am Geschehen beteiligen, verletze die Teilnahme an einem „Pärchentreff" auch nicht die Menschenwürde.[430] Sozialrelevante Verhaltensweisen seien nur dann als unsittlich zu bewerten, wenn sie dem sozialethischen Unwerturteil der Rechtsgemeinschaft unterlägen, was sich u.a. den Reaktionen der Öffentlichkeit entnehmen lasse.[431] Allerdings könne in der Rechtsgemeinschaft keine eindeutige Meinung über die sozialethische Verwerflichkeit von Swingerclubs festgestellt werden.[432] Zwar sei davon auszugehen, dass die überwiegende Zahl der Menschen unseres Kulturkreises sexuelle Handlungen unter Beobachtung Dritter als grob schamverletzend empfänden, dem entspräche aber kein ebenso verbreitetes sozialethisches Unwerturteil, solange unbeteiligte Dritte und Jugendliche nicht ungewollt mit den Geschehnissen konfrontiert würden.[433] Insbesondere sei kein deutlicher Widerstand gegen Swingerclubs oder vergleichbare Einrichtungen in der Öffentlichkeit erkennbar.[434] Man stünde ihnen vielmehr gleichgültig gegenüber.

Der Tatbestand der Unsittlichkeit ist nur gegeben, „wenn durch ein Verhalten [...] schutzwürdige Belange der Allgemeinheit berührt werden."[435] Solange sichergestellt ist, dass Unbeteiligte, vor allem Jugendliche, mit dem Geschehen nicht konfrontiert werden, sind Swingerclubs nicht als unsittlich zu bewerten.

(2) Entscheidung des LAG Hamm vom 19.1.2001
Das Landesarbeitsgericht Hamm hatte über die Rechtmäßigkeit einer ordentlichen verhaltensbedingten Kündigung zu entscheiden, die darauf gestützt wurde, dass die betroffene Lehrerin nebenberuflich einen Swingerclub ohne eine ent-

---

GewArch 2002, 296; VG Berlin, Beschl. v. 17.1.2000 – VG 4 A 441.99 – GewArch 2000, 125; *Haferkorn*, GewArch 2002, 145.
[429] BVerwG, Urt. v. 6.11.2002 – 6 C 16.02 – GewArch 2003, 122.
[430] BVerwG, a.a.O. (123).
[431] *Haferkorn*, GewArch 2002, 145 (148).
[432] Dem stünden die Liberalität der Sexualmoral, die Pluralität der Meinungen und die Zeitgebundenheit von Anschauungen und Gewohnheiten entgegen, vgl. VGH Bayern, Urt. v. 29.4.2002 – 22 B 01.3183 – GewArch 2002, 296 (297).
[433] BVerwG, a.a.O. (124); VGH Bayern, a.a.O. (297).
[434] VG Berlin, Beschl. v. 17.1.2000 – VG 4 A 441.99 – GewArch 2000, 125; *Haferkorn*, GewArch 2002, 145 (148).
[435] BVerwG, Urt. v. 6.11.2002 – 6 C 16.02 – GewArch 2003, 122 (123).

sprechende Nebentätigkeitserlaubnis mitbetrieben hatte. In diesem Fall war allerdings zu beachten, dass die zuständige Schulbehörde erst drei Jahre, nachdem die Nebentätigkeit eingestellt war, von dieser Kenntnis erhielt und daraufhin die Kündigung aussprach. Dennoch waren das Schulamt und das Arbeitsgericht Herford der Ansicht, dass das Betreiben eines Paarclubs in erheblichem Maße gegen grundlegende Verhaltensanforderungen verstieße, die an eine Lehrerin gestellt werden. Die Kündigung sei damit gerechtfertigt.

> „Von einer Grundschullehrerin wird erwartet, dass sie den ihr anvertrauten Schülern nicht nur fachliche Kenntnisse, sondern auch allgemeine Werte nahe bringt. Dies lässt sich aber mit dem Betrieb eines Paarclubs, der von der Mehrheit der Bevölkerung als moralisch anstößig empfunden wird, nicht vereinbaren."[436]

Gegen das Urteil des Arbeitsgerichts Herford legte die Lehrerin Berufung ein. Das beklagte Land beantragte, diese zurückzuweisen. Es war der Ansicht, dass „das Verhalten der [Lehrerin] in einem solchen Maße gegen grundlegende Verhaltensanforderungen, die an eine Lehrerin gestellt werden [verstoße], dass es nun wirklich auch jedem einleuchten müsse, dass die [Lehrerin] für den Schuldienst schlechterdings untragbar sei."[437] Dem folgte das Landesarbeitsgericht Hamm nicht. Eine außerhalb des Dienstes ohne besondere Dienstbezogenheit ausgeübte sexuelle Neigung sei im Regelfall kein Kündigungsgrund:

> „Es gibt auch keinen konkreten Anhaltspunkt dafür, dass [die Lehrerin] ihre sexuellen Neigungen in den dienstlichen Bereich hineingetragen hat. Insbesondere ist nicht ersichtlich, dass [sie] etwa den Unterricht dahingehend gestaltet hat oder gestalten wird, den Schülern Werte zu vermitteln, die [ihren] persönlichen Neigungen entsprechen. Konkrete Tatsachen, die den Schluss zulassen, die [Lehrerin] sei nicht in der Lage, zwischen ihren zulässigen sexuellen Neigungen und den ihr während des Unterrichts obliegenden Pflichten zu unterscheiden, sind […] nicht ersichtlich. Allein aus ihrem Freizeitverhalten, auch in Verbindung mit dem angenommenen, bei Kündigungsausspruch längere Zeit zurückliegenden Mitbetreiben eines Swingerclubs, auf eine nachteilige Vermischung persönlicher Neigung und Lebenseinstellung mit den Zielen und Pflichten des Unterrichts zu schließen, bedeutet eine unzulässige, oberflächliche Verkürzung der Betrachtung und eine bloße Unterstellung zu Lasten der [Lehrerin]."[438]

Im Ergebnis hat das Landesarbeitsgericht Hamm die ordentliche verhaltensbedingte Kündigung als nicht gerechtfertigt angesehen, da der Paarclub in einer Entfernung von mehr als 70 Kilometern zur Grundschule betrieben und die Nebentätigkeit zum Zeitpunkt der Kündigung bereits mehrere Jahre nicht mehr ausgeübt wurde. Auf mögliche Reaktionen der Öffentlichkeit komme es im

---

[436] ArbG Herford, Urt. v. 8.11.1999 – 1 Ca 1717/97 n.v.
[437] LAG Hamm, Urt. v. 19.1.2001 – 5 Sa 491/00 – ArbuR 2002, 433 (434).
[438] LAG Hamm, a.a.O.

Hinblick auf die Kündigung nicht an.[439] Zum einen sei die Wahrscheinlichkeit für eine künftige Kenntnis bei Kollegen und Eltern äußerst gering. Darüber hinaus komme es für die Beurteilung der Sozialwidrigkeit auf den Zeitpunkt des Zugangs der Kündigung an.[440] Negative Reaktionen lagen zum Kündigungszeitpunkt nicht vor und waren nach Auffassung des Landesarbeitsgerichts auch „nicht ansatzweise abzusehen".[441] Offen bleibt, wie der Fall entschieden worden wäre, wenn die Lehrerin zum Zeitpunkt der Kündigung den Swingerclub noch betrieben hätte.

(3) Abwandlung des Ausgangsfalles

Fall: Die an einer Privatschule tätige Lehrerin L betreibt nebenberuflich einen Swingerclub. Steht die Tätigkeit als Lehrerin einer solchen Nebentätigkeit entgegen?

Grundsätzlich sind dienstlicher und außerdienstlicher Bereich zu trennen. Dem Arbeitnehmer steht es frei, wie er seine Freizeit gestaltet. Als vertragsimmanente Nebenpflicht ergibt sich aber für jeden Arbeitnehmer, dass außerdienstlich solche Tätigkeiten und Verhaltensweisen zu unterlassen sind, die das Vertrauen des Arbeitgebers und der Öffentlichkeit in die Eignung des Arbeitnehmers für seine berufliche Tätigkeit stören.[442] Die Öffentlichkeit, allen voran die Eltern, erwarten von Personen, die tagtäglich mit Kindern befasst sind, besondere Eigenschaften. Aufgabe im Lehrerberuf ist vor allem das Lehren, d.h. das Vermitteln von Kenntnissen und Fertigkeiten. Daneben haben Lehrer und Lehrerinnen aber auch erzieherische und beratende Aufgaben wahrzunehmen. Daher erwarte man von Lehrern, dass sie den ihnen anvertrauten Kindern auch allgemeine Werte nahe bringen.[443] Fraglich ist, ob das Betreiben eines Swingerclubs mit den Anforderungen und Erwartungen an den Lehrerberuf zu vereinbaren ist.

Die Unvereinbarkeit kann nicht mit dem Argument angenommen werden, das Betreiben eines Swingerclubs sei sittenwidrig und daher mit dem Lehrerberuf unvereinbar. Einer solchen Argumentation steht die bereits erwähnte Entscheidung des Bundesverwaltungsgerichts entgegen, wonach Swingerclubs nicht

---

[439] LAG Hamm, a.a.O.

[440] BAG, Urt. v. 15.8.1984 – 7 AZR 536/82 – NZA 1985, 357; BAG, Urt. v. 18.1.2001 – 2 AZR 514/99 – AP Nr. 115 zu § 1 KSchG 1969 – Betriebsbedingte Kündigung, Bl. 3: „Für die Berechtigung der Kündigung kommt es allein auf die Sachlage im Zeitpunkt des Zugangs der Kündigung an."; KR-*Etzel*, § 1 KSchG, Rn. 235; Erf-Komm-*Ascheid*, § 1 KSchG, Rn. 155; Stahlhacke/Preis/Vossen-*Preis*, Rn. 920.

[441] LAG Hamm, a.a.O.

[442] *Kuhn*, Probleme der Nebentätigkeit, S. 47; *Daum*, Außerdienstliche Verhaltenspflichten des Arbeitnehmers, S. 116; *Oligmüller*, Nebentätigkeitsproblematik im Individualarbeitsrecht, S. 129; *Glöckner*, Nebentätigkeitsverbote im Individualarbeitsrecht, S. 105.

[443] ArbG Herford, Urt. v. 8.11.1999 – 1 Ca 1717/97 n.v.

grundsätzlich sittenwidrig sind. Unbestritten ist aber dennoch, dass ein Großteil der Bevölkerung Swingerclubs als moralisch anstößig bewertet,[444] auch wenn sich kein aktiver Widerstand gegen sie zeigt.[445] Proteste gegen solche Etablissements zeigen sich häufig erst dann, wenn Personen, die Pärchenclubs nach außen scheinbar neutral gegenüberstehen, mit diesen ungewollt in Berührung kommen – so z.b. wenn Eltern erfahren, dass ihr Kind von einer Lehrerin unterrichtet wird, die selbst eine solche Einrichtung betreibt. Bereits das Landesarbeitsgericht Hamm hat in seiner Entscheidung darauf hingewiesen, dass eine konkrete Beeinträchtigung des Arbeitsverhältnisses auch in den negativen Reaktionen der Öffentlichkeit, insbesondere von Kollegen und Eltern, liegen kann.[446] Dies verdeutlicht, dass eine Beeinträchtigung berechtigter Arbeitgeberinteressen auch aus den zwischen Haupt- und Nebentätigkeit bestehenden charakterlichen Unterschieden resultieren kann.

Viele Menschen empfinden das sexuelle Geschehen in Swingerclubs als schamverletzend und moralisch anstößig. Daher ist bei einem Zusammentreffen der genannten Tätigkeiten zu erwarten, dass der überwiegende Teil der Eltern und Kollegen einer solchen Nebentätigkeit ablehnend gegenüber stehen wird. Vor allem Eltern, deren Kinder verhältnismäßig viel Zeit mit der Lehrerin verbringen, könnten eine negative Einflussnahme auf ihre Kinder befürchten. So kann sich die Ablehnung der Eltern gegenüber der Lehrerin auch auf die Kinder übertragen, womit wiederum Störungen im Unterrichtsablauf wahrscheinlich sind. Schließlich könnten Eltern eine Schulversetzung des Kindes anstreben.

Dem kann entgegengehalten werden, dass zwischen außerdienstlichem Verhalten und beruflicher Tätigkeit kein unmittelbarer Zusammenhang besteht. Allein private Vorlieben und Interessen bedingen nicht zwingend eine mangelnde fachliche Eignung. Insbesondere könnte man auch einer Grundschullehrerin wohl kaum den privaten Besuch entsprechender Etablissements verbieten. Dem lässt sich wiederum entgegenhalten, dass das Betreiben eines Swingerclubs einschließlich Betätigung wohl ein „Mehr" gegenüber dem „bloßen" Besuchen ist.

---

[444] So auch das BVerwG, Urt. v. 6.11.2002 – 6 C 16.02 – GewArch 2003, 122; VGH Bayern, Urt. v. 29.4.2002 – 22 B 01.3183 – GewArch 2002, 296; *Stollenwerk*, GewArch 2000, 317 (319).

[445] Dies kann vermutlich darauf zurückgeführt werden, dass diejenigen, die Swingerclubs als anstößig bewerten, ihnen nach außen hin gleichgültig gegenüberstehen, solange sie nicht unmittelbar durch solche Clubs gestört werden. Swingerclubs werden geduldet, soweit man von dem Geschehen dort, unbehelligt bleibt.

[446] LAG Hamm, Urt. v. 19.1.2001 – 5 Sa 491/00 – ArbuR 2002, 433 (434); vergleichbar: *Motzer*, Die positive Vertragsverletzung des Arbeitnehmers, S. 111: Der Ruf eines Betriebes sei auch von den dort tätigen Arbeitnehmern abhängig.

Auch ist die Wahrscheinlichkeit der Kenntniserlangung durch die Öffentlichkeit beim Betreiben eines Pärchenclubs höher.

Bei diesem Beispielsfall treten vor allem moralische Aspekte in den Vordergrund. Die Problematik des Falles resultiert aus den unterschiedlichen Moralvorstellungen in der Bevölkerung. Aufgrund der außergewöhnlichen Konstellation ist zu befürchten, dass ein Großteil der Eltern an einer solchen Nebentätigkeit Anstoß nehmen wird. Aufgrund der bei Eltern und Kollegium zu befürchtenden Reaktionen und der damit verbundenen potentiellen Störungen im Schulablauf muss das Nebentätigkeitsrecht der Lehrerin aus Art. 12 Abs. 1 GG hinter den Interessen des Schulträgers zurücktreten. Wegen der genannten Bedenken sind beide Tätigkeiten nicht miteinander zu vereinbaren.

ff) Heimerzieherin mit Nebentätigkeit als Astrologin

Fall: Die Heimerzieherin S möchte eine Nebentätigkeit als Astrologin ausüben. Im Rahmen dieser Tätigkeit sollen Horoskope erstellt und astrologische Beratungen durchgeführt werden. Wie ist eine solche Nebentätigkeit zu beurteilen?[447]

Die Aufgaben eines Heimerziehers sind weitreichend.[448] Neben dem Abbau von Verhaltensauffälligkeiten sollen sie die Kinder und Jugendlichen dabei unterstützen, Selbständigkeit und Verantwortungsgefühl zu gewinnen. Als weitgestecktes Ziel steht die Integration in die Gesellschaft.[449] Inwieweit Erziehung gelingt, hängt auch davon ab, ob ein Kind sich mit dem/der Erzieher/in identifizieren kann.[450] Voraussetzung hierfür ist eine intensive Beziehung zum Kind und die Schaffung eines Vertrauensverhältnisses zwischen Erzieher und Jugend-

---

[447] Fall in Anlehnung an: BAG, Urt. v. 7.12.1989 – 6 AZR 241/88 – ZTR 1990, 379 (380): Ein Mitarbeiter der Jugendgerichtshilfe plante, sich zukünftig hauptberuflich einer astrologischen Beratertätigkeit zuzuwenden und wollte diese zur Überbrückung der Anlaufphase zunächst als Nebentätigkeit ausüben. – Das BAG folgte der Ansicht des LAG, wonach eine Nebentätigkeit als astrologischer Berater mit den Aufgaben eines Jugendgerichtshelfers nicht zu vereinbaren sei. Dem Jugendgerichtshelfer obliege die erzieherische Betreuung jugendlicher Straftäter. Er habe sie zu unterstützen, zu beraten und ihre Wiedereingliederung in die Gemeinschaft zu fördern. Um diesen Aufgaben erfolgversprechend nachkommen zu können, seien Jugendgerichtshelfer in besonderem Maße darauf angewiesen, von den zu betreuenden Jugendlichen angenommen zu werden, was die Schaffung eines Vertrauensverhältnisses voraussetze. Die beabsichtigte Nebentätigkeit lasse aufgrund der „erforderlichen intensiven Beschäftigung mit den Jugendlichen und der Ausleuchtung ihrer Persönlichkeit sowie ihres engsten persönlichen Lebenskreises die berechtigte Besorgnis einer nachhaltigen Beeinträchtigung dienstlicher Interessen aufkommen."

[448] Siehe oben: § 6 IV 3 b dd).

[449] *Kindschuh-van Roje*, Der Erzieher im Heim, S. 32/33.

[450] Vorwort zu *Kindschuh-van Roje*, Der Erzieher im Heim, S. 9.

lichem. Fraglich ist, ob eine Nebentätigkeit als astrologische Beraterin mit der Erziehertätigkeit zu vereinbaren ist.

Eine Nebentätigkeit ist unzulässig, wenn durch sie berechtigte Arbeitgeberinteressen beeinträchtigt werden. Im geschilderten Beispielsfall kann durch die angestrebte Nebentätigkeit das Vertrauen in die ordnungsgemäße Aufgabenerfüllung als Erzieherin erschüttert werden. Es stellt sich die Frage, ob eine astrologische Beratertätigkeit mit den verantwortungsvollen Aufgaben eines Heimerziehers zu vereinbaren ist. Für eine erfolgreiche Erziehertätigkeit ist es notwendig, zu den betreuten Kindern ein Vertrauensverhältnis aufzubauen. Der Erzieher hat sich dabei vor allem mit der Persönlichkeit des Kindes und dessen Umfeld zu befassen. Aufgrund dieser intensiven Beschäftigung mit der Persönlichkeit der Kinder und Jugendlichen sind Beeinträchtigungen nicht auszuschließen.[451] So wäre denkbar, dass S sich bei der Wahrnehmung ihrer erzieherischen Aufgaben astrologischer Mittel bedient, was bei Kollegen, Eltern aber auch den Heimbewohnern selbst auf Ablehnung stoßen kann. Insbesondere können Horoskope zu Verunsicherungen bei den Kindern führen mit der Folge, dass erhebliche Vertrauensstörungen auftreten, die ein Erreichen der angestrebten Ziele erschweren oder gar unmöglich machen.

Im Interesse ihrer Aufgaben und Ziele muss eine Heimerzieherin darauf bedacht sein, dass durch ihr Auftreten das Vertrauensverhältnis zu den betreuten Kindern und Jugendlichen sowie deren Eltern nicht beeinträchtigt wird. Um mögliche Probleme und Missverständnisse gar nicht erst aufkommen zu lassen, sollte eine solche Nebentätigkeit daher unterlassen werden.

gg) Zwischenergebnis

Die Beispiele sollen die Problematik sog. Nebentätigkeiten mit zweifelhaftem gesellschaftlichem Stellenwert verdeutlichen. Arbeitgeber befürchten nicht selten eine Beeinträchtigung ihres Betriebsansehens, wenn ihre Mitarbeiter mit derartigen Tätigkeiten in Verbindung gebracht werden. Trotz der veränderten moralischen Vorstellungen in der heutigen Gesellschaft haftet bestimmten Tätigkeiten auch heute noch ein zweifelhafter Ruf an. Solche Nebentätigkeiten können beim Arbeitgeber und bei Dritten zu Zweifeln an der Geeignetheit des Arbeitnehmers zur Erfüllung der im Hauptarbeitsverhältnis geschuldeten Leistungen führen. Insoweit kann sich bei sittlich und moralisch bedenklichen Aktivitäten aus der Kombination beider Tätigkeiten in besonders extremen Fällen die Unzulässigkeit der Nebentätigkeit ergeben.

---

[451] Ähnlich auch das BAG, Urt. v. 7.12.1989 – 6 AZR 241/88 – ZTR 1990, 379 (380).

e) Ergebnis zu Vertrauensbeeinträchtigungen

Die Unzulässigkeit einer Nebentätigkcit kann daraus resultieren, dass durch sie das Vertrauensverhältnis zwischen den Vertragsparteien oder die Wahrnehmung des Arbeitgebers in der Öffentlichkeit beeinträchtigt wird. Die negative Wahrnehmung hat regelmäßig Ansehensverluste des Arbeitgebers und damit wirtschaftliche Einbußen zur Folge. Aus folgenden Aspekten können sich Vertrauensstörungen oder eine Ansehensgefährdung und damit die Unzulässigkeit einer Nebentätigkeit ergeben:

a) Interessenkonflikt zwischen Haupt- und Nebentätigkeit,
b) konträre Zielsetzungen in Haupt- und Nebentätigkeit,
c) Entwertung, der im Hauptarbeitsverhältnis erbrachten Leistung und
d) fragwürdiger gesellschaftlicher Stellenwert der Nebentätigkeit und die daraus resultierende Unvereinbarkeit beider Tätigkeiten.

Die Unvereinbarkeit von Haupt- und Nebentätigkeit muss aus Sicht eines objektiven Dritten nachvollziehbar sein; bloß subjektive Meinungen Einzelner genügen nicht. Als Ausfluss arbeitsvertragsimmanenter Nebenpflichten hat der Arbeitnehmer auf schutzwürdige Belange des Arbeitgebers Rücksicht zu nehmen. Insofern hat er auch außerdienstlich Tätigkeiten zu unterlassen, die geeignet sind, das Vertrauensverhältnis zum Arbeitgeber oder der Öffentlichkeit zu beeinträchtigen. Arbeitnehmer, die mit dem Betrieb des Hauptarbeitgebers identifiziert werden und durch ihre Nebentätigkeit die Wahrnehmung des Betriebes in der Öffentlichkeit schmälern, verhalten sich nicht loyaler als solche Arbeitnehmer, die das Ansehen des Arbeitgebers direkt schädigen, beispielsweise durch provokante Meinungsäußerungen.[452] Zur Rechtfertigung eines vertragsimmanenten Nebentätigkeitsverbotes bedarf es einer gründlichen Abwägung der beiderseitigen Interessen. Ein Nebentätigkeitsverbot wird nur in besonders krassen Fällen anzunehmen sein.

4. Zusammenfassendes Ergebnis zu den Fallgruppen

Arbeitnehmer haben grundsätzlich das Recht, nach freiem Belieben neben ihrer Haupttätigkeit eine weitere Erwerbstätigkeit in Form einer Nebentätigkeit aufzunehmen. Den Arbeitnehmer treffen aber außer der Hauptleistungspflicht zahlreiche Nebenpflichten. Er hat auf berechtigte Interessen des Arbeitgebers Rücksicht zu nehmen und damit solche Verhaltensweisen zu unterlassen, die schützenswerte Arbeitgeberinteressen unmittelbar beeinträchtigen. Eine Nebentätigkeit kann unter bestimmten Umständen trotz an und für sich ordnungsgemäßer Leistungen im Hauptarbeitsverhältnis unzulässig sein. Einschränkungen des Ne-

---

[452] *Daum*, Außerdienstliche Verhaltenspflichten des Arbeitnehmers, S. 117.

bentätigkeitsrechts werden unter verschiedenen Gesichtspunkten diskutiert. Berücksichtigungsfähig sind dabei die *künftige Leistungsfähigkeit des Arbeitnehmers, wirtschaftliche Interessen des Arbeitgebers* und das *Vertrauensverhältnis zwischen Arbeitgeber, Arbeitnehmer und Öffentlichkeit.*

§ 7 Gesamtergebnis: Arbeitsvertragsimmanente Nebentätigkeits-grenzen

Die wirtschaftlichen Entwicklungen in den letzten Jahren haben dazu geführt, dass immer mehr Arbeitnehmer neben ihrem Beruf einer zusätzlichen Nebenbeschäftigung nachgehen. In diesem Zusammenhang häufen sich die Probleme und Konflikte. Dem Interesse des Arbeitnehmers an einer freien Verwertung seiner Arbeitskraft auch außerhalb des Hauptarbeitsverhältnisses steht das Arbeitgeberinteresse an dessen störungsfreier Durchführung gegenüber. Das Grundrecht der Berufsfreiheit gemäß Art. 12 Abs. 1 GG gewährleistet dem Arbeitnehmer das Recht, neben seinem Hauptberuf einer oder mehreren Nebentätigkeiten nachzugehen.[453] Denn mit Abschluss des Arbeitsvertrages verpflichtet sich der Arbeitnehmer nur zur Leistungserbringung im Rahmen der vereinbarten Zeit. Die Gestaltung der arbeitsfreien Zeit steht ihm grundsätzlich frei. Das Recht zur Nebentätigkeitsausübung besteht aber nicht uneingeschränkt. Grenzen ergeben sich auch ohne vertragliche Vereinbarung aus dem Arbeitsverhältnis selbst.

Die arbeitsvertragsimmanenten Nebentätigkeitsgrenzen ergeben sich zum einen aus der arbeitsvertraglichen Hauptleistungspflicht und darüber hinaus aus den sog. vertragsimmanenten Nebenpflichten. Eine Nebentätigkeit ist unzulässig, wenn durch sie berechtigte Interessen des Arbeitgebers beeinträchtigt werden. Ein Arbeitgeberinteresse ist berechtigt, wenn durch die Nebentätigkeit betriebliche Belange erheblich verletzt werden und das Arbeitgeberinteresse an der Nichtausübung der Nebentätigkeit gegenüber dem Arbeitnehmerinteresse überwiegt. Dies ist beispielsweise der Fall, wenn der Arbeitnehmer aufgrund der Doppelbelastung nicht mehr in der Lage ist, den Anforderungen im Hauptarbeitsverhältnis gerecht zu werden und es stattdessen zu erheblichen *Nicht- oder Schlechtleistungen* kommt. Selbst, wenn der Arbeitnehmer seine Arbeitsleistung an sich ordnungsgemäß erbringt, können der Nebentätigkeit dennoch berechtigte Arbeitgeberinteressen entgegenstehen.

In jedem Arbeitsverhältnis ergeben sich für die Vertragsparteien aus §§ 241 Abs. 2, 242 BGB weitere Nebenpflichten. Diese bezwecken die reibungslose Durchführung des Arbeitsverhältnisses. Darüber hinaus verpflichten sie den Arbeitnehmer, auf schutzwürdige Interessen des Arbeitgebers Rücksicht zu nehmen, d.h. die im Zusammenhang mit dem Arbeitsverhältnis stehenden Interessen und Belange des Arbeitgebers zu wahren.[454] Hinsichtlich der Pflichtenintensität

---

[453] Das Recht auf Ausübung nichtberuflicher, weil nicht dauerhaft ausgeübter Nebentätigkeiten ergibt sich aus Art. 2 Abs. 1 als Teil der allgemeinen Handlungsfreiheit. Das gleiche gilt für Arbeitnehmer, die nicht Deutsche i.S. des Art. 116 GG sind.

[454] Generell schutzwürdig auf Seiten des Arbeitgebers sind neben dem Leistungsinteresse, das Vermögensschutz-, das Integritäts- und das Loyalitätsinteresse. Ersteres bezieht sich

sind die Besonderheiten des jeweiligen Arbeitsverhältnisses angemessen zu berücksichtigen. Aus den vertragsimmanenten Nebenpflichten lassen sich auch
Beschränkungen des Nebentätigkeitsrechts des Arbeitnehmers ableiten. Der Arbeitnehmer ist zur Unterlassung von Verhaltensweisen verpflichtet, die berechtigte Arbeitgeberinteressen beeinträchtigen.

Vertragsimmanente Nebentätigkeitsgrenzen werden unter verschiedenen Gesichtspunkten diskutiert, die jedoch nicht immer ein Nebentätigkeitsverbot
rechtfertigen. Eine Nebentätigkeit kann unzulässig sein, wenn mindestens eines
der folgenden Arbeitgeberinteressen einer Nebentätigkeit entgegensteht und im
konkreten Fall gegenüber dem Arbeitnehmerinteresse an der Nebentätigkeitsausübung überwiegt:

- *Riskante Nebentätigkeiten* mit konkreter Gefahr für den Arbeitnehmer
- *Wettbewerbsinteressen* des Arbeitgebers, insbesondere *Betriebs- und Geschäftsgeheimnisse, Störungen des Betriebsablaufs*
- Störungen im *Vertrauensverhältnis* zwischen Arbeitgeber und Arbeitnehmer bzw. Betrieb und Öffentlichkeit. Diese können sich aus *Interessenkonflikten* und *konträren Zielrichtungen* in Haupt- und Nebentätigkeit
  oder aus dem *zweifelhaften gesellschaftlichen Stellenwert der Nebentätigkeit* ergeben. Sind Haupt- und Nebentätigkeit wegen der bestehenden Gegensätze nicht miteinander in Einklang zu bringen, besteht die Gefahr
  einer Ansehensgefährdung des Arbeitgebers. Gleiches gilt bei Nebentätigkeiten, durch die der Arbeitnehmer faktisch seine *Arbeitsleistung im
  Hauptarbeitsverhältnis entwertet.*

Als berechtigtes Arbeitgeberinteresse kommen alle Umstände in Betracht, die
für den Bestand und die Verwirklichung der Ziele des Arbeitgebers von Bedeutung sein können. Dazu gehören neben innerdienstlichen auch außerdienstliche
Belange, die für eine störungsfreie Durchführung des Arbeitsverhältnisses erforderlich sind. Dies ist sehr weitgehend. Die geltend gemachten Interessen müssen
aus Sicht eines objektiven Dritten nachvollziehbar sein. Stets hat eine gründliche
Abwägung der entgegen gesetzten Interessen von Arbeitgeber und Arbeitnehmer
stattzufinden. Soweit durch die Nebentätigkeit geschäftliche Einbußen zu erwarten sind oder sich für den Hauptarbeitgeber massive Zweifel an der fachlichen
Eignung des Arbeitnehmers ergeben, muss das Nebentätigkeitsrecht des Arbeitnehmers hinter den schutzwürdigen Interessen des Arbeitgebers zurücktreten.

---

darauf, dass der Arbeitnehmer durch sein Verhalten im Betrieb das Vermögen des Arbeitgebers nicht verletzt. Das Integritätsinteresse umfasst die reibungslose Integration des
Arbeitnehmers in den Betrieb und den Arbeitsablauf. Das Loyalitätsinteresse schließlich
zielt darauf ab, dass der Arbeitnehmer nicht den Interessen des Betriebes zuwiderhandelt,
vgl.: *Otto*, Wegfall des Vertrauens, S. 103 ff.

Abschließend sollen in einer Übersicht noch einmal die diskutierten Fallgruppen und die Fälle vertragsimmanenter Nebentätigkeitsverbote zusammengefasst werden.

Fallgruppen	Vertragsimmanentes Verbot
Beeinträchtigung der Hauptleistungspflicht	
Erhebliche Nicht- oder Schlechtleistungen	+
Nebenpflichten des Arbeitnehmers als Nebentätigkeitsgrenze	
Gefährdung der künftigen Leistungsfähigkeit	
Langfristig ausgeübte Nebentätigkeit	–
Gleichartigkeit von Haupt- und Nebentätigkeit	–
Riskante und gefährliche Nebentätigkeiten	+
Beeinträchtigung wirtschaftlicher Interessen	
Konkurrierende Nebentätigkeit	+
Verwertung von Betriebsgeheimnissen	+
Störungen des betrieblichen Ablaufs	+
Vertrauensbeeinträchtigungen und Ansehensgefährdung	
Interessenkollisionen/fehlende Neutralität	+
Konträre Zielrichtungen in Haupt- und Nebentätigkeit	+
Entwertung der Leistung im Hauptarbeitsverhältnis	+
Zweifelhafter gesellschaftlicher Stellenwert	+/–

3. Teil: Arbeitsvertraglich vereinbarte Nebentätigkeitsbeschränkungen

Im folgenden Teil soll untersucht werden, inwieweit die Arbeitsvertragsparteien in den Arbeitsvertrag Klauseln aufnehmen können, die das Recht zur Ausübung einer Nebentätigkeit beschränken. Zugleich stellt sich die Frage, inwieweit arbeitsvertragliche Regelungen rechtlich überprüft werden können.

In der arbeitsrechtlichen Praxis finden sich Nebentätigkeitsklauseln unterschiedlicher Intensität. Diese verschiedenen Klauseltypen werden dargestellt und rechtlich bewertet. Dabei ist zu prüfen, inwiefern durch die nunmehr auch im Arbeitsrecht vorzunehmende Inhaltskontrolle Änderungen bei den Nebentätigkeitsklauseln bestehen.

§ 8 Privatautonomie und Nebentätigkeitsklauseln

Im deutschen Arbeitsrecht fehlen gesetzliche Normen, die ausdrücklich die Ausübung von Nebentätigkeiten durch einen in der Privatwirtschaft tätigen Arbeitnehmer regeln.[455] Nur im ArbZG, in § 60 HGB und in § 8 BUrlG finden sich Vorschriften, die das Recht zur Nebentätigkeitsausübung unter gewissen Voraussetzungen begrenzen. Trotz der nur wenigen gesetzlichen Regelungen ist das Nebentätigkeitsrecht dennoch kein „rechtsfreier Raum". Aus den einem jeden Arbeitsverhältnis immanenten Nebenpflichten ergeben sich für den Arbeitnehmer bestimmte Verhaltens- bzw. Unterlassungspflichten.[456] Da diese Grenzen nicht ausdrücklich gesetzlich festgehalten sind und es aufgrund dessen zu Rechtsunsicherheiten im Arbeitsverhältnis kommen kann, ist es empfehlenswert, im Arbeitsvertrag eine Regelung zur Frage der Nebentätigkeitsausübung zu treffen.

Das Spektrum Nebentätigkeiten betreffender Klauseln in Arbeitsverträgen reicht von Verboten über Genehmigungsvorbehalte bis hin zu bloßen Anzeigepflichten. Bei dem vom Institut für Arbeits- und Sozialrecht an der Universität Köln mit Unterstützung der Fritz-Thyssen-Stiftung durchgeführten Forschungsprojekt

---

[455] D.h. es gibt keine gesetzliche Vorschrift die ausdrücklich klarstellt, dass Arbeitnehmern grundsätzlich das Recht zusteht, eine Nebentätigkeit auszuüben. Auch gibt es keine gesetzliche Regelung, die ausspricht, dass Nebentätigkeiten dann unzulässig sind, wenn durch sie berechtigte betriebliche Arbeitgeberinteressen beeinträchtigt werden.

[456] Inwieweit sich hieraus Beschränkungen des Nebentätigkeitsrechts ergeben, ist im 2. Teil ausführlich untersucht worden.

zur Vertragsgestaltung im Arbeitsrecht[457] ergab eine Untersuchung von über 900 Arbeitsvertragsmustern, dass ein Großteil der Arbeitsverträge eine Nebentätigkeitsklausel enthielten. So fanden sich in knapp 50 % der Arbeitsverträge von gewerblichen Arbeitnehmern Nebentätigkeitsverbote, bei Führungskräften waren es sogar bis zu 75 %.[458] Vor allem Arbeitgeber sind daran interessiert, in den Arbeitsvertrag eine Nebentätigkeitsklausel aufzunehmen. Sie stehen der Nebentätigkeit von Arbeitnehmern oftmals kritisch gegenüber, weil sie durch die berufliche Doppelbelastung Störungen im Hauptarbeitsverhältnis befürchten. Nicht selten sehen sie darüber hinaus durch die Art der ausgeübten Nebentätigkeit ihre betrieblichen Interessen bedroht. Arbeitgeber sind daher grundsätzlich bestrebt, in den Arbeitsvertrag Klauseln aufzunehmen, die die Ausübung von Nebentätigkeiten verbieten oder diese zumindest von ihrer Zustimmung abhängig machen. Inwieweit die Vereinbarung von Nebentätigkeitsklauseln im Arbeitsvertrag zulässig ist, wird im Folgenden untersucht.

I. Zulässigkeit weitergehender vertraglicher Nebentätigkeitsregelungen?

Das deutsche Zivilrecht ist geprägt vom Grundsatz der Privatautonomie. Die Privatautonomie bezeichnet die Freiheit des Einzelnen, die ihn betreffenden Rechtsverhältnisse innerhalb der von der Rechtsordnung anerkannten Möglichkeiten selbständig zu regeln.[459] Die wichtigste Ausprägung der Privatautonomie ist die Vertragsfreiheit. Sie bildet nicht nur das Fundament des Schuldvertragsrechts allgemein, sondern ist auch die Grundlage des Arbeitsvertragsrechts.[460] Sie gewährleistet jedem das Recht, frei zu entscheiden, ob und mit wem er einen Vertrag schließt und wie dieser inhaltlich ausgestaltet wird. Privatautonomie und Vertragsfreiheit sind damit Grundpfeiler des Arbeitsvertragsrechts.

Jedes Schuldverhältnis ist in erster Linie durch die beiderseitigen Hauptleistungspflichten geprägt. Darüber hinaus sind jedem Schuldverhältnis gegenseitige Pflichten der Rücksichtnahme, des Schutzes und der Förderung des Vertragszwecks immanent, die aus §§ 241 Abs. 2, 242 BGB hergeleitet werden. Die inhaltliche Konkretisierung derartiger Nebenpflichten ist Aufgabe der Vertrags-

---

[457] Siehe dazu: *Hanau/Preis*, Arbeitsvertrag, I B, Rn. 1; Preis-*Preis*, Arbeitsvertrag, I B, Rn. 1/2.

[458] Preis-*Preis*, Arbeitsvertrag, I B, Rn. 46.

[459] *Boemke*, NZA 1993, 532; Kittner/Zwanziger-*Becker*, § 31, Rn. 1; Palandt-*Heinrichs*, Einf. v. § 145, Rn. 7; *Dieterich*, Grundgesetz und Privatautonomie im Arbeitsrecht, S. 15; BVerfG, Beschl. v. 13.5.1986 – 1 BvR 1542/84 – BVerfGE 72, 155 (170); BVerfG, Beschl. v. 7.2.1990 – 1 BvR 26/84 – BVerfGE 81, 242 (254); BVerfG, Beschl. v. 19.10.1993 – 1 BvR 567, 1044/89 – BVerfGE 89, 214 (231); BAG, Urt. v. 16.3.1994 – 5 AZR 339/92 – NZA 1994, 937 (939).

[460] *Junker*, Grundkurs Arbeitsrecht, Rn. 17.

gestaltung.[461] In immer mehr Arbeitsverhältnissen spielt die Aufnahme und Ausübung von Nebentätigkeiten eine Rolle.[462] Dies ist ein weiterer Grund, weshalb in vielen Arbeitsverträgen Klauseln zu finden sind, die sich mit der Ausübung von Nebentätigkeiten befassen.

Arbeitsrecht ist Vertragsrecht.[463] Es ist daher anerkannt, dass es einen vertraglichen Gestaltungsspielraum für Nebenpflichten geben muss. Unbestritten ist, dass es aufgrund fehlender gesetzlicher Vorschriften den Parteien obliegt, das Recht der Nebentätigkeitsausübung im Arbeitsvertrag selbst zu regeln. Jedoch ist nicht einheitlich geklärt, *inwieweit* das Recht zur Ausübung einer Nebentätigkeit arbeitsvertraglich beschränkt werden kann. Die Bandbreite der hierzu vertretenen Meinungen ist weit. Sie reicht von der Annahme völliger Vertragsfreiheit bis hin zu der Auffassung, Nebenpflichten betreffende Vertragsklauseln hätten nur deklaratorische Wirkung.

1. Enge Auffassung: Nur deklaratorische Klauseln zulässig

Zum Teil ist die Ansicht vertreten worden, eine vertragliche Regelung könne nur deklaratorisch das bestätigen, was ohnehin durch das Gesetz bzw. die vertragsimmanenten Nebenpflichten gilt.[464] Für die Problematik der Nebentätigkeitsklauseln im Arbeitsvertrag bedeutet dies, dass individualvertraglich nichts vereinbart werden kann, was über eine Konkretisierung der vertragsimmanenten Nebentätigkeitsgrenzen oder eine Wiedergabe der gesetzlichen Vorschriften hinausgeht. Die vertragliche Erweiterung von Nebentätigkeiten betreffenden

---

[461] *Preis*, Grundfragen der Vertragsgestaltung, S. 517.

[462] Siehe dazu die Ausführungen in der Einleitung § 1.

[463] *Staudinger-Richardi*, Vorbem. zu § 611 ff., Rn. 110; *Preis*, Grundfragen der Vertragsgestaltung, S. 518.

[464] *Wank*, Nebentätigkeit, Rn. 375; *ders.*, AR-Blattei SD – Nebentätigkeit, Rn. 149; *Oligmüller*, Nebentätigkeitsproblematik im Individualarbeitsrecht, S. 104 f.: Der dem Nebentätigkeitsverbot immanente Eingriff in die Freiheit des Arbeitnehmers finde „seine substanzielle Rechtfertigung in dem Sinn und Zweck des Arbeitsverhältnisses, der Natur der Sache und den arbeitsrechtlichen Gesamtzusammenhängen. Das bedeutet, dass Beeinträchtigungen von Arbeitgeberinteressen, welche allein den Ausschluss von Nebentätigkeiten rechtfertigen, nur anzuerkennen sind, wenn der Arbeitnehmer mit der Nebentätigkeit gleichzeitig auch gegen Schranken verstößt, die sich aus dem Arbeitsverhältnis selbst ergeben und diesem immanent sind. Oder anders ausgedrückt: es wird unwiderleglich vermutet, dass nur eine gegen immanente Schranken des Arbeitsverhältnisses verstoßende Nebentätigkeit zu einer relevanten Beeinträchtigung der Arbeitgeberinteressen führt, darüber hinaus aber eine solche Beeinträchtigung nicht vorliegt. [...] Verstößt eine Nebentätigkeit nicht gegen solche Schranken, ist sie mithin erlaubt, dann kann und darf sie nicht mit dem Argument der Beeinträchtigung von Arbeitgeberinteressen vertraglich ausgeschlossen werden."

Beschränkungen über die allgemein anerkannten Grenzen hinaus scheidet nach dieser Auffassung aus.[465]

Der Grund für diese Argumentation wurde in der unterschiedlichen Verhandlungsposition von Arbeitgeber und Arbeitnehmer gesehen. Wer davon ausgeht, dass beim Vertragsschluss aufgrund der überlegenen Stellung des Arbeitgebers ein sachgerechter Interessenausgleich nicht gewährleistet ist, weil dieser vertragliche Nebentätigkeitsklauseln faktisch einseitig bestimmen kann, und dass diese „Ungleichgewichtslage eine richterliche Korrektur in dem Ausmaß erzwingt, der auch ohne vertragliche Regelung besteht, lässt nur deklaratorische Klauseln zu."[466] *Wank* gelangt bei seiner Untersuchung verschiedener Nebentätigkeitsklauseln zu dem Ergebnis, dass sowohl vertragliche Nebentätigkeitsverbote als auch vereinbarte Anzeigepflichten nur insoweit zulässig seien, wie sie sich bereits aus den vertragsimmanenten Nebenpflichten ergeben.[467] Individualvertraglich könne somit nur das deklaratorisch vereinbart werden, was ohnehin kraft Gesetzes bzw. kraft der arbeitsvertragsimmanenten Grenzen gelte. Im Arbeitsvertrag seien demnach nur deklaratorische Nebentätigkeitsklauseln zulässig.

Eine solche Auffassung erscheint in mehrfacher Hinsicht problematisch. Ließe man von vornherein nur Klauseln zu, die deklaratorisch das bestätigen, was ohnehin kraft Gesetzes gilt, so widerspräche dies der Privatautonomie und der Vertragsfreiheit.[468] Die Vertragsfreiheit soll es den Vertragsparteien gerade ermöglichen, unabhängig und selbständig ihrem Vertragsverhältnis angepasste Regelungen in den Vertrag aufzunehmen. Dazu gehört auch das Recht, mit dem Arbeitnehmer Beschränkungen in Form von Nebentätigkeitsverboten zu vereinbaren. Auch sei es fatal, „aus der mehr oder weniger zufälligen Deckungsgleichheit einiger allgemeiner Rechtsgrundsätze und noch zulässiger Vereinbarungen" die Auffassung herzuleiten, „im Bereich der Nebenpflichten sei de facto

---

[465] *Oligmüller*, Nebentätigkeitsproblematik im Individualarbeitsrecht, S. 104 f.; *Wank*, Nebentätigkeit, Rn. 375; *Böckel*, Moderne Arbeitsverträge, S. 31: „Vertragswidrig kann eine Nebentätigkeit nur sein, wenn sie die volle Arbeitskraft des Arbeitnehmers beeinträchtigt, zeitlich mit der Haupttätigkeit kollidiert oder eine Verletzung des Wettbewerbsverbotes bedeuten würde. Nur in diesem Rahmen ist eine Nebentätigkeit nicht zulässig, folglich kann sie auch nur in diesem Umfange vertraglich verboten [...] werden."

[466] So formuliert es MüArbR-*Blomeyer*, § 55, Rn. 26. Er betont jedoch zugleich, dass dieser Auffassung nicht generell, sondern allenfalls punktuell gefolgt werden könne. Für die Zulässigkeit lediglich deklaratorischer Klauseln hat sich hingegen *Wank*, Nebentätigkeit, Rn. 363, 375 ausgesprochen.

[467] *Wank*, Nebentätigkeit, Rn. 368-375; ebenso: *Oligmüller*, Nebentätigkeitsproblematik im Individualarbeitsrecht, S. 104 f.

[468] *Bock*, Doppelarbeitsverhältnis, S. 70; *Glöckner*, Nebentätigkeitsverbote im Individualarbeitsrecht, S. 137; *Wisskirchen*, Außerdienstliches Verhalten von Arbeitnehmern, S. 106.

158

kein Raum für eigenständige, konstitutive Regelungen."[469] Die im deutschen Zivilrecht bestehende Vertragsgestaltungsfreiheit steht einer solchen Auffassung entgegen. Zwar können die vereinbarten Schranken mit den allgemeinen Grenzen der Nebentätigkeit identisch sein, zwingend ist dies jedoch nicht.[470] Häufig haben Nebentätigkeitsklauseln nur deklaratorischen Charakter; gleichwohl kann daraus nicht die Unzulässigkeit konstitutiver, d.h. über die gesetzlichen und vertragsimmanenten Grenzen hinausgehender Klauseln geschlossen werden. Festzuhalten bleibt, dass aufgrund der Vertragsgestaltungsfreiheit Arbeitgeber und Arbeitnehmer grundsätzlich das Recht haben, Nebentätigkeitsbeschränkungen zu treffen, die über den sich aus Gesetz oder vertragsimmanenten Schranken ergebenden Inhalt hinausgehen.

2. Weite Auffassung: Völlige Vertragsfreiheit

Auf einem zur vorherigen Ansicht konträren Standpunkt stehen die Vertreter der folgenden Auffassung. Ihrer Argumentation liegen die das deutsche Privatrecht beherrschende Privatautonomie und die sich aus ihr ergebende Vertragsfreiheit zugrunde.[471] Aufgrund der Vertragsfreiheit habe jedermann das Recht, frei zu entscheiden, ob und mit wem ein Vertrag geschlossen und wie dieser inhaltlich ausgestaltet werde. Folglich solle es auch den Arbeitsvertragsparteien freistehen, ihren Vorstellungen entsprechende Nebentätigkeitsklauseln in den Arbeitsvertrag aufzunehmen. Arbeitgeber und Arbeitnehmer hätten somit das Recht, Regelungen über die Zulässigkeit der Aufnahme einer Nebentätigkeit zu treffen und „diesen Vereinbarungen einen beliebigen weiteren oder engeren Inhalt zu geben."[472] Jedoch sei zu berücksichtigen, dass die vertraglichen Absprachen nicht zu einer wirtschaftlichen Knebelung des Arbeitnehmers führen dürften.[473] Die Grenze vertraglicher Nebentätigkeitsbeschränkungen bestünde damit allein in der Sittenwidrigkeit nach § 138 BGB.[474]

Diese Auffassung ist inzwischen historisch und wird nicht mehr vertreten. Sie betonte die Vertragsfreiheit und stellte es den Parteien weitgehend frei, Nebentätigkeitsbeschränkungen in den Vertrag aufzunehmen. Grenze war allein das Verbot der wirtschaftlichen Knebelung des Arbeitnehmers, § 138 BGB. Da Sit-

---

[469] *Preis*, Grundfragen der Vertragsgestaltung, S. 519.

[470] MüArbR-*Blomeyer*, § 55, Rn. 27; *Bock*, Doppelarbeitsverhältnis, S. 75.

[471] *Gift*, BB 1959, 43 (44); *Rewolle*, BB 1959, 670 (671); *Callam*, Arbeitsrechtliche Probleme mehrfacher Erwerbstätigkeit von Arbeitnehmern, S. 109.

[472] *Gift*, BB 1959, 43 (44); So sieht es wohl auch *Rewolle*, BB 1959, 670 (671), der unter Bezugnahme auf *Gift* ausführte, dass sich jeder Arbeitnehmer aufgrund der Vertragsfreiheit dazu verpflichten könne, jede Nebentätigkeit zu unterlassen.

[473] *Gift*, BB 1959, 43 (44).

[474] *Callam*, Arbeitsrechtliche Probleme mehrfacher Erwerbstätigkeit von Arbeitnehmern, S. 109; *Wehr*, AuSozPol 1960, 265 (267).

tenwidrigkeit nur in seltenen Fällen anzunehmen war, ergab sich folglich ein sehr weitreichender Freiraum für die Vertragsgestaltung im Bereich der Nebentätigkeitsklauseln.[475] Die Annahme einer derart weitreichenden Gestaltungsfreiheit ist mit der heutigen Praxis arbeitsrechtlicher Vertragsgestaltung (insbesondere der Verwendung von Formulararbeitsverträgen) und der daraus resultierenden Schutzbedürftigkeit des Arbeitnehmers nicht mehr zu vereinbaren.

3. Vermittelnde und zugleich herrschende Auffassung

Unter Beachtung der arbeitsrechtlichen Vertragsgestaltung hat sich heute eine Auffassung herausgebildet, die den Erfordernissen der Praxis gerecht wird.

Grundlegendes Prinzip des Arbeitsvertragsrechts ist, wie bereits mehrfach betont wurde, die Privatautonomie und die aus ihr abgeleitete Vertragsfreiheit. Die Arbeitsvertragsparteien sollen selbst über die vertragliche Gestaltung ihrer arbeitsrechtlichen Beziehung und das Bestehen besonderer Rechte und Pflichten entscheiden. Im Rahmen der Vertragsgestaltungsfreiheit haben sie damit auch das Recht, Nebentätigkeitsklauseln in den Vertrag aufzunehmen, die über die bestehenden gesetzlichen und vertragsimmanenten Grenzen hinausgehende Beschränkungen beinhalten können.[476] Jedoch besteht die Möglichkeit der Beschränkung des dem Arbeitnehmer durch Art. 12 Abs. 1 GG gewährleisteten Rechts auf Ausübung einer Nebentätigkeit nicht schrankenlos. Fraglich ist, welche Grenzen hinsichtlich der vertraglichen Gestaltung von Nebentätigkeitsbeschränkungen bestehen. Grundsätzlich müssen arbeitsvertragliche Nebentätigkeitsklauseln verhältnismäßig sein und dürfen den Arbeitnehmer nicht in unzulässigerweise in seinen Rechten beschränken.

An dieser Stelle ist es angebracht, einen Blick auf die Praxis arbeitsrechtlicher Vertragsgestaltung zu werfen. Auf der Ebene des Arbeitsvertrages haben die Vertragsparteien zwei Möglichkeiten, Regelungen über die Rechte und Pflichten im Arbeitsverhältnis zu treffen. Zum einen können sie als gleichwertige Verhandlungspartner den Arbeitsvertrag ausgestalten. Solche individuell ausgehandelten Verträge liegen dann vor, wenn neben dem Arbeitgeber auch der Arbeitnehmer genügend Einfluss besitzt, eigene Vorstellungen und Wünsche im Vertrag zu realisieren.[477] Bei der Beurteilung solch individuell ausgehandelter

---

[475] *Glöckner*, Nebentätigkeitsverbote im Individualarbeitsrecht, S. 140; *Wisskirchen*, Außerdienstliches Verhalten von Arbeitnehmern, S. 106.

[476] *Glöckner*, Nebentätigkeitsverbote im Individualarbeitsrecht, S. 137; *Bock*, Doppelarbeitsverhältnis, S. 70; *Preis*, Grundfragen der Vertragsgestaltung, S. 519; *Schliemann*, in: Das Arbeitsrecht im BGB, § 611, Rn. 719; *Boemke*, Schuldvertrag und Arbeitsverhältnis, S. 349; *Buchner*, Anm. zu BAG, Urt. v. 11.12.2001 – 9 AZR 464/00 – RdA 2003, 177 (179).

[477] *Wisskirchen*, Außerdienstliches Verhalten von Arbeitnehmern, S. 106.

Verträge ist darauf zu achten, dass Indizien vorliegen, die auf eine gleichwertige Verhandlungsposition hindeuten. Ist dies der Fall, so findet die Vertragsfreiheit ihre Grenze in den §§ 134, 138, 242, 315 BGB und den sonstigen Vorschriften zwingenden Rechts.[478]

Die zweite Möglichkeit arbeitsrechtlicher Vertragsgestaltung ist die Verwendung vorformulierter Arbeitsverträge durch den Arbeitgeber. Diese bildet in der gegenwärtigen Arbeitsvertragspraxis die Regel.[479] Individuell ausgehandelte Klauseln und Verträge treten mehr und mehr in den Hintergrund und finden sich praktisch nur noch bei hochqualifizierten, dringend benötigten Spezialisten und einem kleinen Teil der leitenden Angestellten.[480] Der hohe Verbreitungsgrad vorformulierter Vertragsbestimmungen beruht auf unterschiedlichen Faktoren. Zum einen gewährleisten vorformulierte Arbeitsverträge die Gleichbehandlung von Mitarbeitern im Betrieb oder Unternehmen, zum anderen dienen sie der Rationalisierung der Personalarbeit.[481] Oftmals fehlt es aber auch an den für eine individuelle Vertragsgestaltung erforderlichen rechtlichen Kenntnissen.[482]

Allerdings birgt die Verwendung von Formulararbeitsverträgen nicht unerhebliche Risiken für den Arbeitnehmer. Aufgrund der ungleichen Verhandlungsposition besteht die Gefahr der einseitigen Vertragsgestaltung durch den Arbeitgeber, was für den strukturell unterlegenen Arbeitnehmer Fremdbestimmung bedeutet.[483] Es liegt in der Natur der Sache, dass derjenige, der die Vertragsbedingungen bestimmen kann, bestrebt ist, seine eigenen Interessen unter Umständen auch auf Kosten des Vertragspartners durchzusetzen.[484] So besteht vor allem im Bereich der Nebentätigkeiten die Gefahr, dass der Arbeitnehmer durch die

---

[478] Bamberger/Roth-*Grüneberg*, § 241 BGB, Rn. 12; Münch-Komm/*Emmerich*, § 311 BGB, Rn. 9; Erman-*Westermann*, Einl. § 241 BGB, Rn. 11; *Thüsing*, BB 2002, 2666 (2667); *Coester*, Jura 2005, 251 (254).

[479] *Gumpert*, BB 1974, 139; *Fuchs*, BlStSozArbR 1978, 321; Erf-Komm-*Preis*, § 611 BGB, Rn. 257; *Zöllner*, RdA 1989, 152 (154); Nach *Preis*, Grundfragen der Vertragsgestaltung, S. 56 werden schätzungsweise 90 % aller Arbeitsverträge in Form von Formulararbeitsverträgen geschlossen.

[480] *Zöllner*, RdA 1989, 152 (154); Kittner/Zwanziger-*Kittner*, § 13, Rn. 7.

[481] *Gumpert*, BB 1974, 139; Preis-*Preis*, Arbeitsvertrag, I A, Rn. 107-110: Aufgrund der starken Fluktuation von Arbeitskräften werden ständig neue Arbeitsverhältnisse begründet. Zur Kostensenkung ist dabei eine Gleichförmigkeit bei der Begründung von Arbeitsverhältnissen erforderlich, denn kaum ein Betrieb kann es sich leisten, jeden Vertragsschluss mit hohem individuellem Aufwand zu betreiben.

[482] Preis-*Preis*, Arbeitsvertrag, I B, Rn. 3.

[483] BAG, Urt. v. 16.3.1994 – 5 AZR 339/92 – NJW 1994, 937 (939); *Bock*, Doppelarbeitsverhältnis, S. 26; *Thüsing*, BB 2002, 2666; *Bartz*, AuA 2002, 62; *Fuchs*, BlStSozArbR 1978, 321.

[484] *Wisskirchen*, Außerdienstliches Verhalten von Arbeitnehmern, S. 106.

einseitig vom Arbeitgeber vorgegebene Vertragsklausel unzulässigerweise in seinem durch Art. 12 Abs. 1 GG gewährleisteten Nebentätigkeitsrecht beschränkt wird. Zum Schutz des Arbeitnehmers müssen bei der Verwendung vorformulierter Verträge Einschränkungen der Vertragsfreiheit vorgenommen werden. Der Gesetzgeber hat daher im Zuge der Reformierung des Schuldrechts in § 310 Abs. 4 BGB eine Regelung getroffen, wonach die Vorschriften über die Allgemeinen Geschäftsbedingungen, die den Schutz des schwächeren Vertragspartners bezwecken, auch auf Arbeitsverträge anzuwenden sind. Dies hat zur Folge, dass nunmehr auch im Arbeitsrecht eine Inhaltskontrolle vorformulierter Vertragsklauseln gesetzlich normiert ist. Besonders bedeutsam ist dabei die Vorschrift des § 307 BGB, wonach Regelungen in Formularverträgen unzulässig sind, wenn sie eine unangemessene Benachteiligung für den anderen Vertragspartner darstellen.

4. Ergebnis

Aufgrund der Vertragsfreiheit haben die Arbeitsvertragsparteien grundsätzlich das Recht, in ihren Arbeitsvertrag Nebentätigkeitsklauseln aufzunehmen, die über die gesetzlichen und vertragsimmanenten Grenzen hinausgehende Beschränkungen enthalten. Der Vertragsfreiheit sind jedoch Grenzen gesetzt, wenn arbeitsvertragliche Regelungen zu einer unzulässigen Beschränkung von Arbeitnehmerrechten führen. Die Vertragsfreiheit findet ihre Grenze beim individuell ausgehandelten Vertrag in den §§ 134, 138, 242, 315 BGB sowie den sonstigen Vorschriften zwingenden Rechts und beim sog. Formulararbeitsvertrag zudem in der AGB-rechtlichen Inhaltskontrolle.

II. Vertragliche Ausgestaltung des Nebentätigkeitsrechts in der Praxis

Die überwiegende Meinung geht heute davon aus, dass die Vertragsfreiheit als bedeutendes Prinzip des Zivilrechts den Arbeitsvertragsparteien erlaubt, über die gesetzlichen und vertragsimmanenten Grenzen hinausgehende Nebentätigkeitsklauseln in den Arbeitsvertrag aufzunehmen. Von diesem Recht machen vor allem die Arbeitgeber in hohem Maße Gebrauch.

1. Verbreitung von Formulararbeitsverträgen

Wie bereits zuvor erwähnt dominiert in der Praxis arbeitsrechtlicher Vertragsgestaltung der Formulararbeitsvertrag. Die Besonderheit von Formularverträgen besteht darin, dass sie nicht zwischen den Vertragspartnern beim Vertragsabschluss ausgehandelt, sondern vom Arbeitgeber für eine Vielzahl von Vertragsschlüssen unter Berücksichtigung der betrieblichen Interessen ausgearbeitet und dem Bewerber zur Unterschrift vorgelegt werden.[485] In der Regel kann der Bewerber eine Abänderung der Vertragsvorlage nicht erreichen, weil der Arbeitgeber den Vertrag zu anderen als den von ihm vorgelegten Bedingungen nicht abschließen will. Der Arbeitnehmer hat damit nur die Wahl, den Vertrag zu den genannten Bedingungen abzuschließen oder darauf zu verzichten.

2. Verbreitung von Nebentätigkeitsklauseln

Der Arbeitsvertrag ist das Medium, in dem die für das Vertragsverhältnis zwischen Arbeitgeber und Arbeitnehmer wesentlichen Rechte und Pflichten geregelt werden. Neben den beiderseitigen Hauptleistungspflichten werden im Arbeitsvertrag auch Absprachen über Nebenpflichten getroffen. Unter den Begriff der Nebenpflichten fallen all die Pflichten, die sich nicht primär auf die Arbeitsleistung beziehen, sondern die alle sonstigen mit dem Arbeitsverhältnis zusammenhängenden Pflichten betreffen.[486] Sie bezwecken die ungehinderte Durchführung des Arbeitsverhältnisses. Neben diversen Handlungspflichten[487] sind hier vor allem Unterlassungspflichten[488] bedeutsam, zu denen auch die Nebentätigkeitsproblematik zählt.

Vertragliche Einschränkungen von Nebentätigkeiten unterschiedlicher Intensität gehören heute zum Standardinhalt von Formularverträgen. So enthält fast jeder abgeschlossene Arbeitsvertrag eine sog. Nebentätigkeitsklausel.[489] Hierfür gibt es verschiedene Gründe. Einer davon besteht in dem bereits erwähnten Umstand fehlender expliziter gesetzlicher Nebentätigkeitsregelungen im deutschen Arbeitsrecht. Weiterhin sind es vor allem die Arbeitgeber, die die Aufnahme von Nebentätigkeitsklauseln in den Arbeitsvertrag anstreben, weil sie ein Interesse daran haben, den Arbeitnehmer dazu zu veranlassen, möglichst seine gesamte Arbeitskraft in das Arbeitsverhältnis einzubringen.[490] Zudem stehen Arbeitgeber Nebentätigkeiten oftmals kritisch gegenüber, weil sie eine Beeinträchtigung be-

---

[485] *Fuchs*, BlStSozArbR 1978, 321.

[486] Staudinger-*Richardi*, § 611, Rn. 380; MüArbR-*Blomeyer*, § 51, Rn. 1.

[487] Hierzu zählen beispielsweise die Pflicht, auf Verlangen über Stand und Durchführung der Arbeiten Auskunft zu erteilen; die Pflicht zur Herausgabe des im Rahmen des Arbeitsverhältnis Erlangten oder die Pflicht zur Anzeige persönlicher Umstände, die dem Arbeitnehmer die Erfüllung der Arbeitspflicht erschweren. Diese Pflichten werden als Nebenleistungspflichten bezeichnet. Darüber hinaus treffen den Arbeitnehmer Schutzpflichten wie beispielsweise die Pflicht, Störungen oder Schäden im Arbeitsbereich anzuzeigen, vgl. *Hromadka/Maschmann*, ArbR I, § 6, Rn. 110-112.

[488] Pflicht zur Verschwiegenheit, zur Unterlassung ruf- oder kreditschädigender Mitteilungen an Dritte, Verbot der Annahme von Schmiergeld oder Wettbewerbsverbote.

[489] Preis-*Preis*, Arbeitsvertrag, I B, Rn. 46: Untersuchungen ergaben, dass 50 - 75 % der heutigen Arbeitsverträge Nebentätigkeitsklauseln enthalten; *Schrader/Schubert*, NZA-RR 2005, 225 (230).

[490] *Brändli*, Arbeitsvertrag und Nebenbeschäftigung, S. 113.

trieblicher Interessen befürchten. Zum einen sehen sie aufgrund der beruflichen Doppelbelastung die Gefahr erheblicher Leistungsstörungen im Hauptarbeitsverhältnis, zum anderen haben sie oftmals Zweifel an der Vereinbarkeit von Haupt- und Nebentätigkeit und befürchten infolgedessen wirtschaftliche Einbußen für ihren Betrieb.

Um mögliche Streitigkeiten schon von vornherein zu vermeiden, ist der Arbeitgeber bestrebt, in den Arbeitsvertrag Nebentätigkeitsklauseln aufzunehmen. Ein Blick auf Arbeitsverträge oder die zahlreichen Formularbücher zeigt die Bandbreite Nebentätigkeiten betreffender Klauseln. Viele Arbeitgeber versuchen über die Aufnahme von Nebentätigkeitsverboten zu erreichen, dass der Arbeitnehmer seine ganze Arbeitskraft dem Betrieb widmet. Möchten Arbeitnehmer gleichwohl eine Nebentätigkeit ausüben, haben die Arbeitgeber zumindest ein Interesse daran, in gewissem Maße die Aufnahme von Nebentätigkeiten zu kontrollieren. Die Vereinbarung von Genehmigungsvorbehalten oder Anzeigepflichten dient diesem „Kontrollinteresse". Auch wenn die Interessenlage der Arbeitgeber grundsätzlich nachvollziehbar ist, muss Art. 12 Abs. 1 GG, der den Arbeitnehmern das Recht zur Nebentätigkeitsausübung gewährleistet, beachtet werden. An dieser Stelle ergibt sich damit ein Spannungsverhältnis zwischen Vertrags- und Berufsfreiheit.

III. Zusammenfassung

Das Arbeitsrecht wird als Teilgebiet des Zivilrechts vom Grundsatz der Privatautonomie beherrscht. Wichtigste Ausprägung der Privatautonomie ist die Vertragsfreiheit, die es dem Einzelnen ermöglicht, selbst zu entscheiden, ob, mit wem und wie er einen Vertrag gestaltet. Insoweit haben die Parteien nach überwiegender Auffassung die Möglichkeit, über die vertragsimmanenten Grenzen hinausgehende Nebentätigkeitsregelungen zu treffen. Die Vertragsfreiheit gestattet auch die Verwendung von Formularverträgen, bei denen die wesentlichen Vertragsinhalte vom Arbeitgeber gestellt werden. In der arbeitsvertraglichen Praxis werden fast ausschließlich Formularverträge verwendet. Zudem enthalten heute mehr als 50 % aller Arbeitsverträge Regelungen zur Nebentätigkeitsausübung des Arbeitnehmers.

§ 9 Grenzen von Vertragsbedingungen in Formulararbeitsverträgen

In der Praxis sind Formulararbeitsverträge und die für eine Vielzahl von Verträgen arbeitgeberseitig gestellten Vertragsbedingungen der Regelfall. Auch Nebentätigkeitsklauseln gehören mittlerweile zum Standardinhalt arbeitsrechtlicher Verträge. Aufgrund ihrer überlegenen Stellung haben Arbeitgeber die Möglichkeit, ihren Vorstellungen entsprechende Klauseln in den Vertrag aufzunehmen. Dabei besteht für den Arbeitnehmer die Gefahr, dass er aufgrund der einseitig vom Arbeitgeber bestimmten Vertragsgestaltung in unzulässigem Maße in seinen Rechten beschränkt wird. Zur Vermeidung derartiger Benachteiligungen durch einseitig gestellte Formularverträge gab es zwar das AGBG, das dem Schutz des schwächeren Teils bei der Verwendung vorformulierter Verträge dienen sollte, allerdings enthielt § 23 AGBG lange Zeit eine Bereichsausnahme für das Arbeitsrecht. Dies hatte zur Folge, dass eine AGB-rechtliche Kontrolle von Formulararbeitsverträgen und vorformulierten Vertragsklauseln nicht möglich war.

I. Die Entwicklung der Inhaltskontrolle von Arbeitsvertragsbedingungen

Seit Inkrafttreten des AGBG am 1. April 1977 bestimmte dessen § 23 Abs. 1, dass die Vorschriften des AGBG u.a. bei Verträgen auf dem Gebiet des Arbeitsrechts keine Anwendung finden. Immer wieder sind wegen der uneinheitlichen Rechtsprechung[491] Diskussionen[492] über die fragwürdige Legitimität dieser Ausnahmeregelung geführt worden. Diese Bereichsausnahme wurde erst zum 1. Januar 2002 durch § 310 Abs. 4 BGB aufgehoben.

1. Rechtslage bis zum 31. Dezember 2001

Das AGBG bezweckte den Schutz des durch die Verwendung vorformulierter Verträge benachteiligten Vertragspartners. Dieser Schutz erfolgte durch eine AGB-rechtliche Überprüfung von vorformulierten Verträgen und Klauseln. Eine AGB-Kontrolle von vorformulierten Arbeitsvertragsbedingungen war jedoch

---

[491] Das BAG, Urt. v. 24.11.1993 – 5 AZR 153/93 – NZA 1994, 759 (760) ging zwar stets davon aus, dass § 23 Abs. 1 AGBG einer unmittelbaren und analogen Anwendung des AGBG im Arbeitsrecht entgegenstehe. Gleichwohl hat das BAG, Urt. v. 18.8.1998 – 1 AZR 589/97 – NZA 1999, 659 (661) Grundgedanken des AGBG im Rahmen der Inhaltskontrolle von Arbeitsvertragsbedingungen herangezogen.

[492] Siehe hierzu *Pauly*, NZA 1997, 1030; *Schwarz*, BB 1996, 1434; *Fastrich*, Richterliche Inhaltskontrolle im Privatrecht, § 8; *Fenn*, in: FS-Söllner, S. 333 ff.; zum Ganzen: *Preis*, Grundfragen der Vertragsgestaltung, § 7 und § 8; *Heinrich*, Formale Freiheit und materielle Gerechtigkeit, S. 541ff.

aufgrund der in § 23 AGBG geregelten Bereichsausnahme nicht möglich. Der Grund für die Bereichsausnahme bestand nach der amtlichen Regierungsbegründung darin, dass der Schutz des schwächeren Vertragspartners im Arbeitsrecht durch ein dichtes Netz von zwingenden Vorschriften und durch das besondere System der kollektiven Vereinbarungen verwirklicht sei.[493]

Gleichwohl wurde durch die Bereichsausnahme nicht jegliche Inhaltskontrolle von Arbeitsverträgen ausgeschlossen. Der Gesetzgeber wollte mit Schaffung des AGBG die Stellung des Arbeitnehmers nicht verändern, so dass die von der Rechtsprechung auch schon vor Schaffung des AGBG entwickelten Grundsätze weiter anwendbar blieben.[494] Zu diesen Grundsätzen zählten vor allem die Normen des BGB, die die Billigkeit von vertraglichen Regelungen betreffen. Eine Inhaltskontrolle von Arbeitsverträgen erfolgte demnach anhand der §§ 138, 315 und 242 BGB.[495] Allerdings beschränkte die Rechtsprechung den Schutz des Arbeitnehmers vor unangemessenen Vertragsklauseln nicht auf arbeitsvertragliche Einheitsregelungen, sondern unterzog auch individuell formulierte und ausgehandelte Arbeitsverträge einer Inhaltskontrolle. „Echte" Individualvereinbarungen galten als unwirksam, sofern „ein verständiger Arbeitgeber" für sie „im Gefolge der Grundsätze des deutschen Arbeitsrechts [...] keine sachliche Rechtfertigung beanspruchen kann."[496] Den Grund dafür sah die Rechtsprechung darin, dass auch individuelle Arbeitsverträge wegen der Verhandlungsschwäche des Arbeitnehmers, die aus der Abhängigkeit vom Arbeitsplatz resultiert, oftmals nicht das Ergebnis paritätischer Vertragsverhandlungen seien.[497] Die Folge dessen war, dass eine Differenzierung zwischen Beschränkungen, die für Individualabreden galten und solchen für vorformulierte Vertragsbedingungen, nicht

---

[493] BT-Drucksache 7/3919, S. 41; so auch *Pauly*, NZA 1997, 1030 (1031); *Lingemann*, NZA 2002, 181 (182).

[494] BT-Drucksache 7/3919, S. 14 und 41; vgl. *Rieble*, Arbeitsmarkt und Wettbewerb, Rn. 967: „Allgemeine Rechtsgrundsätze bleiben im Arbeitsrecht nicht deshalb außer Betracht, weil sie im AGBG ihren Niederschlag gefunden haben."; BAG, Urt. v. 24.11.1993 – 5 AZR 153/93 – NZA 1994, 759 (760): „Die Bereichsausnahme läßt die arbeitsrechtliche Inhaltskontrolle unberührt. Der Arbeitgeber, der vorformulierte Arbeitsvertragstexte verwendet, [kann] diese Formulierungen wegen seiner stärkeren Verhandlungsmacht einseitig durchsetzen [...]. Aus dieser einseitigen Vertragsgestaltung resultiert seine Pflicht, bei der Abfassung die Interessen des Vertragspartners angemessen zu berücksichtigen. Die Vertragsgestaltung unterliegt damit einer richterlichen Inhaltskontrolle."

[495] *Lingemann*, NZA 2002, 181 (182); *Fenn*, in: FS-Söllner, S. 347; BAG, Urt. v. 16.3.1994 – 5 AZR 339/92 – NZA 1994, 937 (939).

[496] *Annuß*, BB 2002, 458; BAG, Urt. v. 10.5.1962 – 5 AZR 452/61 – AP Nr. 22 zu § 611 BGB – Gratifikation, Bl. 3; *Thüsing*, in: FS-Wiedemann, S. 575.

[497] *Thüsing*, BB 2002, 2666.

stattfand.[498] Bis zur Schuldrechtsreform wurden daher die von der Rechtsprechung entwickelten Kontrollinstrumente zumeist ohne Rücksicht auf Art und Weise der Ausgestaltung des Arbeitsvertrages (Individual- oder Formularvertrag) angewandt.

Hinzu kam, dass bedingt durch fehlende gesetzgeberische Grundentscheidungen eine arbeitsvertragliche Inhaltskontrolle unter Überdehnung anderer Rechtsinstitute vorgenommen wurde.[499] Die Vorgehensweise der Arbeitsgerichte machte ein Überdenken der bestehenden gesetzlichen Regelung notwendig. Denn trotz der Bereichsausnahme in § 23 AGBG verhielt sich die Rechtsprechung sehr uneinheitlich. Obwohl die Nichtanwendbarkeit AGB-rechtlicher Kontrollinstrumente gesetzlich festgelegt war, zog die Rechtsprechung im Rahmen der Inhaltskontrolle arbeitsvertraglicher Regelungen Grundgedanken des AGBG heran,[500] betonte aber andererseits ausdrücklich, dass eine (auch) analoge Anwendung des AGBG im Arbeitsrecht ausscheide.[501] Der Gesetzgeber wollte diese „unüberschaubare Rechtsprechung" und die daraus folgende Rechtsunsicherheit beenden. Sachlich ging er davon aus, dass ein Bedürfnis gerichtlicher Kontrolle einseitig vom Arbeitgeber festgesetzter Arbeitsbedingungen angesichts der existenziellen Bedeutung eines Arbeitsplatzes für den Arbeitnehmer von besonderer Relevanz ist. Das Schutzniveau der Inhaltskontrolle im Arbeitsrecht sollte nicht hinter dem des Zivilrechts zurückbleiben.[502] Der Gesetzgeber hat daher im Zuge der Schuldrechtsreform[503] und der dabei vorgenommenen Eingliederung des AGBG in das BGB die für das Arbeitsrecht bestehende Bereichsausnahme aufgehoben.[504]

---

[498] *Preis*, Grundfragen der Vertragsgestaltung, S. 211; *Rolfs*, in: FS-Schwerdtner, S. 162; *Rieble*, Arbeitsmarkt und Wettbewerb, Rn. 968; *Fenn*, in: FS-Söllner, S. 347; *Singer*, Anm. zu BAG, Urt. v. 11.12.2001 – 9 AZR 464/00 – AP Nr. 8 zu § 611 BGB – Nebentätigkeit, Bl. 5.

[499] *Gotthardt*, ZIP 2002, 277 (278).

[500] BAG, Urt. v. 18.8.1998 – 1 AZR 589/97 – NZA 1999, 659 (661); BAG, Urt. v. 29.11.1995 – 5 AZR 447/94 – NJW 1996, 2117.

[501] BAG, Urt. v. 13.12.2000 – 10 AZR 168/00 – NZA 2001, 723 (724); BAG, Urt. v. 24.11.1993 – 5 AZR 153/93 – NZA 1994, 759 (760).

[502] BT-Drucksache 14/6857, S. 54.

[503] Gesetz zur Modernisierung des Schuldrechts vom 26.11.2001, BGBl. I 2001, S. 3138.

[504] Der Regierungsentwurf zum Schuldrechtsmodernisierungsgesetz enthielt zunächst noch eine mit § 23 AGBG inhaltsgleiche Bestimmung, wonach Arbeitsverträge aus der AGB-Kontrolle ausgeklammert waren. Der Bundesrat forderte jedoch die Bundesregierung in seiner Stellungnahme auf, zu prüfen, ob diese Ausnahme für das Arbeitsrecht noch sachgerecht sei, vgl. BR-Drucksache 338/1/01, S. 32, siehe auch: BT-Drucksache 14/6857, S. 17. Dies führte zu einer Wende im Gesetzgebungsverfahren.
In ihrer Gegenäußerung vertrat auch die Bundesregierung die Auffassung, dass die Bereichsausnahme des Arbeitsrechts hinsichtlich des AGBG im Grundsatz aufzuheben sei,

2. Rechtslage seit dem 1. Januar 2002

Die Inhaltskontrolle vorformulierter Arbeitsvertragsbedingungen ist nun von den Regelungen der §§ 305 ff. BGB miterfasst. Der § 310 Abs. 4 S. 1 BGB sieht ausdrücklich vor, dass die Vorschriften des AGB-Rechts auch im Arbeitsrecht Anwendung finden. Dies hat zur Folge, dass heute auch Formulararbeitsverträge der AGB-rechtlichen Inhaltskontrolle unterliegen. Nach § 310 Abs. 4 S. 2 BGB sind dabei die Besonderheiten des Arbeitsrechts angemessen zu berücksichtigen.

II. AGB-Kontrolle von Formulararbeitsverträgen

Sinn und Zweck der §§ 305 ff. BGB ist es, die aus der Verwendung allgemeiner Geschäftsbedingungen resultierende typische Gefahr des Vertragsungleichgewichts zwischen den Vertragspartnern auszugleichen. Im Folgenden werden die Voraussetzungen einer AGB-rechtlichen Klauselüberprüfung dargestellt. Zugleich werden die neuen Leitlinien der Inhaltskontrolle aufgezeigt und deren Konsequenzen für arbeitsrechtliche Vertragsklauseln dargestellt.

1. Kontrollgegenstand: Allgemeine Geschäftsbedingungen

Die Vorschriften der §§ 305 ff. BGB gelten nur für allgemeine Geschäftsbedingungen. Dies sind nach § 305 Abs. 1 BGB „alle für eine Vielzahl von Verträgen vorformulierten Vertragsbedingungen, die eine Vertragspartei (Verwender) der anderen Vertragspartei bei Abschluss eines Vertrages stellt." Hierunter fallen vor allem die in der Praxis üblichen Formulararbeitsverträge, bei denen der Arbeitgeber dem Arbeitnehmer vorformulierte Arbeitsvertragsbedingungen vorlegt.

Vorformuliert ist eine Vertragsbedingung, wenn sie bereits vor Vertragsschluss besteht, um in einem künftigen Vertrag einbezogen zu werden.[505] Die Vertragsbedingungen müssen für eine *Vielzahl* von Verträgen aufgestellt worden sein. Erforderlich ist eine mindestens drei- bis fünffache Verwendungsabsicht, wobei

---

da trotz des Schutzes durch zwingende gesetzliche Vorschriften und kollektive Vereinbarungen auch im Arbeitsrecht „ein Bedürfnis nach richterlicher Kontrolle der einseitig vom Arbeitgeber festgesetzten Arbeitsbedingungen" bestehe. „Das Fall-Material der BAG-Rechtsprechung zu den Arbeitsvertragsmodalitäten zeigt, dass eine 'sich selbst überlassene' Vertragsfreiheit nicht in der Lage war, insgesamt einen ausreichenden Schutz der Arbeitnehmer vor unangemessenen Vertragsbedingungen zu gewährleisten," vgl. BT-Drucksache 14/6857, S. 53.
Schließlich wurde die Bereichsausnahme für Arbeitsverträge mit der Regelung des § 310 Abs. 4 BGB aufgehoben, vgl. BT-Drucksache 14/7052, S. 24, 189. Vgl. zum Ganzen: *Richardi*, NZA 2002, 1057; *Däubler*, NZA 2001, 1334.

[505] *Grobys*, DStR 2002, 1002 (1003); BGH, Urt. v. 7.11.1995 – XI ZR 235/94 – NJW 1996, 249 (250).

die §§ 305 ff. BGB bereits im ersten Verwendungsfall gelten.[506] Allgemeine Geschäftsbedingungen liegen nicht nur vor, wenn sie vom Arbeitgeber selbst vorformuliert worden sind. Es genügt, wenn der Arbeitgeber von einem anderen vorformulierte Vertragsbedingungen benutzt, auch wenn er selbst eine mehrfache Verwendung nicht plant.[507] Ausreichend ist beispielsweise die einmalige Verwendung eines vom Arbeitgeberverband herausgegebenen Vertragsmusters.[508] Weiterhin ist erforderlich, dass der Arbeitgeber die Vertragsbedingungen einseitig *stellt*, um zu deren Verwender zu werden. Das Merkmal des Stellens bringt zum Ausdruck, dass der Arbeitgeber die vorformulierten Vertragsbedingungen dem Arbeitnehmer einseitig auferlegt.[509]

Bei den sog. Verbraucherverträgen, d.h. bei Verträgen zwischen Unternehmern und Verbrauchern, sind im Hinblick auf die AGB-Vorschriften gemäß § 310 Abs. 3 BGB einige Besonderheiten zu beachten. Voraussetzung für die Anwendung dieser Norm ist jedoch, dass der Arbeitnehmer gemäß § 13 BGB Verbraucher ist. Diese Frage ist im arbeitsrechtlichen Schrifttum stark umstritten.[510] Soweit man die Verbrauchereigenschaft des Arbeitnehmers bejaht, gilt § 310 Abs. 3 BGB. Nach dessen Nr. 1 gelten Allgemeine Geschäftsbedingungen als vom Verwender gestellt. Nach Nr. 2 findet die AGB-rechtliche Kontrolle bereits bei einmaliger Verwendung des Vertragsmusters statt. Auf die Problematik „Arbeitnehmer als Verbraucher" soll hier jedoch nicht näher eingegangen werden. Es muss aber darauf hingewiesen werden, dass bei Bejahung der Verbrauchereigenschaft von Arbeitnehmern die Vorschrift des § 310 Abs. 3 BGB zu beachten ist.

---

[506] *Lingemann*, NZA 2002, 181 (183); Palandt-*Heinrichs*, § 305, Rn. 9; *Weber/Dahlbender*, Arbeitsverträge, Rn. 16.

[507] *Hansen*, ZGS 2004, 21 (23); BGH, Urt. v. 16.11.1990 – V ZR 217/89 – NJW 1991, 843: Es genüge, wenn eine Vertragspartei ein von einem Dritten für eine Vielzahl von Verträgen angefertigtes Formular benutzt.

[508] Erf-Komm-*Preis*, §§ 305-310 BGB, Rn. 25; *Zeller-Müller*, Auswirkungen der Schuldrechtsreform, S. 145; *Gotthardt*, ZIP 2002, 277 (278); *Grobys*, DStR 2002, 1002 (1003): Auch genüge es, wenn der Arbeitgeber in einem Formularbuch oder einer Mustersammlung enthaltene Klauseln verwende; vgl. LAG Hamm, Urt. v. 24.1.2003 – 10 Sa 1158/02 – NZA 2003, 499 (500).

[509] Palandt-*Heinrichs*, § 305, Rn. 10; *Richardi*, NZA 2002, 1057 (1058).

[510] Vgl. zu dieser Problematik: die Verbrauchereigenschaft des Arbeitnehmers bejahend: *Gotthardt*, ZIP 2002, 277 (278); Erf-Komm-*Preis*, §§ 305-310 BGB, Rn. 26; *Thüsing*, BB 2002, 2666 (2668); *Boemke*, BB 2002, 96 (97); *Hümmerich/Holthausen*, NZA 2002, 173 (178); die Verbrauchereigenschaft ablehnend: *Lingemann*, NZA 2002, 181 (184); *Bauer/Kock*, DB 2002, 42 (44); *Henssler*, RdA 2002, 129 (133); *Natzel*, NZA 2002, 593; *Hromadka*, NJW 2002, 2523 (2524); *Zeller-Müller*, Auswirkungen der Schuldrechtsreform, S. 120 ff.

Die AGB-Kontrolle gilt nach § 305 Abs. 1 S. 3 BGB nicht, soweit die Bedingungen des Vertrages „zwischen den Vertragsparteien im einzelnen ausgehandelt sind." Dafür müsste der Arbeitgeber den gesetzesfremden Kern der Klausel ernsthaft zur Disposition des Arbeitnehmers gestellt und diesem die Möglichkeit eingeräumt haben, den Inhalt der Klausel zu beeinflussen.[511] Ein Aushandeln nur einzelner Bedingungen ändert nichts daran, dass die übrigen Vertragsbedingungen allgemeine Geschäftsbedingungen bleiben. Dies ergibt sich aus der Gesetzesformulierung „soweit" in § 305 Abs. 1 S. 3 BGB.[512]

2. Vorrang der Individualabrede, § 305 b BGB

Gemäß § 305 b BGB haben individuelle Vereinbarungen Vorrang vor allgemeinen Geschäftsbedingungen. Diese Vorschrift ist Ausdruck des funktionellen Rangverhältnisses zwischen Individualvereinbarung und allgemeinen Geschäftsbedingungen.[513] Dementsprechend hat eine später zwischen den Vertragsparteien getroffene Abrede Vorrang vor den im Formularvertrag getroffenen Vereinbarungen. Die individuell ausgehandelte Vertragsbedingung unterliegt nicht der AGB-Kontrolle.

3. Einbeziehung in den Vertrag

Grundsätzlich werden allgemeine Geschäftsbedingungen nur Bestandteil eines Vertrages, wenn sie nach den Vorschriften der § 305 Abs. 2 und Abs. 3 BGB in den Vertrag einbezogen werden. In § 310 Abs. 4 S. 2 2. Hs. BGB ist bestimmt, dass § 305 Abs. 2 und 3 BGB auf Arbeitsverträge nicht anzuwenden ist. Der Gesetzgeber war der Auffassung, dass es der Anwendung dieser Normen nicht bedürfe, weil der Arbeitgeber durch § 2 NachwG ohnehin verpflichtet sei, dem Arbeitnehmer die wesentlichen Vertragsbedingungen auszuhändigen.[514] Dies überzeugt jedoch nicht. Die Regelungen des NachwG enthalten keine Aussagen zum Zustandekommen des Vertrages, sie setzen vielmehr einen wirksam geschlossenen Arbeitsvertrag voraus, dessen wesentliche Bedingungen der Arbeitgeber dem Arbeitnehmer mit deklaratorischer Wirkung gemäß § 2 NachwG nachzuweisen hat.[515] Dennoch bleiben angesichts der eindeutigen gesetzlichen Regelung die § 305 Abs. 2 und 3 BGB für Arbeitsverträge unanwendbar. Daraus

---

[511] BGH, Urt. v. 3.11.1999 – VIII ZR 269/98 – NJW 2000, 1110 (1111); Erf-Komm-*Preis*, §§ 305-310 BGB, Rn. 27; *Grobys*, DStR 2002, 1002 (1004).

[512] *Lingemann*, NZA 2002, 181 (184); vgl. auch BGH, Urt. v. 6.3.1986 – III ZR 195/84 – NJW 1986, 1803.

[513] Palandt-*Heinrichs*, § 305 b, Rn. 1.

[514] BT-Drucksache 14/6857, S. 54.

[515] *Richardi*, NZA 2002, 1057 (1058); *Thüsing*, BB 2002, 2666 (2670).

folgt, dass sich die Einbeziehung allgemeiner Vertragsbedingungen in Arbeitsverträge nach den allgemeinen rechtsgeschäftlichen Regeln richtet.[516]

In der Praxis legt der Arbeitgeber dem Arbeitnehmer einen Formulararbeitsvertrag mit den entsprechenden Vertragsbedingungen zur Unterzeichnung vor. Der Arbeitnehmer wird sich den Vertrag vor der Unterzeichnung in der Regel durchlesen, womit Kenntnisnahme erfolgt. Die vorformulierten Vertragsbedingungen werden damit Vertragsinhalt.

4. Überraschende und mehrdeutige Klauseln, § 305 c Abs. 1 und 2 BGB

Eine negative Einbeziehungsregel trifft § 305 c Abs. 1 BGB, wonach überraschende Klauseln nicht Vertragsbestandteil werden. Gemeint sind damit Klauseln, die so ungewöhnlich sind, dass der Vertragspartner nicht mit ihnen zu rechnen braucht. Abzustellen ist auf die Erwartungen eines Arbeitnehmers bei vertragsüblicher Gestaltung der Arbeitsbedingungen. Es ist zu fragen, ob der Arbeitnehmer mit einer solchen Klausel nach den konkreten Begleitumständen des Vertragsschlusses rechnen musste.[517] Bei arbeitsvertraglichen Klauseln wird es in der Regel an diesem Überraschungsmoment fehlen, weil der Arbeitsvertrag für den Arbeitnehmer kein Massengeschäft ist und er den Vertrag vor Unterzeichnung sorgfältig durchlesen wird.[518] Des Weiteren enthält § 305 c Abs. 2 BGB eine Unklarheitenregelung, wonach Zweifel bei der Auslegung allgemeiner Geschäftsbedingungen zu Lasten des Verwenders gehen. Sinn dieser Vorschrift ist, dass derjenige, der die Vertragsgestaltungsfreiheit für sich in Anspruch nimmt, klare und unmissverständliche Regelungen trifft.[519]

III. Grundlagen der Inhaltskontrolle von Formulararbeitsverträgen

„Herzstück" des Rechts der Allgemeinen Geschäftsbedingungen ist die Inhaltskontrolle, die in den §§ 307 bis 309 BGB geregelt ist.[520]

1. Keine Kontrolle deklaratorischer Klauseln, § 307 Abs. 3 BGB

Vorab muss nach § 307 Abs. 3 BGB geprüft werden, ob die entsprechende Klausel einer AGB-rechtlichen Kontrolle zugänglich ist. Hierzu bestimmt § 307 Abs. 3 S. 1 BGB, dass die Vorschriften über die Inhaltskontrolle (§§ 307 Abs. 1 und 2, 308, 309 BGB) nur für Bestimmungen gelten, die von Rechtsvorschriften

---

[516] *Thüsing*, BB 2002, 2666 (2670); *Franke*, Zweitarbeitsverhältnis, S. 40.

[517] BGH, Urt. v. 21.6.1999 – IX ZR 69/00 – BB 2001, 2019; *Thüsing*, BB 2002, 2666 (2670).

[518] *Thüsing*, BB 2002, 2666 (2670); Erf-Komm-*Preis*, §§ 305-310 BGB, Rn. 32.

[519] *Lingemann*, NZA 2002, 181 (186); *Gotthardt*, ZIP 2002, 277 (281).

[520] *Richardi*, NZA 2002, 1057 (1059).

abweichende oder diese ergänzende Regelungen enthalten.[521] Klauseln, die lediglich den Gesetzeswortlaut wiederholen und keine „konstitutive" Wirkung entfalten, sog. deklaratorische Klauseln, aber auch Leistungsbeschreibungen und Entgeltabreden unterliegen demnach nicht der Inhaltskontrolle.[522] Deklaratorische Klauseln sind von der Inhaltskontrolle ausgenommen, weil bei Unwirksamkeit der Klausel an ihre Stelle ohnehin die gesetzliche Regelung treten würde und man andernfalls zu einer in diesem Umfang unzulässigen Normenkontrolle käme. Kann eine Vertragsklausel auch gestrichen werden, ohne dass eine Änderung der Rechtslage eintritt, spricht man von deklaratorischen Klauseln.[523] Solche Klauseln sind nach § 307 Abs. 3 S. 1 BGB nur unwirksam, soweit sie gegen das in § 307 Abs. 1 S. 2 BGB verankerte Transparenzgebot verstoßen.

2. Unangemessene Benachteiligung nach § 307 Abs. 1 BGB

Die Inhaltskontrolle arbeitsvertraglicher Klauseln bestimmt sich nach den §§ 307 - 309 BGB. Für die in dieser Arbeit zu behandelnde Frage der Zulässigkeit arbeitsvertraglicher Nebentätigkeitsklauseln spielen die besonderen Klauselverbote in den §§ 308 und 309 BGB keine Rolle.[524] Allein maßgeblich ist die Bestimmung des § 307 BGB. Danach ist eine Vertragsklausel unwirksam, wenn sie den Vertragspartner entgegen den Geboten von Treu und Glauben unangemessen benachteiligt. Eine solche unangemessene Benachteiligung kann sich sowohl aus formellen als auch aus materiellen Gesichtspunkten ergeben.[525]

a) Transparenzgebot, § 307 Abs. 1 S. 2 BGB

Eine unangemessene Benachteiligung kann sich gemäß § 307 Abs. 1 S. 2 BGB daraus ergeben, dass eine vertragliche „Bestimmung nicht klar und verständlich ist". Die Stellung in § 307 Abs. 1 S. 2 BGB macht deutlich, dass das Transparenzgebot Bestandteil der Angemessenheitskontrolle ist. Durch das Transpa-

---

[521] *Hadeler*, FA 2002, 66 (68): Nach § 310 Abs. 4 S. 3 BGB stehen Tarifverträge und Betriebsvereinbarungen gesetzlichen Vorschriften i.S. des § 307 Abs. 3 BGB gleich. „Das bedeutet, [dass] vertragliche Regelungen nur dann einer Inhaltskontrolle [unterliegen], wenn sie von Rechtsvorschriften – und damit auch von Tarifverträgen – abweichen oder diese ergänzen."

[522] *Gotthardt*, Schuldrechtsreform, Rn. 264; Erf-Komm-*Preis*, §§ 305-310 BGB, Rn. 36; BT-Drucksache, 14/7052, S. 188.

[523] Preis-*Preis*, Arbeitsvertrag, I A, Rn. 129.

[524] Die meisten der in den §§ 308, 309 BGB genannten Klauseln passen nicht auf Arbeitsverträge, da diese ursprünglich für das allgemeine Zivilrecht konzipiert worden sind und wegen der in § 23 AGBG geregelten Bereichsausnahme nicht für das Arbeitsrecht galten, vgl. *Eckert/Wallstein*, Arbeitsvertragsrecht, S. 92.

[525] *Lingemann*, NZA 2002, 181 (187).

renzgebot[526] wird der Verwender verpflichtet, seine AGB so zu gestalten, dass der rechtsunkundige Durchschnittsbürger ohne Einholung von Rechtsrat in der Lage ist, die ihn benachteiligende Wirkung einer Klausel zu erkennen.[527] Die vorformulierten Vertragsbedingungen müssen durchschaubar, richtig und bestimmt sein.[528] An das Transparenzgebot dürfen jedoch keine übersteigerten Anforderungen gestellt werden. Es begründet keine allgemeine Rechtsbelehrungspflicht des Arbeitgebers.[529] Entscheidend ist, dass die vorformulierten Klauseln für einen juristischen Laien verständlich sind.

b) Materiell unangemessene Benachteiligung, § 307 Abs. 1 S. 1 BGB

Die für die Frage der Angemessenheit einer vertraglichen Klausel wichtigste Vorschrift ist die des § 307 Abs. 1 S. 1 BGB. Sie legt den grundlegenden Wertmaßstab für die richterliche Inhaltskontrolle allgemeiner Geschäftsbedingungen fest. Der § 307 Abs. 1 S. 1 BGB statuiert, dass AGB-Klauseln unwirksam sind, wenn sie den Vertragspartner unangemessen benachteiligen.

In § 307 Abs. 2 BGB sind gesetzliche Beispiele einer unangemessenen Benachteiligung genannt. Demnach ist eine unangemessene Benachteiligung im Zweifel anzunehmen, wenn eine Bestimmung mit wesentlichen Grundgedanken der gesetzlichen Regelung, von der abgewichen wird, nicht zu vereinbaren ist (Nr. 1) oder wesentliche Rechte und Pflichten, die sich aus der Natur des Vertrages ergeben, so einschränkt, dass die Erreichung des Vertragszweckes gefährdet ist (Nr. 2). Die Bedeutung der Nr. 1 für das Arbeitsvertragsrecht ist eher gering, da die maßgeblichen Regelungen im Arbeitsrecht zum großen Teil zwingend sind und eine Abweichung damit ohnehin unwirksam wäre.[530] Auch eine Gefährdung des Vertragszweckes (Nr. 2) durch arbeitsvertragliche Vereinbarungen dürfte kaum denkbar sein.[531]

---

[526] Eingehend zum Transparenzgebot: *Koller*, in: FS-Steindorff, S. 667 ff.; *Köndgen*, NJW 1989, 943 ff.

[527] BGH, Urt. v. 24.11.1988 – III ZR 188/87 – NJW 1989, 222 (224); BGH, Urt. v. 17.1.1989 – XI ZR 54/88 – NJW 1989, 582 (583); *v. Hoyningen-Huene*, Inhaltskontrolle, Rn. 200; Hk-BGB/*Schulte-Nölke*, § 307, Rn. 20.

[528] Preis-*Preis*, Arbeitsvertrag, I C, Rn. 109; *Brandner*, in: Ulmer/Brandner/Hensen, § 9 AGBG, Rn. 87; BGH, Urt. v. 24.11.1988 – III ZR 188/87 – NJW 1989, 222 (224); BGH, Urt. v. 6.10.1999 – III ZR 125/98 – NJW 2000, 515 (519).

[529] *Gotthardt*, ZIP 2002, 277 (286); Erf-Komm-*Preis*, §§ 305-310 BGB, Rn. 44.

[530] *Lingemann*, NZA 2002, 181 (188); Erf-Komm-*Preis*, §§ 305-310 BGB, Rn. 43; *Thüsing*, BB 2002, 2666 (2671); Dem § 307 Abs. 2 Nr. 1 BGB kommt im Bezug auf Nebentätigkeitsklauseln keine entscheidende Bedeutung zu, da es für Nebentätigkeiten kaum gesetzliche Regelungen gibt, von denen abgewichen werden könnte.

[531] *Lingemann*, NZA 2002, 181 (188).

Das Transparenzgebot (§ 307 Abs. 1 S. 2 BGB) und die Vermutungstatbestände in § 307 Abs. 2 BGB konkretisieren den Kontrollmaßstab des § 307 Abs. 1 S. 1 BGB und sind deshalb vorrangig zu prüfen.[532] Erst, wenn weder § 307 Abs. 1. S. 2 BGB (Transparenzgebot) noch § 307 Abs. 2 BGB zur Unwirksamkeit der Vertragsklausel geführt haben, gelangt man zur Angemessenheitskontrolle nach § 307 Abs. 1 S. 1 BGB. Eine Vertragsklausel ist nach § 307 Abs. 1 S. 1 BGB unwirksam, wenn sie den Arbeitnehmer unangemessen benachteiligt. Dies ist der Fall, wenn der Arbeitgeber versucht, durch einseitige Vertragsgestaltung missbräuchlich eigene Interessen auf Kosten des Arbeitnehmers durchzusetzen.[533] Das Vorliegen einer unangemessenen Benachteiligung i.S. des § 307 Abs. 1 S. 1 BGB ist folglich anhand einer umfassenden Interessenabwägung zu prüfen. Dabei kann grundsätzlich jedes rechtlich anerkannte Arbeitnehmerinteresse durch eine vom Arbeitgeber vorformulierte Vertragsklausel beeinträchtigt sein. Unangemessen ist die Beeinträchtigung, wenn sie nicht durch berechtigte Interessen des Arbeitgebers gerechtfertigt ist oder durch gleichwertige Vorteile ausgeglichen wird.[534] Unterschiedliche Faktoren beeinflussen diese Interessenabwägung.

aa) Genereller und typisierender Prüfungsmaßstab

Für die Inhalts- bzw. Angemessenheitskontrolle nach § 307 BGB sind allgemeingültige Leitlinien notwendig, um Rechtssicherheit bei der arbeitsrechtlichen Vertragsgestaltung zu schaffen.[535]

Erstes entscheidendes Merkmal der Angemessenheitskontrolle ist, dass die zu untersuchenden Klauseln *typisierenden und generalisierenden Wertungen* unterzogen werden.[536] Dies bedeutet, dass die Interessenabwägung hinsichtlich einer Vertragsklausel nicht auf einen einzelnen Arbeitnehmer fixiert sein darf. Es ist

---

[532] *Thüsing*, BB 2002, 2666 (2671).

[533] Palandt-*Heinrichs*, § 307 BGB, Rn. 8; *v. Hoyningen-Huene*, Inhaltskontrolle, Rn. 133; *Lingemann*, NZA 2002, 181 (188); BGH, Urt. v. 8.3.1984 – IX ZR 144/83 – BGHZ 90, 280 (284); BGH, Urt. v. 4.11.1992 – VIII ZR 235/91 – BGHZ 120, 108 (118).

[534] BAG, Urt. v. 4.3.2004 – 8 AZR 196/03 – NZA 2004, 727 (732); *Lingemann*, NZA 2002, 181 (188); *Thüsing*, BB 2002, 2666 (2671); BGH, Urt. v. 14.1.1987 – IVa ZR 130/85 – NJW 1987, 2431; *Lindemann*, Flexible Gestaltung von Arbeitsbedingungen, S. 155.

[535] *Preis*, Grundfragen der Vertragsgestaltung, S. 298 ff.

[536] Erf-Komm-*Preis*, §§ 305-310 BGB, Rn. 42; *Brandner*, in: Ulmer/Brandner/Hensen, § 9 AGBG, Rn. 78; *Zeller-Müller*, Auswirkungen der Schuldrechtsreform, S. 213; *Lingemann*, NZA 2002, 181 (188); Palandt-*Heinrichs*, § 307, Rn. 4; *v. Hoyningen-Huene*, Inhaltskontrolle, Rn. 29; *Stoffels*, NZA 2004, Sonderbeilage zu Heft 10, S. 19 (22); BGH, Urt. v. 23.6.1988 – VII ZR 117/87 – BGHZ 105, 24 (31); BGH, Urt. v. 9.2.1990 – V ZR 200/88 – BGHZ 110, 241 (244); BAG, Urt. v. 4.3.2004 – 8 AZR 196/03 – NZA 2004, 727 (733).

vielmehr ein genereller Prüfungsmaßstab zugrunde zu legen.[537] Der Grund hierfür ist einfach: Der Inhaltskontrolle nach § 307 Abs. 1 S. 1 BGB unterliegen nur allgemeine Geschäftsbedingungen. Dies sind im Arbeitsrecht in erster Linie die vom Arbeitgeber einseitig in Formulararbeitsverträgen gestellten Vertragsklauseln. Charakteristisch für solche Vertragsklauseln ist, dass sie für eine Vielzahl von Arbeitsverhältnissen bestimmt sind. Soll bei der Verwendung vorformulierter Formularverträge mehr Rechtssicherheit erreicht werden, sind typisierende und generalisierende Wertungen notwendig. Gleichwohl verbietet diese Betrachtungsweise die Berücksichtigung von Besonderheiten einzelner Vertragsarten und Vertragstypen nicht. Ob eine in Frage stehende Klausel einen angemessenen Inhalt aufweist, bestimmt sich nicht allein anhand der Situation des konkret von der Klausel betroffenen Arbeitnehmers, sondern aus der Perspektive eines beliebigen Arbeitnehmers seiner Gruppe.[538] So ist es möglich, den Besonderheiten einzelner Arbeitnehmergruppen („normale" Arbeitnehmer, leitende Angestellte oder Teilzeitbeschäftigte) Rechnung zu tragen. Man spricht insoweit von einem überindividuellen Prüfungsmaßstab. Dies hat zur Folge, dass eine Klausel auch dann unwirksam ist, wenn sich der benachteiligende Inhalt im konkreten Einzelfall nicht auswirkt.[539] Ziel dieser generalisierenden und typisierenden Betrachtungsweise ist es, ähnliche Fall- und Interessengruppen einheitlich zu behandeln und typischerweise auftretende Interessenkonflikte zu lösen.[540]

bb) Leitlinien der Angemessenheitskontrolle im Arbeitsrecht

Inwieweit eine Vertragsklausel einen (un-)angemessenen Inhalt hat, kann nur nach sorgfältiger Prüfung und Abwägung der beiderseitigen Interessen entschieden werden. Im Rahmen dieser Abwägung sind verschiedene generalisierende Kriterien zu berücksichtigen.[541] Einige Kriterien, die im Bereich des Nebentätigkeitsrechts von Bedeutung sind, sollen im Folgenden kurz erörtert werden.

Zunächst sind solche Umstände, die mit dem Arbeitsverhältnis eng zusammenhängen zu berücksichtigen. Hierzu zählen neben der *Art des Arbeitsvertrages* und der *Stellung des Arbeitnehmers* auch der *Inhalt und zeitliche Umfang der*

---

[537] *Gotthardt*, Schuldrechtsreform, Rn. 296; Palandt-*Heinrichs*, § 307, Rn. 4; *Preis*, Grundlagen der Vertragsgestaltung, S. 299.

[538] *Thüsing*, BB 2002, 2666 (2672).

[539] Preis-*Preis*, Arbeitsvertrag, I C, Rn. 99; *Thüsing*, BB 2002, 2666 (2672).

[540] *Preis*, Grundfragen der Vertragsgestaltung, S. 300.

[541] *Preis, Grundfragen der Vertragsgestaltung, S. 313 ff.; ders.*, Arbeitsvertrag, I C, Rn. 77 ff. hat hierzu verschiedene Kriterien entwickelt: Art des Arbeitsvertrages, Erscheinungsbild des Gesamtvertrages, Kompensation nachteiliger Klauseln, Vorbildfunktion tarifvertraglicher Regelungen, transparente Vertragsgestaltung, grundrechtliche Wertungen, Entgelt- und Beschäftigungsrisiken sowie Kündigungserschwerungen.

Tätigkeit sowie die *Dauer* der Vertragsbeziehung.[542] Gerade bei Dauerschuldverhältnissen wie dem Arbeitsverhältnis besteht zwischen den Vertragsparteien in der Regel ein besonderes Vertrauensverhältnis, das zur intensiveren Berücksichtigung bestimmter Interessen führen und damit auch die Wirksamkeit bestimmter Vertragsklauseln beeinflussen kann.[543] Auch die unterschiedliche Stellung von Arbeitnehmern (Teilzeitkraft, leitender Angestellter) kann gegebenenfalls zu einer unterschiedlichen Klauselbewertung führen.[544] Es ist möglich, dass inhaltsgleiche Vertragsklauseln bei unterschiedlichen Arbeitnehmertypen in dem einen Fall als wirksam, im anderen jedoch als unwirksam gelten.[545] Hier zeigt sich, dass es zu gruppenspezifischen Unterschieden kommen kann.

Weiterhin darf bei der Interessenabwägung die betreffende Klausel nicht isoliert betrachtet werden. Es ist vielmehr das *Erscheinungsbild des Gesamtvertrages* in die Angemessenheitskontrolle einzubeziehen.[546] So können auch summierende und kompensierende Effekte berücksichtigt werden.

Im Bereich des Arbeitsrechts spielt das folgende Kriterium eine besonders wichtige Rolle. Der § 307 Abs. 1 BGB ist als Generalklausel des BGB „Einfallstor für die grundrechtliche Wert- und Güterverwirklichung."[547] *Grundrechtliche Wertungen* sind immer dann im Privatrecht zu berücksichtigen, wenn ein Interessenkonflikt zu lösen ist, der gesetzlich nicht oder nur unzureichend geregelt ist.[548] Im Arbeitsrecht ist dies besonders häufig der Fall, weil es gerade hier oftmals an gesetzlichen Regelungen fehlt, die einen Ausgleich der widerstreitenden Grundrechtspositionen treffen. Im Rahmen der Angemessenheitskontrolle sind

---

[542] *Gotthardt*, ZIP 2002, 277 (286), *ders.*, Schuldrechtsreform, Rn. 300; Preis-*Preis*, Arbeitsvertrag, I C, Rn. 105.

[543] *Preis*, Grundfragen der Vertragsgestaltung, S. 314.

[544] Allerdings darf dies nicht zu der Annahme führen, dass Arbeitsverträge mit Teilzeitkräften einer geringeren Kontrollbedürftigkeit unterlägen, denn für viele Arbeitnehmer bilden Teilzeitarbeitsverhältnisse die alleinige Existenzgrundlage, so auch Erf-Komm-*Preis*, §§ 305-310 BGB, Rn. 46.

[545] *Brandner*, in: Ulmer/Brandner/Hensen, § 9 AGBG, Rn. 80; *Preis*, Grundfragen der Vertragsgestaltung, S. 299.

[546] *Thüsing*, BB 2002, 2666 (2672); Münch-Komm-*Basedow*, § 307, Rn. 32; *Brandner*, in: Ulmer/Brandner/Hensen, § 9 AGBG, Rn. 85; *Gotthardt*, ZIP 2002, 277 (286); *v. Hoyningen-Huene*, Inhaltskontrolle, Rn. 171; BGH, Urt. v. 2.12.1992 – VIII ARZ 5/92 – NJW 1993, 532; BAG, Urt. v. 4.3.2004 – 8 AZR 196/03 – NZA 2004, 727 (733).

[547] Preis-*Preis*, Arbeitsvertrag, I C, Rn. 110; *Thüsing*, BB 2002, 2666 (2672); *v. Hoyningen-Huene*, Inhaltskontrolle, Rn. 88, 144; BAG, Urt. v. 16.3.1994 – 5 AZR 339/92 – NZA 1994, 937 (939); *Oetker*, RdA 2004, 8 (11): Die „Unangemessenheit" einer Vertragsbedingung i.S. des § 307 Abs. 1 BGB könne nur beurteilt werden, wenn dabei auch den jeweils betroffenen Grundrechtspositionen Aufmerksamkeit geschenkt werde.

[548] *Preis*, Grundfragen der Vertragsgestaltung, S. 329.

damit auch die grundrechtlichen Positionen auf Arbeitgeber- und Arbeitnehmer-seite zu berücksichtigen.

c) Zusammenfassung

Im Rahmen der Angemessenheitskontrolle ist ein genereller Prüfungsmaßstab anzulegen. Dies meint eine von den Besonderheiten des einzelnen Arbeitsver-hältnisses losgelöste, typisierende Betrachtungsweise. Allerdings bleibt eine Rücksichtnahme auf die verschiedenen Arbeitsvertragstypen möglich. Durch die generalisierende und typisierende Betrachtungsweise soll erreicht werden, dass ähnliche Interessengruppen einheitlich behandelt und typische Interessenkon-flikte gelöst werden. Bei der im Rahmen der Angemessenheitskontrolle vorzu-nehmenden Interessenabwägung sind unterschiedliche Faktoren zu berücksichti-gen. Hierzu zählen die Art des Arbeitsvertrages und die Stellung des Arbeit-nehmers, aber auch Inhalt, zeitlicher Umfang und Dauer der Vertragsbeziehung. Besonders bedeutsam ist im Rahmen des § 307 Abs. 1 BGB die Berücksichti-gung grundrechtlicher Wertungen.

3. Besonderheiten des Arbeitsrechts, § 310 Abs. 4 S. 2 BGB

Vom Arbeitgeber einseitig gestellte Arbeitsbedingungen unterliegen nach § 307 Abs. 1 BGB der Inhaltskontrolle, die entsprechend der oben genannten Grund-sätze durchzuführen ist. § 310 Abs. 4 S. 2 BGB normiert, dass bei der Anwen-dung der AGB-rechtlichen Vorschriften auf Arbeitsverträge „die im Arbeitsrecht geltenden Besonderheiten angemessen zu berücksichtigen" sind. Mit Aufnahme dieser Regelung in das Gesetz hat der Gesetzgeber deutlich gemacht, dass die Grundsätze der Inhaltskontrolle nicht in jeder Vertragsbeziehung uneinge-schränkt angewendet werden sollen.[549] Besonderheiten des Arbeitsrechts können das Ergebnis der AGB-rechtlichen Kontrolle beeinflussen. Die Berücksichtigung dieser Besonderheiten soll einen angemessenen Ausgleich zwischen den Arbeit-geber- und Arbeitnehmerbelangen ermöglichen.[550] Allerdings herrscht seit Be-stehen des § 310 Abs. 4 S. 2 BGB Unklarheit darüber, was „die im Arbeitsrecht geltenden Besonderheiten" sind und welche Folgen sich durch sie für die AGB-rechtliche Klauselkontrolle ergeben. Da sich auch aus der Gesetzesbegründung keine verlässlichen Angaben[551] hierzu entnehmen lassen, bleibt die Konkretisie-

---

[549] *Preis*, NZA 2003, Sonderbeilage zu Heft 16, S. 19 (25).

[550] *Henssler*, in: Henssler/Graf v. Westphalen, § 310, Rn. 6.

[551] In der Äußerung der Bundesregierung, BT-Drucksache 14/6857, S. 54 findet sich folgen-der Hinweis: „Allerdings sollten vor allem die besonderen Klauselverbote ohne Wer-tungsmöglichkeit im Arbeitsrecht nicht zwingend uneingeschränkt zur Anwendung kommen. Vielmehr sollten hier die besonderen Bedürfnisse eines Arbeitsverhältnisses berücksichtigt werden können."

rung der „im Arbeitsrecht geltenden Besonderheiten" Rechtsprechung[552] und Schrifttum[553] überlassen.

a) Meinungsstand zum Begriff „Besonderheiten des Arbeitsrechts"

Manche sehen den Zweck des § 310 Abs. 4 S. 2 BGB allein darin, dass das Bundesarbeitsgericht bei Abweichungen von der Rechtsprechung des Bundesgerichtshofes nicht den gemeinsamen Senat der Obersten Gerichte des Bundes anrufen müsse.[554] Die Bedeutung der arbeitsrechtlichen Besonderheiten geht aber noch weiter. *Thüsing* hat als einer der ersten versucht, die „Besonderheiten des Arbeitsrechts" anhand einer umfangreichen Analyse des Wortlautes näher zu konkretisieren und meint, dass davon nur rechtliche Aspekte, die ausschließlich für Arbeitsverträge gelten, erfasst seien.[555] Bei einer Gesamtschau der im Schrifttum unternommenen Klärungsversuche des Begriffs der „im Arbeitsrecht geltenden Besonderheiten" zeichnen sich drei Meinungsgruppen ab.[556]

Einige Autoren stellen diesbezüglich auf die *Besonderheiten des Arbeitsverhältnisses* und die insoweit bestehende besondere Schutzbedürftigkeit des Arbeitnehmers ab.[557] Dies habe zur Folge, dass die arbeitsrechtlichen Gestaltungsfak-

---

In der Beschlussempfehlung des Rechtsausschusses zu § 310 Abs. 4 S. 2 BGB, BT-Drucksache 14/7052, S. 189 findet sich folgende Aussage: Mit dem Vorbehalt solle „den Besonderheiten spezifischer Bereiche des Arbeitsrechts wie etwa des kirchlichen Arbeitsrechts angemessen Rechnung getragen werden."

[552] Erste instanzgerichtliche Urteile liegen vor: LAG Hamm, Urt. v. 24.1.2003 – 10 Sa 1158/02 – NZA 2003, 499; ArbG Duisburg, Urt. v. 14.8.2002 – 3 Ca 1676/02 – NZA 2002, 1038; ArbG Bochum, Urt. v. 8.7.2002 – 3 Ca 1287/02 – NZA 2002, 978.

[553] Vertiefend zum Begriff „Besonderheiten des Arbeitsrechts": *Birnbaum*, NZA 2003, 944; *Hönn*, ZfA 2003, 325; *Preis*, NZA 2003, Sonderbeilage zu Heft 16, S. 19 (24 ff.); *Thüsing*, NZA 2002, 591; *Rolfs*, in: FS-Schwerdtner, S. 151; Flexible Gestaltung von Arbeitsbedingungen, S. 139 ff.; *Schlodder*, Arbeitsvertrag im neuen Schuldrecht, S. 216 ff; *Schrader/Schubert*, NZA-RR 2005, 169 (172).

[554] *Däubler*, NZA 2001, 1329 (1335); *Lingemann*, NZA 2002, 181 (183).

[555] *Thüsing*, NZA 2002, 591: Aus dem Begriff *Besonderheiten* sei zu schließen, dass aus der Gesamtheit aller auf einen Arbeitsvertrag anwendbaren Normen als Besonderheit nur solche in Betracht kommen, die speziell und ausschließlich für Arbeitsverträge gelten. *Arbeitsrecht* im materiellen Sinne erfasse jede Rechtsvorschrift, die das Arbeitsverhältnis regelt. Aus dem Wort Arbeits*recht* sei zu folgern, dass nur rechtliche, nicht hingegen tatsächliche Besonderheiten zu berücksichtigen seien. Kritisch hierzu: *Singer*, RdA 2003, 194 (199); *Birnbaum*, NZA 2003, 944 (946).

[556] Vgl. *Hönn*, ZfA 2003, 325 (329).

[557] *Annuß*, BB 2002, 1458 (1460): engmaschiges System arbeitsrechtlicher Schutznormen; *Hromadka*, NZA 2002, 2523 (2528); *Lingemann*, NZA 2002, 181 (183); Erf-Komm-*Preis*, §§ 305-310 BGB, Rn. 14. In der Gegenäußerung der Bundesregierung, BT-Drucksache 14/6857, S. 54 heißt es, dass vor allem „die besonderen Klauselverbote ohne Wertungsmöglichkeit im Arbeitsrecht nicht zwingend uneingeschränkt zur Anwendung

toren und die ihnen zugrunde liegenden Strukturen des Arbeitsverhältnisses maßgeblich seien.[558]

Andere stellen auf das *Arbeitsrecht* und dessen *Besonderheiten gegenüber dem allgemeinen Zivilrecht* ab.[559] „Besonderheiten des Arbeitsrechts" i.S. des § 310 Abs. 4 S. 2 BGB seien folglich die Regelungen, die speziell und ausschließlich für das Arbeitsrecht Anwendung fänden.

Im Gegensatz dazu sieht eine dritte Gruppe die „Besonderheiten des Arbeitsrechts" als *spezifische Besonderheiten einzelner Bereiche innerhalb des Arbeitsrechts* an.[560] In besonderen Arbeitsverhältnissen wie z.b. Tendenzarbeitsverhältnissen gälten gegenüber „normalen" Arbeitsverhältnissen gewisse Besonderheiten, die eine „modifizierte" Inhaltskontrolle i.S. des § 310 Abs. 4 S. 2 BGB erforderten.[561] Die Besonderheiten, die allgemein das Rechtsgebiet „Arbeitsrecht" kennzeichneten, müssten im Rahmen der AGB-Kontrolle bereits über die im Gesetz enthaltenen Wertungsbegriffe (z.b. § 307 BGB – „unangemessene Benachteiligung")[562] und nicht erst im Rahmen des § 310 Abs. 4 S. 2 BGB angemessen berücksichtigt werden.[563]

b) Stellungnahme

Die unterschiedlichen Ansichten zeigen, dass eine einheitliche Definition „der im Arbeitsrecht geltenden Besonderheiten" noch nicht erreicht worden ist. Bis-

---

kommen [sollten]. Vielmehr sollten hier die besonderen Bedürfnisse des Arbeitsverhältnisses berücksichtigt werden können." Dagegen: LAG Hamm, Urt. v. 24.1.2003 – 10 Sa 1158/02 – NZA 2003, 499 (501).

[558] *Hromadka*, NZA 2002, 2523 (2528).

[559] *Thüsing*, NZA 2002, 591; *Richardi*, NZA 2002, 1057 (1061): „Sinn und Zweck des Vorbehaltes ist es, dass der Pflichtenkreis aus dem Arbeitsverhältnis Besonderheiten aufweist, die sonst bei Schuldverträgen keine Rolle spielen."; *Singer*, RdA 2003, 194 (204): Die Berücksichtigung arbeitsrechtlicher Besonderheiten „zwingt den Rechtsanwender zu der Prüfung, ob die arbeitsrechtliche Beziehungen kennzeichnende Interessenlage ein Abweichen von den im allgemeinen Zivilrecht angemessenen Vertragsstandards erfordert."

[560] *Birnbaum*, NZA 2003, 944 (948); *Hümmerich/Holthausen*, NZA 2002, 173 (178); Ähnlich auch die Beschlussempfehlung des Rechtsausschusses zu § 310 Abs. 4 S. 2 BGB, BT-Drucksache 14/7052, S. 189: Mit dem Vorbehalt solle „den Besonderheiten spezifischer Bereiche des Arbeitsrechts wie etwa des kirchlichen Arbeitsrechts angemessen Rechnung getragen werden."

[561] *Birnbaum*, NZA 2003, 944 (946).

[562] So z.B. in § 305 c Abs. 1 BGB „nach den Umständen ... so ungewöhnlich", § 306 Abs. 3 BGB „unzumutbare Härte", § 307 Abs. 1 S. 2 BGB „unangemessene Benachteiligung".

[563] Vgl. *Birnbaum*, NZA 2003, 944 (948).
Birnbaum, NZA 2003, 944 (950).

lang ist vor allem im Schrifttum heftig über die Regelung des § 310 Abs. 4 S. 2 BGB diskutiert worden. Auch die Instanzgerichte orientierten sich an den im Schrifttum geäußerten Definitionsansätzen.[564] In einem Urteil vom 4. März 2004 hat sich das Bundesarbeitsgericht erstmals zu den „im Arbeitsrecht geltenden Besonderheiten" geäußert. Es hat ausgeführt, dass Besonderheiten i.S. des § 310 Abs. 4 S. 2 BGB die „Besonderheiten des Rechtsgebietes Arbeitsrecht im Ganzen und nicht nur Besonderheiten bestimmter Arbeitsverhältnisse wie z.B. kirchlicher Arbeitsverhältnisse [sind]. Dabei muss es sich nicht um Besonderheiten handeln, die nur im Arbeitsrecht gelten. Es reicht aus, wenn sich die Abweichungen von typischen Regelungslagen insbesondere im Arbeitsverhältnis auswirken."[565] Allerdings hat das Bundesarbeitsgericht offen gelassen, ob im Rahmen des § 310 Abs. 4 S. 2 BGB nur rechtliche oder auch tatsächliche Besonderheiten Berücksichtigung finden.[566]

Es ist allerdings zu erwarten, dass das Bundesarbeitsgericht den § 310 Abs. 4 S. 2 BGB auch auf tatsächliche Besonderheiten anwenden wird. § 310 Abs. 4 S. 2 BGB ordnet die angemessene Berücksichtigung der „im Arbeitsrecht geltenden Besonderheiten" an. Hierzu müssen neben rechtlichen auch tatsächliche Aspekte zählen, da sich zwischen ihnen keine klare Trennlinie ziehen lässt. So spiegeln sich viele tatsächliche Besonderheiten des Arbeitsrechts in gesetzlichen Regelungen wider oder stellen sich als Folge solcher Regelungen dar.[567]

c) Ergebnis

Die „im Arbeitsrecht geltenden Besonderheiten" sind bei der Anwendung der §§ 305 bis 310 BGB angemessen zu berücksichtigen. Sie umfassen die Besonderheiten des Rechtsgebietes Arbeitsrecht im Ganzen und nicht nur spezielle Abweichungen innerhalb bestimmter Arbeitsverhältnisse. Sie erfassen all jene Umstände, die eine abweichende Beurteilung typischer Regelungslagen gerade

---

[564] LAG Düsseldorf, Urt. v. 24.1.2003 – 10 Sa 1158/02 – NZA 2003, 499 (501); ArbG Bochum, Urt. v. 8.7.2002 – 3 Ca 1287/02 – NZA 2002, 978 (979).

[565] BAG, Urt. v. 4.3.2004 – 8 AZR 196/03 – NZA 2004, 727.

[566] BAG, a.a.O. (731).

[567] *Zeller-Müller*, Auswirkungen der Schuldrechtsreform, S. 111: Die Gesetzesbegründung zu § 310 Abs. 4 S. 2 1. Hs. spricht von „besonderen Bedürfnissen eines Arbeitsverhältnisses" (BT-Drucksache 14/6857, S. 54). Daher erscheine es interessengerecht, „das Vorliegen arbeitsrechtlicher Besonderheiten gesondert für den Einzelfall [...] zu prüfen, wobei primär auf rechtliche und erst danach – soweit noch erforderlich – auf tatsächliche Besonderheiten Rücksicht zu nehmen ist." *Singer*, RdA 2003, 194 (199); *Birnbaum*, NZA 2003, 944 (946); *Schlodder*, Arbeitsvertrag im neuen Schuldrecht, S. 219; *v. Steinau-Steinrück/Hurek*, NZA 2004, 965 (967). Dagegen, mit der Folge, dass nur rechtliche Besonderheiten zu berücksichtigen seien: *Preis*, NZA 2003, Sonderbeilage zu Heft 16, S. 19 (26); LAG Hamm, Urt. v. 24.1.2003 – 10 Sa 1158/02 – NZA 2003, 499 (501); ArbG Bochum, Urt. v. 8.7.2002 – 3 Ca 1287/02 – NZA 2002, 978 (979)

im Arbeitsverhältnis bedingen.[568] Dazu zählen neben rechtlichen auch tatsächliche Besonderheiten. Das Bundesarbeitsgericht hat auch klargestellt, dass sich die Berücksichtigung der im Arbeitsrecht geltenden Besonderheiten auf den gesamten Abschnitt – also die §§ 305 bis 310 BGB – bezieht.[569] Soweit die Erstreckung des AGB-Rechts auf das Arbeitsrecht nicht zu einer abweichenden Bewertung zwingt, ist zu erwarten, dass sich die künftige Rechtsprechung an den bisherigen Entscheidungen orientieren wird.[570]

IV. Rechtsfolgen unwirksamer Klauseln, § 306 BGB

Nach der AGB-rechtlichen Überprüfung von Arbeitsvertragsbedingungen in Formularverträgen stellt sich die Frage, welche Rechtsfolgen eine unwirksame Klausel nach sich zieht. Hierzu finden sich in § 306 BGB grundsätzliche Regelungen:

Abs. 1: Sind Allgemeine Geschäftsbedingungen ganz oder teilweise nicht Vertragsbestandteil geworden oder unwirksam, so bleibt der Vertrag im Übrigen wirksam.

Abs. 2: Soweit die Bestimmungen nicht Vertragsbestandteil geworden oder unwirksam sind, richtet sich der Inhalt des Vertrags nach den gesetzlichen Vorschriften.

Im Arbeitsrecht ist vor allem die Reichweite des § 306 Abs. 2 BGB umstritten. Die Problematik unwirksamer AGB wurde vor der Schuldrechtsreform im allgemeinen Zivilrecht und im Arbeitsrecht unterschiedlich beurteilt. Bei Vertragsklauseln, die wegen Verstoßes gegen das AGB-Recht unwirksam waren, stellte sich die Frage, ob die Klausel insgesamt zu verwerfen ist oder im Wege der geltungserhaltenden Reduktion auf ein zulässiges Maß zurückgeführt werden kann.

1. Verbot der geltungserhaltenden Reduktion

Für den Bereich des allgemeinen Zivilrechts haben Rechtsprechung und Schrifttum dem § 306 Abs. 2 BGB (früher: § 6 Abs. 2 AGBG) schon immer ein Verbot

---

[568] BAG, Urt. v. 4.3.2004 – 8 AZR 196/03 – NZA 2004, 727.

[569] BAG, Urt. v. 4.3.2004 – 8 AZR 196/03 – NZA 2004, 727 (731).

[570] *Grobys*, DStR 2002, 1002 (1005); *Berkowsky*, AuA 2002, 11 (15); *Thüsing*, BB 2002, 2666 (2673) führte hierzu aus: „Der Vorbehalt scheint auch deshalb in das Gesetz aufgenommen worden zu sein, um die bisher von der Rechtsprechung im Arbeitsrecht entwickelten Strukturen nicht vollends über Bord zu werfen, sondern im Interesse der Rechtssicherheit fortbestehen zu lassen und einer – sich untereinander angleichenden – Fortentwicklung des AGB-Rechts zuzuführen."

geltungserhaltender Reduktion entnommen.[571] Dies bedeutet, dass eine mit den Vorschriften des AGB-Rechts unvereinbare Klausel unwirksam ist und nicht im Wege geltungserhaltender Reduktion mit noch zulässigem Inhalt aufrechterhalten werden kann. Die AGB-Regelungen bezwecken den Schutz derjenigen Partei, die durch das einseitige Stellen der Vertragsbedingungen benachteiligt ist. Ließe man zugunsten des Verwenders eine „Vertragshilfe durch den Richter" zu, würde dem Verwender jegliches Risiko bei der Vertragsgestaltung abgenommen, da er sicher sein könne, dass eine nach AGB-Recht unwirksame Klausel schlimmstenfalls auf das gerade noch zulässige Maß reduziert würde.[572] Zudem wäre ein solches Vorgehen mit dem in § 307 Abs. 1 S. 2 BGB niedergelegten Transparenzgebot nicht zu vereinbaren, welches dem Verwendungsgegner jederzeit eine zuverlässige Information über die sich aus den vorformulierten Vertragsbedingungen ergebenden Rechte und Pflichten ermöglichen soll.[573]

Im Arbeitsrecht existierte lange Zeit eine davon abweichende Praxis. Das Bundesarbeitsgericht führte trotz der Regelung in § 23 AGBG auch bei Arbeitsverträgen eine Inhaltskontrolle unter Berufung auf Grundgedanken des AGBG durch.[574] Führte diese Inhaltskontrolle zu dem Ergebnis, dass eine Vertragsklausel wegen Verstoßes gegen AGB-Recht unwirksam war, befürwortete das Bundesarbeitsgericht in vielen Fällen eine geltungserhaltende Reduktion mit der

---

[571] BGH, Urt. v. 1.2.1984 – VIII ZR 54/83 – NJW 1984, 1177 (1178); BGH, Urt. v. 24.9.1985 – VI ZR 4/84 – BGHZ 96, 18 (25); BGH, Urt. v. 10.10.1991 – III ZR 141/90 – BGHZ 115, 324 (326); *v. Hoyningen-Huene*, Inhaltskontrolle, Rn. 69; *Rolfs*, in: FS-Schwerdtner, S. 152; *Schmidt*, in: Ulmer/Brandner/Hensen, § 6 AGBG, Rn. 14 ff.; *Zeller-Müller*, Auswirkungen der Schuldrechtsreform, S. 243.

[572] Ein solches Vorgehen würde den Verwender Allgemeiner Geschäftsbedingungen doppelt begünstigen. Zum einen hat er das Recht der einseitigen Vertragsgestaltung, zum anderen würde ihm das Risiko einer unwirksamen Klausel genommen. Er könnte quasi Klauseln jeglichen Inhalts in den Formularvertrag aufnehmen. Sollte die Klausel unwirksam sein, würde sie anstelle eines ersatzlosen Wegfalls vom Gericht auf ein noch zulässiges Maß zurückgeführt werden. Dies ist mit Sinn und Zweck des AGB-Rechts nicht zu vereinbaren: Wer unangemessene AGBs stellt, darf daraus nicht auch noch einen Vorteil haben. Vgl. *Fenn*, in: FS-Söllner, S. 363; *Wisskirchen/Stühm*, DB 2003, 2225 (2227); *Lindemann*, ArbuR 2002, 81 (87), *dies.*, Flexible Gestaltung von Arbeitsbedingungen, S. 240 ff.

[573] *Willemsen/Grau*, RdA 2003, 321 (322); BGH, Urt. v. 3.11.1999 – VIII ZR 269/98 – NJW 2000, 1110 (1113).

[574] Siehe oben § 9 I 1; BAG, Urt. v. 23.5.1984 – 4 AZR 129/82 – DB 1984, 2143; BAG, Urt. v. 16.3.1994 – 5 AZR 339/92 – NZA 1994, 937 (939); BAG, Urt. v. 29.11.1995 – 5 AZR 447/94 – NJW 1996, 2117; BAG, Urt. v. 18.8.1998 – 1 AZR 589/97 – NZA 1999, 659 (661).

Folge, dass die an sich unzulässige Klausel auf den noch zulässigen Inhalt reduziert wurde.[575]

Mit Aufhebung der Bereichsausnahme gilt § 306 Abs. 2 BGB nunmehr auch für das Arbeitsrecht. Demzufolge ist das aus § 306 Abs. 2 BGB hergeleitete Verbot geltungserhaltender Reduktion auch auf Arbeitsverträge anzuwenden. Es finden sich vor allem im Schrifttum Stimmen, die sich unter Berufung auf die „im Arbeitsrecht geltenden Besonderheiten" (§ 310 Abs. 4 S. 2 BGB) dafür aussprechen, das Verbot geltungserhaltender Reduktion im Arbeitsrecht nicht anzuwenden.[576] Dem kann nicht zugestimmt werden. Zwar ist es richtig, dass die bislang im Arbeitsrecht durchgeführte geltungserhaltende Reduktion gegenüber dem allgemeinen Zivilrecht als „Besonderheit des Arbeitsrechts" anzusehen ist, gleichwohl kann dies nicht die Umgehung von § 306 BGB rechtfertigen. Die geltungserhaltende Reduktion begünstigt gerade denjenigen, dessen Verhalten durch die §§ 305 ff. BGB bei Verwendung unzulässiger Klauseln sanktioniert werden soll. Bei der Verwendung allgemeiner Geschäftsbedingungen besteht diese Situation unabhängig vom Rechtsverhältnis.[577] Ein Arbeitnehmer ist ebenso schutzbedürftig wie ein Käufer oder Mieter, dem vorformulierte Vertragsbedingungen vorgelegt werden. Im Arbeitsrecht besteht damit die gleiche Situation wie im allgemeinen Zivilrecht. Folglich können die Besonderheiten der bisherigen arbeitsrechtlichen Rechtsprechung die Anwendung des § 306 BGB nicht verhindern.

Zudem ist anzuführen, dass auch der Bundesgerichtshof seit jeher bei arbeitsrechtlichen Sachverhalten eine geltungserhaltende Reduktion abgelehnt hat.[578]

---

[575] So z. B. die Reduzierung unzulässiger Rückzahlungsklauseln auf das noch zulässige Maß: BAG, Urt. v. 23.2.1983 – 5 AZR 531/80 – DB 1983, 1210; BAG, Urt. v. 11.4.1984 – 5 AZR 430/82 – DB 1984, 2411 (2412); BAG, Urt. v. 15.5.1985 – 5 AZR 161/84 – AP Nr. 9 zu § 611 BGB – Ausbildungsbeihilfe, Bl. 3R, BGH, Urt. v. 6.9.1995 – 5 AZR 241/94 – AP Nr. 23 zu § 611 BGB – Ausbildungsbeihilfe, Bl. 4R; MüArbR-*Hanau*, § 69, Rn. 52; BAG, Urt. v. 3.12.1970 – 2 AZR 110/70 – AP Nr. 60 zu § 626 BGB, Bl. 2: Es dränge sich auf, „das in den Allgemeinen Anstellungs-Bedingungen enthaltene Verbot entgeltlicher Nebentätigkeit durch verfassungskonforme Auslegung auf die Fälle einzuschränken, in denen die Nebentätigkeit die vertraglich geschuldeten Leistungen beeinträchtigen würde."

[576] *Söllner*, ZfA 2003, 145 (158/159); *Thüsing*, NZA 2002, 591 (594); *Hadeler*, FA 2002, 66 (67); *Eckert/Wallstein*, Arbeitsvertragsrecht, S. 133 f.; Dagegen: Erf-Komm-*Preis*, §§ 305-310 BGB, Rn. 99; *Singer*, RdA 2003, 194 (203); *Annuß*, BB 2002, 458 (462); *Bayreuther*, NZA 2004, 953.

[577] *Rolfs*, in: FS-Schwerdtner, S. 160; *Lindemann*, Flexible Gestaltung von Arbeitsbedingungen, S. 240; *Zeller-Müller*, Auswirkungen der Schuldrechtsreform, S. 246.

[578] BGH, Urt. v. 30.9.1998 – IV ZR 262/97 – BGHZ 139, 333 (339); ebenso: LG Karlsruhe, Urt. v. 9.3.2001 – 6 S 23/00 – NJW 2001, 1655 (1657).

Außerdem spricht der eindeutige Wortlaut des § 306 Abs. 2 BGB gegen die Anwendung einer geltungserhaltenden Reduktion.[579] Schließlich ist für ein Verbot der geltungserhaltenden Reduktion vorzubringen, dass dem Verwender des vorformulierten Vertrages, der hinsichtlich des Inhalts die alleinige Gestaltungsmacht hat, durch die richterliche Reduktion weder die Verantwortung noch das Risiko für die unangemessene Klausel abgenommen werden darf.[580] Folglich muss das Verbot geltungserhaltender Reduktion auch im Arbeitsrecht gelten.[581]

Dem folgt nunmehr auch das Bundesarbeitsgericht. In dem bereits erwähnten Urteil vom 4. März 2004 hat es auch entschieden, dass bei einer in einem Formulararbeitsvertrag zu hoch festgelegten Vertragsstrafe eine geltungserhaltende Reduktion nicht in Betracht komme, vielmehr sei die Vertragsklausel insgesamt unwirksam.[582] Zur Begründung führt es aus:

„Ziel [der §§ 305 ff. BGB ist es], auf einen angemessenen Inhalt der in der Praxis verwendeten Allgemeinen Geschäftsbedingungen hinzuwirken. Dem Verwendungsgegner soll die Möglichkeit sachgerechter Information über die ihm aus dem vorformulierten Vertrag erwachsenen Rechte und Pflichten verschafft werden. Dieses Ziel ließe sich nicht erreichen, wenn jeder Verwender von Allgemeinen Geschäftsbedingungen zunächst einmal ungefährdet bis zur Grenze dessen gehen könnte, was zu seinen Gunsten in gerade noch vertretbarer Weise angeführt werden kann. Damit würde nicht verhindert, dass der Vertragspartner des Verwenders in der Vertragsabwicklungspraxis mit überzogenen Klauseln konfrontiert wird. Erst in einem Prozess würde er vielmehr den Umfang seiner Rechte und Pflichten erfahren. Wer die Möglichkeit nutzen kann, die ihm der Grundsatz der Vertragsfreiheit für die Aufstellung von Allgemeinen Geschäftsbedingungen eröffnet, muss auch das vollständige Risiko einer Klauselunwirksamkeit tragen."[583]

Eine arbeitsvertragliche Klausel, die gegen das AGB-Recht verstößt, ist damit unwirksam. Sie kann nicht auf ein noch zulässiges Maß zurückgeführt werden. An ihre Stelle treten gemäß § 306 Abs. 2 BGB die gesetzlichen Vorschriften.

---

[579] § 306 Abs. 2 BGB lautet: „Soweit die Bestimmungen […] unwirksam sind, bestimmt sich der Inhalt des Vertrages nach den gesetzlichen Vorschriften."

[580] *Fenn*, in: FS-Söllner, S. 363; *Preis*, Grundfragen der Vertragsgestaltung, S. 367; *Wisskirchen/ Stühm*, DB 2003, 2225 (2227); *Gotthardt*, ZIP 2002, 277 (289); Preis-*Preis*, Arbeitsvertrag, I C, Rn. 116; *Hansen*, ZGS 2004, 21 (26).

[581] Ebenso: Preis-*Preis*, Arbeitsvertrag, I C, Rn. 116; *Gaul/Bonanni*, ArbRB 2002, 284; *Lindemann*, Flexible Gestaltung von Arbeitsbedingungen, S. 240; Erf-Komm-*Preis*, §§ 305-310 BGB, Rn. 99; *Wisskirchen/Stühm*, DB 2003, 2225 (2227); *Annuß*, BB 2002, 458 (461); *Gotthardt*, ZIP 2002, 277 (289); *Stoffels*, NZA 2004, Sonderbeilage zu Heft 10, S. 19 (27); *Schrader/Schubert*, NZA-RR 2005, 169 (173).

[582] BAG, Urt. v. 4.3.2004 – 8 AZR 196/03 – NZA 2004, 727.

[583] BAG, a.a.O. (734); siehe auch BGH, Urt. v. 17.5.1982 – VII ZR 316/81 – BGHZ 84, 109 (116).

Hierzu zählen neben den materiellen Gesetzen auch Richterrecht und unge-schriebene Rechtsgrundsätze.[584] Dies ist im Arbeitsrecht mitunter schwierig, weil oft geschriebenes Gesetzesrecht fehlt und richterrechtliche Regeln häufig nicht hinreichend gefestigt sind. Vor allem im Bereich arbeitsvertraglicher Ne-benpflichten (z.b. Nebentätigkeit, Verschwiegenheitspflicht) besteht teilweise große Unsicherheit.[585] Fehlt es an geeigneten Vorschriften oder Rechtsgrundsät-zen und ist auch die ersatzlose Streichung der Klausel keine angemessene Lö-sung, so kann die durch die unwirksame Klausel entstandene Lücke im Wege der ergänzenden Vertragsauslegung geschlossen werden.[586]

2. Möglichkeit der ergänzenden Vertragsauslegung

Im Rahmen der ergänzenden Vertragsauslegung ist zu ermitteln, was die Partei-en bei Vertragsschluss geregelt hätten, wenn sie die Unwirksamkeit der betref-fenden Klausel gekannt hätten. Dabei ist grundsätzlich auf den hypothetischen Parteiwillen abzustellen. Allerdings ergibt sich diesbezüglich bei vorformulier-ten Verträgen eine Besonderheit, da es bei ihnen gerade an einem gemeinsam gebildeten Willen der Parteien fehlt. Aus diesem Grund ist bei Formularverträ-gen die ergänzende Vertragsauslegung anhand objektiver, von der Rechtsord-nung für den jeweiligen Vertragstyp vorgesehener Wertungen vorzunehmen.[587] Die entstandene Vertragslücke ist nach einem „objektiv-generalisierenden, am Willen und Interesse der typischerweise an Geschäften dieser Art beteiligten Verkehrskreise ausgerichteten Maßstab"[588] zu schließen.

Dem eventuellen Einwand, eine Lückenfüllung im Wege ergänzender Ver-tragsauslegung liefe im Ergebnis auf eine geltungserhaltende Reduktion hinaus, kann entgegen gehalten werden, dass sich beide Institute in Zielsetzung und Er-

[584] *Boudon*, ArbRB 2003, 150 (153); *Lindemann*, Flexible Gestaltung von Arbeitsbedingun-gen, S. 236; *Willemsen/Grau*, RdA 2003, 321 (324); *Hromadka*, NJW 2002, 2523 (2529); *Lingemann*, NZA 2002, 181 (186); *Preis*, NZA 2003, Sonderbeilage zu Heft 16, S. 19 (28); *Gotthardt*, ZIP 2002, 277 (289); Palandt-*Heinrichs*, § 306, Rn. 6; *Fenn*, in: FS-Söllner, S. 363.
[585] *Preis*, Grundfragen der Vertragsgestaltung, S. 369; *Willemsen/Grau*, RdA 2003, 321 (324).
[586] BGH, Urt. v. 1.2.1984 – VIII ZR 54/83 – NJW 1984, 1177 (1179); BGH, Urt. v. 30.9.1998 – IV ZR 262/97 – BGHZ 139, 333 (339); LAG Köln, Urt. v. 1.2.2001 – 10 Sa 625/00 – NZA-RR 2001, 461 (463); *Willemsen/Grau*, RdA 2003, 321 (325); *Grobys*, DStR 2002, 1002 (1009); *Gotthardt*, ZIP 2002, 277 (289); *Hönn*, ZfA 2003, 325 (342); *Lindemann*, Flexible Gestaltung von Arbeitsbedingungen, S. 241; *Franke*, Zweitarbeits-verhältnis, S. 40; *Henssler*, in: Henssler/Graf v. Westphalen, § 310, Rn. 8; *Stoffels*, NZA 2004, Sonderbeilage zu Heft 10, S. 19 (27).
[587] *Preis*, Grundfragen der Vertragsgestaltung, S. 373.
[588] *Schmidt*, in: Ulmer/Brander/Hensen, § 6 AGBG, Rn. 32; *Pauly*, NZA 1997, 1031 (1032); ebenso: LAG Köln, Urt. v. 1.2.2001 – 10 Sa 625/00 – NZA-RR 2001, 461 (464).

gebnis unterscheiden.[589] Während die geltungserhaltende Reduktion bereits auf Tatbestandsebene erfolgt und auf die Aufrechterhaltung einer Klausel mit noch zulässigem Inhalt abzielt, eine Vertragslücke also gar nicht entstehen lässt, bezweckt die ergänzende Vertragsauslegung auf der Rechtsfolgenseite die Schließung der durch die unwirksame Klausel entstandenen Lücke durch Herbeiführung eines für beide Seiten angemessenen Ausgleichs.

Zusammenfassend lässt sich sagen, dass vorformulierte Arbeitsvertragsbedingungen, die wegen Verstoßes gegen das AGB-Recht unwirksam sind, nicht im Wege der geltungserhaltenden Reduktion aufrechterhalten werden können. Dies widerspräche der nunmehr auch im Arbeitsrecht geltenden Bestimmung des § 306 BGB. Vielmehr tritt an die Stelle der unwirksamen Klausel gemäß § 306 Abs. 2 BGB dispositives Gesetzesrecht. Soweit geeignete Regelungen fehlen, kann die entstandene Lücke im Wege ergänzender Vertragsauslegung geschlossen werden.

V. Zusammenfassung

Formulararbeitsverträge und vorformulierte Vertragsbedingungen unterliegen der AGB-rechtlichen Inhaltskontrolle nach Maßgabe der §§ 305 ff. BGB. Sofern die speziellen Klauselverbote in § 308 und § 309 BGB nicht greifen, ist eine Arbeitsvertragsklausel gemäß § 307 Abs. 1 BGB unwirksam, „wenn sie den Vertragspartner des Verwenders entgegen den Geboten von Treu und Glauben unangemessen benachteiligt." Ob die Vertragsklausel eine unangemessene Benachteiligung für den Arbeitnehmer darstellt, ist anhand einer umfassenden Interessenabwägung zu prüfen. Eine Benachteiligung ist unangemessen, wenn sie nicht durch berechtigte Interessen des Arbeitgebers gerechtfertigt ist oder durch gleichwertige Vorteile des Arbeitnehmers ausgeglichen wird. Gemäß § 310 Abs. 4 S. 2 BGB sind bei der Anwendung der §§ 305 bis 310 BGB die „im Arbeitsrecht geltenden Besonderheiten" angemessen zu berücksichtigen. Hierzu zählen neben den rechtlichen auch die tatsächlichen Besonderheiten des Rechtsgebietes Arbeitsrecht.

Gelangt die Inhaltskontrolle zu dem Ergebnis, dass eine arbeitsvertragliche Klausel gegen das AGB-Recht verstößt, so ist die betreffende Klausel unwirksam. Das Verbot der geltungserhaltenden Reduktion gilt nunmehr auch im Arbeitsrecht. Demnach können die wegen eines Verstoßes gegen das AGB-Recht unwirksamen Klauseln nicht im Wege geltungserhaltender Reduktion mit noch zulässigem Inhalt aufrechterhalten werden. Hierfür spricht zum einen der

---

[589] BGH, Urt. v. 1.2.1984 – VIII ZR 54/83 – NJW 1984, 1177 (1179); *Lindemann*, Flexible Gestaltung von Arbeitsbedingungen, S. 241.

Wortlaut des § 306 Abs. 2 BGB, zum anderen darf dem Verwender des vorformulierten Vertrages, der hinsichtlich des Inhalts die alleinige Gestaltungsmacht hat, weder die Verantwortung noch das Risiko für die unangemessene Klausel abgenommen werden. An die Stelle der unwirksamen Klausel treten gemäß § 306 Abs. 2 BGB die gesetzlichen Vorschriften. Hierzu zählen neben den materiellen Gesetzen auch Richterrecht und ungeschriebene Rechtsgrundsätze. Fehlen geeignete Vorschriften oder Rechtsgrundsätze und ist auch die ersatzlose Streichung der Klausel keine angemessene Lösung, so kann die durch die unwirksame Klausel entstandene Lücke im Wege der ergänzenden Vertragsauslegung geschlossen werden.

§ 10 Nebentätigkeitsklauseln im Formulararbeitsvertrag

In der arbeitsrechtlichen Praxis ist die Verwendung von Formulararbeitsverträgen der Regelfall. Hat der Arbeitgeber den Wunsch, ein Arbeitnehmer solle bei keinem anderen Arbeitgeber tätig sein, sondern ausschließlich für seinen Betrieb arbeiten, so kann er im Vertrag ein Nebentätigkeitsverbot formulieren. Diese Art der Vertragsgestaltung bedeutet für den Arbeitnehmer eine erhebliche Beeinträchtigung seiner Vertragsfreiheit, da er keinen Einfluss auf die Gestaltung des Vertrages hat. Er tritt dem Arbeitgeber nicht gleichberechtigt gegenüber. Im Gegensatz zum Arbeitgeber ist der Arbeitnehmer zur Sicherung seines Lebensunterhaltes auf einen Arbeitsplatz angewiesen, wobei er häufig keine Wahlmöglichkeit hat. Vielmehr wird er froh sein, überhaupt ein Arbeitsplatzangebot zu haben, so dass die vom Arbeitgeber vorgelegten Vertragsbedingungen akzeptiert werden.

Hingegen haben Arbeitgeber ein Interesse daran, dass der Arbeitnehmer seine Arbeitskraft ausschließlich ihrem Betrieb zur Verfügung stellt, weil sie eine Beeinträchtigung ihrer betrieblichen Interessen befürchten. Aus diesem Grund finden sich in fast jedem Arbeitsvertrag Nebentätigkeitsklauseln.[590] Die Bandbreite der Nebentätigkeiten betreffenden Klauseln ist groß. Sie reicht von unterschiedlich starken Verboten über Genehmigungsvorbehalte bis hin zu bloßen Anzeigepflichten. Im Folgenden sollen die in der Praxis verwendeten Nebentätigkeitsklauseln systematisiert und rechtlich beurteilt werden. Nebentätigkeitsklauseln, die Bestandteil von Formulararbeitsverträgen sind, unterliegen der Inhaltskontrolle nach § 307 Abs. 1 BGB. Im Hinblick auf die Inhaltskontrolle muss zwischen deklaratorischen und konstitutiven Nebentätigkeitsklauseln unterschieden werden.

Deklaratorische und konstitutive Vertragsklauseln werden anhand ihres Regelungsgehaltes unterschieden. Erschöpfen sich Klauseln in der Wiedergabe gesetzlicher Regelungen, fehlt ihnen ein eigenständiger Regelungsgehalt.[591] Es wird insoweit von deklaratorischen Klauseln gesprochen. Gehen Klauseln hingegen über einschlägige gesetzliche Bestimmungen hinaus und begründen sie weitergehende Rechte und Pflichten, werden sie als konstitutiv bezeichnet.[592] Konstitutive Klauseln lassen sich nach Klauselinhalt und -umfang unterschei-

---

[590] Siehe dazu § 8 II 2.

[591] *Glöckner*, Nebentätigkeitsverbote im Individualarbeitsrecht, S. 135; *Wank*, Nebentätigkeit, Rn. 361; *Franke*, Zweitarbeitsverhältnis, S. 36; *Bock*, Doppelarbeitsverhältnis, S. 69.

[592] *Franke*, Zweitarbeitsverhältnis, S. 36; Preis-*Preis*, Arbeitsvertrag, I A, Rn. 127; *Bock*, Doppelarbeitsverhältnis, S. 70.

den.[593] Im Bereich des Nebentätigkeitsrechts finden sich beispielsweise Klauseln, die Nebentätigkeitsverbote, Zustimmungsvorbehalte und Anzeigepflichten normieren. Des Weiteren können diese Klauseln von ihrem Umfang her in absolute und eingeschränkte Verbote bzw. Zustimmungsvorbehalte eingeteilt werden.

I. Deklaratorische Klauseln

Charakteristisches Merkmal deklaratorischer Klauseln ist, dass sie im Gegensatz zu den sog. konstitutiven Klauseln keinen eigenständigen Regelungsgehalt haben. Sie beschränken sich vielmehr auf die Wiedergabe gesetzlicher Regelungen. Sie sind zwar nach § 307 Abs. 3 S. 1 BGB von der AGB-rechtlichen Inhaltskontrolle ausgeschlossen,[594] gleichwohl kann sich aber ihre Unwirksamkeit gemäß § 307 Abs. 3 S. 2 BGB daraus ergeben, dass die Klausel „nicht klar und verständlich ist" und damit gegen das in § 307 Abs. 1 S. 2 BGB niedergelegte Transparenzgebot verstößt. Deklaratorische Klauseln können wie folgt aussehen:[595]

> 1. Dem Arbeitnehmer ist es untersagt, Nebentätigkeiten auszuüben, die zu einer Überschreitung der Höchstarbeitszeit des ArbZG führen.

> 2. Der Arbeitnehmer verpflichtet sich, während seines Urlaubs keine dem Urlaubszweck widersprechende Erwerbstätigkeit auszuüben.

> 3. Die §§ 60, 61 HGB bleiben unberührt.

Die Klauseln 1 und 3 verweisen auf die in § 3 ArbZG und im HGB enthaltenen Regelungen, während Klausel 2 das in § 8 BUrlG niedergelegte Verbot wiederholt. Diesen drei Klauseln ist gemeinsam, dass sie lediglich auf bestehende gesetzliche Regelungen Bezug nehmen und damit keinen eigenständigen Regelungsgehalt haben.

Ebenfalls als deklaratorische Klauseln sind folgende Regelungen einzuordnen:

> 4. Nebentätigkeiten sind verboten, soweit sie die geschuldete Arbeitsleistung mehr als nur unwesentlich beeinträchtigen.

> 5. Während der Dauer des Arbeitsverhältnisses ist jede entgeltliche oder unentgeltliche Nebenbeschäftigung, die gegen Ihre arbeitsvertraglichen Pflichten (Ar-

---

[593] *Bock*, Doppelarbeitsverhältnis, S. 69/70.

[594] Siehe dazu auch § 9 III 1.

[595] Die Klauseln 1 bis 5 sind dem Werk Preis-*Rolfs*, Arbeitsvertrag, II N 10, vor Rn. 6, 11, 14 und 16 entnommen.

beit bei der Konkurrenz, Beeinträchtigung der Leistungsfähigkeit oder der zeitlichen Verfügbarkeit usw.) verstößt, unzulässig.

6. Nebentätigkeiten, durch die die Arbeitsleistung oder schützenswerte berechtigte Interessen der Firma erheblich beeinträchtigt werden, sind unzulässig.

Trotz fehlender Verweisung auf gesetzliche Vorschriften haben die genannten Klauseln dennoch nur deklaratorischen Charakter.[596] Der Grund hierfür ist einfach: Dass der Arbeitnehmer seine geschuldete Arbeitsleistung durch Ausübung einer Nebentätigkeit nicht erheblich beeinträchtigen darf, ergibt sich bereits aus der allgemeinen vertraglichen Pflicht, die versprochenen Leistungen ordnungsgemäß zu erbringen.[597] Diese Pflicht besteht, ohne dass es einer ausdrücklichen vertraglichen Regelung bedarf. Klausel 4 wiederholt insoweit nur Selbstverständliches.

Daneben obliegen dem Arbeitnehmer vertragsimmanente Nebenpflichten, deren Zweck darin besteht, die ordnungsgemäße Durchführung des Arbeitsverhältnisses zu gewährleisten.[598] Eine Ausprägung dieser Nebenpflichten ist die Pflicht, nach der ein Arbeitnehmer auf berechtigte Interessen des Arbeitgebers Rücksicht zu nehmen hat.[599] Hinsichtlich des Rechts zur Nebentätigkeitsausübung hat dies für den Arbeitnehmer zur Folge, dass er Nebentätigkeiten zu unterlassen hat, die dem Betrieb abträglich sind oder berechtigte Arbeitgeberinteressen beeinträchtigen. Ginge er einer solchen Nebentätigkeit gleichwohl nach, würden damit arbeitsvertragliche Pflichten verletzt werden. Klausel 5 zählt einige bedeutsame Fälle der Beeinträchtigung berechtigter Interessen auf. Klausel 6 fasst komprimiert die allgemeinen, sich aus dem Arbeitsverhältnis ergebenden Nebentätigkeitsgrenzen zusammen.

Festzuhalten bleibt, dass deklaratorische Klauseln gemäß § 307 Abs. 3 BGB keiner Inhaltskontrolle unterliegen. Sie sind aufgrund ihres fehlenden eigenständigen Regelungsgehaltes stets zulässig, denn sie schränken den Arbeitnehmer nicht mehr in seinem Recht zur Ausübung einer Nebentätigkeit ein, als dies bereits durch gesetzliche Vorschriften geschieht bzw. sich aus den arbeitsvertragsimmanenten Grenzen ergibt. Deklaratorische Klauseln liegen immer dann vor, wenn eine Vertragsklausel auch gestrichen werden könnte, ohne dass eine Änderung der Rechtslage eintritt.[600] Auch wenn deklaratorischen Klauseln kein eigenständiger Regelungsgehalt zukommt, sind sie dennoch nicht wirkungslos.

[596] Preis-*Rolfs*, Arbeitsvertrag, II N 10, Rn. 17; *Wank*, Nebentätigkeit, Rn. 361.
[597] *Preis*, Grundfragen der Vertragsgestaltung, S. 536; *Hartmann*, BuW 2003, 566; *Hohmeister*, BuW 1996, 108 (109).
[598] *Feuerborn*, Sachliche Gründe im Arbeitsrecht, S. 257.
[599] Vgl. ausführlich dazu § 6 I 2.
[600] Preis-*Preis*, Arbeitsvertrag, I A, Rn. 129.

Ihre wichtige Aufgabe ist die Informations- und Klarstellungsfunktion. Sie verdeutlichen dem Arbeitnehmer, „welcher Spielraum ihm für Nebentätigkeiten verbleibt."[601]

II. Absolute Nebentätigkeitsverbote

Viele Arbeitgeber haben das Ziel oder zumindest den Wunsch, dass die bei ihnen beschäftigten Arbeitnehmer neben dieser Tätigkeit keiner weiteren Erwerbstätigkeit nachgehen. Um dieses Ziel zu erreichen, nehmen einige Arbeitgeber sogar absolute Nebentätigkeitsverbote in den Arbeitsvertrag auf.

1. Klauselbeispiele

Absolute Nebentätigkeitsverbote finden sich in der arbeitsrechtlichen Vertragspraxis in unterschiedlicher Ausgestaltung:

1. Ein zweites Arbeitsverhältnis darf grundsätzlich nicht eingegangen werden.[602]

2. Die Aufnahme von Nebentätigkeiten ist verboten.[603]

3. Der Mitarbeiter hat seine ganze Arbeitskraft – unter Ausschluss jeder nebenberuflichen Tätigkeit – dem Unternehmen gewissenhaft zu widmen.[604]

4. Herr … wird seine Arbeitskraft, seine Erfahrungen und Kenntnisse voll und ausschließlich für die Gesellschaft einsetzen. Er verzichtet deshalb auf entgeltliche Nebenbeschäftigungen, sei es für eigene oder fremde Rechnung.[605]

Zum einen gibt es Klauseln, die ein absolutes Nebentätigkeitsverbot enthalten, in dem sie lediglich anordnen, die Ausübung jeglicher Nebentätigkeit sei verboten (Klauseln 1 und 2). Zum anderen findet man auch Klauseln, die das Verbot mit dem Zusatz koppeln, dass der Arbeitnehmer seine ganze Arbeitskraft in den Dienst der Firma zu stellen und Nebentätigkeiten zu unterlassen habe (Klausel 3 und 4).

2. Rechtliche Beurteilung

Ziel eines absoluten Nebentätigkeitsverbotes ist, dass Arbeitnehmer neben ihrer beruflichen Tätigkeit keiner weiteren Erwerbstätigkeit nachgehen. Diese Verbotsklauseln erreichen damit von allen Nebentätigkeitsbeschränkungen die

---

[601] *Bock*, Doppelarbeitsverhältnis, S. 72.

[602] *Glöckner*, Nebentätigkeitsverbote im Individualarbeitsrecht, S. 149.

[603] Preis-*Rolfs*, Arbeitsvertrag, II N 10, vor Rn. 26.

[604] *Glöckner*, Nebentätigkeitsverbote im Individualarbeitsrecht, S. 149.

[605] *Hohn/Romanovszky*, Vorteilhafte Arbeitsverträge, S. 157.

höchste Intensität.[606] Mit solchen Klauseln versuchen Arbeitgeber, ein Nebentätigkeitsverbot unabhängig davon festzulegen, ob es durch die Ausübung einer Nebentätigkeit zu Beeinträchtigungen im Hauptarbeitsverhältnis kommt.

Absolute Nebentätigkeitsverbote weichen von dem Grundsatz ab, wonach der Arbeitnehmer nur innerhalb eines bestimmten Zeitraums zur Leistungserbringung verpflichtet ist, denn grundsätzlich steht es dem Arbeitnehmer frei, wie er die Zeit außerhalb der Arbeitszeit nutzt. Das Recht zur Ausübung einer Nebentätigkeit ist vom Schutzbereich der Berufsfreiheit erfasst. Daher bedarf es eines erheblichen Grundes, um eine derart starke Grundrechtseinschränkung zu rechtfertigen. In Rechtsprechung und Lehre wird stets betont, dass es im Hinblick auf die Zulässigkeit von Nebentätigkeitsbeschränkungen darauf ankommt, dass diese durch ein berechtigtes Arbeitgeberinteresse gedeckt sind.[607] Allerdings ist kein Arbeitgeberinteresse denkbar, das ein absolutes Nebentätigkeitsverbot rechtfertigen könnte. Zwar ist grundsätzlich verständlich, dass Arbeitgeber sich die Arbeitskraft ihrer Arbeitnehmer sichern wollen; ein generelles Nebentätigkeitsverbot rechtfertigt dies jedoch nicht. Denn die Ausübung einer Nebentätigkeit bedeutet nicht zwangsläufig Störungen im Hauptarbeitsverhältnis, weder in Bezug auf die Leistungserbringung noch in Bezug auf sonstige berechtigte Arbeitgeberinteressen. Absolute Nebentätigkeitsverbote verbieten aber jegliche Nebentätigkeiten und damit auch solche, die in keinerlei Hinsicht mit arbeitsvertraglichen Pflichten kollidieren.[608]

Wie stark der Arbeitgeber durch absolute Nebentätigkeitsverbote einseitig in die Freiheitssphäre des Arbeitnehmers eingreift, zeigt eine Überlegung von *Preis*. Während fast jeder Arbeitsvertrag heute eine Nebentätigkeitsklausel enthält, finden sich für Arbeitgeber keine vergleichbaren Beschränkungen. Es handele sich folglich um eine bloß einseitige Verpflichtung, obwohl Arbeitnehmer eben-

---

[606] *Kuhn*, Probleme der Nebentätigkeit, S. 60; Preis-*Rolfs*, Arbeitsvertrag II N 10, Rn. 27.

[607] *Franke*, Zweitarbeitsverhältnis, S. 42; *Bock*, Doppelarbeitsverhältnis, S. 71; *Wank*, AR-Blattei SD – Nebentätigkeit, Rn. 144; *Braun*, DB 2003, 2282 (2283); *Säcker/Oetker*, ZfA 1987, 95 (123); *Berrisch*, FA 2000, 306; Erf-Komm-*Preis*, § 611 BGB, Rn. 887; Mü-ArbR-*Blomeyer*, § 55, Rn. 26; *Boemke/Gründel*, ZfA 2003, 245 (267); *Hohmann*, Arbeitsrechtliche Probleme der Nebentätigkeit, S. 183; BAG, Urt. v. 3.12.1970 – 2 AZR 110/70 – AP Nr. 60 zu § 626 BGB, Bl. 2; BAG, Urt. v. 26.8.1976 – 2 AZR 377/75 – AP Nr. 68 zu § 626 BGB, Bl. 1R; BAG, Urt. v. 18.11.1988 – 8 AZR 12/86 – AP Nr. 3 zu § 611 BGB – Doppelarbeitsverhältnis, Bl. 2R.

[608] *Bock*, Doppelarbeitsverhältnis, S. 73; *Preis*, Grundfragen der Vertragsgestaltung, S. 535; *Kuhn*, Probleme der Nebentätigkeit, S. 60.

so legitime Interessen haben könnten, die Grundrechtsausübung des Unternehmers zu kontrollieren.[609]

Darüber hinaus sind absolute Nebentätigkeitsverbote auch im Hinblick auf § 138 BGB nicht haltbar. Arbeitnehmer sind mitunter darauf angewiesen, zur Sicherung des Lebensunterhaltes mehrere Erwerbstätigkeiten auszuüben. Jedoch hindern absolute Nebentätigkeitsverbote Arbeitnehmer daran, eine zweite Erwerbstätigkeit aufzunehmen, so dass sie zu einer wirtschaftlichen Knebelung des Arbeitnehmers führen können.[610] Hinzu kommt, dass absolute Nebentätigkeitsverbote auch mit gesetzlichen Vorschriften wie § 2 Abs. 1 S. 1 ArbZG und § 8 BUrlG nicht zu vereinbaren sind. § 2 Abs. 1 S. 1 ArbZG besagt ausdrücklich, dass Beschäftigungszeiten bei mehreren Arbeitgebern zusammenzurechnen sind. Hieraus ergibt sich, dass die Ausübung mehrerer Erwerbstätigkeiten grundsätzlich möglich ist. In konsequenter Anwendung würden absolute Nebentätigkeitsverbote auch jede Erwerbstätigkeit im Urlaub verbieten. Allerdings zeigt schon § 8 BUrlG, dass die Ausübung einer Erwerbstätigkeit während des Urlaubs grundsätzlich möglich sein soll, solange die Tätigkeit nicht dem Urlaubszweck widerspricht.

3. Ergebnis

Absolute Nebentätigkeitsverbote führen aufgrund fehlender Differenzierung zu einer unangemessenen Benachteiligung des Arbeitnehmers i.S. des § 307 Abs. 1 BGB. Sie verbieten die Ausübung jeglicher Nebentätigkeit, ohne Rücksicht darauf, ob es durch die Nebentätigkeit tatsächlich zu Beeinträchtigungen des Arbeitsverhältnisses kommt bzw. kommen kann. Derart weitgehende Einschränkungen von Arbeitnehmerrechten sind durch kein Arbeitgeberinteresse gerechtfertigt. Absolute Nebentätigkeitsverbote sind damit immer unzulässig.[611]

---

[609] *Preis*, Grundfragen der Vertragsgestaltung, S. 535 stellt heraus, dass auch Situationen denkbar sind, in denen ein Arbeitnehmer ein legitimes Interesse daran hat, die Grundrechtsausübung des Unternehmers nach Art. 12 und 14 GG zu kontrollieren, um zu erfahren, ob bestimmte Aktivitäten ihren Interessen schaden. Als Beispiel nennt er folgende Situation: Ein Unternehmer verlagert seine Produktionsstätte ins Ausland und kündigt seinen Arbeitnehmern im Inland betriebsbedingt wegen Betriebsschließung. Er macht also von seinem Grundrecht aus Art. 12 GG Gebrauch. *Preis* fragt, wie eine entsprechende Vertragsklausel in einem Arbeitsvertrag zu bewerten sei, wonach der Unternehmer nur nach Zustimmung der Arbeitnehmer den Beschäftigungsbetrieb verlagern darf? Dass durch die Grundrechtsausübung des Unternehmers elementare Interessen der Arbeitnehmer berührt würden, sei evident.

[610] *Bock*, Doppelarbeitsverhältnis, S. 73.

[611] So die ganz herrschende Meinung: *Wank*, Nebentätigkeit, Rn. 368; *Glöckner*, Nebentätigkeitsverbote im Individualarbeitsrecht, S. 151; *Bock*, Doppelarbeitsverhältnis, S. 73/74; *Brändli*, Arbeitsvertrag und Nebenbeschäftigung, S. 114; *Franke*, Zweitarbeitsver-

III. Eingeschränkte und spezifische Nebentätigkeitsverbote

Da den meisten Arbeitgebern die Unzulässigkeit absoluter Nebentätigkeitsverbote bekannt ist, findet man diese Klauseln in der arbeitsrechtlichen Praxis nur noch sehr selten. Im Gegensatz dazu sind allerdings sog. eingeschränkte, spezifische oder partielle Nebentätigkeitsverbote recht weit verbreitet.

1. Klauselbeispiele

Eingeschränkte Verbotsklauseln untersagen nicht jegliche zusätzliche Erwerbstätigkeit, sondern nur bestimmte Nebentätigkeiten. Auf den ersten Blick scheinen folgende Klauseln typische Beispiele für konstitutive eingeschränkte Nebentätigkeitsverbote zu sein, weil sie nur spezifische Nebentätigkeiten erfassen:[612]

1. Die Ausübung von Nebentätigkeiten ist grundsätzlich zulässig. Jedoch sind solche Nebentätigkeiten verboten, durch die die Arbeitsleistung des Arbeitnehmers oder sonstige berechtigte Interessen des Arbeitgebers bzw. des Betriebes erheblich beeinträchtigt werden.

2. Nebentätigkeiten, durch die Sie in Konkurrenz zu unserem Unternehmen treten oder mit der Sie einen Wettbewerber unterstützen, sind unzulässig.

3. Nebentätigkeiten, durch die Ihre Arbeitsleistung oder schützenswerte berechtigte Interessen der Firma erheblich beeinträchtigt werden, sind unzulässig.

---

hältnis, S. 37; Preis-*Rolfs*, Arbeitsvertrag, II N 10, Rn. 28; *Kappes/Aabadi*, DB 2003, 938; *Kuhn*, Probleme der Nebentätigkeit, S. 61; *Schrader/Schubert*, NZA-RR 2005, 225 (230); *Braun*, ArbuR 2004, 47 (48); *Hartmann*, BuW 2003, 566 (568); *Weber*, Anm. zu BAG, Urt. v. 11.12.2001 – 9 AZR 464/00 – SAE 2003, 364 (365); *Gaul/Bonanni*, ArbRB 2002, 284; *Säcker/Oetker*, ZfA 1987, 95 (122); MüArbR-*Blomeyer*, § 55, Rn. 29; *Wertheimer/Krug*, BB 2002, 1462 (1464); *Kornbichler*, AuA 2003 (Heft 6), 16; *Aussem*, Ausstrahlungswirkung der Grundrechte, S. 122; Münch-Komm/*Müller-Glöge*, § 611 BGB, Rn. 447; *Gaul*, NZA 2000, Sonderbeilage zu Heft 3, S. 51 (62); *Wisskirchen*, Außerdienstliches Verhalten von Arbeitnehmern, S. 113; *Grunewald*, NZA 1994, 971. Davon geht im Grunde auch die Rechtsprechung aus, allerdings hat sie absolute Nebentätigkeitsverbote bislang dahingehend geltungserhaltend reduziert, dass nur solche Nebentätigkeiten verboten sind, die berechtigten Arbeitgeberinteressen widersprechen, siehe: BAG, Urt. v. 3.12.1070 – 2 AZR 110/70 – AP Nr. 60 zu § 626 BGB, Bl. 2; BAG, Urt. v. 18.11.1988 – 8 AZR 12/86 – AP Nr. 3 zu § 611 BGB – Doppelarbeitsverhältnis, Bl. 3. Im Ergebnis handelt es sich dann jedoch nicht mehr um ein absolutes Nebentätigkeitsverbot, sondern um ein eingeschränktes, da nur solche Nebentätigkeiten verboten sind, die berechtigte Arbeitgeberinteressen verletzen. Diese Vorgehensweise, d.h. eine geltungserhaltende Reduktion unangemessener Vertragsklauseln, ist mit dem heute auch im Arbeitsrecht geltenden § 306 BGB nicht mehr zu vereinbaren. Siehe dazu: § 9 IV.

[612] So sind bei *Hanau/Preis*, Arbeitsvertrag, II N 10, vor Rn. 17 solche und ähnliche Klauseln als eingeschränkte Nebentätigkeitsverbote vorgeschlagen worden.

Vom Verbotsumfang her handelt es sich bei den genannten Klauseln um eingeschränkte Nebentätigkeitsverbote, weil sie nur solche Nebentätigkeiten verbieten, durch die die Arbeitsleistung oder sonstige berechtigte Arbeitgeberinteressen (z.b. Wettbewerb) beeinträchtigt werden. Allerdings geben diese Klauseln nur allgemeine Grundsätze wieder, die in jedem Arbeitsverhältnis gelten, ohne dass es einer vertraglichen Klausel bedürfe. Sie haben damit nur deklaratorische Wirkung.[613] Dies zeigt, dass eine Vielzahl der in Arbeitsverträgen enthaltenen eingeschränkten Nebentätigkeitsverbote tatsächlich nur deklaratorischer Natur sind[614] und allein der Klarstellung gegenüber dem Arbeitnehmer dienen. Sie haben damit keine eigenständige Bedeutung.

Auch die folgende Klausel scheint auf den ersten Blick ein Nebentätigkeitsverbot mit deklaratorischer Wirkung und damit zulässig zu sein. Hier ist allerdings eine kritische Beurteilung geboten:

> 4. Herr ... wird während der Dauer dieses Vertrages keine Nebentätigkeit übernehmen, durch die seine Arbeitsleistung beeinträchtigt sein kann oder schützenswerte Interessen der Firma nachteilig berührt werden können.[615]

Daneben findet man aber auch „echte" eingeschränkte Nebentätigkeitsverbote mit konstitutiver Wirkung, so zum Beispiel:

> 5. Unvereinbar mit der Anstellung sind Tätigkeiten, die das Leben oder die Gesundheit des Angestellten ernstlich gefährden.[616]

> 6. Das Führen einer Wirtschaft durch den Angestellten ist verboten.

> 7. Nebentätigkeiten, die mit dem Lenken von Kraftfahrzeugen verbunden sind, sind verboten.[617]

Inwieweit die in den Beispielen 4 bis 7 vorgeschlagenen arbeitsvertraglichen Regelungen zulässig sind, wird nach Erörterung der allgemeinen Merkmale eingeschränkter Nebentätigkeitsverbote untersucht.[618]

---

[613] Siehe oben § 10 I.

[614] MüArbR-*Blomeyer*, § 55, Rn. 27.

[615] Nach: *Böckel*, Moderne Arbeitsverträge, S. 76; *Glöckner*, Nebentätigkeitsverbote im Individualarbeitsrecht, S. 157.

[616] Die Klauseln 5 und 6 sind dem Werk *Stöckli*, Allgemeine Arbeitsbedingungen, S. 217 entnommen.

[617] In Anlehnung an den Fall des BAG, Urt. v. 26.6.2001 – 9 AZR 343/00 – NZA 2002, 98: In diesem Fall wurde einem hauptberuflich als Busfahrer tätigen Arbeitnehmer eine Nebentätigkeit als LKW-Fahrer unter Verweis auf eine tarifvertragliche Bestimmung untersagt, wonach Nebentätigkeiten, die mit dem Lenken von Kraftfahrzeugen verbunden sind, nicht gestattet seien (Lenkzeitkontrolle!).

2. Merkmale von eingeschränkten Nebentätigkeitsverboten

Im Gegensatz zu absoluten Nebentätigkeitsverboten wollen eingeschränkte Nebentätigkeitsverbote nicht jede Nebentätigkeitsausübung verhindern. Sie verbieten nur solche Nebentätigkeiten, durch die berechtigte Arbeitgeberinteressen beeinträchtigt werden. Dieses Vorgehen des Arbeitgebers ist verständlich und grundsätzlich nicht zu beanstanden, soweit das Nebentätigkeitsverbot durch ein berechtigtes Arbeitgeberinteresse gerechtfertigt ist. Allerdings kann der Arbeitgeber das Nebentätigkeitsverbot nicht mit jedem denkbaren Interesse begründen. Um den mit dem Nebentätigkeitsverbot verbundenen Grundrechtseingriff zu rechtfertigen, bedarf es eines berechtigten Interesses, das im Zusammenhang mit dem Arbeitsverhältnis bzw. Betrieb steht. Es muss in seiner Bedeutung den Arbeitgeberinteressen nahe kommen, die bereits durch vertragsimmanente Nebentätigkeitsbeschränkungen geschützt werden. Konsequenz dessen ist, dass ein Großteil der berechtigten Interessen bereits durch die anerkannten vertragsimmanenten Nebentätigkeitsgrenzen abgedeckt ist.[619] Des Weiteren kann das Arbeitgeberinteresse ein vertragliches Nebentätigkeitsverbot nur dann rechtfertigen, wenn das Arbeitgeberinteresse an der Unterlassung der Nebentätigkeit gegenüber dem Arbeitnehmerinteresse an der Ausübung der Nebentätigkeit überwiegt. Es ist somit eine Interessenabwägung vorzunehmen.

3. Rechtliche Beurteilung der Klauselbeispiele

Die Klauselbeispiele 1 bis 3 geben lediglich die allgemeinen Grundsätze wieder, die sich im Hinblick auf die Ausübung von Nebentätigkeiten bereits aus den arbeitsvertragsimmanenten Grenzen ergeben. Insoweit sind die in ihnen enthaltenen Verbote nur deklaratorischer Natur und damit zulässig.[620]

Anders hingegen sieht es bei Klausel 4 aus. Auf den ersten Blick scheint auch sie nur Allgemeingültiges zu wiederholen. Tatsächlich erfasst diese Klausel jedoch auch solche Nebentätigkeiten, bei deren Ausübung die bloße Möglichkeit besteht, dass Arbeitgeberinteressen beeinträchtigt oder berührt werden können. Zwar ermöglicht die Vertragsfreiheit den Parteien, auch weitergehende Ein-

---

[618] Siehe dazu unten: § 10 III 3.

[619] *Bock*, Doppelarbeitsverhältnis, S. 75; MüArbR-*Blomeyer*, § 55, Rn. 27: Vertragliche Grenzen können mit den vertragsimmanenten Grenzen der Nebentätigkeit identisch sein.

[620] Vom Verbotsumfang her sind diese Klauseln eingeschränkte Nebentätigkeitsverbote, weil sie nicht jegliche Nebentätigkeit verbieten, sondern nur solche, durch die die Arbeitsleistung oder sonstige berechtigte Arbeitgeberinteressen beeinträchtigt werden. Sie haben aber keine konstitutive Wirkung, weil sie nur die ohnehin bestehenden vertragsimmanenten Nebentätigkeitsgrenzen wiedergeben. Es ist damit falsch, solche Klauseln als konstitutive eingeschränkte Nebentätigkeitsverbote vorzuschlagen, so aber geschehen bei *Hanau/Preis*, Arbeitsvertrag, II N 10, vor Rn. 17. Richtigerweise wären sie als deklaratorische Klauseln unter § 10 I einzuordnen gewesen.

schränkungen des Nebentätigkeitsrechts zu treffen, allerdings sind dabei Grenzen einzuhalten. Vertragliche Klauseln dürfen nicht zu einer unangemessenen Benachteiligung des Arbeitnehmers führen.

Klausel 4 verbietet ihrem Wortlaut nach nicht nur Nebentätigkeiten, durch die Arbeitgeberinteressen beeinträchtigt werden, sondern eben auch solche, durch die die Arbeitsleistung *beeinträchtigt sein kann* bzw. schützenswerte Interessen der Firma *berührt werden können*. Derartige Klauseln sind zu unbestimmt, denn jede Nebentätigkeit birgt die Gefahr in sich, dass es beispielsweise durch unvorhergesehene Mehrarbeit zu vorübergehenden Leistungseinbußen im Hauptarbeitsverhältnis kommt. Auch zu einer Berührung von Arbeitgeberinteressen kann es durch nahezu jede Nebentätigkeit in irgendeiner Art und Weise kommen. Eine so weitgehende Einschränkung des Nebentätigkeitsrechts von Arbeitnehmern ist unzulässig. Festzuhalten bleibt, dass nur solche Nebentätigkeiten verboten werden können, durch deren Ausübung es tatsächlich zu Beeinträchtigungen von berechtigten Arbeitgeberinteressen kommt.

Glöckner macht darüber hinaus geltend, dass viele Klauseln einen weit gefassten Verbotsbereich hätten (Klauseln 1 und 3), daneben aber keinen Anknüpfungspunkt für die Berücksichtigung von Arbeitnehmerinteressen enthielten.[621] Da die Zulässigkeit von Nebentätigkeiten stets im Zusammenhang mit der Berufsfreiheit des Arbeitnehmers gesehen werden müsse, sollte nach seiner Ansicht die Berücksichtigung von Arbeitnehmerinteressen ebenfalls in der Klausel zum Ausdruck kommen. Von der Sache her ist *Glöckner* Recht zu geben. Im Detail besteht allerdings Anlass zu Kritik: Arbeitsverträge sind ohnehin häufig durch eine Fülle von Vertragsklauseln belastet, was der Übersichtlichkeit und Klarheit abträglich ist. Auch erschweren unnötig komplizierte und lange Klauseln deren Verständlichkeit. Häufig sind Nebentätigkeitsverbote im Ergebnis nur deklaratorischer Natur, weil sie generalklauselartig die in jedem Arbeitsverhältnis bestehenden vertragsimmanenten Nebentätigkeitsbeschränkungen wiedergeben. Damit enthalten sie ohnehin Adjektive wie *„berechtigt"* und *„erheblich"*. Diese Wertungsbegriffe machen bereits deutlich, dass eine Abwägung begriffsnotwendig zu erfolgen hat. Denn ohne Abwägung kann nicht beurteilt werden, ob ein Interesse *berechtigt* – also von einigem Gewicht – und inwieweit eine Beeinträchtigung *erheblich* ist. Insoweit können unnötig lange Nebentätigkeitsklauseln vermieden werden, da die in vielen Klauseln verwendeten Wertungsbegriffe bereits eine Abwägung zwischen Arbeitgeber- und Arbeitnehmerinteressen voraussetzen.

---

[621] *Glöckner*, Nebentätigkeitsverbote im Individualarbeitsrecht, S. 159.

Im Gegensatz zu den Klauseln 1 bis 3, die ein generalklauselartiges Nebentätigkeitsverbot enthalten, benennt Klausel 7 klar und zweifelsfrei, welche Nebentätigkeiten von dem Verbot erfasst sind. Sie untersagt alle Nebentätigkeiten, die
mit dem Lenken von Kraftfahrzeugen verbunden sind. Es handelt sich um ein
inhaltlich beschränktes Verbot. Sinn und Zweck dieses Verbotes ist die Sicherstellung der Einhaltung von Lenk- und Ruhezeiten. Dieser Zweck dient zum
einen dem Arbeitgeber, der den Behörden gegenüber dafür verantwortlich ist,
dass die Arbeitszeitvorschriften eingehalten werden.[622] Zum anderen dient er
auch dem Wohl der Allgemeinheit. Einem Busfahrer ist ständig eine Vielzahl
von Menschen anvertraut, deren Gesundheit nicht durch überlastetes Fahrperso-
nal gefährdet werden darf. Ferner kann dieses Verbot auch dem Schutz des
Arbeitgebers vor Wettbewerbshandlungen dienen.[623] Ließe man uneingeschränkt
bei Arbeitnehmern im Fahrdienstgewerbe auch Nebentätigkeiten in diesem Sektor zu, wäre die Gefahr von Lenkzeitverstößen und daraus resultierender körperlicher Überanstrengung sehr groß. Auch der Arbeitgeber hätte keine Möglichkeit, die tatsächliche Lenkzeit zweifelsfrei zu kontrollieren. Im Interesse der
Sicherheit des Straßenverkehrs sind Arbeitnehmern im Transport- und Beförderungsgewerbe derartige Nebentätigkeitsbeschränkungen zumutbar.[624] Die Ausübung anderer Nebentätigkeiten außerhalb des Fahrdienstes bleibt ihnen möglich. Klausel 7 ist damit zulässig.

Problematisch erscheint dagegen Klausel 5, die all jene Nebentätigkeiten verbietet, „die das Leben oder die Gesundheit des Angestellten ernstlich gefährden."
Ein solches Tätigkeitsverbot geht sehr weit. Es gibt keine allgemeine Pflicht des
Arbeitnehmers zu einer ungefährlichen Lebensführung. Darüber hinaus ist eine
solche Klausel auch nicht praktikabel, da der Begriff „ernstliche Gefährdung"
unbestimmt und damit unklar ist, welche Tätigkeiten von ihm erfasst werden.[625]
Vereinzelt werden vertragliche Freizeitreglementierungen zugelassen, allerdings
nur bei besonderen Arbeitnehmergruppen.[626] Solche Reglementierungen sind
lediglich in Arbeitsverhältnissen denkbar, in denen diese zum Schutz der Leistungsfähigkeit schwer ersetzbarer Arbeitnehmer und zur Vermeidung schwer-
wiegender Folgen notwendig sind. Das Verbot muss zudem auf wenige konkrete

---

[622] *Gaul/Bonnani*, ArbRB 2002, 284.
[623] *Wertheimer/Krug*, BB 2002, 1462 (1466).
[624] Etwas anderes mag für teilzeitbeschäftigte Arbeitnehmer gelten.
[625] *Glöckner*, Nebentätigkeitsverbote im Individualarbeitsrecht, S. 176; *Preis*, Grundfragen
der Vertragsgestaltung, S. 542.
[626] So spricht sich *Adomeit*, Anm. zu BAG, Urt. v. 25.2.1988 – 8 AZR 596/85 – SAE 1989,
157, 159 (160) dafür aus, schwer ersetzbaren Arbeitskräften – wie z.B. Chirurgen, Pilo-
ten oder Tänzern – die Ausübung gefährlicher Sportarten im Urlaub verbieten zu dürfen.
Auch *Müller*, in: In Memoriam Sir Otto Kahn-Freund, S. 571 (575) zog derartige Überlegungen in Erwägung.

Tätigkeiten beschränkt bleiben, die erkennbar erhebliche Gefahren mit sich bringen.[627] Nur dann werden durch eine solche Klausel Arbeitnehmer nicht unangemessen benachteiligt. Im Ergebnis ist festzuhalten: Arbeitsvertragliche Verbote, die ganz allgemein die Ausübung von Tätigkeiten untersagen, „die das Leben oder die Gesundheit ernstlich gefährden", sind unwirksam, weil sie den Arbeitnehmer zu sehr in seinen Rechten beschränken.

Ebenso problematisch ist Klausel 6, in der einem Arbeitnehmer pauschal das Betreiben einer Wirtschaft untersagt wird. Bei dieser Klausel ist nicht ersichtlich, inwieweit dadurch schützenswerte Arbeitgeberinteressen betroffen sein sollen. Denkbar sind solche Verbote allenfalls unter dem Gesichtspunkt des Alkoholausschanks bei Arbeitnehmern, die hauptberuflich beispielsweise in Entziehungskliniken oder Beratungsstellen tätig sind[628] sowie Arbeitnehmern, die beruflich mit Kindern und Jugendlichen beschäftigt sind.

4. Ergebnis

Die Vertragsfreiheit ermöglicht es, eingeschränkte Nebentätigkeitsverbote in den Vertrag aufzunehmen. In vielen Fällen haben diese Nebentätigkeitsverbote allerdings nur deklaratorische Wirkung, da sich viele Klauseln auf die Wiedergabe allgemeingültiger Grundsätze beschränken. Es können aber auch konstitutive Verbote vereinbart werden, wie z.B. in Klausel 7. Diese sind zulässig, soweit das Nebentätigkeitsverbot von einem berechtigten Arbeitgeberinteresse gedeckt ist. Eingeschränkte und partielle Nebentätigkeitsverbote belasten den Arbeitnehmer nicht über Gebühr. Sie untersagen nur die Ausübung bestimmter Tätigkeiten, belassen dem Arbeitnehmer aber die grundsätzliche Möglichkeit, seine Arbeitskraft in einer weiteren Tätigkeit zu verwerten.[629] Eingeschränkte

---

[627] *Glöckner*, Nebentätigkeitsverbote im Individualarbeitsrecht, S. 177.

[628] Ebenso: *Glöckner*, Nebentätigkeitsverbote im Individualarbeitsrecht, S. 179; Dazu auch schon unter § 6 IV 3 b cc) und d aa).

[629] Zwar besteht bei Klauseln, die ohne nähere Konkretisierung allein von „berechtigten Arbeitgeberinteressen" sprechen, ein gewisses Risiko, weil der Arbeitnehmer letztendlich das berechtigte Arbeitgeberinteresse und damit die Frage der Zulässigkeit einer Nebentätigkeit selbst beurteilen muss. Allerdings muss dies in Kauf genommen werden, denn Vertragsklauseln müssen praktikabel bleiben und können nicht jeden denkbaren Einzelfall benennen. Inwieweit durch eine Nebentätigkeit berechtigte Arbeitgeberinteressen beeinträchtigt werden, muss anhand einer Abwägung zwischen dem Interesse des Arbeitnehmers an der Nebentätigkeitsausübung mit dem Interesse des Arbeitgebers an der Unterlassung der Nebentätigkeit geprüft werden.

Nebentätigkeitsverbote im Arbeitsvertrag sind damit zulässig, bedürfen aber eines berechtigten Arbeitgeberinteresses.[630]

IV. Zustimmungsvorbehalte

Außer Nebentätigkeitsverboten sind in der arbeitsrechtlichen Praxis häufig vertragliche Vereinbarungen anzutreffen, wonach die Ausübung einer Nebentätigkeit von der Erlaubnis des Arbeitgebers abhängig gemacht wird. Diese Vereinbarungen werden als Zustimmungs-, Erlaubnis- oder Genehmigungsvorbehalte bezeichnet.[631] Gegenüber Verbotsklauseln haben sie den Vorteil, dass sich die Zulässigkeit einer Nebentätigkeit nicht vorab anhand eines abstrakt formulierten Verbotes bestimmt, sondern von der am Einzelfall orientierten Willensentscheidung des Arbeitgebers abhängt.[632] Vorbehaltsklauseln ermöglichen dem Arbeitgeber die Prüfung, inwieweit die Nebentätigkeit des Arbeitnehmers Auswirkungen auf das Hauptarbeitsverhältnis hat. Dennoch sind auch Zustimmungsvorbehaltsklauseln nicht unproblematisch. Man differenziert auch hier zwischen unterschiedlich intensiven Vorbehaltsklauseln.

1. Generelle Zustimmungsvorbehalte

Von einem generellen Zustimmungsvorbehalt spricht man, wenn die Ausübung jeglicher Nebentätigkeit von der Zustimmung des Arbeitgebers abhängig gemacht wird.

a) Klauselbeispiele

Einen Zustimmungsvorbehalt enthalten folgende Klauseln:

1. Der Arbeitnehmer darf Nebentätigkeiten nur mit schriftlicher Genehmigung der Firma übernehmen.

---

[630] So auch: MüArbR-*Blomeyer*, § 55, Rn. 30; *Bock*, Doppelarbeitsverhältnis, S. 74 f.; *Braun*, DB 2003, 2282 (2283); BAG, Urt. v. 18.11.1988 – 8 AZR 12/86 – AP Nr. 3 zu § 611 BGB – Nebentätigkeit, Bl. 3; *Weber/Dahlbender*, Arbeitsvertrag, Rn. 415; *Weber/Kaplik*, AuA 2000, 536 (538); DLW-*Dörner*, C, Rn. 406.

[631] Diese Begriffe werden synonym gebraucht. Rechtstechnisch gesehen handelt es sich bei dem Einverständnis des Arbeitgebers weder um eine Einwilligung gemäß § 182 BGB (vorherig) noch um eine Genehmigung gemäß § 184 BGB (nachträglich), da von dem Erfordernis der Zustimmung nicht die Wirksamkeit des Nebenbeschäftigungsverhältnisses abhängt, siehe dazu: *Bock*, Doppelarbeitsverhältnis, S. 119.

[632] *Bock*, a.a.O.

2. Zusätzliche Arbeitsverhältnisse und Nebenbeschäftigungen gegen Entgelt bedürfen der vorherigen Einwilligung.[633]

Häufig werden absolute Nebentätigkeitsverbote mit einem Zustimmungsvorbehalt kombiniert.

3. Der Arbeitnehmer stellt seine ganze Arbeitskraft uneingeschränkt und ausschließlich in den Dienst des Arbeitgebers. Nebenberufliche Tätigkeiten bedürfen der schriftlichen Genehmigung.[634]

4. Der Angestellte hat seine ganze Arbeitskraft – unter Ausschluss jeder nebenberuflichen Tätigkeit – es sei denn, der Arbeitgeber erteilt dazu eine schriftliche Genehmigung, dem Unternehmen gewissenhaft zu widmen.

5. Herr … darf eine Nebenbeschäftigung während des Bestandes des Arbeitsverhältnisses nur mit vorheriger schriftlicher Zustimmung der Firma übernehmen.[635]

Im Ergebnis laufen die genannten Klauselbeispiele darauf hinaus, dass die Aufnahme und Ausübung jeder Nebentätigkeit stets vom Einverständnis des Arbeitgebers abhängig ist.

b) Rechtliche Beurteilung genereller Zustimmungsvorbehalte

Zustimmungsvorbehalte unterscheiden sich von den zuvor erörterten Nebentätigkeitsverboten dadurch, dass sie die Ausübung einer Nebentätigkeit nicht von vornherein verbieten. Vielmehr lassen sie die Ausübung von Nebentätigkeiten dem Grunde nach zu, erfordern aber vor Aufnahme der Nebentätigkeit die Zustimmung des Arbeitgebers. Zustimmungsvorbehalte dienen dem Interesse des Arbeitgebers, bereits vor Aufnahme der Nebentätigkeit prüfen zu können, ob es durch die Nebentätigkeit zu einer Beeinträchtigung seiner Interessen kommen kann.[636] Gleichwohl sind generelle Zustimmungsvorbehalte in der Arbeitsrechtswissenschaft nicht unumstritten.

Die Bedenken gegen generelle Vorbehaltsklauseln rühren daher, dass ein genereller Erlaubnisvorbehalt die Aufnahme *jeder* Nebentätigkeit von der Zustimmung des Arbeitgebers abhängig macht. Arbeitnehmer sind damit gezwungen, die Aufnahme jeder noch so geringfügigen Nebentätigkeit dem Arbeitgeber mitzuteilen, dessen Entscheidung abzuwarten und bei einer eventuellen Ablehnung

---

[633] *Glöckner*, Nebentätigkeitsverbote im Individualarbeitsrecht, S. 160.

[634] Die Klauseln 3 und 4 sind Arbeitsverträgen entnommen.

[635] Ähnlich: *Brändli*, Arbeitsvertrag und Nebenbeschäftigung, S. 115; *Hohmann*, Arbeitsrechtliche Probleme der Nebentätigkeit, S. 185.

[636] BAG, Urt. v. 21.9.1999 – 9 AZR 759/98 – DB 2000, 1336; BAG, Urt. v. 11.12.2001 – 9 AZR 464/00 – NZA 2002, 965 (967); *Hartmann*, BuW 2003, 566 (568); *Franke*, Zweitarbeitsverhältnis, S. 44.

aktiv dagegen vorzugehen. Dabei besteht die Gefahr, dass Arbeitnehmer von ihrem Nebentätigkeitsausübungsrecht keinen Gebrauch machen, weil sie aus Angst vor Nachteilen im Arbeitsverhältnis die Geltendmachung ihres Anspruchs scheuen.[637] Es stellt sich deshalb die Frage, ob generelle Zustimmungsvorbehalte im Ergebnis die gleiche Wirkung wie absolute Nebentätigkeitsverbote haben. Absolute Nebentätigkeitsverbote verbieten dem Arbeitnehmer die Ausübung jeglicher Nebentätigkeit, aber auch generelle Zustimmungsvorbehalte führen zunächst dazu, dass die Nebentätigkeit – solange die Zustimmung des Arbeitgebers fehlt – nicht ausgeübt werden darf. Die Situation des Arbeitnehmers ist damit faktisch zunächst dieselbe. Rechtsprechung und Lehre beurteilen die Zulässigkeit genereller Zustimmungsvorbehalte unterschiedlich.

aa) Ansicht des BAG

Im Hinblick auf die Frage der Zulässigkeit genereller Zustimmungsvorbehalte werden zwei Auffassungen vertreten. Die erste Ansicht, der auch das Bundesarbeitsgericht folgt, hält die Vereinbarung eines umfassenden Zustimmungsvorbehaltes, nach dem jede Nebentätigkeit der vorherigen Zustimmung bedarf, für zulässig.[638] In einem vielzitierten Urteil aus dem Jahre 2001 hatte sich das Bundesarbeitsgericht[639] mit der Zulässigkeit genereller Zustimmungsvorbehalte zu befassen.

> **BAG, Urt. v. 11.12.2001 – 9 AZR 464/00 – NZA 2002, 965:** Der klagende Arbeitnehmer hatte eine Nebentätigkeit ausgeübt, ohne seine Arbeitgeberin darüber zu informieren. Nachdem diese von der Nebentätigkeit erfahren hatte, mahnte sie den Arbeitnehmer unter Hinweis auf die arbeitsvertragliche Genehmigungspflicht für Nebentätigkeiten ab. Daraufhin klagte der Arbeitnehmer auf Entfernung der Abmahnung aus der Personalakte. Er berief sich darauf, dass die Vertragsklausel, wonach die Ausübung von Nebentätigkeiten der Zustimmung des Arbeitgebers bedürfe, ihn in seinem Grundrecht auf freie Berufswahl gemäß Art. 12 Abs. 1 GG beeinträchtige.
>
> Die Berechtigung zur Abmahnung hing von der Frage ab, ob im Arbeitsvertrag ein genereller Zustimmungsvorbehalt für Nebentätigkeiten wirksam vereinbart werden konnte. Das Landesarbeitsgericht verneinte dies mit der Folge, dass allein die Ausübung einer Nebentätigkeit ohne Genehmigung des Arbeitgebers noch

---

[637] *Singer*, Anm. zu BAG, Urt. v. 11.12.2001 – 9 AZR 464/00 – AP Nr. 8 zu § 611 BGB – Nebentätigkeit, Bl. 6; *Glöckner*, Nebentätigkeitsverbote im Individualarbeitsrecht, S. 153; *Hümmerich*, Arbeitsrecht, S. 96.

[638] BAG, Urt. v. 21.9.1999 – 9 AZR 759/98 – DB 2000, 1336; BAG, Urt. v. 11.12.2001 – 9 AZR 464/00 – NZA 2002, 965; *Oligmüller*, Nebentätigkeitsproblematik im Individualarbeitsrecht, S. 134; *Kornbichler*, AuA 2003 (Heft 6), 16; *Hartmann*, BuW 2003, 566 (568); *Wertheimer/Krug*, BB 2002, 1462 (1465); *Düwell*, Jahrbuch des Arbeitsrecht 1999, 87 (113).

[639] BAG, Urt. v. 11.12.2001 – 9 AZR 464/00 – NZA 2002, 965.

keine Pflichtverletzung des Arbeitnehmers darstelle.[640] Da Nebentätigkeiten ohnehin nur untersagt werden könnten, wenn sie zu einer Beeinträchtigung berechtigter Arbeitgeberinteressen führen, stelle allein das Nichteinholen der Genehmigung noch keine Pflichtverletzung dar. Das Landesarbeitsgericht gelangte zu dem
Ergebnis, dass generelle Zustimmungsvorbehalte im Arbeitsvertrag unzulässig
seien, weshalb auch die erteilte Abmahnung unzulässig sei. Das Bundesarbeitsgericht hob die Entscheidung des Landesarbeitsgerichts auf.

In seiner Urteilsbegründung betonte das Bundesarbeitsgericht, dass bei der Bewertung arbeitsvertraglich vereinbarter Nebentätigkeitsklauseln zwischen Nebentätigkeitsverboten und Genehmigungsvorbehalten unterschieden werden
müsse. Nach Ansicht des Bundesarbeitsgerichts enthalte die Klausel „jede Nebentätigkeit bedarf der Zustimmung des Arbeitgebers" lediglich einen Zustimmungsvorbehalt. Dies bedeute, dass dem Arbeitnehmer nicht die Ausübung jeglicher Nebentätigkeit verboten sei, sondern er lediglich vor Aufnahme einer Nebentätigkeit die Zustimmung des Arbeitgebers einzuholen habe. Weiterhin stellte das Gericht heraus, dass ein solcher Erlaubnisvorbehalt den Arbeitgeber nicht
zu einer willkürlichen Verweigerung der Erlaubnis berechtige. Sofern keine Beeinträchtigung der betrieblichen Interessen des Arbeitgebers zu erwarten sei,
habe der Arbeitnehmer Anspruch auf Erteilung der Zustimmung. Folglich könne
ein Erlaubnisvorbehalt nicht mit einem Nebentätigkeitsverbot gleichgesetzt
werden. Die Zustimmungsvorbehaltsklausel diene nur dazu, dem Arbeitgeber
bereits vor Aufnahme der Nebentätigkeit die Überprüfung zu ermöglichen, ob
seine Interessen beeinträchtigt würden.[641] Folglich verstoße ein Zustimmungsvorbehalt nicht gegen Art. 12 Abs. 1 GG.

Zum Einwand, aus der Klausel ginge nicht hervor, nach welchen Maßstäben die
Zustimmung zu erteilen sei bzw. sie verweigert werden könne, führte das Bundesarbeitsgericht lediglich aus, dass auch ein genereller Erlaubnisvorbehalt nicht
zu einer willkürlichen Zustimmungsverweigerung berechtige. Generelle Zustimmungsvorbehalte legt das Bundesarbeitsgericht daher einschränkend aus.
Dies hat zur Folge, dass dem Arbeitnehmer ein Anspruch auf Einwilligung für
solche Nebentätigkeiten zusteht, die keine berechtigten Arbeitgeberinteressen
beeinträchtigen.[642]

---

[640] LAG Rheinland-Pfalz, Urt. v. 16.7.1999 – 3 Sa 495/99 n.v.

[641] BAG, Urt. v. 11.12.2001 – 9 AZR 464/00 – NZA 2002, 965 (967); ebenso: BAG, Urt. v.
21.9.1999 – 9 AZR 759/98 – DB 2000, 1336.

[642] BAG, Urt. v. 3.12.1970 – 2 AZR 110/70 – AP Nr. 60 zu § 626 BGB, Bl. 2R; BAG, Urt.
v. 26.8.1976 – 2 AZR 377/75 – AP Nr. 68 zu § 626 BGB, Bl. 2; BAG, Urt. v. 24.6.1999
– 6 AZR 605/97 – DB 2000, 1336 (1337); BAG, Urt. v. 11.12.2001 – 9 AZR 464/00 –
NZA 2002, 965 (967); ebenso: *Hartmann*, BuW 2003, 566 (568); *Wertheimer/Krug*, BB
2002, 1462 (1465).

bb) Ansicht im Schrifttum

Vor allem im Schrifttum wird der Standpunkt des Bundesarbeitsgerichts kritisiert.[643] Die Vertreter der Gegenansicht sind der Auffassung, dass eine Vertragsklausel, die vorsieht, dass „jede Nebentätigkeit der vorherigen Zustimmung des Arbeitgebers bedarf", in Wirklichkeit ein absolutes Nebentätigkeitsverbot mit Zustimmungsvorbehalt enthalte.[644] Die Klausel verpflichte den Arbeitnehmer, vor Aufnahme einer Nebentätigkeit diese dem Arbeitgeber anzuzeigen und sie von ihm genehmigen zu lassen. Im Ergebnis führe eine solche Klausel dazu, dass trotz der Zustimmungsmöglichkeit die Nebentätigkeitsausübung – solange die Zustimmung des Arbeitgebers fehle – unzulässig sei. Das Zustimmungserfordernis gelte dem Wortlaut nach uneingeschränkt für alle Nebentätigkeiten. Mithin dürften auch unbedeutende Nebentätigkeiten, von denen keine Beeinträchtigungen des Arbeitsverhältnisses ausgingen, bis zum Vorliegen der Einwilligung des Arbeitgebers nicht ausgeübt werden. Dies widerspreche dem Grundrecht der Berufsfreiheit, welches das Recht umfasse, mehrere Berufe zu wählen und gleichzeitig nebeneinander auszuüben.[645] Ist Arbeitnehmern die Ausübung einer Nebentätigkeit faktisch bis zum Erhalt der arbeitgeberseitigen Zustimmung verboten, so ist der Arbeitnehmer erheblich in seinem von Art. 12 Abs. 1 GG erfassten Nebentätigkeitsausübungsrecht beschränkt. Die Kritiker der BAG-Ansicht halten daher generelle Zustimmungsvorbehalte im Arbeitsvertrag für unzulässig.[646]

cc) Stellungnahme

Nachdem beide Ansichten dargestellt worden sind, stellt sich die Frage, welcher Auffassung der Vorzug zu geben ist. Unstrittig ist in diesem Zusammenhang die grundsätzliche Bedeutung des Art. 12 Abs. 1 GG. Die Berufsfreiheit zielt auf

---

[643] *Buchner*, Anm. zu BAG, Urt. v. 11.12.2001 – 9 AZR 464/00 – RdA 2003, 177 (179); *Singer*, Anm. zu BAG, Urt. v. 11.12.2001 – 9 AZR 464/00 – AP Nr. 8 zu § 611 BGB – Nebentätigkeit, Bl. 5; *Wank*, Nebentätigkeit, Rn. 369/370; *Glöckner*, Nebentätigkeitsverbote im Individualarbeitsrecht, S. 155; *Bock*, Doppelarbeitsverhältnis, S. 124.

[644] *Hanau/Preis*, Arbeitsvertrag, II N 10, Rn. 21 ff.; *Wank*, Nebentätigkeit, Rn. 369; *Säcker/Oetker*, ZfA 1987, 95 (123); *Singer*, Anm. zu BAG, Urt. v. 11.12.2001 – 9 AZR 464/00 – AP Nr. 8 zu § 611 BGB – Nebentätigkeit, Bl. 5; ebenso: *Kuhn*, Probleme der Nebentätigkeit, S. 62.

[645] BVerfG, Beschl. v. 15.2.1967 – 1 BvR 569, 589/62 – BVerfGE 21, 173 (179); BVerfG, Beschl. v. 4.11.1992 – 1 BvR 79/85 – NJW 1993, 317 (318).

[646] *Säcker/Oetker*, ZfA 1987, 95 (124); *Glöckner*, Nebentätigkeitsverbote im Individualarbeitsrecht, S. 155; *Wank*, Nebentätigkeit, Rn. 369/370; *Singer*, Anm. zu BAG, Urt. v. 11.12.2001 – 9 AZR 464/00 – AP Nr. 8 zu § 611 BGB – Nebentätigkeit, Bl. 5; *Preis-Rolfs*, Arbeitsvertrag, II N 10, Rn. 29-31; siehe auch: ArbG Passau, Urt. v. 16.1.1992 – 4 Ca 654/91 – BB 1992, 567.

eine möglichst unreglementierte berufliche Betätigung ab.[647] Der Einzelne soll selbst entscheiden, wie er sein Arbeitsleben gestaltet und seinen Lebensunterhalt sichert. Es bleibt ihm überlassen, ob er dies im Rahmen eines Arbeitsverhältnisses oder im Wege von Haupt- und Nebentätigkeit bewerkstelligt. Die Berufsfreiheit des Art. 12 Abs. 1 GG gewährleistet ein Recht zur Nebentätigkeitsausübung. Von daher bedarf es grundsätzlich keiner Zustimmung des Arbeitgebers. Dem steht die Vertragsfreiheit gegenüber, die es den Vertragsparteien ermöglicht, eigenständige Absprachen zu treffen.

Die Vereinbarung eines generellen Zustimmungsvorbehaltes im Arbeitsvertrag hat zur Folge, dass der Arbeitnehmer vor Aufnahme der erstrebten Nebentätigkeit das Einverständnis seines Arbeitgebers einzuholen hat, womit ihm die Ausübung der Nebentätigkeit bis zur Zustimmungserteilung faktisch nicht möglich ist. Generelle Zustimmungsvorbehalte wirken daher im Ergebnis wie absolute Nebentätigkeitsverbote. Hinzu kommt, dass Beschränkungen des Nebentätigkeitsrechts stets durch ein berechtigtes Arbeitgeberinteresse gerechtfertigt sein müssen. Als solches kommt hier allein das Interesse des Arbeitgebers in Betracht, schon vor Aufnahme der Nebentätigkeit prüfen zu können, ob eine Beeinträchtigung betrieblicher Interessen durch die Nebentätigkeit zu befürchten ist. Um diesem Interesse gerecht zu werden, bedarf es jedoch keines generellen Zustimmungsvorbehaltes. Der Arbeitgeber kann sein Informationsinteresse ebenso durch eine Anzeigepflicht sicherstellen.[648] Generelle Zustimmungsvorbehalte sind unverhältnismäßig, weil das mit ihnen verfolgte Ziel auch durch ein weniger einschneidendes Mittel erreicht werden kann. Für den Arbeitnehmer stellen sie damit eine unangemessene Benachteiligung i.S. des § 307 Abs. 1 S. 1 BGB dar.[649]

Trotz solcher Bedenken hält das Bundesarbeitsgericht die Vereinbarung eines generellen Zustimmungsvorbehaltes für zulässig. Da generelle Zustimmungsvorbehalte auch für Nebentätigkeiten gelten, von denen keine Beeinträchtigun-

---

[647] BVerfG, Beschl. v. 16.3.1971 – 1 BvR 52, 665, 667, 754/66 – BVerfGE 30, 292 (334); BVerfG, Beschl. v. 18.6.1980 – 1 BvR 697/77 – BVerfGE 54, 301 (313); BAG, Urt. v. 26.6.2001 – 9 AZR 343/00 – NZA 2002, 98 (99).

[648] *Säcker/Oetker*, ZfA 1987, 95 (123); *Buchner*, Anm. zu BAG, Urt. v. 11.12.2001 – 9 AZR 464/00 – RdA 2003, 177 (179); *Wisskirchen*, Außerdienstliches Verhalten von Arbeitnehmern, S. 113; *Glöckner*, Nebentätigkeitsverbote im Individualarbeitsrecht, S. 154.

[649] *Reiserer/Freckmann*, Freie Mitarbeit und Mini-Jobs, Rn. 409; *Singer*, Anm. zu BAG, Urt. v. 11.12.2001 – 9 AZR 464/00 – AP Nr. 8 zu § 611 BGB – Nebentätigkeit, Bl. 5R; So im Ergebnis auch: *Säcker/Oetker*, ZfA 1987, 95 (123). Für das Schweizer Recht meint *Kuhn*, Probleme der Nebentätigkeit, S. 62: „Die Rechtmäßigkeit einer Genehmigungsklausel ist schon bei deren Abschluss zu beurteilen. Gegen die guten Sitten verstößt schon die Einräumung des Rechts, über die Ausübung von irgendwelchen Nebentätigkeiten zu entscheiden, und nicht erst der Gebrauch dieses Rechts durch den Arbeitgeber."

gen ausgehen, legt das Bundesarbeitsgericht die Klausel dahingehend aus, dass der Arbeitnehmer einen Anspruch auf Zustimmungserteilung hat, sofern von der Nebentätigkeit keine Beeinträchtigungen von Arbeitgeberinteressen zu erwarten sind. Im Ergebnis nimmt das Bundesarbeitsgericht damit eine geltungserhaltende Reduktion vor, was jedoch dem § 306 Abs. 2 BGB widerspricht.[650] Die Vorgehensweise des Bundesarbeitsgerichts ermuntert den Arbeitgeber geradezu zur Verwendung genereller Zustimmungsvorbehalte, da sie sein Informationsinteresse umfassend befriedigen und er zugleich sicher sein kann, dass die Gerichte die Klausel nicht für unwirksam erklären, sondern sie lediglich einschränkend auslegen.

Generelle Zustimmungsvorbehalte sind auch im Hinblick auf das in § 307 Abs. 1 S. 2 BGB normierte Transparenzgebot[651] nicht unproblematisch. Das Transparenzgebot verpflichtet den Verwender, Formularverträge so zu gestalten, dass auch juristische Laien in der Lage sind, diese ohne Einholung von Rechtsrat zu verstehen. Vertragliche Klauseln müssen somit klar formuliert sein. Dies ist gerade bei generellen Zustimmungsvorbehalten problematisch. Die vom Bundesarbeitsgericht vorgenommene einschränkende Auslegung des Zustimmungsvorbehaltes ist für den durchschnittlichen Arbeitnehmer nicht erkennbar. Für viele Arbeitnehmer stellt sich ein genereller Erlaubnisvorbehalt vielmehr als absolutes Nebentätigkeitsverbot mit Zustimmungsvorbehalt dar. Dieser Eindruck wird bei Klauseln, die einen einleitenden Zusatz über die Sicherung der vollen Arbeitskraft (Klauselbeispiele 3 und 4) enthalten, noch verstärkt. Bei einem generellen Zustimmungsvorbehalt besteht damit die Gefahr, dass der Arbeitnehmer den Eindruck gewinnt, die Erteilung der Zustimmung obliege der Willkür des Arbeitgebers.[652] Der Arbeitnehmer könnte hieraus den Schluss ziehen, eine Nebentätigkeitserlaubnis gar nicht erst zu beantragen, weil er den Antrag für aussichtslos hält oder er Nachteile im Arbeitsverhältnis befürchtet. Ein genereller Zustimmungsvorbehalt ist damit geeignet, bei einem Arbeitnehmer falsche Vorstellungen über seine Rechte hervorzurufen und verstößt daher gegen das Transparenzgebot des § 307 Abs. 1 S. 2 BGB.[653]

---

[650] *Singer*, Anm. zu BAG, Urt. v. 11.12.2001 – 9 AZR 464/00 – AP Nr. 8 zu § 611 BGB – Nebentätigkeit, Bl. 6; *Wisskirchen*, Außerdienstliches Verhalten von Arbeitnehmern, S. 110.

[651] *Hadeler*, FA 2002, 66 (69) betonte schon früh, dass es durch das neu ins Gesetz aufgenommene auch im Arbeitsvertragsrecht geltende Transparenzgebot zu einer verschärften Kontrolle hinsichtlich der Verständlichkeit von Klauseln kommen wird.

[652] *Singer*, Anm. zu BAG, Urt. v. 11.12.2001 – 9 AZR 464/00 – AP Nr. 8 zu § 611 BGB – Nebentätigkeit, Bl. 6.

[653] *Singer*, a.a.O., Bl. 6; *Gaul/Bonnani*, ArbRB 2002, 284 (286); **a.A.**: *Weber*, Anm. zu BAG, Urt. v. 11.12.2001 – 9 AZR 464/00 – SAE 2003, 364 (367). Seiner Ansicht nach sei es nicht gerechtfertigt, aus einem reinen generellen Zustimmungsvorbehalt zu schlie-

Im Ergebnis ist damit der Ansicht des Schrifttums beizupflichten. Die Schluss-folgerung aus den genannten Argumenten zeigt, dass im Gegensatz zur Recht-sprechung des Bundesarbeitsgerichts generelle Zustimmungsvorbehalte als un-zulässig zu bewerten sind, weil sie zu einer unverhältnismäßigen Einschränkung der Arbeitnehmerrechte führen. Eine solche Vertragsgestaltung verstößt gegen das Transparenzgebot des § 307 Abs. 1 S. 2 BGB, weil beim Arbeitnehmer fal-sche Vorstellungen über seine Rechtstellung hervorgerufen werden können. Auch das Vorgehen des Bundesarbeitsgerichts, wonach generelle Zustimmungs-vorbehalte bei unproblematischen Nebentätigkeiten einschränkend ausgelegt werden, ist abzulehnen, da eine solche geltungserhaltende Reduktion im Ar-beitsrecht nicht zulässig ist.[654] Generelle Zustimmungsvorbehalte, wie in den Klauselbeispielen 1 bis 5, stellen für den Arbeitnehmer eine unangemessene Be-nachteiligung dar und sind damit unzulässig.

c) Ergebnis

Nach vorzugswürdiger Ansicht ist die Aufnahme eines reinen Zustimmungsvor-behaltes in einem Formulararbeitsvertrag unzulässig. Es sind keine überwiegen-den berechtigten Arbeitgeberinteressen ersichtlich, die ein generelles Zustim-mungserfordernis rechtfertigen. Dem berechtigten Informationsinteresse des Arbeitgebers kann bereits durch die Vereinbarung einer Anzeigepflicht entspro-chen werden.

Generelle Zustimmungsvorbehalte können im Arbeitsvertrag allenfalls dann rechtlich Bestand haben, wenn sie neben dem Zustimmungserfordernis zugleich einen deutlichen Zusatz enthalten, der klarstellt, dass eine Zustimmung erteilt

---

ßen, der Arbeitnehmer ginge von einem unbegrenzten Entscheidungsspielraum des Ar-beitgebers aus und werde deshalb keine Nebentätigkeitserlaubnis beantragen. Denn auch einem Arbeitnehmer dürfte es nicht völlig fernliegend sein, dass eine Zustimmungsver-weigerung nicht auf Willkür beruhen darf, sondern auf entgegenstehende betriebliche In-teressen gegründet sein muss. Dem Arbeitnehmer müsse auch klar sein, dass er bei seiner Nebentätigkeitswahl schützenswerte Arbeitgeberinteressen zu berücksichtigen habe. Damit stelle ein genereller Zustimmungsvorbehalt lediglich „ein Verfahren zur Verfü-gung, in dessen Rahmen die Interessenabwägung vorzunehmen" sei. Nach Auffassung von *Weber* liegt bei reinen Zustimmungsvorbehalten kein Verstoß gegen § 307 Abs. 1 S. 2 BGB vor. Allerdings räumt er ein, dass dies bei Nebentätigkeitsverboten mit kombi-niertem Zustimmungsvorbehalt u. U. anders zu beurteilen sei.

[654] Möglicherweise wird das Bundesarbeitsgericht diese Rechtsprechung in Zukunft wieder ändern. Praktisch handelt es sich bei der einschränkenden Auslegung genereller Zustim-mungsvorbehalte um eine geltungserhaltende Reduktion. Eine solche hat das Bundesar-beitsgericht in neuerer Rechtsprechung – im Zusammenhang mit Vertragsstrafen im Formulararbeitsvertrag – für grundsätzlich unzulässig erklärt, vgl. BAG, Urt. 4.3.2004 – 8 AZR 196/03 – NZA 2004, 727 (734).

wird, wenn keine Beeinträchtigung betrieblicher Interessen erkennbar ist.[655] Ein solcher Zusatz verdeutlicht dem Arbeitnehmer, dass willkürliche Entscheidungen des Arbeitgebers nicht möglich sind und dient damit der Transparenz. Ein umfassender, aber dennoch zulässiger Zustimmungsvorbehalt könnte so aussehen:

> 1. Jede Nebentätigkeit bedarf der vorherigen Zustimmung der Firma. Die Zustimmung ist zu erteilen, wenn die Nebentätigkeit die Wahrnehmung der dienstlichen Aufgaben zeitlich nicht oder allenfalls unwesentlich behindert und sonstige berechtigte Interessen der Firma nicht beeinträchtigt werden.[656]

> 2. Herr ... darf eine Nebentätigkeit während des Bestandes des Arbeitsverhältnisses nur mit vorheriger schriftlicher Zustimmung der Firma übernehmen. Die Zustimmung darf nur aus berechtigtem geschäftlichem Interesse verweigert werden.[657]

2. Eingeschränkte Zustimmungsvorbehalte

Im Gegensatz zu den generellen Zustimmungsvorbehalten unterwerfen eingeschränkte Zustimmungsvorbehaltsklauseln nur solche Nebentätigkeiten dem Zustimmungserfordernis, durch die eine Beeinträchtigung betrieblicher Interessen des Arbeitgebers zu erwarten ist.

a) Klauselbeispiele

Eingeschränkte Zustimmungsvorbehalte sind in unterschiedlicher Form in den Arbeitsverträgen zu finden. Hierzu einige Beispiele:

> 1. Nebenbeschäftigungen, die den Arbeitseinsatz des Mitarbeiters und die berechtigten geschäftlichen Interessen der Firma berühren, dürfen nur nach Genehmigung ausgeübt werden.[658]

> 2. Der Mitarbeiter darf eine Nebentätigkeit, durch die vertragsbezogene Interessen des Arbeitgebers beeinträchtigt werden, nur mit vorheriger Zustimmung des Arbeitgebers übernehmen.[659]

---

[655] *Boudon*, ArbRB 2003, 150 (152); Preis-*Rolfs*, Arbeitsvertrag, II N 10, Rn. 29; *Gaul/Bonanni*, ArbRB 2002, 284 (286).

[656] Nach *Kopp*, Arbeitsverträge für Führungskräfte, S. 47.

[657] *Schaub*, Arbeitsrechtliche Formularsammlung, S. 16; *Pulte*, in: Arbeitsrechtslexikon/Arbeitshilfen, A 1, S. 2.

[658] *Glöckner*, Nebentätigkeitsverbote im Individualarbeitsrecht, S.160; ähnlich: *Hohn/Romanovzsky*, Vorteilhafte Arbeitsverträge, S. 208.

[659] Die Klausel ist einem Arbeitsvertrag entnommen. Ähnliche Klauselbeispiele bei *Hohn/Romanovzsky*, Vorteilhafte Arbeitsverträge, S. 77: „Nebentätigkeiten, die berechtigte Interessen der Firma beeinträchtigen können, dürfen nur nach vorheriger Zustimmung der

3. Die Übernahme von Nebentätigkeiten bedarf der vorherigen Zustimmung durch den Arbeitgeber, soweit es sich um eine Nebentätigkeit in dem Geschäftszweig des Arbeitgebers handelt oder die Nebentätigkeit geeignet ist, die volle Arbeitskraft des Arbeitnehmers zu beeinträchtigen.[660]

4. Soweit eine Nebentätigkeit oder die für sie erforderlichen Vorarbeiten die betrieblichen Tätigkeiten oder die betriebliche Leistung des Mitarbeiters beeinträchtigen, die Arbeitsgebiete der Firma maßgeblich berühren, betriebliche Einrichtungen der Firma beanspruchen oder Sie besondere betriebliche Erfahrungen verwerten, sind Sie verpflichtet, die vorherige Zustimmung der Firmenleitung einzuholen.[661]

5. Nebentätigkeiten, durch die berechtigte Interessen des Arbeitgebers beeinträchtigt werden können, bedürfen der vorherigen schriftlichen Zustimmung.

b) Rechtliche Beurteilung

Kennzeichnend für eingeschränkte Zustimmungsvorbehalte ist, dass sie nicht jede Nebentätigkeit der vorherigen Erlaubnis des Arbeitgebers unterwerfen. Sie erfassen nur spezielle Tätigkeiten und solche Nebentätigkeiten, von denen Beeinträchtigungen des Hauptarbeitsverhältnisses ausgehen (können). Dem Arbeitnehmer verbleibt damit ein Freiraum, innerhalb dessen Nebentätigkeiten nicht mit dem Arbeitgeber abgestimmt werden müssen. Eingeschränkte Vorbehaltsklauseln sind damit grundsätzlich zulässig. Gleichwohl sind bei der Vertragsgestaltung Besonderheiten zu beachten.

Im Klauselbeispiel 1 werden von dem Zustimmungserfordernis Nebentätigkeiten erfasst, die den Arbeitseinsatz oder berechtigte geschäftliche Interessen der Firma berühren. Zu begrüßen ist die Nennung möglicher Interessenkonflikte, wie des Arbeitseinsatzes oder berechtigter geschäftlicher Interessen. Allerdings sollen entsprechend der Klausel Nebentätigkeiten bereits zustimmungspflichtig sein, wenn sie die genannten Interessen *berühren*. Das Problem einer solchen Formulierung besteht darin, dass im Ergebnis quasi wie durch die bereits genannten generellen Zustimmungsvorbehaltsklauseln jede Nebentätigkeit dem Zustimmungserfordernis unterfällt, denn schützenswerte Arbeitgeberinteressen

---

Firma ausgeübt werden." *Bauer/Lingemann/Diller/Haußmann*, Anwaltsformularbuch, S. 35: „Die Übernahme jeder auf Erwerb gerichteten Nebentätigkeit bedarf der schriftlichen Einwilligung der Gesellschaft, soweit sie geeignet ist, die Interessen der Gesellschaft zu beeinträchtigen."

[660] *Böckel*, Moderne Arbeitsverträge, S. 38; ähnlich: *Stechl*, Teilzeit- und Aushilfskräfte, S. 130; *Glöckner*, Nebentätigkeitsverbote im Individualarbeitsrecht, S. 162.

[661] Preis-*Rolfs*, Arbeitsvertrag, II N 10, vor Rn. 32.

werden von fast jeder Nebentätigkeit in irgendeiner Art und Weise berührt.[662] Diese Klausel ist damit unwirksam.

Im Gegensatz dazu spricht Klausel 2 davon, dass solche Nebentätigkeiten einer vorherigen Zustimmung des Arbeitgebers bedürfen, durch die vertragsbezogene Interessen des Arbeitgebers beeinträchtigt werden. „Vertragsbezogene Interessen" sind lediglich ein Synonym für die sonst als „berechtige Interessen" bezeichneten Arbeitgeberbelange. Sie erfassen alle Interessen, die im Zusammenhang mit dem Arbeitsverhältnis stehen, seien es Beeinträchtigungen bei der Leistungserbringung, Wettbewerbskollisionen oder sonstige schutzwürdige Arbeitgeberinteressen. Daneben greift das Zustimmungserfordernis in Klausel 2 nur, wenn von der entsprechenden Nebentätigkeit eine *Beeinträchtigung* schützenswerter Interessen ausgeht. Dies ist dann der Fall, wenn bei Aufnahme der Nebentätigkeit davon ausgegangen werden muss, dass die Nebentätigkeit erhebliche Nachteile für das Arbeitsverhältnis oder den Betrieb des Hauptarbeitgebers haben wird. Klausel 2 ist damit zulässig.

Auch Formulierungen, wonach Nebentätigkeiten der Zustimmung bedürfen, die berechtigte Arbeitgeberinteressen *beeinträchtigen können* (Klausel 5), sind zulässig. Sofern bei einer Nebentätigkeit, der nachvollziehbare Verdacht besteht, dass sie zu einer Beeinträchtigung betrieblicher Interessen führen kann, muss dem Arbeitgeber eine vorherige Prüfung der Nebentätigkeit auf eventuelle Störungen zugestanden werden, denn diese Überprüfung soll ja gerade klarstellen, ob Beeinträchtigungen tatsächlich zu erwarten sind. Daher sind solche Formulierungen ebenfalls zulässig.

Ebenfalls unproblematisch ist Klausel 3, wonach Nebentätigkeiten im Geschäftszweig des Arbeitgebers oder solche, die *geeignet sind*, die volle Arbeitskraft zu beeinträchtigen, dem Zustimmungserfordernis unterfallen. Die genannten Gründe rechtfertigen in jedem Fall ein vorheriges Zustimmungserfordernis, denn wird eine Nebentätigkeit tatsächlich im Geschäftszweig des Hauptarbeitgebers ausgeübt oder ist wahrscheinlich, dass sie die Arbeitskraft des Arbeitnehmers beeinträchtigt, kann sie vom Arbeitgeber sogar verboten werden. Insoweit ist es nicht zu beanstanden, sie zuvor vom Arbeitgeber genehmigen zu lassen. So kann vorab geklärt werden, ob Beeinträchtigungen tatsächlich zu erwarten sind. Eine solche Klausel hilft damit auch, eventuelle Streitigkeiten zu vermeiden.

---

[662] *Wank*, Nebentätigkeit, Rn. 372; *Glöckner*, Nebentätigkeitsverbote im Individualarbeitsrecht, S. 161.

Noch deutlicher wird Klausel 4. Sie konkretisiert sehr genau, wann eine Nebentätigkeit problematisch ist. Es werden verschiedene Arbeitgeberinteressen benannt, mit denen eine Nebentätigkeitsausübung kollidieren kann. Durch diese Klausel erhält der Arbeitnehmer eine Art Checkliste, die ihn bei der Beurteilung, ob berechtigte Arbeitgeberinteressen durch die angestrebte Nebentätigkeit beeinträchtigt werden, helfen soll.[663] Sie dient damit der Klarheit.

Gleichwohl ist nochmals klarzustellen, dass grundsätzlich auch die Formulierung „berechtigte Arbeitgeberinteressen" genügt. Zwar ist die Konkretisierung von Arbeitgeberinteressen für die vom Arbeitnehmer vorzunehmende Beurteilung günstiger, aber nicht zwingend. Wichtig ist, dass aus der Klausel hervorgeht, dass die Nebentätigkeitserlaubnis nur bei einer Beeinträchtigung berechtigter Arbeitgeberinteressen verweigert werden darf.

Einige Autoren kommen zu dem Schluss, dass Genehmigungsvorbehalte nur insoweit zulässig sind, als der Arbeitgeber die Nebentätigkeit verbieten kann.[664] Bei allen anderen Nebentätigkeiten, die lediglich vorbeugend auf mögliche Beeinträchtigungen überprüft werden sollen, genüge eine Anzeigepflicht. Dem kann allerdings entgegengehalten werden, dass jedenfalls bei Nebentätigkeiten, von denen eine ernstliche Beeinträchtigung ausgehen kann, ein vorheriges Zustimmungserfordernis gerechtfertigt ist. Zum einen machen eingeschränkte Vorbehaltsklauseln deutlich, dass man an einem angemessenen Interessenausgleich interessiert ist und zum zweiten helfen sie, eventuelle Streitigkeiten von vornherein zu vermeiden. Als Ergebnis lässt sich festhalten, dass jedenfalls für Nebentätigkeiten, die berechtigte Arbeitgeberinteressen beeinträchtigen oder beeinträchtigen können, Zustimmungsvorbehalte zulässig sind. Sie dienen der Vermeidung möglicher Streitigkeiten, in dem sie von vornherein für die Arbeitsvertragsparteien Klarheit schaffen.

c) Veröffentlichungen und Vorträge

In einigen Arbeitsverträgen findet man auch Regelungen zu Veröffentlichungen und Vorträgen von Arbeitnehmern. Hierbei handelt es sich um besondere Formen der Nebentätigkeit. Viele Arbeitnehmer sind bestrebt, ihren fachlichen Ruf zu verbessern, nicht selten mit dem Wunsch nach einer Veränderung ihrer beruflichen Stellung. Möglichkeiten, sein fachliches *Know-how* zu verwerten, bieten sich vielfach, vor allem aber durch Vorträge und Veröffentlichungen. Insbesondere Führungskräften bietet sich die Chance der Veröffentlichung von Aufsätzen in Fachzeitschriften, aber auch der kaufmännische Arbeitnehmer hat die Mög-

---

[663] *Weber/Kaplik*, AuA 2000, 536 (538); Preis-*Rolfs*, Arbeitsvertrag, II N 10, Rn. 32.
[664] *Säcker/Oetker*, ZfA 1987, 95 (125).

lichkeit, in Wirtschaftsmagazinen zur Branchenentwicklung Stellung zu beziehen.[665]

Diese Tätigkeiten sind oftmals zwiespältig zu bewerten.[666] Tritt durch die fachlichen Aktivitäten des Mitarbeiters dessen besondere Qualifikation hervor und wird dies gleichzeitig mit dem Unternehmen in Verbindung gebracht, wird der Arbeitgeber in der Regel keine Einwände gegen diese Nebentätigkeit haben, weil hiervon eine erhebliche positive Werbewirkung ausgehen kann.[667] Problematisch wird der fachliche Auftritt aber dann, wenn die Gefahr besteht, dass Betriebsinterna preisgegeben oder Standpunkte vertreten werden, die nicht im Einklang mit den Zielen des Unternehmens stehen, was zu erheblichen materiellen wie immateriellen Schäden führen kann. In manche Arbeitsverträge werden daher Klauseln aufgenommen, die Vorträge und Veröffentlichungen von der vorherigen Zustimmung des Arbeitgebers abhängig machen.

1. Jede journalistische, redaktionelle, schriftstellerische oder sonstige publizistische Nebentätigkeit bedarf der vorherigen schriftlichen Einwilligung des Arbeitgebers.[668]

2. Literarische Arbeiten und Vorträge, die sich auf das konkrete berufliche Tätigkeitsgebiet des Arbeitnehmers beziehen, bedürfen der Zustimmung der Firma.

3. Veröffentlichungen in Wort, Schrift und Bild, die mit der beruflichen Tätigkeit des Arbeitnehmers in Zusammenhang stehen, bedürfen der schriftlichen Einwilligung des Arbeitgebers.[669]

Die erste Klausel enthält einen eingeschränkten Zustimmungsvorbehalt, da nur die genannten Tätigkeiten der vorherigen Einwilligung des Arbeitgebers bedürfen. Andererseits erfordert diese Klausel für jede der genannten Nebentätigkeiten die Einwilligung des Arbeitgebers. Dies gilt unabhängig davon, ob die konkrete Veröffentlichung einen Bezug zum Arbeitsverhältnis aufweist. Der Zustimmungsvorbehalt ist daher problematisch. Ein generelles Zustimmungserfordernis für alle schriftstellerischen oder publizistischen Tätigkeiten ist zu weitgehend. Zum einen wird der Arbeitnehmer zu stark in seinen Rechten aus Art. 5 GG eingeschränkt. Zum anderen ist kein berechtigtes Arbeitgeberinteresse erkennbar, das eine solche Einschränkung von Arbeitnehmergrundrechten rechtfertigen könnte. Man muss daher verlangen, dass bei den Tätigkeiten, die einem Zustimmungsvorbehalt unterworfen werden, ein Bezug zu den Unternehmensin-

---

665 Preis-*Preis*, Arbeitsvertrag, II V 10, Rn. 1.
666 Preis-*Preis*, a.a.O., Rn. 2; *Brändli*, Arbeitsvertrag und Nebenbeschäftigung, S. 125; *Glöckner*, Nebentätigkeitsverbote im Individualarbeitsrecht, S. 170.
667 *Nebe*, Arbeitsvertrag des leitenden Angestellten, S. 161.
668 Nach: *Glöckner*, Nebentätigkeitsverbote im Individualarbeitsrecht, S. 152.
669 Nach: *Fingerhut*, Formularbuch für Verträge, S. 436.

212

teressen besteht. Sofern dies nicht der Fall ist, sollte zumindest eine tätigkeitsbe-zogene Eingrenzung angestrebt werden.[670]

In der zweiten Klausel sind nur solche Veröffentlichungen und Vorträge dem Zustimmungserfordernis unterworfen, die sich auf das konkrete berufliche Tätigkeitsfeld des Arbeitnehmers beziehen. Dem Arbeitnehmer ist es damit unbenommen, anderweitige Vorträge zu halten oder Werke (Kochbücher, Kinderbücher oder Kriminalromane) zu veröffentlichen. Solange die Tätigkeit keinen Bezug zum Arbeitsverhältnis hat, werden auch Arbeitgeberinteressen durch die schriftstellerische Tätigkeit nicht beeinträchtigt. Die Klauseln 2 und 3 erfassen nur solche Tätigkeiten, die einen konkreten Bezug zum Arbeitsgebiet des Mitarbeiters haben. Insoweit kann ein Arbeitgeberinteresse an der Vermeidung betrieblicher Kollisionen anerkannt werden, auch wird der Arbeitnehmer hierdurch nicht übermäßig in seinen Rechten beschränkt.[671] Es lässt sich damit festhalten, dass im Hinblick auf Vorträge und Veröffentlichungen allenfalls Zustimmungsvorbehalte zulässig sind, die im Zusammenhang mit dem konkreten Tätigkeitsbereich des Arbeitnehmers stehen. Die Klauselbeispiele 2 und 3 sind damit nicht zu beanstanden.

d) Ergebnis

Die Aufnahme eingeschränkter Zustimmungsvorbehalte im Arbeitsvertrag ist zulässig, soweit sie einem berechtigten Arbeitgeberinteresse entsprechen. Sie haben den Sinn, mögliche Interessenbeeinträchtigungen durch die Nebentätigkeit von vornherein auszuschließen. Soweit möglich empfiehlt es sich, die berechtigten Arbeitgeberinteressen näher zu konkretisieren. Als Sonderform der Nebentätigkeit dürfen auch in begrenztem Umfang Vorträge und Veröffentlichungen einem Zustimmungsvorbehalt unterworfen werden. Einschränkend ist dabei aber zu beachten, dass dies nur solche Tätigkeiten erfassen darf, die einen konkreten Bezug zum Tätigkeitsbereich des Arbeitnehmers aufweisen. Im Rahmen des Zustimmungsverfahrens hat der Arbeitgeber seine Entscheidung an § 315 Abs. 3 BGB auszurichten, d.h. er darf sie nur nach billigem Ermessen treffen.[672] Dabei müssen seine eigenen Interessen und die schützenswerten Belange des Arbeitnehmers in einen angemessenen Ausgleich gebracht werden. Die Zustimmung darf weder willkürlich verweigert noch auf sachfremde Erwägungen gestützt werden.

---

[670] Preis-*Preis*, Arbeitsvertrag, II V 10, Rn. 7; *Glöckner*, Nebentätigkeitsverbote im Individualarbeitsrecht, S. 170; ähnlich: *Hunold*, 30 Musterarbeitsverträge, S. 44.

[671] Kritisch dazu: Preis-*Preis*, Arbeitsvertrag, II V 10, Rn. 8.

[672] *Mayer*, Außerdienstliches Verhalten, S. 231; *Braun*, DB 2003, 2282 (2283); *Callam*, Arbeitsrechtliche Probleme mehrfacher Erwerbstätigkeit von Arbeitnehmern, S. 108.

3. Zustimmungsvorbehalt mit Zustimmungsfiktion

Ist im Arbeitsvertrag ein wirksamer Zustimmungsvorbehalt vereinbart worden, hat der Arbeitnehmer vor Aufnahme einer entsprechenden Nebentätigkeit zunächst das Einverständnis des Arbeitgebers einzuholen. Dies hat zur Folge, dass im Zeitraum zwischen der Beantragung der Nebentätigkeitserlaubnis und der Entscheidung des Arbeitgebers für den Arbeitnehmer Ungewissheit besteht. Bis zum Vorliegen der Arbeitgeberentscheidung darf er die Nebentätigkeit nicht ausüben. Auch aus dem Schweigen des Arbeitgebers kann der Arbeitnehmer nicht auf dessen Zustimmung schließen, weil dem bloßen Schweigen grundsätzlich noch kein Erklärungswert zukommt.[673] Damit dieser Schwebezustand nicht unzumutbare Ausmaße annimmt, ist es ratsam, zugleich mit dem Zustimmungsvorbehalt eine Zustimmungsfiktion zu vereinbaren. Dies hat mehrere Vorteile: Einerseits wird eine unnötig lange Wartezeit des Arbeitnehmers bis zur Arbeitgeberentscheidung vermieden. Andererseits reduziert ein solcher Zustimmungsvorbehalt den Verwaltungsaufwand. Der Arbeitgeber muss auf einen Zustimmungsantrag nur reagieren, wenn er berechtigte Interessen gegen die Nebentätigkeit geltend machen kann. Sofern keine Bedenken gegen die Nebentätigkeit vorliegen, kann er schweigen und der Arbeitnehmer darf nach Ablauf der Zustimmungserklärungsfrist von einer Zustimmung des Arbeitgebers ausgehen und die Nebentätigkeitsausübung beginnen.

Dabei stellt sich lediglich die Frage, bis zu welcher Länge die Zustimmungserklärungsfrist als zulässig anzusehen ist. In jedem Fall muss die Länge der Frist den berechtigten Interessen beider Teile angemessen Rechnung tragen. Der Arbeitnehmer möchte möglichst schnell Klarheit über seinen Antrag haben und hofft auf das Einverständnis des Arbeitgebers. Andererseits muss der Arbeitgeber den Antrag des Arbeitnehmers prüfen können und benötigt dazu unter Umständen noch weitere Informationen über die angestrebte Tätigkeit. Eine Fristdauer von zwei bis maximal vier Wochen erscheint als angemessen,[674] denn dem Arbeitgeber muss eine gewisse Zeit zur Entscheidung zugebilligt werden. Ein wirksamer Zustimmungsvorbehalt mit Zustimmungsfiktion könnte damit wie folgt aussehen:

---

[673] Palandt-*Heinrichs*, Einf. v. § 116, Rn. 7; *Medicus*, Bürgerliches Recht, Rn. 52; BGH, Urt. v. 19.9.2002 – V ZB 37/02 – NJW 2002, 3629 (3630); *Glöckner*, Nebentätigkeitsverbote im Individualarbeitsrecht, S. 157; Preis-*Rolfs*, Arbeitsvertrag, II N 10, Rn. 33.

[674] Zustimmungsfiktionen mit Zwei-Wochenfrist schlagen vor: Preis-*Rolfs*, Arbeitsvertrag, II N 10, Rn. 35; *Kania/Gilberg*, Befristete Arbeitsverträge, Rn. 80; *Kania*, in: Personalbuch – Nebentätigkeit, Rn. 19; *Gaul/Bonanni*, ArbRB 2002, 284 (285); eine dreiwöchige Frist empfehlen: *Weber/Dahlbender*, Arbeitsvertrag, Rn. 415; *Hartmann*, BuW 2003, 566 (568); vier Wochen schlägt *Glöckner*, Nebentätigkeitsverbote im Individualarbeitsrecht, S. 162 vor.

1. Jede Nebentätigkeit, die die Arbeitsleistung beeinträchtigen kann, bedarf der vorherigen Zustimmung des Arbeitgebers. Erfolgt binnen drei Wochen nach Antragstellung keine ablehnende Stellungnahme, gilt die Zustimmung als erteilt.

2. Jede Nebentätigkeit bedarf der vorherigen Zustimmung des Unternehmens. Die Zustimmung ist zu erteilen, wenn die Nebentätigkeit die Wahrnehmung der dienstlichen Aufgaben zeitlich nicht oder allenfalls unwesentlich behindert und sonstige berechtigte Interessen des Unternehmens nicht beeinträchtigt werden. Das Unternehmen hat die Entscheidung über den Antrag des Mitarbeiters auf Zustimmung innerhalb von zwei Wochen nach Eingang des Antrags zu treffen. Wird innerhalb dieser Frist eine Entscheidung nicht gefällt, gilt die Zustimmung als erteilt.[675]

4. Ergänzende Abreden über Modalitäten der Zustimmung

Neben dem eigentlichen Zustimmungsvorbehalt kann die Klausel weitere das Zustimmungsverfahren konkretisierende Regelungen enthalten.

1. Die Zustimmung wird versagt, wenn die beantragte Tätigkeit den Interessen der Firma zuwiderläuft oder zuwiderlaufen kann.

2. Die Erlaubnis wird erteilt, wenn die gesetzlich zulässige Höchstarbeitszeit nicht überschritten wird und auch sonst keine schützenswerten Interessen des Arbeitgebers entgegenstehen.[676]

Die Klauseln haben lediglich klarstellende Bedeutung. Sie verdeutlichen dem Arbeitnehmer, an welchen Maßstäben sich die Arbeitgeberentscheidung orientiert und vermeiden so den Eindruck, der Arbeitgeber könne willkürlich entscheiden.[677]

Insbesondere bei den nicht unproblematischen generellen Zustimmungsvorbehalten, sind solche Zusätze sinnvoll. Das Bundesarbeitsgericht hält die Vereinbarung genereller Zustimmungsvorbehalte für zulässig und billigt dem Arbeitnehmer auch ohne ausdrückliche Klarstellung einen Anspruch auf Zustimmungserteilung zu, wenn berechtigte Arbeitgeberinteressen durch die Nebentätigkeit nicht beeinträchtigt werden. Dies sollte jedoch in die Klausel ausdrücklich mit aufgenommen werden. Der Arbeitnehmer hat damit zwar gleichwohl für eine Nebentätigkeit die vorherige Zustimmung des Arbeitgebers einzuholen, ihm wird aber zugleich verdeutlicht, wann der Arbeitgeber sein Einverständnis erteilt und wann nicht. Nach zutreffender Ansicht können generelle Zustimmungsvorbehalte ausnahmsweise für zulässig erachtet werden, wenn sie mit ei-

---

[675] Preis-*Rolfs*, Arbeitsvertrag, II N 10, vor Rn. 33; ähnlicher Vorschlag bei: *Kania/Gilberg*, Befristete Arbeitsverträge, Rn. 80.
[676] Preis-*Rolfs*, Arbeitsvertrag, II N 10, vor Rn. 36.
[677] *Glöckner*, Nebentätigkeitsverbote im Individualarbeitsrecht, S. 155.

nem solchen Zusatz versehen sind.[678] Im Ergebnis hätten sie dann die gleiche Wirkung wie eingeschränkte Zustimmungsvorbehalte.

Auch die Klauselzusätze 3 und 4 haben nur klarstellende Bedeutung.

3. Über die Zulässigkeit von Nebentätigkeiten entscheidet die Personalabteilung.[679]

4. Die Zustimmung bedarf der Schriftform.[680]

Es empfiehlt sich, eine Bestimmung darüber zu treffen, wer für die Zustimmungserteilung zuständig ist. Für den Arbeitnehmer ist dann von vornherein klar, an wen er sich hinsichtlich der Nebentätigkeitsgenehmigung wenden muss. Meist ist für die Zustimmungserteilung Schriftform vorgesehen. Eine ausdrückliche Klarstellung in der Nebentätigkeitsklausel dient der Rechtssicherheit und kann vermeiden, dass der Arbeitnehmer bei eventuellen Streitigkeiten in Beweisnot gerät.[681]

5. Ergebnis bezüglich Zustimmungsvorbehaltsklauseln

Noch häufiger als Nebentätigkeitsverbote werden in Arbeitsverträge sog. Zustimmungsvorbehalte aufgenommen, wonach die Ausübung einer Nebentätigkeit vom vorherigen Einverständnis des Arbeitgebers abhängig ist. Es sind zwei Arten von Vorbehalten möglich. Zum einen die sog. generellen Zustimmungsvorbehalte, bei denen die Ausübung jeder Nebentätigkeit vom Arbeitgeber genehmigt werden muss. Das Bundesarbeitsgericht hält solche Vereinbarungen für zulässig, legt sie im Ergebnis aber einschränkend dahingehend aus, dass der Arbeitnehmer einen Anspruch auf Zustimmung hat, wenn durch die Nebentätigkeit keine berechtigten Arbeitgeberinteressen beeinträchtigt werden. Nach vorzugswürdiger Ansicht sind reine generelle Zustimmungsvorbehalte unwirksam, weil der Arbeitnehmer durch sie unverhältnismäßig in seinen Rechten beschränkt wird. Zudem sind sie auch im Hinblick auf das Transparenzgebot des § 307 Abs. 1 S. 2 BGB bedenklich. Umfassende Zustimmungsvorbehalte sind allenfalls dann zulässig, wenn sie zugleich einen Zusatz enthalten, der klarstellt, wann eine Zustimmung erteilt bzw. nicht erteilt wird.

Dagegen ist die Aufnahme eingeschränkter Zustimmungsvorbehalte rechtlich nicht zu beanstanden. Sofern das Zustimmungserfordernis nur solche Nebentä-

---

[678] *Boudon*, ArbRB 2003, 150 (152); Preis-*Rolfs*, Arbeitsvertrag, II N 10, Rn. 29; siehe dazu § 10 IV 1 c).
[679] *Glöckner*, Nebentätigkeitsverbote im Individualarbeitsrecht, S. 156.
[680] Preis-*Rolfs*, Arbeitsvertrag, II N 10, vor Rn. 36.
[681] *Hartmann*, BuW 2003, 566 (568); Preis-*Rolfs*, Arbeitsvertrag, II N 10, Rn. 37.

tigkeiten erfasst, die berechtigte Arbeitgeberinteressen beeinträchtigen (können), ist der damit verbundene Grundrechtseingriff gerechtfertigt. Soweit möglich empfiehlt es sich, die berechtigten Arbeitgeberinteressen näher zu konkretisieren. Als Sonderform der Nebentätigkeit dürfen in begrenztem Umfang auch Vorträge und Veröffentlichungen einem Zustimmungsvorbehalt unterworfen werden. Einschränkend ist dabei aber zu beachten, dass dies nur solche Tätigkeiten erfassen darf, die einen konkreten Bezug zum Tätigkeitsbereich des Arbeitnehmers aufweisen. Um im Sinne des Arbeitnehmers unnötig lange Zeiten der Ungewissheit zu vermeiden, empfiehlt es sich, in den Arbeitsvertrag eine Zustimmungsfiktion aufzunehmen. Ist nach Ablauf einer darin festgelegten Frist keine ablehnende Stellungnahme des Arbeitgebers erfolgt, gilt die Zustimmung zur Nebentätigkeit als erteilt. Solche Fiktionsklauseln ersparen dem Arbeitgeber Verwaltungsaufwand, da er sich nur äußern muss, wenn er berechtigte Interessen gegen die geplante Nebentätigkeit vorzubringen hat.

Daneben empfiehlt es sich, in der Nebentätigkeitsklausel eine Bestimmung darüber zu treffen, wer für die Zustimmungserteilung zuständig ist, damit der Arbeitnehmer von vornherein weiß, an wen er sich zu wenden hat. Aus Beweisgründen sollte für die Zustimmungserteilung Schriftform verlangt werden.

V. Widerrufsvorbehalte

Im Zusammenhang mit den zuvor erörterten Zustimmungsvorbehalten, wonach (bestimmte) Nebentätigkeiten erst nach ausdrücklichem Einverständnis des Arbeitgebers ausgeübt werden dürfen, stellt sich die Frage, ob eine einmal erteilte Zustimmung wieder beseitigt werden kann. Dafür bietet sich die Vereinbarung eines Widerrufsvorbehaltes an, der den Arbeitgeber unter bestimmten Voraussetzungen berechtigt, eine erteilte Zustimmung zurückzunehmen. Ein solcher Widerrufsvorbehalt verdeutlicht dem Arbeitnehmer, dass eine erteilte Nebentätigkeitsgenehmigung nicht unaufhebbar ist. Allerdings sind Widerrufsvorbehalte in der Praxis überraschenderweise kaum verbreitet, obwohl sie im arbeitsrechtlichen Schrifttum mittlerweile häufig empfohlen werden.[682]

---

[682] *Weber/Kaplik*, AuA 2000, 536 (538); *Hunold*, in: Arbeitsrechtslexikon – Nebentätigkeit, S. 5; Preis-*Rolfs*, Arbeitsvertrag, II N 10, Rn. 39; *Bock*, Doppelarbeitsverhältnis, S. 127; *Glöckner*, Nebentätigkeitsverbote im Individualarbeitsrecht, S. 184; *Kania*, in: Personalbuch, Nebentätigkeit, Rn. 6; Schaub-*Schaub*, § 43, Rn. 11; *Nebe*, Arbeitsvertrag des leitenden Angestellten, S. 162.

1. Klauselbeispiele

Widerrufsvorbehalte sind in zwei Formen denkbar:

1. Die erteilte Zustimmung kann jederzeit widerrufen werden.

2. Die Zustimmung kann jederzeit widerrufen werden, wenn das Interesse des Unternehmens dies auch unter Berücksichtigung der Belange des Mitarbeiters rechtfertigt.[683]

2. Praktische Aspekte eines Widerrufsvorbehaltes

Hat der Arbeitgeber seinem Arbeitnehmer eine Nebentätigkeitserlaubnis erteilt, darf der Arbeitnehmer die Nebentätigkeit im genehmigten Umfang ausüben. Kommt es nun aber zu Veränderungen, die einen Konflikt zwischen Haupt- und Nebentätigkeit mit sich bringen, wird der Arbeitgeber ein Interesse daran haben, seine frühere Entscheidung aufzuheben. Hier kann ein ausdrücklich vereinbarter Widerrufsvorbehalt helfen, der den Arbeitgeber unter bestimmten Voraussetzungen berechtigt, eine Nebentätigkeitserlaubnis wieder zu beseitigen.[684] Bei Konkurrenztätigkeiten, einem Sonderfall der Nebentätigkeit,[685] ist anerkannt, dass eine erteilte Zustimmung nur dann zurückgenommen werden kann, wenn ein entsprechender Vorbehalt ausdrücklich vereinbart worden ist. Der Grund dafür ist einfach: Hat das Konkurrenzverhältnis schon bei der Zustimmungserteilung bestanden, kann es nicht später als Widerrufsgrund anerkannt werden. Ähnliches muss auch bei allen anderen Nebentätigkeiten gelten.

a) Voraussetzungen eines Widerrufs

Der Widerruf einer Nebentätigkeitserlaubnis ist an drei Voraussetzungen gebunden. Zunächst muss sich der Arbeitgeber ein Widerrufsrecht vorbehalten haben. Voraussetzung ist weiterhin, dass der Arbeitgeber ein Interesse an der Rücknahme der ursprünglichen Erlaubnis hat. Ein solches Interesse ist anzunehmen, wenn neue Tatsachen eintreten, die die Aufrechterhaltung der Nebentätigkeitsgenehmigung unmöglich machen oder wenn sich Umstände, die für die ursprüngliche Zustimmung entscheidend waren, geändert haben. Würden diese geänderten Umstände nunmehr zur Versagung einer Nebentätigkeitserlaubnis berechtigen, so können sie auch den Widerruf einer Zustimmung begründen.

---

[683] Das Klauselbeispiel ist dem Werk Preis-*Rolfs*, Arbeitsvertrag, II N 10, vor Rn. 38 entnommen.

[684] *Weber/Kaplik*, AuA 2000, 536 (538); *Bock*, Doppelarbeitsverhältnis, S. 127; *Glöckner*, Nebentätigkeitsverbote im Individualarbeitsrecht, S. 184; *Kania*, in: Personalbuch, Nebentätigkeit, Rn. 6; *Hunold*, in: Arbeitsrechtslexikon – Nebentätigkeit, S. 5; Schaub-*Schaub*, § 43, Rn. 11.

[685] Preis-*Rolfs*, Arbeitsvertrag, II N 10, Rn. 39.

Allerdings ist zu beachten, dass nicht jeder Umstand, der dem Grunde nach die Ablehnung eines Nebentätigkeitsantrages rechtfertigt, den Widerruf einer ursprünglichen Zustimmung begründen kann. Hat der Arbeitgeber trotz entgegenstehender Interessen seinerseits in eine Nebentätigkeit zunächst eingewilligt, so kann er diese Zustimmung nicht unter Berufung auf dieselben Tatsachen aufheben. Der Arbeitgeber darf nicht bei gleichem Sachverhalt die Zulässigkeit der Nebentätigkeit unterschiedlich beurteilen. Andernfalls würde der Schutz zwischenzeitlich erworbener Rechtspositionen des Arbeitnehmers unterlaufen.[686] Gegen den Widerruf ist aber dann nichts einzuwenden, wenn „aus der anfänglich vagen Gefahr von Interessenkollisionen die Gewissheit erheblicher Beeinträchtigungen von Arbeitgeberinteressen wird."[687] Schließlich müssen bei der Prüfung, ob der Widerruf einer Nebentätigkeitserlaubnis zulässig ist, die Interessen von Arbeitgeber und Arbeitnehmer gegeneinander abgewogen werden.

b) Situation bei fehlendem Widerrufsvorbehalt

Fraglich ist, was gilt, wenn kein Widerrufsvorbehalt vereinbart worden ist. Unstrittig ist, dass der Arbeitgeber die Möglichkeit haben muss, seine ursprüngliche Entscheidung aufzuheben, wenn gewichtige Umstände sich signifikant geändert haben, da sich die vom Arbeitgeber erteilte Einwilligung nur auf die im Zeitpunkt der Entscheidung gegebenen Umstände bezieht. Fehlt es an einem ausdrücklichen Widerrufsvorbehalt, hätte der Arbeitgeber allein die Möglichkeit einer Änderungskündigung.[688] In der Regel ist diese immer dann gerechtfertigt, wenn durch die weitere Ausübung der Nebentätigkeit berechtigte Interessen des Arbeitgebers beeinträchtigt würden.[689]

---

[686] Preis-*Rolfs*, Arbeitsvertrag, II N 10, Rn. 38; *Glöckner*, Nebentätigkeitsverbote im Individualarbeitsrecht, S. 184: Dies gelte etwa in dem Fall, dass ein Arbeitgeber trotz der Gefahr von Interessenkollisionen die Zustimmung zu einer Nebentätigkeit erteilt. Er kann nicht unter Berufung auf die bestehende Gefahr von Interessenkollisionen die Einwilligung widerrufen.

[687] So *Glöckner*, Nebentätigkeitsverbote im Individualarbeitsrecht, S. 185. Er nennt als Beispiel den Fall eines Arbeitnehmers, der nebenberuflich als Firmenberater tätig ist. Kommt es nun dazu, dass der Angestellte zum Nachteil des Arbeitgebers von mehreren zur Auswahl stehenden Lieferanten denjenigen bevorzugt, dessen Berater er zugleich ist, so ist dieses Verhalten von der ursprünglichen Nebentätigkeitserlaubnis des Arbeitgebers nicht mehr gedeckt. Der Arbeitgeber wird bei der Zustimmungserteilung darauf vertraut haben, dass der Arbeitnehmer der Versuchung widersteht, vertragliche Beziehungen auf Kosten des Arbeitgebers auszunutzen.

[688] *Kania*, in: Personalbuch, Nebentätigkeit, Rn. 6; Schaub-*Schaub*, § 43, Rn. 11.

[689] *Kania*, a.a.O.; Schaub-*Schaub*, a.a.O.; *Hunold*, in: Arbeitsrechtslexikon – Nebentätigkeit, S. 5.

3. Rechtliche Beurteilung

Ein Widerrufsvorbehalt ermöglicht dem Arbeitgeber bei Vorliegen bestimmter Voraussetzungen, eine einmal erteilte Nebentätigkeitserlaubnis zurückzunehmen. In dem Widerrufsvorbehalt ist vom Arbeitgeber klarzustellen, dass ein Widerruf nur möglich ist, wenn berechtigte betriebliche Interessen dies rechtfertigen. Ein Beispiel dafür ist die zulässige Klausel 2. Gegen Klausel 1 hingegen bestehen ähnliche Bedenken wie gegen die generellen Zustimmungsvorbehalte.[690] Sieht ein vertraglicher Widerrufsvorbehalt die jederzeitige Widerrufsmöglichkeit vor, so ist davon auszugehen, dass die Rechtsprechung den Vorbehalt dahin auslegt, dass der Widerruf nur beim Vorliegen berechtigter Arbeitgeberinteressen zulässig ist. Vom Wortlaut her spricht Klausel 1 aber von einer jederzeitigen Widerrufsmöglichkeit, was bei Arbeitnehmern den Eindruck erwecken könnte, der Widerruf einer erteilten Zustimmung sei tatsächlich jederzeit möglich. Solche Widerrufsvorbehalte sind unzulässig.

4. Ergebnis

Grundsätzlich ist die Aufnahme eines Widerrufsvorbehaltes zu empfehlen, allerdings sind Widerrufsvorbehalte, die den jederzeitigen Widerruf einer Zustimmung ermöglichen, unwirksam. Rechtlich zulässig sind nur solche Widerrufsvorbehalte, aus denen hervorgeht, wann ein Widerruf erfolgen darf, nämlich dann, wenn berechtigte Arbeitgeberinteressen dies rechtfertigen. Ein hinreichend bestimmter Widerrufsvorbehalt verdeutlicht dem Arbeitnehmer, unter welchen Voraussetzungen eine einmal erteilte Zustimmung vom Arbeitgeber aufgehoben werden kann. Es ist aber auch möglich, den Widerrufsvorbehalt in die schriftliche Zustimmungserteilung aufzunehmen. Dies empfiehlt sich vor allem bei Nebentätigkeiten, bei denen Interessenkollisionen nicht auszuschließen sind.

VI. Anzeige- und Auskunftspflichten

Neben Verboten und Zustimmungsvorbehalten hat der Arbeitgeber auch die Möglichkeit, dem Arbeitnehmer im Arbeitsvertrag eine Anzeigepflicht für Ne-

---

[690] Preis-*Rolfs*, Arbeitsvertrag, II N 10, Rn. 48 vertritt in der 1. Auflage des Werkes die Auffassung, dass den beiden Klauseln im Ergebnis die gleiche Wirkung zukomme, weil davon auszugehen sei, dass das BAG hier ähnlich verfahren werde wie bei den generellen Zustimmungsvorbehalten.
Das BAG legt zu weit gefasste Zustimmungsvorbehalte einschränkend aus. Daher ist davon auszugehen, dass es bei zu weit gefassten Widerrufsvorbehalten (z.B. weil ein jederzeitiger Widerruf zulässig sein soll) zusätzlich verlangt, dass berechtigte Unternehmensinteressen den Widerruf erfordern. Im Ergebnis würde es dann auch hier den Widerrufsvorbehalt einschränkend auslegen.

bentätigkeiten aufzuerlegen. Solche Anzeigepflichten finden sich häufig als Anhang zu einem Nebentätigkeitsverbot oder Genehmigungsvorbehalt. Die Anzeigepflicht verpflichtet den Arbeitnehmer, eine von ihm ausgeübte Nebentätigkeit dem Arbeitgeber anzuzeigen, hat jedoch keine direkten Auswirkungen auf die Zulässigkeit dieser Tätigkeit.

1. Klauselbeispiele

1. Der Mitarbeiter verpflichtet sich, jede bei Vertragsschluss bereits ausgeübte oder später beabsichtigte entgeltliche Nebentätigkeit der Firma unaufgefordert und rechtzeitig mitzuteilen.[691]

2. Die Aufnahme oder Beendigung einer weiteren Beschäftigung, gleichgültig welchen Umfangs oder welcher Dauer, hat der Arbeitnehmer unverzüglich schriftlich anzuzeigen.[692]

3. Der Mitarbeiter ist verpflichtet, Nebentätigkeiten der Firma anzuzeigen.[693]

Die Klauseln verlangen vom Arbeitnehmer, dass dieser jede Nebentätigkeit dem Arbeitgeber mitteilt. Inwieweit solche vertraglichen Anzeigepflichten zulässig sind, soll nachfolgend untersucht werden.

2. Bestehen vertragsimmanente Anzeigepflichten?

Bevor die Frage der Zulässigkeit vertraglicher Anzeigepflichten beantwortet werden kann, muss geklärt werden, ob sich nicht bereits aus dem Arbeitsverhältnis selbst sog. vertragsimmanente Anzeigepflichten ergeben.

a) Meinungsbild

Vereinzelt wird die Auffassung vertreten, dass den Arbeitnehmer weder Mitteilungs- noch Auskunftspflichten treffen, weil es „das ureigenste Recht eines jeden Arbeitnehmers [sei], die ihm verbleibende Freizeit so zu gestalten und zu nutzen, wie er es für richtig befindet."[694] Der Arbeitgeber habe nicht einmal das Recht, nach Nebentätigkeiten zu fragen, solange die vertraglich geschuldeten Leistungen ordnungsgemäß erbracht würden.[695]

---

[691] *Hunold*, AR-Blattei SD – Mehrfachbeschäftigung, Rn. 107.

[692] Nach: Preis-*Rolfs*, Arbeitsvertrag, II N 10, vor Rn. 41.

[693] Die Klausel ist einem Arbeitsvertrag entnommen.

[694] *Rewolle*, BB 1959, 670 (672); Ebenso hat das LAG Frankfurt/Main, Urt. v. 22.8.1967 – 5 Sa 137/67 – DB 1968, 2178 eine Verpflichtung des Arbeitnehmers, dem Arbeitgeber Auskünfte über Nebentätigkeiten zu erteilen, abgelehnt.

[695] *Kempen/Kreuder*, ArbuR 1994, 214 (216) unter Hinweis auf: BAG, Urt. v. 23.1.1992 – 6 AZR 110/90 – ArbuR 1992, 91: In diesem Fall hatten die Arbeitnehmer vor Aufnahme

Im Gegensatz dazu gibt es auch Stimmen, die sich für eine generelle Auskunftspflicht des Arbeitnehmers aussprechen.[696] Der Arbeitnehmer sei verpflichtet, jede Art von Nebentätigkeit anzuzeigen, weil der Arbeitgeber nur so die Möglichkeit habe, Nebentätigkeiten auf ihre Vereinbarkeit mit dem Hauptarbeitsverhältnis hin zu überprüfen.

Das Bundesarbeitsgericht und ein erheblicher Teil des arbeitsrechtlichen Schrifttums vertreten eine differenzierte Auffassung und sehen den Arbeitnehmer bereits aus Treu und Glauben (§ 242 BGB) als verpflichtet an, eine bevorstehende oder bereits ausgeübte Nebentätigkeit anzuzeigen, wenn durch die Nebentätigkeit berechtigte Interessen des Arbeitgebers betroffen sind.[697] Aufgrund der vertragsimmanenten Rücksichtspflicht sei der Arbeitnehmer verpflichtet, von seiner Person auf das Unternehmen ausgehenden Schaden abzuwenden.[698] Hinzu kommen die arbeitszeit-, sozialversicherungs- und steuerrechtlichen Konsequenzen einer Nebentätigkeit.[699] Eine vertragsimmanente Anzeigepflicht bestehe demnach, wenn der Arbeitgeber ein berechtigtes Interesse an der Kenntnis von Nebentätigkeiten hat, weil von ihr Rückwirkungen auf das Hauptarbeitsverhält-

---

einer Nebentätigkeit die Genehmigung des Arbeitgebers einzuholen. Bei einer Überprüfung wurde festgestellt, dass für keinen Arbeitnehmer eine Nebentätigkeitsgenehmigung erteilt wurde. Daraufhin verteilte der Arbeitgeber einen Fragebogen zu eventuell ausgeübten Nebentätigkeiten. Die Arbeitnehmer verweigerten die Beantwortung. Der erkennende Senat entschied, dass allein aus der Tatsache, dass Nebentätigkeiten grundsätzlich genehmigungspflichtig waren, nicht „auf einen allgemeinen Auskunftsanspruch des [Arbeitgebers] geschlossen werden [könne], jederzeit zu erfahren, welche Nebentätigkeiten die Arbeitnehmer ausüben." Das BAG betonte jedoch, dass „etwas anderes gelte, wenn ein besonderer Anlass für dieses Auskunftsverlangen bestünde, also z.B. die Arbeitnehmer die geschuldete Tätigkeit wegen einer durch die Nebentätigkeit verursachten starken Übermüdung nicht oder nur unzureichend erbringen würden."

[696] *Säcker/Oetker*, ZfA 1987, 95 (123); *Herschel*, Anm. zu BAG, Urt. v. 13.11.1979 – 6 AZR 934/77 – AP Nr. 5 zu § 1 KSchG 1969 – Krankheit, Bl. 3.

[697] BAG, Urt. v. 18.1.1996 – 6 AZR 314/95 – NZA 1997, 41; BAG, Urt. v. 18.11.1988 – 8 AZR 12/86 – AP Nr. 3 zu § 611 BGB – Doppelarbeitsverhältnis; *Baeck/Deutsch*, ArbZG, § 2, Rn. 25; *Franke*, Zweitarbeitsverhältnisse, S. 28; *Bock*, Doppelarbeitsverhältnis, S. 129; *Glöckner*, Nebentätigkeitsverbote im Individualarbeitsrecht, S. 186; MüArbR-*Blomeyer*, § 55, Rn. 9; *Wank*, Nebentätigkeit, Rn. 371; *Braun*, DB 2003, 2282 (2284); *Preis*, Grundfragen der Vertragsgestaltung, S. 538; *Wertheimer/Krug*, BB 2000, 1462 (1464); *Kappes/Aabadi*, DB 2003, 938 (939); *Weber*, Anm. zu BAG, Urt. v. 11.12.2001 – 9 AZR 464/00 – SAE 2003, 362 (365); *Kornbichler*, AuA 2003 (Heft 6), 16; *Sträßner/Ill*, PflegeR 2001, 343 (346); Münch-Komm/*Müller-Glöge*, § 611 BGB, Rn. 448; *Gift*, BB 1959, 43 (45); *Färber*, Personalführung 1997, 782.

[698] MüArbR-*Blomeyer*, § 55, Rn. 8; *Wertheimer/Krug*, BB 2000, 1462 (1464).

[699] Damit scheidet zugleich eine vertragsimmanente Anzeigepflicht für ehrenamtliche Tätigkeiten aus, da bei ihnen arbeitszeit-, sozialversicherungs- und steuerrechtliche Folgen ausgeschlossen sind, vgl. *Wertheimer/Krug*, BB 2000, 1462 (1464).

nis ausgehen können.[700] Automatische Anzeigepflichten seien zu bejahen, wenn der Arbeitgeber auf die Kenntnis von Nebentätigkeiten angewiesen ist, um gesetzliche Vorschriften einhalten zu können. Der Arbeitgeber habe weiterhin ein Interesse an der Kenntnis von Nebentätigkeiten, wenn durch sie betriebliche Interessen betroffen sind. Eine Anzeigepflicht des Arbeitnehmers soll aber ausgeschlossen sein, wenn die Nebentätigkeit offensichtlich keine Arbeitgeberinteressen beeinträchtigt.[701]

b) Stellungnahme

Nebentätigkeiten werden grundsätzlich außerhalb der Arbeitszeit ausgeübt und fallen damit in die Freizeit des Arbeitnehmers. Gleichwohl können sie Rückwirkungen auf das Hauptarbeitsverhältnis haben, weshalb die generelle Ablehnung einer Anzeigepflicht nicht befürwortet werden kann. Auch müssen beim Zusammentreffen von Haupt- und Nebentätigkeit die arbeitszeit- und sozialversicherungsrechtlichen Vorschriften durch den Arbeitgeber beachtet werden, wozu er nur in der Lage ist, wenn er von einer Nebentätigkeit weiß.

Allerdings erscheint auch eine generelle Anzeigepflicht für jede Nebentätigkeit ohne Einschränkungen nicht angemessen. Zwar stellt eine generelle Anzeigepflicht noch keinen Eingriff in die Berufsfreiheit des Arbeitnehmers dar, gleichwohl bedeutet sie aber einen Eingriff in die von Art. 2 Abs. 1 i.V.m. Art. 1 Abs. 1 GG geschützte Privatsphäre.

Aus diesen Gründen erscheint eine differenzierte Lösung sachgerecht. Zahlreiche Argumente sprechen dafür, eine Anzeigepflicht jedenfalls dann anzunehmen, wenn durch die Nebentätigkeit berechtigte Arbeitgeberinteressen betroffen sind. Dies ist jedenfalls dann der Fall, wenn die Aufnahme einer zusätzlichen Erwerbstätigkeit tatsächliche und/oder rechtliche Rückwirkungen auf den Arbeitgeber haben kann. Die Anzeigepflicht verpflichtet den Arbeitnehmer lediglich, ausgeübte Nebentätigkeiten zu offenbaren. Damit fehlt der bei Nebentätigkeitsverboten oder Zustimmungsvorbehalten typische Eingriff in die Berufsfreiheit, da die Anzeigepflicht allein keine direkten Auswirkungen auf die Zulässigkeit einer Nebentätigkeit hat. Dennoch bedeutet sie einen Eingriff in die durch Art. 2 Abs. 1 i.V.m. Art. 1 Abs. 1 GG geschützte Privatsphäre.[702] Ziel einer Anzeigepflicht ist nicht die Verhinderung von Nebentätigkeiten. Sie will

---

[700] *Bock*, Doppelarbeitsverhältnis, S. 128; DLW-*Dörner*, C, Rn. 400.

[701] *Preis*, Grundfragen der Vertragsgestaltung, S. 538; *Bock*, Doppelarbeitsverhältnis, S. 129; Preis-*Rolfs*, Arbeitsvertrag, II N 10, Rn. 54 (1. Auflage); *Löwisch/Röder*, Anm. zu BAG, Urt. v. 26.8.1976 – 2 AZR 377/75 – AP Nr. 68 zu § 626 BGB, Bl. 4R; *Wisskirchen*, Außerdienstliches Verhalten von Arbeitnehmern, S. 113.

[702] *Franke*, Zweitarbeitsverhältnis, S. 27.

dem Arbeitgeber vielmehr die Möglichkeit geben, die erforderlichen Informationen über weitere Erwerbstätigkeiten der Arbeitnehmer einzuholen. Das Informationsinteresse umfasst dabei insbesondere den Zeitaufwand und die Art der Tätigkeit. Berufliche Mehrfachbeschäftigungen können sich mitunter auf die zeitliche Verfügbarkeit des Arbeitnehmers und seine physische und psychische Belastbarkeit auswirken. Das Wissen um Nebentätigkeiten ist daher erforderlich, um Verstöße gegen gesetzliche Vorschriften zu verhindern. So hat der Arbeitgeber auf die Einhaltung der Arbeits- und Ruhezeiten zu achten, was bei Nichtbefolgung Sanktionen nach §§ 22, 23 ArbZG für ihn haben kann. Ferner benötigt er bei geringfügig Beschäftigten Informationen bezüglich Arbeitszeit und Verdienst, weil nach Überschreiten der Grenzen des § 8 SGB IV die Versicherungsfreiheit in der Sozialversicherung entfällt.[703]

Daneben hat die Anzeigepflicht aber auch das Ziel, Konflikte im Hauptarbeitsverhältnis zu vermeiden, die aus dem Zusammentreffen von Haupt- und Nebentätigkeit resultieren können. Der Arbeitgeber soll frühzeitig die Möglichkeit haben, Nebentätigkeiten auf eine eventuelle Beeinträchtigung betrieblicher Interessen hin zu überprüfen. Würde man Anzeigepflichten, wie teils vertreten, gänzlich ablehnen, so hätte der Arbeitnehmer allein zu entscheiden, ob gesetzliche Vorschriften eingehalten werden oder Arbeitgeberinteressen der Nebentätigkeit entgegenstehen. Zu einer solchen Entscheidung wird der Arbeitnehmer regelmäßig nicht in der Lage sein, weil ihm entscheidende Aspekte nicht bekannt sind bzw. von ihm nicht entsprechend beurteilt werden können.[704] Anzeigepflichten helfen weiterhin, Störungen im Vertrauensverhältnis vorzubeugen.[705] Da der Arbeitgeber nach Mitteilung der Nebentätigkeit prüfen kann, ob gesetzliche Vorschriften oder betriebliche Interessen der Nebentätigkeit entgegenstehen, dienen sie auch der Rechtssicherheit zwischen den Parteien.

Im Ergebnis überwiegt daher grundsätzlich das Interesse des Arbeitgebers an der Kenntnis der Nebentätigkeit gegenüber dem Arbeitnehmerinteresse an der Ge-

---

[703] In § 28 o Abs. 1 S. 1 SGB IV ist daher eine gesetzliche Mitteilungspflicht des Arbeitnehmers normiert.

[704] *Grunewald*, NZA 1994, 971 (972); Preis-*Rolfs*, Arbeitsvertrag, II N 10, Rn. 45; *Löwisch/Röder*, Anm. zu BAG, Urt. v. 26.8.1976 – 2 AZR 377/75 – AP Nr. 68 zu § 626 BGB, Bl. 4R; *Bock*, Doppelarbeitsverhältnis, S. 129; *Glöckner*, Nebentätigkeitsverbote im Individualarbeitsrecht, S. 187; *Hohmann*, Arbeitsrechtliche Probleme der Nebentätigkeit, S. 187; *Kuhn*, Probleme der Nebentätigkeit, S. 65.

[705] Solche Vertrauensstörungen können beispielsweise dadurch entstehen, dass bei fehlender Anzeigepflicht der Arbeitgeber darauf angewiesen wäre, sich die benötigten Informationen selbst zu beschaffen, indem er den Arbeitnehmer ausspioniert, vgl. *Glöckner*, Nebentätigkeitsverbote im Individualarbeitsrecht, S. 187; *Herschel*, Anm. zu BAG, Urt. v. 13.11.1979 – 6 AZR 934/77 – AP Nr. 5 zu § 1 KSchG 1969 – Krankheit, Bl. 3; ähnlich: *Nebe*, Arbeitsvertrag des leitenden Angestellten, S. 161.

heimhaltung. Eine Ausnahme besteht für den Fall, dass Arbeitgeberinteressen offensichtlich nicht betroffen sind. Umfassende Anzeigepflichten ergeben sich bereits aus den vertragsimmanenten Nebenpflichten. Sie sind gerechtfertigt, weil der Arbeitgeber Informationen über Nebentätigkeiten benötigt, da er nur so seine gesetzlichen Verpflichtungen einhalten kann und die Möglichkeit haben muss, Nebentätigkeiten auf entgegenstehende betriebliche Interessen hin zu überprüfen.

3. Rechtliche Beurteilung vertraglicher Anzeigepflichten

Trotz Anerkennung einer auch ohne ausdrückliche Vereinbarung bestehenden vertragsimmanenten Anzeigepflicht ist es dennoch angebracht, in den Arbeitsvertrag eine vertragliche Anzeigepflicht aufzunehmen. Solche vertraglichen Anzeigepflichten werden häufig in Kombination mit einem Zustimmungsvorbehalt vereinbart. Da Anzeigepflichten keine direkten Auswirkungen auf die Zulässigkeit von Nebentätigkeiten haben, sind sie im Hinblick auf Art. 12 Abs. 1 GG unproblematisch. Für den Arbeitnehmer statuieren sie aber eine Informationspflicht.

Das Interesse des Arbeitgebers an der Kenntnis einer Nebentätigkeit überwiegt gegenüber dem Geheimhaltungsinteresse des Arbeitnehmers, weil er die Möglichkeit haben muss, Nebentätigkeiten auf mögliche Konflikte hin zu prüfen. Die Vielfältigkeit des Arbeitslebens und die zahlreichen Fallbeispiele aus der Rechtsprechung zeigen, dass die Beurteilung der Vereinbarkeit von Haupt- und Nebentätigkeit oftmals nicht einfach ist. Wegen der geringen Zahl zweifelsfreier Fälle sollte vorsorglich eine Anzeigepflicht für Nebentätigkeiten vereinbart werden.[706] Formularmäßig kann der Arbeitgeber vertragliche Anzeigepflichten nur für Nebentätigkeiten vereinbaren, an deren Kenntnis er ein berechtigtes Interesse hat.[707] Eine Anzeigepflicht ist ausgeschlossen, wenn die Nebentätigkeit offensichtlich berechtigte Arbeitgeberinteressen nicht beeinträchtigt. Nach überwiegender Ansicht sind Anzeigepflichten wie in den Klauseln 1 bis 3 zulässig. Im Ergebnis haben vertragliche Anzeigepflichten nur deklaratorischen Charakter.[708]

4. Pflicht des Arbeitnehmers zur wahrheitsgemäßen Auskunft

Ist im Arbeitsvertrag eine ausdrückliche Anzeigepflicht für Nebentätigkeiten vorgesehen, so hat der Arbeitnehmer seinen Arbeitgeber über eventuelle Nebentätigkeiten zu informieren. Gleichwohl wird es in der Praxis oftmals so sein,

---

[706] *Hartmann*, BuW 2003, 566 (568); *Kappes/Aabadi*, DB 2003, 938 (939).

[707] *Preis*, Grundfragen der Vertragsgestaltung, S. 538; *Hunold*, AR-Blattei SD – Mehrfachbeschäftigung, Rn. 104; *Wisskirchen*, Außerdienstliches Verhalten, S. 113.

[708] *Hunold*, AR-Blattei SD – Mehrfachbeschäftigung, Rn. 104; *Preis*, Grundfragen der Vertragsgestaltung, S. 538; *Bock*, Doppelarbeitsverhältnis, S. 130.

dass der Arbeitnehmer trotz der ausdrücklich im Vertrag festgesetzten Mitteilungspflicht eine Nebentätigkeitsanzeige unterlässt, weil er eine Missbilligung der Tätigkeit durch den Arbeitgeber befürchtet. Liegen für den Arbeitgeber aber Anhaltspunkte vor, die darauf schließen lassen, dass der Arbeitnehmer einer zweiten Erwerbstätigkeit nachgeht, so trifft den Arbeitgeber wegen möglicher Verstöße gegen das ArbZG eine Erkundigungsobliegenheit.[709] Verlangt der Arbeitgeber bei begründetem Verdacht vom Arbeitnehmer Auskunft über eventuell ausgeübte Nebentätigkeiten, so hat der Arbeitnehmer die erforderlichen Informationen preiszugeben. Da die Frage des Arbeitgebers nach einer Nebentätigkeit in diesen Fällen zulässig ist, trifft den Arbeitnehmer insoweit auch eine Wahrheitspflicht.

5. Ergebnis

Arbeitsvertraglich können umfassende Anzeigepflichten für Nebentätigkeiten vereinbart werden. Zur Einhaltung gesetzlicher Vorschriften und im Interesse der Vermeidung von Konflikten zwischen Haupt- und Nebentätigkeit sind Anzeigepflichten geboten. Das Informationsinteresse des Arbeitgebers überwiegt in diesen Fällen gegenüber dem Geheimhaltungsinteresse des Arbeitnehmers. Aufgrund der aber ohnehin bestehenden vertragsimmanenten Anzeigepflicht kommt einer vertraglichen Anzeigepflicht nur deklaratorischer Charakter zu.

VII. Rechtsfolgenregelungen

In den meisten Arbeitsverträgen finden sich heute Regelungen über Nebentätigkeiten. Allerdings werden die dort getroffenen Regelungen von den Arbeitnehmern nicht immer beachtet. Viele Arbeitnehmer fürchten eine Ablehnung der Nebentätigkeit durch ihren Arbeitgeber, weshalb sie Nebentätigkeiten trotz bestehender Anzeigepflicht nicht mitteilen oder trotz eines vertraglichen Verbotes ausüben. Um ein solches Verhalten zu verhindern, treffen manche Arbeitgeber in der Nebentätigkeitsklausel eine zusätzliche Regelung, die die rechtlichen Folgen von Verstößen gegen vertragliche Nebenpflichten anordnet. Allerdings muss hinzugefügt werden, dass derartige Rechtsfolgenregelungen insgesamt nur selten anzutreffen sind.[710]

---

[709] *Hunold,* in: Arbeitsrechtslexikon – Nebentätigkeit, S. 4; Münch-Komm/*Müller-Glöge,* § 611 BGB; Rn. 448; MüArbR-*Blomeyer,* § 55, Rn. 11; *Wank,* Nebentätigkeit, Rn. 46; *Roggendorff,* ArbZG, § 2, Rn. 49.

[710] *Glöckner,* Nebentätigkeitsverbote im Individualarbeitsrecht, S. 207.

1. Klauselbeispiele

1. Bei einem Verstoß gegen dieses Nebentätigkeitsverbot ist der Arbeitgeber zur Kündigung berechtigt.[711]

2. Übt der Arbeitnehmer während des Urlaubs eine Erwerbstätigkeit aus, ist er verpflichtet, das erhaltene Urlaubsentgelt zurückzuerstatten.

3. Erkrankt der Arbeitnehmer während der Ausübung der Nebentätigkeit, entfällt für den Arbeitgeber die Pflicht zur Entgeltfortzahlung.

4. Für den Fall der Zuwiderhandlung gegen dieses Nebentätigkeitsverbot wird eine Vertragsstrafe in Höhe von … € vereinbart.

2. Gesetzliche Sanktionen bei Verstößen gegen Nebentätigkeitsklauseln

Weil Nebentätigkeiten potentiell immer zu Interessenkollisionen mit dem Hauptarbeitsverhältnis führen können, enthalten viele Arbeitsverträge Nebentätigkeitsklauseln, mit deren Hilfe versucht wird, die Nebentätigkeitsausübung von Arbeitnehmern in gewissem Maße zu kontrollieren. Dabei stellt sich die Frage, welche Rechtsfolgen ein Verstoß gegen eine zulässige Nebentätigkeitsklausel nach sich ziehen kann. Was gilt, wenn der Arbeitnehmer eine unzulässige Nebentätigkeit ausübt, er die Zustimmung des Arbeitgebers nicht eingeholt hat oder er sich einer Anzeigepflicht widersetzt? Hierzu soll ein kurzer Blick auf die möglichen gesetzlichen Rechtsfolgen geworfen werden.[712]

a) Verstoß gegen ein Nebentätigkeitsverbot

Geht ein Arbeitnehmer trotz eines wirksamen Nebentätigkeitsverbotes einer zweiten Erwerbstätigkeit nach, kommt zunächst ein Anspruch des Arbeitgebers auf *Unterlassung der Nebentätigkeit* in Betracht. Voraussetzung eines Unterlassungsanspruchs ist die Gefahr einer künftigen Beeinträchtigung schützenswerter Güter und Interessen des Arbeitgebers.[713] Der Hauptarbeitgeber ist insoweit schutzwürdig, als durch die Nebentätigkeitsausübung eines Mitarbeiters seine berechtigten Interessen nicht beeinträchtigt werden dürfen. Der Arbeitgeber hat somit gegen den das wirksame Nebentätigkeitsverbot missachtenden Arbeitnehmer grundsätzlich einen Unterlassungsanspruch. Allerdings ist umstritten, ob dieser Unterlassungsanspruch selbständig eingeklagt werden kann. Unterlassungsklagen sind nur bei selbständig einklagbaren Unterlassungspflichten mög-

---

[711] Die Klauselbeispiele sind Preis-*Rolfs*, Arbeitsvertrag, II N 10, vor Rn. 57 und 65 (1. Auflage) entnommen.

[712] Ausführlich zu den Rechtsfolgen erlaubter und unerlaubter Nebentätigkeiten: *Glöckner*, Nebentätigkeitsverbote im Individualarbeitsrecht, S. 191 ff.; *Bock*, Doppelarbeitsverhältnis, S. 86 ff.

[713] MüArbR-*Blomeyer*, § 56, Rn. 5.

lich, d.h. bei selbständigen Nebenpflichten. Soweit es sich um eine unselbständige Nebenpflicht handelt, ist eine Unterlassungsklage unzulässig.[714] Fraglich ist, wie die Pflicht zur Unterlassung von Nebentätigkeiten einzuordnen ist.

Einer Auffassung zufolge stellt die Unterlassung einer Nebentätigkeit nur eine unselbständige Unterlassungspflicht dar, die nicht selbständig eingeklagt werden könne.[715] Die Pflicht zur Unterlassung einer Nebentätigkeit sichere lediglich die Hauptpflicht (Leistungserbringung) des Arbeitnehmers, verfolge aber keinen darüber hinausgehenden Eigenzweck.[716] Eine Unterlassungsklage sei nur zulässig, wenn mit der Nebentätigkeit gegen das Wettbewerbsverbot des § 60 HGB verstoßen würde.[717] Das Wettbewerbsverbot, das als Bestandteil der vertragsimmanenten Nebenpflichten in jedem Arbeitsverhältnis gilt, verfolge das gesonderte Ziel, dass der Arbeitnehmer nicht für einen Konkurrenten seines Arbeitgebers tätig wird. Daher sei der Unterlassungsanspruch bei einem Verstoß gegen § 60 HGB nicht lediglich die Kehrseite des Erfüllungsanspruchs und damit selbständig einklagbar.[718]

Nach anderer Auffassung soll der Anspruch auf Unterlassung Arbeitgeberinteressen widersprechender Nebentätigkeiten unabhängig von der Hauptleistungspflicht selbstständig einklagbar sein.[719] Der Anspruch auf Unterlassung einer Nebentätigkeit diene nur in bestimmten Fällen der Sicherung der Hauptleistungspflicht, nämlich dann, wenn aufgrund der Nebentätigkeitsausübung erhebliche Leistungsstörungen im Hauptarbeitsverhältnis eintreten. In diesem Fall könne der Arbeitgeber sein Leistungsinteresse mit einer Klage auf Erbringung der Hauptleistung verfolgen. Allerdings könne durch eine solche Klage den Interessen des Arbeitgebers hinsichtlich des Wettbewerbs- oder Ansehensschutzes nicht Rechnung getragen werden. Der Anspruch auf ordnungsgemäße Leistung könne die negativen Folgen der Fortsetzung konkurrierender oder ansehensge-

---

fährdender Nebentätigkeiten nicht vermeiden.[720] Insoweit müsse dem Arbeitgeber ein selbständig einklagbarer Anspruch auf Unterlassung seine Interessen beeinträchtigender Nebentätigkeiten zugestanden werden.

Diese Auffassung verdient Zustimmung. Für die Anerkennung eines klagbaren Unterlassungsanspruchs spricht weiterhin, dass dieser im Hinblick auf eine unzulässige Nebentätigkeitsausübung im Vergleich zur alternativ möglichen Kündigung ein milderes Mittel darstellt.[721] Der Hauptarbeitgeber sollte daher die Möglichkeit haben, die Unterlassung einer zulässigerweise verbotenen Nebentätigkeit gerichtlich durchzusetzen.

Die Ausübung einer unzulässigen Nebentätigkeit stellt eine Vertragspflichtverletzung dar, die den Arbeitnehmer zum *Schadensersatz* (§§ 280 ff.; 241 Abs. 2 BGB) verpflichten kann, wenn durch die Ausübung dieser Nebentätigkeit das Arbeitsverhältnis beeinträchtigt wird und dem Arbeitgeber ein Schaden entstanden ist.[722]

Bei einem Verstoß gegen ein wirksames Nebentätigkeitsverbot kommt schließlich auch eine Kündigung des Arbeitnehmers in Betracht, wenn die durch die Nebentätigkeitsausübung verursachten Folgen für den Hauptarbeitgeber erheblich sind. Der Grundsatz der Verhältnismäßigkeit verlangt aber zunächst eine *Abmahnung*.[723] Verstößt der Arbeitnehmer weiterhin gegen das Nebentätigkeits-

---

[720] *Glöckner*, Nebentätigkeitsverbote im Individualarbeitsrecht, S. 192; *Bock*, Doppelarbeitsverhältnis, S. 87.
In § 6 dieser Arbeit ist ausführlich untersucht worden, inwieweit Nebentätigkeiten wegen Beeinträchtigung berechtigter Arbeitgeberinteressen unzulässig sind. Dabei wurde herausgestellt, was unter den berechtigten Arbeitgeberinteressen zu verstehen ist und welche Interessen dafür grundsätzlich in Frage kommen. Im Ergebnis zählen dazu nicht nur das Interesse des Arbeitgebers am Erhalt ordnungsgemäßer Leistungen, sondern darüber hinaus auch wirtschaftliche Interessen (Wettbewerb, ungestörter Betriebsablauf) und Vertrauens- und Ansehensgesichtspunkte (mögliche Interessenkollisionen, konträre Zielrichtungen, Unvereinbarkeit von Haupt- und Nebentätigkeit wegen des gesellschaftlichen Stellenwertes der Nebentätigkeit).

[721] *Glöckner*, Nebentätigkeitsverbote im Individualarbeitsrecht, S. 192; *Bock*, Doppelarbeitsverhältnis, S. 87.

[722] *Hartmann*, BuW 2003, 566 (568); *Boemke*, AR-Blattei SD – Nebenpflichten des Arbeitnehmers, Rn. 393; MüArbR-*Blomeyer*, § 55, Rn. 49; *Oligmüller*, Nebentätigkeitsproblematik im Individualarbeitsrecht, S. 147 ff.; *Kittner/Zwanziger-Zwanziger*, § 139, Rn. 5; *Weber/Kaplik*, AuA 2000, 536 (539); DLW-*Dörner*, C, Rn. 414.

[723] Nach vorzugswürdiger Ansicht ist dem Arbeitgeber grundsätzlich die gerichtliche Geltendmachung seines Unterlassungsanspruchs möglich. Allerdings kommt dies bei Nebentätigkeiten ohne Wettbewerbsbezug in der Praxis kaum vor. Die in der Praxis allein durchgreifenden Sanktionen sind die Abmahnung bzw. Kündigung des Arbeitnehmers:

verbot, so kann nach erfolgloser Abmahnung auch eine ordentliche verhaltensbedingte *Kündigung* gerechtfertigt sein. Bei besonders schweren Pflichtverletzungen, die dem Arbeitgeber die Einhaltung einer Kündigungsfrist unzumutbar
machen, ist auch eine außerordentliche Kündigung möglich, z.b. wenn ein Arbeitnehmer eine Konkurrenztätigkeit ausübt, er unbefugterweise vertrauliche
Informationen verwendet oder er trotz ärztlich attestierter Arbeitsunfähigkeit
einer *genesungswidrigen* Nebentätigkeit nachgeht.[724]

b) Nichteinholung einer Nebentätigkeitsgenehmigung

Was gilt, wenn der Arbeitnehmer eine Nebentätigkeit ohne die erforderliche
Genehmigung des Arbeitgebers ausübt? Ist die Nebentätigkeit wegen Beeinträchtigung betrieblicher Interessen des Arbeitgebers unzulässig, kommen die
genannten Rechtsfolgen in Betracht. Im Hinblick auf die Nichteinholung des
arbeitgeberseitigen Einverständnisses kann gegen den Arbeitnehmer eine
Abmahnung ausgesprochen werden.[725] Ein wirksamer Zustimmungsvorbehalt
begründet eine Antragspflicht des Arbeitnehmers, deren Nichtbefolgung vom
Arbeitgeber sanktioniert werden kann. Dies gilt auch in Fällen, in denen der Arbeitnehmer einen Anspruch auf Erteilung der Nebentätigkeitsgenehmigung
hat.[726] Der Arbeitgeber hat ein berechtigtes Interesse daran, Nebentätigkeiten bei
denen eine Beeinträchtigung von Arbeitgeberinteressen nicht offensichtlich ausgeschlossen ist, auf mögliche entgegenstehende Interessen hin zu überprüfen.
Dies kann er aber nur, wenn eine Nebentätigkeitserlaubnis beantragt wird.

c) Missachtung von Anzeigepflichten

Missachtet der Arbeitnehmer eine vertragliche Anzeigepflicht, stellt auch dies
eine Pflichtverletzung dar. Allerdings rechtfertigt sie wegen der geringen Trag-

---

Erf-Komm-*Preis*, § 611 BGB, Rn. 891; *Franke*, Zweitarbeitsverhältnis, S. 48; Kittner/
Zwanziger-*Zwanziger*, § 139, Rn. 6.

[724] BAG, Urt. v. 13.11.1979 – 6 AZR 934/77 – NJW 1980, 1917; LAG Frankfurt/Main, Urt.
v. 15.8.1985 – 12 Sa 963/84 – BB 1986, 198; BAG, Urt. v. 26.8.1993 – 2 AZR 154/93 –
AP Nr. 112 zu § 626 BGB; LAG Hamm, Urt. v. 8.3.2000 – 18 Sa 1614/99 – MDR 2000,
1140; LAG Köln, Urt. v. 23.8.1996 – 11 Sa 495/96 – NZA-RR 1997, 338.

[725] BAG, Urt. v. 11.12.2001 – 9 AZR 464/00 – NZA 2002, 965; *Wertheimer/Krug*, BB
2000, 1462 (1467); *Kornbichler*, AuA 2003 (Heft 6), 16 (17); Nach Ansicht des LAG
Hamm, Urt. v. 28.9.1995 – 17 Sa 2267/94 – NZA 1996, 723 (728) kann die Ausübung
einer Nebentätigkeit ohne Zustimmung des Arbeitgebers nach vorausgegangener ein-
schlägiger Abmahnung eine verhaltensbedingte Kündigung rechtfertigen.

[726] BAG, Urt. v. 30.5.1996 – 6 AZR 537/95 – DB 1997, 233 (234); *Kornbichler*, AuA 2003
(Heft 6), 16 (17); *Schrader/Schubert*, NZA-RR 2005, 225 (230).

weite des Verstoßes keine Kündigung.[727] Die unberechtigte Nichtanzeige von Nebentätigkeiten kann jedoch mit einer Abmahnung sanktioniert werden.[728]

3. Rechtliche Beurteilung von vertraglichen Rechtsfolgenregelungen

Im Hinblick auf arbeitsvertragliche Rechtsfolgenregelungen stellt sich die Frage, inwieweit vertraglich Rechtsfolgen vereinbart werden können, die über die gesetzlichen Sanktionen hinausgehen.

Soweit vertragliche Regelungen getroffen werden, bestimmen diese oftmals, dass der Arbeitgeber bei einem Verstoß gegen das Nebentätigkeitsverbot zur Kündigung des Arbeitnehmers berechtigt sein soll (Klausel 1).[729] Eine solche Regelung ist problematisch, da sie das Nebentätigkeitsverbot faktisch zu einem absoluten Kündigungsgrund macht.[730] Das gesetzliche Kündigungsrecht ist zugunsten des Arbeitnehmers zwingend, weshalb keine zum Nachteil des Arbeitnehmers abweichenden Vereinbarungen getroffen werden dürfen.[731] Die Vertragsparteien können somit keine absoluten Kündigungsgründe statuieren. Vereinbarungen, die im Voraus die Berechtigung zur Kündigung festlegen – beispielsweise bei einem Verstoß gegen ein Nebentätigkeitsverbot – sind damit unwirksam.

---

[727] Preis-*Rolfs*, Arbeitsvertrag, II N 10, Rn. 49; *Löwisch/Röder*, Anm. zu BAG, Urt. v. 26.8.1976 – 2 AZR 377/75 – AP Nr. 68 zu § 626 BGB, Bl. 4R.

[728] *Baeck/Deutsch*, ArbZG, § 2, Rn. 25; *Hümmerich*, Arbeitsrecht, S. 96; BAG, Urt. v. 18.1.1996 – 6 AZR 314/95 – NZA 1997, 41: In diesem Fall weigerte sich ein Arbeitnehmer über Jahre hinweg, dem Arbeitgeber Angaben über seine Nebentätigkeit zu machen, woraufhin der Arbeitgeber den Ausspruch einer Abmahnung androhte. Mit seiner Klage verfolgte der Arbeitnehmer das Ziel, festzustellen, dass er (1.) zur Auskunftserteilung nicht verpflichtet sei und (2.) dass die Androhung einer Abmahnung für den Fall fortgesetzter Auskunftsverweigerung rechtswidrig sei. Das BAG wies beide Anträge als unbegründet zurück. Der Arbeitgeber habe ein Interesse an der Mitteilung von Nebentätigkeiten, soweit durch sie Arbeitgeberinteressen bedroht sein könnten. Hinsichtlich des zweiten Antrags stellte das BAG fest, dass die Androhung einer Abmahnung wegen der unberechtigten Auskunftsverweigerung rechtlich nicht zu beanstanden war.

[729] Auch dem Fall des BAG, Urt. v. 3.12.1970 – 2 AZR 110/70 – AP Nr. 60 zu § 626 BGB – Treuepflicht, lag eine ähnliche Klausel zugrunde. In den Vertragsbedingungen war unter anderem vorgesehen, dass dem Arbeitnehmer Nebentätigkeiten nur mit schriftlicher Genehmigung des Arbeitgebers gestattet seien und dass jedes Zuwiderhandeln gegen diese Bestimmung zur sofortigen Entlassung des Arbeitnehmers berechtige.

[730] Preis-*Rolfs*, Arbeitsvertrag, II N 10, Rn. 50; Ascheid/Preis/Schmidt-*Preis*, Grundlagen H, Rn. 2: Absolute Kündigungsgründe sind solche, bei deren Vorliegen die Kündigung ohne Berücksichtigung der Einzelfallumstände anerkannt werden muss.

[731] Kittner/Däubler/Zwanziger-*Kittner*, § 1 KSchG, Rn. 4; Preis-*Rolfs*, Arbeitsvertrag, II N 10, Rn. 50; BAG, Urt. v. 11.3.1976 – 2 AZR 43/75 – AP Nr. 1 zu § 95 BetrVG 1972.

Klausel 2 verpflichtet den Arbeitnehmer für den Fall einer Nebentätigkeitsausübung während des Urlaubs, das erhaltene Urlaubsentgelt zurückzuzahlen. Das Bundesarbeitsgericht hat bereits im Jahr 1988 seine frühere Rechtsprechung[732] aufgegeben und entschieden, dass der Arbeitgeber keinen Anspruch auf Rückerstattung von Urlaubsentgelt bei urlaubszweckwidriger Erwerbstätigkeit des Arbeitnehmers hat.[733] Wegen § 13 Abs. 1 S. 3 BUrlG ist eine solche Vereinbarung auch einzelvertraglich nicht möglich, da diese Norm besagt, dass von den Vorschriften des BUrlG nicht zu Ungunsten des Arbeitnehmers abgewichen werden darf. Hinzu kommt, dass Klausel 2 nicht einmal auf eine urlaubszweckwidrige Erwerbstätigkeit abstellt, sondern einen Rückzahlungsanspruch für jede während des Urlaubs ausgeübte Erwerbstätigkeit vorsieht. Die Vereinbarung verstößt damit auch gegen § 8 BUrlG, der jedenfalls solche Erwerbstätigkeiten gestattet, die dem Erholungszweck nicht widersprechen. Die Regelung in Klausel 2 ist damit unzulässig.[734]

Weiterhin könnten Arbeitgeber ein wirtschaftliches Interesse daran haben, dem Arbeitnehmer im Fall einer während der Nebentätigkeitsausübung verursachten Arbeitsunfähigkeit die Entgeltfortzahlung zu verweigern (Klausel 3). Aber auch hier greift der zwingende Charakter der Arbeitnehmerschutzvorschriften ein. § 12 EFZG bestimmt, dass von den Vorschriften des EFZG nicht zu Ungunsten des Arbeitnehmers abgewichen werden kann. Nach § 3 Abs. 1 EFZG hat der Arbeitnehmer einen Anspruch auf Entgeltfortzahlung, wenn er durch Arbeitsunfähigkeit infolge Krankheit an seiner Arbeitsleistung verhindert ist. Dieser Anspruch entfällt nur, wenn den Arbeitnehmer an seiner Arbeitsunfähigkeit ein Verschulden trifft. Allein das Ausüben einer Nebentätigkeit – auch unter Verstoß gegen ein wirksames Nebentätigkeitsverbot[735] – stellt kein Verschulden i.S. des § 3 EFZG dar, da Art. 12 Abs. 1 GG das Recht zur Nebentätigkeitsausübung unter Schutz stellt. Ein Verschulden kann nur dann vorliegen, wenn eine Nebentätigkeit unter Verstoß gegen das ArbZG ausgeübt wurde und die Überlastung des Arbeitnehmers Ursache für die Arbeitsunfähigkeit geworden ist.[736] Ein ver-

---

[732] BAG, Urt. v. 19.7.1973 – 5 AZR 73/73 – AP Nr. 1 zu § 8 BUrlG: „Im Fall des Verstoßes gegen § 8 BUrlG entfällt der Anspruch auf Zahlung von Urlaubsentgelt." Vgl. zum Ganzen: *Neumann/Fenski*, § 8 BUrlG, Rn. 9 ff.

[733] BAG, Urt. v. 25.2.1988 – 8 AZR 596/85 – NZA 1988, 607.

[734] Preis-*Rolfs*, Arbeitsvertrag, II N 10, Rn. 54: Da sich die Regelung des § 13 BUrlG auf den gesetzlichen Mindesturlaub und den Anspruch auf Urlaubsentgelt beschränkt, soll es aber möglich sein, für einzelvertraglich verlängerten Urlaub oder für ein zusätzlich vereinbartes Urlaubsgeld eine Rückzahlungsvereinbarung zu treffen.

[735] *Vogelsang*, Entgeltfortzahlung, Rn. 139; *Wank*, Nebentätigkeit, Rn. 424; *Franke*, Zweitarbeitsverhältnis, S. 113.

[736] BAG, Urt. v. 21.4.1982 – 5 AZR 1019/79 – AP Nr. 49 zu § 1 LohnFG; *Vogelsang*, Entgeltfortzahlung, Rn. 139; Preis-*Rolfs*, Arbeitsvertrag, II N 10, Rn. 53; *Müller/Berenz*, § 3 EFZG, Rn. 56.

traglicher Ausschluss der Entgeltfortzahlung für Erkrankungen oder Unfälle, die aus der Nebentätigkeitsausübung resultieren, ist damit unzulässig.

Eine weitere denkbare Sanktionsmöglichkeit ist die Vereinbarung einer *Vertragsstrafe* für den Fall des Verstoßes gegen ein vertragliches Nebentätigkeitsverbot (Klausel 4). Die Vertragsstrafe hat eine Doppelfunktion. Sie soll zunächst die Einhaltung bestimmter Vertragspflichten absichern und für den Fall, dass diese doch verletzt werden, dem Arbeitgeber die Durchsetzung seines Schadensersatzanspruchs erleichtern.[737] Vor der Schuldrechtsreform hielt man Vertragsstrafen auch in vorformulierten Arbeitsverträgen für zulässig.[738] Heute sind die §§ 305 ff. BGB auf Arbeitsverträge anwendbar, weshalb umstritten ist, ob die bisherigen Grundsätze zur Wirksamkeit von Vertragsstrafen wegen § 309 Nr. 6 BGB noch gelten.[739] Der Streit bezieht sich aber vorrangig auf solche Vertragsstrafeklauseln, die die Sicherung der Arbeitsleistung bezwecken.[740] Sofern die Vertragsstrafeklauseln anderweitige Pflichtverletzungen des Arbeitnehmers (Wettbewerbsverbote u.a.) sanktionieren, sind sie weiterhin zulässig, unterliegen jedoch der Inhaltskontrolle nach § 307 Abs. 1 BGB.[741]

---

[737] Preis-*Stoffels*, Arbeitsvertrag, II V 30, Rn. 4; *Preis*, Grundfragen der Vertragsgestaltung, S. 477; *Engel*, Konventionalstrafen im Arbeitsvertrag, S. 9-11: Die Vertragsstrafe zielt auf die Einhaltung der Vertragspflichten durch den Arbeitnehmer ab. Ein entsprechender Druck wird dadurch erreicht, dass die Zahlung der Strafe unabhängig von einem Schadenseintritt allein an die Pflichtverletzung anknüpft. Der Schuldner muss auch dann zahlen, wenn dem Gläubiger durch die Pflichtverletzung kein Schaden entstanden ist.

[738] *Müller-Glöge*, FA 2000, 114 (115); *Glöckner*, Nebentätigkeitsverbote im Individualarbeitsvertrag, S. 214; BAG, Urt. v. 19.5.1980 – 9 Sa 19/80 – AP Nr. 8 zu § 339 BGB; BAG, Urt. v. 5.2.1986 – 5 AZR 564/84 – AP Nr. 12 zu § 339 BGB, Bl. 5R.

[739] Dazu BAG, Urt. v. 4.3.2004 – 8 AZR 196/03 – NZA 2004, 727: „In formularmäßigen Arbeitsverträgen folgt aus der angemessenen Berücksichtigung der im Arbeitsrecht geltenden Besonderheiten nach § 310 Abs. 4 S. 2 BGB [...] die grundsätzliche Zulässigkeit von Vertragsstrafeabreden." LAG Düsseldorf, Urt. v. 8.1.2003 – 12 Sa 1301/02 – AP Nr. 2 zu § 309 BGB n.F., Bl. 2; *Gotthardt*, ZIP 2002, 277 (283); Preis-*Stoffels*, Arbeitsvertrag, II V 30, Rn. 27; *Annuß*, BB 2002, 458 (463); skeptisch gegenüber arbeitsrechtlichen Vertragsstrafen: *Richardi*, NZA 2002, 1057 (1063); *Lingemann*, NZA 2002, 181 (192); *Däubler*, NZA 2001, 1329 (1336).

[740] Vertragsstrafeklauseln, die den Nichtantritt der Arbeitsstelle, die Kündigung vor Arbeitsaufnahme oder ein vorzeitiges Ausscheiden nach einer vom Arbeitgeber finanzierten Aus- oder Fortbildung betreffen, fallen unter § 309 Nr. 6 BGB. Inwiefern sie zulässig sind, ist umstritten. – *Leder/Morgenroth*, NZA 2002, 952 (953); LAG Düsseldorf, Urt. v. 8.1.2003 – 12 Sa 1301/02 – AP Nr. 2 zu § 309 BGB 2002, Bl. 2 ff.

[741] *Leder/Morgenroth*, NZA 2002, 952 (953/956); *Däubler*, NZA 2001, 1329 (1336).

Fraglich ist, ob Vertragsstrafen zur Sicherung von wirksamen Nebentätigkeitsverboten zulässig sind. Die Meinungen dazu sind uneinheitlich.[742] Nach § 307 Abs. 1 BGB sind Vereinbarungen in Formulararbeitsverträgen unwirksam, wenn sie für den Arbeitnehmer eine unangemessene Benachteiligung darstellen. Zweifelsfrei muss der Arbeitgeber die Möglichkeit haben, wirksame Nebentätigkeitsverbote durchzusetzen, da Nebentätigkeiten erhebliche Nachteile mit sich bringen können. Fraglich ist aber, ob sich ein berechtigtes Arbeitgeberinteresse begründen lässt, die Einhaltung eines Nebentätigkeitsverbotes mit einer Vertragsstrafe zu sichern. Es ist bereits zweifelhaft, ob Vertragsstrafen zur Sicherung von Nebenpflichten, zu denen auch Nebentätigkeitsverbote zählen, überhaupt zulässig sind.[743] Gegen die Zulässigkeit spricht, dass der Arbeitgeber an Vertragsstrafen nicht verdienen darf und bei Nebentätigkeiten – außer konkurrierenden – zweifelhaft ist, ob sie *regelmäßig* einen wirtschaftlichen Schaden mit sich bringen.[744] Die Belastung des Arbeitnehmers mit einer Vertragsstrafe stünde damit in keinem Verhältnis zu dem zu erwartenden Schaden. Der Arbeitgeber hat mit Abmahnung und Kündigung andere Möglichkeiten, den Arbeitnehmer zu vertragsgerechtem Verhalten anzuhalten. Wegen der genannten Probleme und der für den Arbeitnehmer bestehenden unangemessenen Benachteiligung (§ 307 Abs. 1 BGB) muss auf Vertragsstrafen zur Einhaltung von Nebentätigkeitsverboten verzichtet werden.[745]

4. Ergebnis

Die Untersuchung hat gezeigt, dass vertragliche Rechtsfolgenregelungen, die über die gesetzlichen Sanktionen hinausgehen, meist unwirksam sind. Die meisten dieser vertraglichen Regelungen verstoßen gegen zwingende gesetzliche

---

[742] Ablehnend: *Müller-Glöge*, FA 2000, 114 (115); Preis-*Stoffels*, Arbeitsvertrag, II V 30, Rn. 59; *Glöckner*, Nebentätigkeitsverbote im Individualarbeitsrecht, S. 217; *Engel*, Konventionalstrafen im Arbeitsvertrag, S. 237; Vertragsstrafen befürwortend: *Weber/Kaplik*, AuA 2000, 536 (538); Preis-*Rolfs*, Arbeitsvertrag, II N 10, Rn. 65 (1. Auflage); *Säcker/Oetker*, ZfA 1987, 95 (125); *Bock*, Doppelarbeitsverhältnis, S. 90.

[743] Preis-*Stoffels*, Arbeitsvertrag, II V 30, Rn. 59; *Zöllner/Loritz*, Arbeitsrecht, S. 248; *Müller-Glöge*, FA 2000, 114 (115); *Engel*, Konventionalstrafen im Arbeitsvertrag, S. 236; *Preis*, Grundfragen der Vertragsgestaltung, S. 478; „Nebenverpflichtungen können zudem nur dann als durch ein Vertragsstrafeversprechen gesichert angesehen werden, wenn dies eindeutig vereinbart wird." so das BAG, Urt. v. 5.2.1986 – 5 AZR 564/84 – AP Nr. 12 zu § 339 BGB, Bl. 6; BAG, Urt. v. 4.9.1964 – 5 AZR 511/63 – AP Nr. 3 zu § 339 BGB.

[744] *Engel*, Konventionalstrafen im Arbeitsvertrag, S. 236; *Preis*, Grundfragen der Vertragsgestaltung, S. 477; *Glöckner*, Nebentätigkeitsverbote im Individualarbeitsrecht, S. 216.

[745] Zur Durchsetzung von Wettbewerbsverboten und Verschwiegenheitspflichten sind Vertragsstrafen zulässig: Preis-*Stoffels*, Arbeitsvertrag, II V 30, Rn. 41 und 52; *Leder/Morgenroth*, NZA 2002, 952 (953); *Engel*, Konventionalstrafen im Arbeitsvertrag, S. 221-224; *Schwerdtner*, in: FS-Hilger/Stumpf, S. 656.

Bestimmungen, von denen nicht zum Nachteil des Arbeitnehmers abgewichen werden darf. Auch von der Vereinbarung einer Vertragsstrafe für den Fall des Verstoßes gegen ein Nebentätigkeitsverbot ist abzuraten. Die oben genannten vertraglichen Rechtsfolgenregelungen sind damit unzulässig. Zur Wahrung der Arbeitgeberinteressen genügen die gesetzlichen Sanktionsmöglichkeiten (Abmahnung, Kündigung und gegebenenfalls Schadensersatz). Zur Klarstellung für den Arbeitnehmer kann dies in Form einer deklaratorischen Klausel in den Arbeitsvertrag aufgenommen werden. Weitergehende Vereinbarungen sind unzulässig.

VIII. Zusammenfassung: Nebentätigkeitsklauseln im Formulararbeitsvertrag

Im vorherigen Abschnitt ist untersucht worden, inwieweit das Nebentätigkeitsrecht des Arbeitnehmers im Formulararbeitsvertrag beschränkt werden kann. Bei der rechtlichen Beurteilung formularvertraglicher Arbeitsbedingungen spielt die Inhaltskontrolle nach § 307 Abs. 1 S. 1 BGB eine wichtige Rolle. Unter Berücksichtigung der §§ 305 ff. BGB wurde geprüft, welche Möglichkeiten der Arbeitgeber hat, Nebentätigkeiten des Arbeitnehmers vertraglich zu reglementieren.

1. Ergebnis: Vertragsgestaltung im Bereich Nebentätigkeiten

Die Berufsfreiheit des Art. 12 Abs. 1 GG erlaubt Arbeitnehmern auch die Ausübung von Nebentätigkeiten. Dennoch ist nicht jede Nebentätigkeit uneingeschränkt zulässig. Bereits aus dem Arbeitsverhältnis selbst ergeben sich sog. vertragsimmanente Nebentätigkeitsgrenzen. Darüber hinaus können die Parteien im Arbeitsvertrag weitere Nebentätigkeitsregelungen treffen. Auf solche vertraglichen Absprachen sollte auch nicht verzichtet werden, weil grundsätzlich jeder Beruf Möglichkeiten für Interessenkollisionen in sich birgt und vertragliche Nebentätigkeitsklauseln dazu dienen, Missverständnisse und Streitigkeiten zwischen den Vertragsparteien zu vermeiden.

Bei der Gestaltung arbeitsvertraglicher Regelungen haben die Vertragsparteien die Möglichkeit, deklaratorische oder konstitutive Klauseln zu verwenden. Im Bereich des Nebentätigkeitsrechts finden sich in den Arbeitsverträgen häufig deklaratorische Klauseln, die sich auf die Wiedergabe gesetzlicher und vertragsimmanenter Grenzen beschränken.[746] Gleiches gilt für Anzeigepflichten, die zur

---

[746] Dies sind in erster Linie die Nebentätigkeitsgrenzen, die sich aus dem ArbZG, § 60 HGB oder § 8 BUrlG ergeben. Daneben verbieten die vertragsimmanenten Pflichten die Ausübung all jener Nebentätigkeiten, durch die berechtigte Interessen des Arbeitgebers / Betriebes erheblich beeinträchtigt werden. Ausführlich dazu §§ 4 bis 6 dieser Arbeit

Einhaltung gesetzlicher Vorschriften und im Interesse der Konfliktvermeidung zwischen Haupt- und Nebentätigkeit geboten sind. In diesem Zusammenhang überwiegt grundsätzlich das Informationsinteresse des Arbeitgebers gegenüber dem Geheimhaltungsinteresse des Arbeitnehmers. Bereits aus den vertragsimmanenten Pflichten ergibt sich die Pflicht des Arbeitnehmers, Nebentätigkeiten anzuzeigen. Insoweit haben vertragliche Anzeigepflichten nur deklaratorischen Charakter. Deklaratorische Klauseln sind nach § 307 Abs. 3 S. 1 BGB von der Inhaltskontrolle ausgeschlossen. Sie haben allein eine klarstellende Funktion.

Die Vertragsfreiheit ermöglicht den Vertragsparteien, über die bestehenden gesetzlichen und vertragsimmanenten Grenzen hinausgehende Vereinbarungen zu treffen. Diese sog. konstitutiven Nebentätigkeitsklauseln sind teilweise problematisch. Vertragsklauseln in vorformulierten Arbeitsverträgen sind nach § 307 Abs. 1 S. 1 BGB unwirksam, wenn sie den Vertragspartner des Verwenders entgegen den Geboten von Treu und Glauben unangemessen benachteiligen. Das Vorliegen einer unangemessenen Benachteiligung ist anhand einer umfassenden Interessenabwägung zu prüfen. Von Bedeutung sind dabei vor allem die grundrechtlichen Wertungen des Art. 12 Abs. 1 GG.

Vertragliche Nebentätigkeitsverbote lassen sich in absolute und eingeschränkte Verbote einteilen. Absolute Nebentätigkeitsverbote untersagen die Ausübung jeglicher Nebentätigkeit, ohne darauf abzustellen, ob die Nebentätigkeit tatsächlich Beeinträchtigungen des Arbeitsverhältnisses zur Folge hat. Es ist kein Arbeitgeberinteresse denkbar, dass ein so weitreichendes Nebentätigkeitsverbot rechtfertigt. Absolute Nebentätigkeitsverbote benachteiligen den Arbeitnehmer. Sie sind nach § 307 Abs. 1 S. 1 BGB unwirksam und können wegen § 306 Abs. 2 BGB auch nicht geltungserhaltend dahingehend reduziert werden, dass das Nebentätigkeitsverbot bestehen bleibt, soweit es durch berechtigte Arbeitgeberinteressen gerechtfertigt ist. Eingeschränkte Nebentätigkeitsverbote sind zulässig, soweit sie durch ein berechtigtes Arbeitgeberinteresse gedeckt sind. Im Gegensatz zu absoluten Nebentätigkeitsverboten belassen sie dem Arbeitnehmer die grundsätzliche Möglichkeit, seine Arbeitskraft anderweitig zu verwerten. Sie untersagen lediglich Nebentätigkeiten, denen berechtigte Arbeitgeberinteressen entgegenstehen.

Noch häufiger als Nebentätigkeitsverbote finden sich in den Arbeitsverträgen Zustimmungsvorbehalte, die vor Aufnahme einer Nebentätigkeit die Zustimmung des Arbeitgebers verlangen. Auch hierbei ist zwischen generellen und eingeschränkten Zustimmungsvorbehalten zu unterscheiden. Während erstere das Einverständnis für jede Nebentätigkeit verlangen, erfassen eingeschränkte Zustimmungsvorbehalte nur Nebentätigkeiten, durch die berechtigte Arbeitgeberinteressen beeinträchtigt werden können. Die rechtliche Bewertung genereller Zustimmungsvorbehalte differiert zwischen Rechtsprechung und Schrifttum. Das Bundesarbeitsgericht hält sie für zulässig, legt sie aber im Ergebnis dahingehend aus, dass der Arbeitnehmer einen Anspruch auf Zustimmung hat, wenn berechtigte Arbeitgeberinteressen nicht beeinträchtigt werden. Gewichtige Stimmen in der Arbeitsrechtswissenschaft lehnen diese Vorgehensweise des Bundesarbeitsgerichts richtigerweise ab. Da der Arbeitnehmer an der Ausübung der Nebentätigkeit faktisch bis zur Zustimmungserteilung gehindert ist, kommt ein genereller Zustimmungsvorbehalt einem absoluten Nebentätigkeitsverbot gleich. Auch im Hinblick auf das Transparenzgebot sind generelle Zustimmungsvorbehalte problematisch. Generelle Vorbehalte können nur dann in den Arbeitsvertrag aufgenommen werden, wenn sie zugleich einen Zusatz enthalten, der klarstellt, wann eine Zustimmung erteilt bzw. nicht erteilt wird.

Unproblematisch ist dagegen die Zulässigkeit von eingeschränkten Zustimmungsvorbehalten. Diese unterwerfen nur solche Nebentätigkeiten dem Zustimmungserfordernis, von denen Beeinträchtigungen berechtigter Arbeitgeberinteressen ausgehen (können). Aus der Vorbehaltsklausel sollte zudem klar hervorgehen, an wen der Zustimmungsantrag zu stellen ist. Es empfiehlt sich, eine Zustimmungsfiktion in den Arbeitsvertrag aufzunehmen. Diese bewirkt, dass die Zustimmung nach Ablauf von z.B. drei Wochen als erteilt gilt, sofern sich der Arbeitgeber nicht ablehnend zum Antrag geäußert hat. Dies hat für den Arbeitgeber den Vorteil, dass er auf den Antrag nur reagieren muss, wenn er berechtigte Interessen gegen die Nebentätigkeit vorzubringen hat. Ebenfalls zulässig und empfehlenswert sind Widerrufsvorbehalte.

Vertragliche Rechtsfolgenregelungen, die über die gesetzlichen Sanktionen hinausgehen, sind unwirksam. Meist verstoßen sie gegen zwingende gesetzliche Bestimmungen (§§ 13 Abs. 1 S. 3 BUrlG, 12 EFZG), von denen nicht zum Nachteil des Arbeitnehmers abgewichen werden darf. Zur Wahrung des Arbeitgeberinteresses an der Einhaltung der Nebentätigkeitsklausel genügen die gesetzlichen Sanktionen (Abmahnung und Kündigung). Dies kann klarstellend in den Arbeitsvertrag aufgenommen werden.

Im Ergebnis lässt sich festhalten, dass es aufgrund der nun auch im Arbeitsrecht anzuwendenden AGB-Vorschriften zu einer verschärften Kontrolle vorformulierter Vertragsbedingungen kommt. Dies gilt vor allem auch im Hinblick auf die Verständlichkeit von Klauseln. Das in § 307 Abs. 1 S. 2 BGB niedergelegte Transparenzgebot macht deutlich, dass sich die Unwirksamkeit vertraglicher Klauseln auch daraus ergeben kann, dass eine vertragliche „Bestimmung nicht klar und verständlich ist", was vor allem bei den generellen Zustimmungsvorbehalten Streitpunkt ist. Sind Nebentätigkeitsklauseln aber eindeutig formuliert und wird das mit ihnen verfolgte Ziel erkennbar, geben sie den Vertragsparteien eine feste Beurteilungsgrundlage und dienen damit der Rechtssicherheit.[747]

2. Die Handhabung von Nebentätigkeiten in der Praxis

Die Untersuchung hat ergeben, dass den Vertragsparteien unterschiedliche Möglichkeiten zur Verfügung stehen, das Nebentätigkeitsrecht des Arbeitnehmers vertraglich zu regeln. Neben deklaratorischen Klauseln[748] können die Parteien konstitutive Klauseln (Verbote und Zustimmungsvorbehalte) in den Vertrag aufnehmen, sofern für sie ein berechtigtes Arbeitgeberinteresse besteht. Folgende Nebentätigkeitsklausel kann empfohlen werden:

> Die Aufnahme einer Nebentätigkeit, durch die vertragsbezogene Interessen beeinträchtigt werden können, bedarf der vorherigen schriftlichen Zustimmung der Firma. Die Genehmigung ist zu erteilen, wenn die Firma keine berechtigten Interessen an der Unterlassung der Nebentätigkeit hat. Erfolgt innerhalb von drei Wochen nach Stellung des Antrags keine ablehnende Stellungnahme, gilt die Zustimmung als erteilt. Darüber hinaus ist der Mitarbeiter verpflichtet, jede Nebentätigkeit dem Arbeitgeber anzuzeigen.

In den meisten Arbeitsverträgen finden sich Klauseln, die die Ausübung einer Nebentätigkeit von der vorherigen Zustimmung des Arbeitgebers abhängig machen. Sofern diese eindeutig formuliert sind und dem Arbeitnehmer verdeutlichen, wann eine Zustimmung zu erteilen ist, bieten sie den Vertragsparteien eine sichere Beurteilungsgrundlage. Sie ermöglichen dem Arbeitgeber, vorab zu prüfen, ob durch die Nebentätigkeit Störungen im Hauptarbeitsverhältnis zu erwarten sind. Bei seiner Entscheidung hat der Arbeitgeber den Verhältnismäßigkeitsgrundsatz zu beachten und nach billigem Ermessen zu entscheiden, vgl. § 315 BGB.[749] Der Arbeitgeber hat eine Prognose zu treffen, ob berechtigte Interessen durch die Nebentätigkeit beeinträchtigt werden.

---

[747] MüArbR-*Blomeyer*, § 55, Rn. 29.

[748] Dies sind Verweise auf gesetzliche Vorschriften, die für die Ausübung von Nebentätigkeiten eine Rolle spielen können. Das Gleiche gilt für die vertragliche Fixierung vertragsimmanenter Grenzen. Des Weiteren trifft den Arbeitnehmer insbesondere aus arbeitszeit-, steuer- und sozialrechtlichen Gründen die Pflicht, dem Arbeitgeber Nebentätigkeiten anzuzeigen. Anzeigepflichten sind daher ebenfalls nur deklaratorisch.

[749] BAG, Urt. v. 28.11.1989 – 3 AZR 118/88 – NZA 1990, 559 (560): „Die Leistungsbestimmung nach billigem Ermessen verlangt eine Abwägung der wechselseitigen Interessen nach den verfassungsrechtlichen und gesetzlichen Wertentscheidungen, den allgemeinen Wertungsgrundsätzen wie der Verhältnismäßigkeit und Angemessenheit sowie der Verkehrssitte und Zumutbarkeit. Die Berücksichtigung der Billigkeit gebietet eine Berücksichtigung und Verwertung der Interessen unter Abwägung aller Umstände des Einzelfalles." Kittner/Zwanziger-*Kittner*, § 15 Rn. 70.

Das berechtigte Interesse umfasst alle Umstände, die für den Bestand und die Verwirklichung der Ziele des Arbeitgebers von Bedeutung sind.[750] Dabei darf er weder willkürlich entscheiden noch sich von sachfremden Erwägungen leiten lassen. Eine Zustimmungsverweigerung muss von der Interessenlage des Arbeitgebers her erforderlich und bezogen auf die Berufsfreiheit des Arbeitnehmers angemessen sein.[751] Der Arbeitgeber kann die beantragte Zustimmung verweigern, wenn aus objektiver Sicht Beeinträchtigungen des Arbeitsverhältnisses zu erwarten sind. Nebentätigkeiten beeinträchtigen das Arbeitsverhältnis, wenn sie zu erheblichen Leistungseinbußen führen oder sonstige betriebliche Interessen nachhaltig stören. Dazu zählt neben Wettbewerbs- und Geheimhaltungsinteressen auch der ungestörte betriebliche Arbeitsablauf. Zudem erkennt das Bundesarbeitsgericht ein berechtigtes Interesse des Arbeitgebers in seiner betrieblichen Zielsetzung und seiner Wahrnehmung in der Öffentlichkeit an. Hingegen begründen arbeitsmarkt- oder allgemein sozialpolitische Aspekte kein berechtigtes Arbeitgeberinteresse. Zur Verdeutlichung seien dazu zwei arbeitsgerichtliche Entscheidungen zitiert:

LAG Hamm, Urt. v. 28.9.1995 – 17 Sa 2267/94 – NZA 1996, 723: Ein im Bereich Grünflächen beschäftigter Arbeiter beantragte eine Nebentätigkeitsgenehmigung. Er wollte in geringem zeitlichem Umfang eine unselbständige Nebentätigkeit ausüben, die die Reparatur von Rasenmähern umfassen sollte. Die beantragte Genehmigung wurde ihm unter Berufung auf arbeitsmarktpolitische Gründe verweigert. Die Ausübung der Nebentätigkeit würde verhindern, dass bei der Nebentätigkeitsfirma neue Arbeitnehmer eingestellt würden.[752] – Diese Argumentation lehnte das Landesarbeitsgericht Hamm ab, da arbeitsmarktpolitische Gesichtspunkte nicht geeignet seien, einen berechtigten Versagungsgrund für die Ausübung von Nebentätigkeiten darzustellen.[753] Dem ist zuzustimmen. Ließe man eine solche Argumentation zu, hätte dies zur Folge, dass jede im Rahmen eines Arbeitsverhältnisses ausgeübte Nebentätigkeit mit dem Argument untersagt werden könnte, durch sie würde die Einstellung neuer Arbeitnehmer verhindert.

---

[750] BAG, Urt. v. 28.2.2002 – 6 AZR 357/01 – PflegeR 2002, 362 (365).

[751] *Hartmann*, BuW 2003, 567 (568); *Wertheimer/Krug*, BB 2000, 1462 (1465).

[752] Zwar ist der Fall im öffentlichen Dienst angesiedelt, das LAG Hamm, Urt. v. 28.9.1995 – 17 Sa 2267/94 – NZA 1996, 723 (726) hat aber betont, dass dies keine unterschiedliche Behandlung gegenüber Arbeitsverhältnissen in der Privatwirtschaft rechtfertige. Besonderheiten bestünden nur bei Beamten und Angestellten. Beamte stellten ihre gesamte Arbeitskraft auf Lebenszeit in den Dienst des Staates und genössen im Gegenzug zahlreiche Privilegien. Für Angestellte im öffentlichen Dienst verweise § 11 BAT auf die beamtenrechtlichen Vorschriften. Weil Beamte und Angestellte in vielen Bereichen eng zusammenarbeiteten, sei es erforderlich, sie in Kernfragen gleich zu behandeln. Bei Arbeitern sei dies anders. Ihre Situation sei mit der von Arbeitnehmern in der Privatwirtschaft vergleichbar. Der öffentlich-rechtliche Arbeitgeber habe daher keine weitergehenden Rechte im Hinblick auf die Versagung von Nebentätigkeiten als Arbeitgeber in der Privatwirtschaft. Ebenso: MüArbR-*Blomeyer*, § 55, Rn. 46.

[753] LAG Hamm, a.a.O. (728).

LAG Düsseldorf, Urt. v. 14.2.1995 – 8 Sa 1894/94 – AP Nr. 1 zu § 611 BGB – Nebentätigkeit: Ein Hausmeister wollte eine Nebentätigkeit als Musikvermittler und Veranstalter von Ton- und Technikseminaren ausüben und beantragte daher bei seinem Arbeitgeber die erforderliche Nebentätigkeitsgenehmigung. Die Arbeitgeberin (Stadt) verweigerte ihm die Genehmigung mit der Begründung, dass „eine gewerbliche Tätigkeit durch Mitarbeiter des öffentlichen Dienstes in der Öffentlichkeit unter Berücksichtigung des sicheren Arbeitsplatzes und des garantierten Einkommens auf Unverständnis" stoßen würde. – Dieser Begründungsversuch wurde vom Landesarbeitsgericht Düsseldorf abgelehnt. Nebentätigkeitsgenehmigungen könnten nur aus Gründen versagt werden, die im Zusammenhang mit dem Arbeitsverhältnis stünden. Bei rein sozialpolitischen Erwägungen fehle der Bezug zum Arbeitsverhältnis.

Es ist festzuhalten, dass weder arbeitsmarktpolitische noch allgemeine sozialpolitische Gesichtspunkte ein berechtigtes Interesse an der Nichtausübung einer Nebentätigkeit begründen. Ihnen fehlt der erforderliche Bezug zum Arbeitsverhältnis. Zudem widerspricht eine solche Argumentation dem Art. 12 Abs. 1 GG, der auch die Ausübung zusätzlicher Erwerbstätigkeiten schützt. Nebentätigkeitsgenehmigungen kann der Arbeitgeber nur verweigern, wenn nach Abwägung der beiderseitigen Interessen, eine Beeinträchtigung berechtigter Arbeitgeberinteressen zu erwarten ist. Die Darlegungs- und Beweislast für das Vorliegen entgegenstehender berechtigter Interessen trägt der Arbeitgeber.[754] Will der Arbeitnehmer die Entscheidung des Arbeitgebers nicht akzeptieren, kann er gerichtliche Hilfe in Anspruch nehmen und den Arbeitgeber auf Abgabe einer Zustimmungserklärung zu der angestrebten Nebentätigkeit verklagen. Gemäß § 894 Abs. 1 S. 1 ZPO gilt die Zustimmungserklärung als erteilt, wenn das den Arbeitgeber zur Abgabe der Zustimmungserklärung verpflichtende Urteil rechtskräftig geworden ist.[755]

Es ist allerdings auch denkbar, dass sich bei der Prognose des Arbeitgebers nicht mit hundertprozentiger Sicherheit feststellen lässt, ob tatsächlich Beeinträchtigungen des Arbeitsverhältnisses zu erwarten sind. In diesen Fällen sollte der Arbeitgeber dem Arbeitnehmer seine Bedenken mitteilen, ihm aber gleichwohl eine Nebentätigkeitsgenehmigung erteilen, denn solange ein konfliktfreies Nebeneinander von Haupt- und Nebentätigkeit möglich ist, überwiegt das Interesse des Arbeitnehmers an der Nebentätigkeitsausübung. Hinzu kommt, dass sich mögliche Leistungseinbußen nicht im Rahmen einer zukunftsgerichteten Prognose bestimmen lassen. Dies kann vielmehr nur durch eine *ex-post*-Betrachtung erfolgen, bei der die konkreten Leistungen des Arbeitnehmers vor und nach

---

[754] *Wertheimer/Krug*, BB 2000, 1462 (1465); *Hartmann*, BuW 2003, 566 (568); *Braun*, ArbuR 2004, 47 (48); MüArbR-*Blomeyer*, § 55, Rn. 27; *Reiserer/Freckmann/Träumer*, Scheinselbständigkeit, geringfügige Beschäftigung, A, Rn. 54.

[755] LAG Hamm, Urt. v. 28.9.1995 – 17 Sa 2267/94 – NZA 1996, 723 (725).

Aufnahme der Nebentätigkeit gegenübergestellt und verglichen werden. Auch in solchen Situationen bieten sich dem Arbeitgeber verschiedene Möglichkeiten zur Sicherung seiner Interessen. So wäre denkbar, dass der Arbeitgeber zunächst nur eine *befristete Nebentätigkeitsgenehmigung* erteilt[756] oder er die *Nebentätigkeitsgenehmigung mit einem Widerrufsvorbehalt* versieht. Im letzten Fall erhält der Arbeitnehmer damit eine unbefristete Genehmigung. Allerdings kann der Arbeitgeber die Nebentätigkeitserlaubnis widerrufen, wenn sich die Störungen, die Grund für den Vorbehalt waren, realisieren. Das Gleiche gilt, wenn neue Tatsachen eintreten, die die Aufrechterhaltung der Zustimmung unmöglich machen.

---

[756] *Weber*, Anm. zu BAG, Urt. v. 11.12.2001 – 9 AZR 464/00 – SAE 2003, 364 (367).

§ 11 Nebentätigkeitsklauseln im Individualarbeitsvertrag

Nachdem untersucht wurde, inwieweit Nebentätigkeitsklauseln im Formulararbeitsvertrag vereinbart werden können, soll auch ein kurzer Blick auf den Individualarbeitsvertrag geworfen werden. Es stellt sich die Frage, inwieweit das Nebentätigkeitsrecht des Arbeitnehmers im Individualarbeitsvertrag beschränkt werden kann.

I. Charakteristika des Individualarbeitsvertrages

Im Zuge der Schuldrechtsreform ist das AGBG in das BGB integriert und die Bereichsausnahme für das Arbeitsrecht aufgehoben worden. Die AGB-Vorschriften sind nun auch auf vorformulierte Arbeitsverträge anzuwenden. Dies hat zur Folge, dass nunmehr streng zwischen Formulararbeitsverträgen und ausgehandelten Individualverträgen differenziert werden muss.[757] Im Gegensatz zum Formulararbeitsvertrag, bei dem die Vertragsbedingungen einseitig vom Arbeitgeber gestellt werden und der Arbeitnehmer keine Möglichkeit der Einflussnahme hat, stehen sich die Vertragsparteien beim Individualvertrag als gleichwertige Verhandlungspartner gegenüber. Während der Arbeitgeber beim Formulararbeitsvertrag dem Arbeitnehmer einen vorformulierten Vertrag zur Unterschrift und Kenntnisnahme vorlegt, werden beim Individualarbeitsvertrag die einzelnen Vertragsbedingungen individuell ausgehandelt. Praktisch wird dies nur bei wenigen Arbeitnehmergruppen, vor allem leitenden Angestellten, der Fall sein. Nur wenn sich beide Vertragspartner gleichwertig gegenüberstehen, kann von Individualverträgen gesprochen werden. Indizien für eine gleichwertige Verhandlungsposition sind das Verhältnis von Angebot und Nachfrage, besonders bei Berufen mit Arbeitskräftemangel, oder die juristische Beratung eines Arbeitnehmers beim Vertragsabschluss.[758] Hat der Arbeitnehmer beim Vertragsabschluss genügend Einfluss, um eigene Vorstellungen im Vertrag zu realisieren, kann von einem individuell ausgehandelten Vertrag ausgegangen werden.

---

[757] *Thüsing*, in: FS-Wiedemann, S. 575: Ein Blick auf die bisherige Rechtsprechung zeige, dass es vor allem im Hinblick auf die Gültigkeit von Rückzahlungsklauseln sowie Wettbewerbs- und Nebentätigkeitsverboten keine Rolle zu spielen schien, ob diese individualvertraglich ausgehandelt oder aber vorformuliert vom Arbeitgeber gestellt wurden. Beide wurden gleichermaßen einer Inhaltskontrolle unterzogen. Individualvereinbarungen sind für unwirksam erklärt worden, sofern „ein verständiger Arbeitgeber" für sie „im Gefolge der Grundsätze des deutschen Arbeitsrechts [...] keine sachliche Rechtfertigung beanspruchen kann." So das BAG, Urt. v. 10.5.1962 – 5 AZR 452/61 – AP Nr. 22 zu § 611 BGB – Gratifikation, Bl. 3.

[758] MüArbR-*Blomeyer*, § 55, Rn. 26; *Wisskirchen*, Außerdienstliches Verhalten von Arbeitnehmern, S. 106: So zum Beispiel, wenn der Arbeitgeber dringend Arbeitskräfte benötigt, ihm aber nur ein geringes Angebot an Arbeitnehmern gegenüber steht.

Gleiches gilt für einzelne Vertragsbedingungen, die nicht auf einem vom Arbeitgeber gestellten vorformulierten Text beruhen, sondern individuell ausgehandelt wurden, vgl. § 305 b BGB. Diese Vertragsbedingungen werden als Individualabreden bezeichnet. Praktisch bedeutsame Fälle sind die Änderung beziehungsweise Ergänzung eines bestehenden Formularvertrages.[759]

II. Schranken bei der Vertragsgestaltung

Arbeitgeber und Arbeitnehmer können beim Individualarbeitsvertrag als gleichberechtigte Vertragspartner eigenständig Regelungen für ihr Arbeitsverhältnis festlegen. Die Vertragsfreiheit ermöglicht es ihnen dabei, weitreichende Absprachen zu treffen. Weil sich Arbeitgeber und Arbeitnehmer gleichberechtigt gegenüberstehen, fehlt es anders als beim Formulararbeitsvertrag an der besonderen Schutzbedürftigkeit des Arbeitnehmers. Im Gegensatz zum Formulararbeitsvertrag hat der Arbeitnehmer die Möglichkeit, eigene Wünsche und Vorstellungen im Vertrag zu realisieren.

Bei echten Individualabreden finden die §§ 305 ff. BGB keine Anwendung. Da der Gesetzgeber durch die Aufhebung der Bereichsausnahme in § 23 AGBG das Schutzniveau des Arbeitsrechts anheben, nicht aber partiell absenken wollte, unterliegen auch Individualverträge einer gewissen Inhaltskontrolle; allerdings nicht am Maßstab der §§ 305 ff. BGB. Beim Individualarbeitsvertrag findet die Vertragsfreiheit ihre Grenze in den §§ 134, 138, 242 315 BGB und den sonstigen Vorschriften zwingenden Rechts.[760] Im Gegensatz zur Rechtslage vor der Schuldrechtsreform ist damit bei individuell ausgehandelten Vertragsklauseln ein „Mehr" an Vertragsfreiheit möglich.[761]

Dies wird allerdings nur erreicht, soweit die Parteien die Grundsätze eines fairen Verfahrens beachten und sich die individuell vereinbarten Vertragsklauseln als „Produkt" eines gemeinsamen Aushandelns darstellen. Bei der individuellen Vertragsgestaltung bedeutet dies, dass ein Aushandeln eine Kommunikation zwischen den Parteien erfordert. Individuelle Vertragsgestaltung umfasst das selbstverantwortliche Prüfen, Abwägen und Einflussnehmen beider Parteien.[762] Voraussetzung dafür ist, dass jede Vertragspartei Kenntnis vom Inhalt und der

---

[759] Kittner/Zwanziger-*Kittner*, § 8, Rn. 103; *Stoffels*, NZA 2004, Sonderbeilage zu Heft 10, S. 19 (22).

[760] Bamberger/Roth-*Grüneberg*, § 241 BGB, Rn. 12; *Hansen*, ZGS 2004, 21 (23); *Wehr*, AuSozPol 1960, 265 (267); Preis-*Preis*, Arbeitsvertrag, I C, Rn. 32-46; *Thüsing*, BB 2002, 2666 (2667); *Becker-Schaffner*, BlStSozArbR 1973, 321; *Wisskirchen*, Außerdienstliches Verhalten von Arbeitnehmern, S. 106; *Coester*, Jura 2005, 251 (254).

[761] *Thüsing*, BB 2002, 2666 (2667).

[762] Preis-*Preis*, Arbeitsvertrag, I A, Rn. 112.

Bedeutung der einzelnen Klauseln hat und für beide Seiten tatsächlich die Möglichkeit besteht, auf den Vertragsinhalt Einfluss zu nehmen. Keine Seite darf zu vertraglichen Abmachungen „gedrängt" werden. Individuelle Vertragsklauseln müssen im Ergebnis dem Grundsatz von Treu und Glauben sowie dem Maßstab der Billigkeit entsprechen.[763]

Unter Beachtung dieser Grundsätze ermöglicht es die Vertragsfreiheit Arbeitgebern und Arbeitnehmern, weitreichende Nebentätigkeitsregelungen zu treffen. Ihnen ist es unbenommen, Nebentätigkeitsverbote zu vereinbaren oder die Aufnahme einer Nebentätigkeit von der vorherigen Zustimmung des Arbeitgebers abhängig zu machen. Zwar sollten diese Absprachen auch stets durch ein berechtigtes Arbeitgeberinteresse bedingt sein, zwingend erforderlich ist das jedoch nicht. Anders als beim Formulararbeitsvertrag ist es beim individuellen Vertrag auch möglich, absolute Nebentätigkeitsverbote aufzustellen. Dafür sprechen unterschiedliche Gründe: Zwischen Arbeitgeber und Arbeitnehmer besteht ein annäherndes Kräftegleichgewicht. Beide machen beim Abschluss und der Ausgestaltung des Arbeitsvertrages von ihrer Berufsfreiheit Gebrauch. Der Arbeitnehmer kann dem Nebentätigkeitsverbot widersprechen, er kann es aber auch akzeptieren. Sofern er das Nebentätigkeitsverbot akzeptiert, engt er sich selbst in einem Teil seiner Berufsfreiheit ein, allerdings stellt auch dies eine Ausübung der Berufsfreiheit dar.[764] Hinzu kommt die Möglichkeit der Vereinbarung von Kompensationsklauseln. Ein absolutes Nebentätigkeitsverbot bindet den Arbeitnehmer eng an den Betrieb des Arbeitgebers, weil ihm durch die Klausel jegliche Tätigkeit für Dritte untersagt wird. Eine derartige Einschränkung von Arbeitnehmerrechten kann aber durch andere günstigere Arbeitsbedingungen kompensiert werden,[765] so z.B. wenn der Arbeitnehmer für die Beschränkung bei der anderweitigen Verwertung seiner Arbeitskraft einen finanziellen Ausgleich erhält.

Bedenken ergeben sich im Individualvertrag vor allem im Hinblick auf die Vereinbarung vertraglicher Rechtsfolgenregelungen. Wegen ihres zwingenden Charakters kann auch im Individualarbeitsvertrag von Arbeitnehmerschutzvorschriften nicht zu Ungunsten des Arbeitnehmers abgewichen werden. Folgende Klauseln sind damit auch hier unzulässig:[766]

1. Übt der Arbeitnehmer während des Urlaubs eine Erwerbstätigkeit aus, ist er verpflichtet, das erhaltene Urlaubsentgelt zurückzuerstatten.

---

[763] *Thüsing*, BB 2002, 2666 (2667); *Coester*, Jura 2005, 251 (254).
[764] *Bock*, Doppelarbeitsverhältnis, S. 25.
[765] MüArbR-*Blomeyer*, § 55, Rn. 26; *Bock*, Doppelarbeitsverhältnis, S. 83.
[766] Die Klauselbeispiele sind Preis-*Rolfs*, Arbeitsvertrag, II N 10, vor Rn. 48 entnommen.

2. Erkrankt der Arbeitnehmer während der Ausübung der Nebentätigkeit, entfällt für den Arbeitgeber die Pflicht zur Entgeltfortzahlung.

Beide Klauselbeispiele verstoßen gegen zwingende gesetzliche Vorschriften. So bestimmt § 12 EFZG, dass von den Vorschriften des EFZG nicht zu Ungunsten des Arbeitnehmers abgewichen werden kann. Hieraus folgt, dass Vertragsklauseln, die die Entgeltfortzahlung im Falle einer durch die Nebentätigkeitsausübung verursachten Arbeitsunfähigkeit ausschließen, unzulässig sind. Ebenso unwirksam sind vertragliche Klauseln, die eine Rückzahlungspflicht für das im Hauptarbeitsverhältnis erhaltene Urlaubsentgelt für den Fall vorsehen, dass der Arbeitnehmer einer Nebentätigkeit während des gesetzlich vorgeschriebenen Erholungsurlaubs nachgeht. Eine solche Vereinbarung verstößt gegen § 13 Abs. 1 S. 3 BUrlG, wonach von den Vorschriften des BUrlG nicht zu Ungunsten des Arbeitnehmers abgewichen werden darf. Nach §§ 1, 11 BUrlG hat der Arbeitnehmer Anspruch auf bezahlten Urlaub. Grenzen für Nebentätigkeiten ergeben sich lediglich aus § 8 BUrlG.

III. Ergebnis

Bei individuell ausgehandelten Arbeitsverträgen besteht zwischen Arbeitgeber und Arbeitnehmer ein annäherndes Kräftegleichgewicht, wodurch es beiden Parteien möglich ist, eigene Vorstellungen im Arbeitsvertrag zu realisieren. Aufgrund dieses Verhandlungsgleichgewichts kommt die Vertragsfreiheit stärker zur Geltung, als dies bei vorformulierten Verträgen der Fall ist. Eine Inhaltskontrolle nach AGB-rechtlichen Maßstäben findet nicht statt. Die Grenzen der Vertragsfreiheit ergeben sich aus den §§ 134, 138, 242, 315 BGB und den sonstigen Vorschriften zwingenden Rechts. Im Rahmen dieser Grenzen können Arbeitgeber und Arbeitnehmer vertragliche Nebentätigkeitsregelungen vereinbaren. Damit sind auch weitgehende Nebentätigkeitsverbote oder Zustimmungsvorbehalte zulässig, jedenfalls soweit sich die individuell ausgehandelten Vertragsklauseln als „Produkt" des gemeinsamen Aushandelns der Parteien darstellen. Hingegen sind vertragliche Rechtsfolgenregelungen, die über die gesetzlichen Sanktionsmöglichkeiten hinausgehen, unwirksam.

§ 12 Nebentätigkeiten bei Teilzeitarbeitnehmern

Die bisherigen Ausführungen befassten sich mit den vertragsimmanenten Nebentätigkeitsgrenzen und den vertraglichen Gestaltungsmöglichkeiten bei vollzeitbeschäftigten Arbeitnehmern, die neben ihrem Hauptberuf einer zusätzlichen Erwerbstätigkeit nachgehen. Die wirtschaftlichen und gesellschaftlichen Entwicklungen in den letzten Jahren hatten jedoch zur Folge, dass bei immer mehr Arbeitnehmern Teilzeitarbeit die früher übliche Vollzeitbeschäftigung abgelöst hat. In § 2 TzBfG ist die Teilzeitbeschäftigung als eine Tätigkeit definiert, bei der die vertraglich vereinbarte Arbeitszeit kürzer ist als die eines vergleichbaren vollzeitbeschäftigten Arbeitnehmers. Wegen der geringeren Arbeitszeit verbleibt dem Arbeitnehmer zeitlich mehr Raum, einer Nebentätigkeit nachzugehen. Zugleich stellt sich damit die Frage, ob es infolge der geringeren Arbeitszeit zu einer Modifizierung der arbeitsvertraglichen Pflichten und damit zu Abweichungen im Nebentätigkeitsrecht kommt. Im Folgenden wird untersucht, ob und gegebenenfalls inwieweit sich im Teilzeitarbeitsverhältnis gegenüber dem Vollzeitarbeitsverhältnis Unterschiede bei den vertragsimmanenten Nebentätigkeitsgrenzen und der Vertragsgestaltung ergeben.

I. Entwicklungen der Teilzeitarbeit

In den letzten Jahren hat die Zahl der teilzeitbeschäftigten Arbeitnehmer kontinuierlich zugenommen. Anfang 2003 stuften 7,2 Millionen abhängig Beschäftigte ihre Erwerbstätigkeit als Teilzeitbeschäftigung ein. Dies sind 2,4 Millionen mehr als 1991. Von allen abhängig Beschäftigten sind damit ca. 22 % in Teilzeitarbeit tätig.[767] Die Ursachen für die Zunahme von Nebentätigkeiten sind vielfältig. Zum einen hat ein gesellschaftspolitischer Wandel eingesetzt. Während früher viele Arbeitnehmer in Vollzeit tätig waren und wegen der langen Arbeitszeiten faktisch weder Zeit noch Kraft zu einer Nebentätigkeit hatten, wollen heute viele Arbeitnehmer in Teilzeit arbeiten, um mehr Zeit für Familie und Kinder zu haben.[768] Auf der anderen Seite sind viele Arbeitnehmer gezwungen, in Teilzeit zu arbeiten, weil sie entweder keinen Vollzeitarbeitsplatz finden oder ihnen wegen betrieblicher Arbeitszeitverkürzungen nur Teilzeitarbeit möglich ist. Für viele Arbeitgeber sind Teilzeitarbeitsverhältnisse von Vorteil, da sie eine größere Flexibilität bei der Einsatzplanung ermöglichen und damit der Kostenersparnis dienen.[769]

---

[767] Leben und Arbeiten in Deutschland – Mikrozensus 2003, S. 44.

[768] Nach § 8 Abs. 1 TzBfG hat der Arbeitnehmer einen Rechtsanspruch auf Verringerung der Arbeitszeit.

[769] *Scheriau*, Arbeitsverhältnis, S. 8.

II. Vertragsimmanente Nebentätigkeitsgrenzen

Das Teilzeitarbeitsverhältnis ist ein normales Arbeitsverhältnis. Der Arbeitnehmer verpflichtet sich im Vertrag zur Erbringung von weisungsgebundenen Leistungen gegen Entgelt. Sieht man von der Besonderheit verkürzter Arbeitszeit ab, unterscheiden sich die wechselseitigen Pflichten im Teilzeitarbeitsverhältnis damit grundsätzlich nicht von denen im Vollzeitarbeitsverhältnis. Fraglich ist allerdings, ob dies auch hinsichtlich der arbeitsvertragsimmanenten Nebenpflichten gilt. Der Inhalt arbeitsrechtlicher Nebenpflichten wird durch die besonderen persönlichen Bindungen zwischen Arbeitgeber und Arbeitnehmer geprägt.[770] Die Nebenpflichten sind u.a. von der Position des Arbeitnehmers und dem Umfang seiner Arbeitsleistungspflicht abhängig. Je nach Qualität und Intensität der arbeitsvertraglichen Beziehung können sie unterschiedlich stark ausgeprägt sein, weshalb Voll- und Teilzeitbeschäftigte im Hinblick auf ihre Pflichtenstellung nicht uneingeschränkt gleichgesetzt werden dürfen.[771] Was bedeutet dies nun im Hinblick auf die Ausübung von Nebentätigkeiten?

Zunächst einmal darf daraus nicht geschlossen werden, Teilzeitarbeitnehmer unterlägen in Bezug auf Nebentätigkeiten keinerlei Beschränkungen. Denn genau wie bei Vollzeitbeschäftigten darf auch bei Teilzeitarbeitnehmern die Ausübung einer zusätzlichen Erwerbstätigkeit nicht zu Störungen im Hauptarbeitsverhältnis führen. Damit sind auch Teilzeitarbeitnehmern Nebentätigkeiten verboten, durch die ihre Arbeitsleistung beeinträchtigt wird, sie einen Wettbewerber unterstützen[772] oder sonstige berechtigte Arbeitgeberinteressen verletzt werden. Im Grunde beurteilen sich Nebentätigkeiten von Teilzeitarbeitnehmern damit nach den gleichen Grundsätzen wie Nebentätigkeiten von Vollzeitarbeitnehmern, wobei in die Beurteilung die geringere zeitliche Inanspruchnahme des Arbeitnehmers mit einzubeziehen ist.[773]

---

[770] Erf-Komm-*Preis*, § 611 BGB, Rn. 870; BAG, Urt. v. 7.9.1995 – 8 AZR 828/93 – AP Nr. 24 zu § 242 BGB Auskunftspflicht, Bl. 3; *Boemke*, AR-Blattei SD – Nebenpflichten des Arbeitnehmers, Rn. 60.

[771] *Franke*, Zweitarbeitsverhältnis, S. 47; GK-TzA-*Lipke*, Art. 1 § 2, Rn. 114 – 116; *Becker*, Arbeitsrechtliche Aspekte der Teilzeitbeschäftigung, S. 69; *Brändli*, Arbeitsvertrag und Nebenbeschäftigung, S. 91.

[772] Besonderheiten sollen bei unfreiwilliger Teilzeitarbeit bestehen. Da der Arbeitnehmer durch Arbeitszeitverkürzungen drastische Einkommenseinbußen hinzunehmen hat, müssten ihm weitreichende Nebentätigkeitsmöglichkeiten offen stehen. So habe der Arbeitgeber auch Nebentätigkeiten hinzunehmen, durch die ihm der Arbeitnehmer Konkurrenz mache. Siehe dazu: *Kempen/Kreuder*, ArbuR 1994, 214.

[773] *Kuhn*, Probleme der Nebentätigkeit, S. 76; *Glöckner*, Nebentätigkeitsverbote im Individualarbeitsrecht, S. 93: Beispielsweise werden körperlich anstrengende Tätigkeiten im Teilzeitarbeitsverhältnis erst bei einer wesentlich stärkeren zeitlichen Ausdehnung zu ei-

Teilzeitbeschäftigte Arbeitnehmer dürfen ebenso wenig wie Vollzeitbeschäftigte eine Nebentätigkeit ausüben, die einen Wettbewerber des Hauptarbeitgebers begünstigt, Betriebsinterna gefährdet, das Vertrauensverhältnis zwischen Arbeitgeber und Arbeitnehmer erschüttert bzw. das Vertrauen der Öffentlichkeit in den Betrieb belastet. Insofern macht es keinen Unterschied, ob das Hauptarbeitsverhältnis ein Voll- oder Teilzeitarbeitsverhältnis ist. Im Hinblick auf die physischen und psychischen Anstrengungen sowie die zulässigen Höchstarbeitszeiten ist zu berücksichtigen, dass aufgrund der geringeren Arbeitszeit bei Teilzeitarbeitnehmern, diesen zumindest im zeitlichen Umfang ein „Mehr" an Nebentätigkeit möglich ist.

III. Vertragsgestaltung bei Teilzeitarbeitsverträgen

Schließlich stellt sich die Frage, ob bei der Gestaltung von Nebentätigkeitsklauseln in Teilzeitarbeitsverträgen Besonderheiten gelten. Vor allem arbeitsvertragliche Nebentätigkeitsverbote bedeuten für den Arbeitnehmer eine erhebliche Einschränkung bei der Verwertung seiner Arbeitskraft.[774] Es sind aber gerade Teilzeitarbeitnehmer, die – häufiger als vollzeitbeschäftigte Arbeitnehmer – eine zusätzliche Erwerbstätigkeit ausüben, weil ihre Existenzgrundlage allein mit einer Teilzeitbeschäftigung oftmals noch nicht gesichert ist.[775] Diese besondere Schutzbedürftigkeit des Teilzeitarbeitnehmers sollte sich auch bei der Vertragsgestaltung niederschlagen. Mitunter wird vertreten, dass bei Teilzeitkräften generell kein berechtigtes Arbeitgeberinteresse an der Unterlassung von Nebentätigkeiten bestünde.[776] So einfach ist es aber nicht. Üben Teilzeitarbeitnehmer

---

[774] ner Minderung der Arbeitskraft führen; Preis-*Rolfs*, Arbeitsvertrag, II N 10, Rn. 1; *Brändli*, Arbeitsvertrag und Nebenbeschäftigung, S. 90.
In diesem Zusammenhang wurde häufig § 138 BGB angesprochen. Bei einem Teilzeitarbeitnehmer sei sorgfältig zu prüfen, ob eine Nebentätigkeitsklausel, insbesondere ein Nebentätigkeitsverbot, nicht etwa eine übermäßige wirtschaftliche Knebelung für den Arbeitnehmer darstelle. Eine solche sei gegeben, wenn der Arbeitgeber mit der Nebentätigkeitsklausel bezwecke, dass der Arbeitnehmer keine weitere Erwerbstätigkeit aufnehme, vgl. *Becker*, Arbeitsrechtliche Aspekte der Teilzeitarbeit, S. 62; *Callam*, Arbeitsrechtliche Probleme mehrfacher Erwerbstätigkeit von Arbeitnehmern, S. 109/110; *Palme*, BB 1959, 329 (331).

[775] GK-TzA-*Lipke*, Art. 1 § 2, Rn. 117: „Der Teilzeitarbeitnehmer muß in einem größeren Umfang als der Vollzeitbeschäftigte, der seine Existenz aus dieser einzigen beruflichen Tätigkeit sichern kann, in der Verwertung seiner Restarbeitszeit frei sein."

[776] *Schwarz/Holzer*, Treuepflicht des Arbeitnehmers, S. 103: „Bei Teilzeitbeschäftigungen wären solche Abreden [gemeint sind: Nebentätigkeitsverbote] jedenfalls zu untersagen."
Boemke/Gründel, ZfA 2001, 245 (267): „Bei Teilzeitkräften und geringfügig Beschäftigten wird ein berechtigtes Interesse an der Vereinbarung eines Nebentätigkeitsverbotes regelmäßig nicht vorliegen." MüArbR-*Blomeyer*, § 55, Rn. 26: „Ein berechtigtes Interesse fehlt in der Regel bei Teilzeitarbeitskräften und geringfügig Beschäftigten".

eine Nebentätigkeit aus, können ebenso berechtigte Arbeitgeberinteressen beeinträchtigt sein.[777]

Die bei der Untersuchung von Nebentätigkeitsklauseln in Arbeitsverträgen vollzeitbeschäftigter Arbeitnehmer erzielten Ergebnisse[778] gelten grundsätzlich auch für Teilzeitarbeitsverträge. Auch wenn Teilzeitarbeitnehmer häufiger als Vollzeitarbeitnehmer auf Nebentätigkeiten angewiesen sind, ist der Arbeitgeber gleichwohl insoweit schutzwürdig, als durch die Nebentätigkeitsausübung berechtigte Arbeitgeberinteressen nicht beeinträchtigt werden dürfen. Er hat damit auch bei Teilzeitarbeitnehmern grundsätzlich die Möglichkeit, im Arbeitsvertrag eingeschränkte Nebentätigkeitsverbote, Zustimmungsvorbehalte und Anzeigepflichten zu vereinbaren. Da die Ausübung weiterer Erwerbstätigkeiten bei Teilzeitarbeitnehmern im Gegensatz zu Vollzeitbeschäftigten aber wahrscheinlicher ist, empfiehlt sich eine möglichst einfache Vertragsgestaltung.

So sind zwar Zustimmungsvorbehalte grundsätzlich möglich, denn sie sollen dem Arbeitnehmer vor Aufnahme einer Nebentätigkeit eine Überprüfung im Hinblick auf eventuelle Interessenkonflikte ermöglichen. Gleichwohl sollte von ihnen im Teilzeitarbeitsvertrag abgesehen werden, weil sie den Arbeitnehmer bis zum Vorliegen der Arbeitgeberentscheidung faktisch an der Ausübung von Nebentätigkeiten hindern. Teilzeitarbeitnehmer sind oftmals stärker als Vollzeitarbeitnehmer auf eine zusätzliche Nebentätigkeit angewiesen. Ein Zustimmungsvorbehalt hindert den Arbeitnehmer aber zunächst an der Wahrnehmung seines Nebentätigkeitsrechts, jedenfalls solange die Nebentätigkeitserlaubnis des Arbeitgebers fehlt. Dies wird besonders deutlich, wenn sich dem Arbeitnehmer kurzfristig Arbeitsangebote bieten. Wegen der erhöhten Wahrscheinlichkeit zusätzlicher Erwerbstätigkeiten bei Teilzeitarbeitnehmern und um den Verwaltungsaufwand beim Arbeitgeber gering zu halten, ist von einem Zustimmungsvorbehalt abzuraten. Dem Interesse des Arbeitgebers an der Kenntnis von Nebentätigkeiten wird auch durch eine vertraglich fixierte Anzeigepflicht Rechnung getragen. Damit die arbeitszeit-, sozialversicherungs- und steuerrechtlichen Vorschriften eingehalten werden können, trifft den Arbeitnehmer ohnehin als Ausfluss arbeitsvertragsimmanenter Nebenpflichten eine Anzeigepflicht für Nebentätigkeiten. Im Teilzeitarbeitsvertrag empfiehlt sich folgende Klausel:

> Der Arbeitnehmer ist berechtigt, weitere Teilzeitarbeitsverhältnisse einzugehen, soweit hierdurch berechtigte Interessen des Arbeitgebers nicht beeinträchtigt oder die gesetzlichen Arbeitszeitgrenzen nicht überschritten werden. Der Arbeitnehmer

---

[777] *Wertheimer/Krug*, BB 2000, 1462 (1465): Am wahrscheinlichsten sind dabei Beeinträchtigungen im Hinblick auf das Wettbewerbsinteresse des Arbeitgebers. Ebenso: GK-TzA-*Lipke*, Art. 1 § 2, Rn. 117.
[778] Siehe dazu § 10.

ist verpflichtet, dem Arbeitgeber die Aufnahme einer weiteren Beschäftigung unverzüglich anzuzeigen.[779]

Eine solche Klausel wahrt die Interessen beider Seiten, indem sie dem Arbeitnehmer verdeutlicht, inwieweit Nebentätigkeiten zulässig sind, ihm aber auf der
anderen Seite aufgibt, Nebentätigkeiten unverzüglich anzuzeigen. Sofern sich
dabei Interessenkollisionen ergeben, kann der Arbeitgeber einschreiten.

IV. Sonderfall: Mehrere geringfügig entlohnte Beschäftigungen

Eine besondere Form der Teilzeitarbeit stellt die sog. geringfügig entlohnte Beschäftigung dar. Gemäß der seit dem 1. April 2003 geltenden Neufassung des
§ 8 Abs. 1 Nr. 1 SGB IV liegt eine geringfügig entlohnte Beschäftigung vor,
wenn das Arbeitsentgelt aus dieser Beschäftigung regelmäßig 400 € im Monat
nicht übersteigt. Man bezeichnet eine solche geringfügig entlohnte Beschäftigung auch als Mini-Job.[780] Dieser ist für den Beschäftigten in der Kranken-,
Pflege-, Renten- und Arbeitslosenversicherung versicherungsfrei. Der Arbeitgeber hat jedoch für den geringfügig entlohnten Beschäftigten eine 25%ige Pauschalabgabe an die Bundesknappschaft zu zahlen,[781] bei geringfügiger Beschäftigung in einem Privathaushalt zahlt der Arbeitgeber eine Sozialversicherungspauschale von 12 %.[782] Für Arbeitsentgelte zwischen 400,01 € und 800 € wurde
eine neue sozialversicherungsrechtliche Gleitzone geschaffen. Danach besteht
bei Arbeitsentgelten oberhalb von 400 € monatlich in allen Zweigen der Sozialversicherung Versicherungspflicht. Der Arbeitgeber zahlt dann den vollen Ar-

---

[779] Nach: *Nebendahl*, Teilzeitarbeitsvertrag, S. 111.
[780] *Staudacher/Hellmann/Hartmann/Wenk*, Teilzeitarbeit, Rn. 1579a.
[781] Davon entfallen 12 % auf die Rentenversicherung, 11 % auf die Krankenversicherung
sowie 2 % Pauschalsteuer inklusive Solidaritätszuschlag und Kirchensteuer, vgl.: *Dröge*,
AuA 2003 (Heft 3), 42 (46); *Kossens*, AuA 2003 (Heft 2), 21 (22); *Rolfs*, NZA 2004, 65
(69): Die Pauschalbeiträge sowie die Pauschalsteuern werden von der Bundesknappschaft eingezogen. Diese verteilt sie auf die verschiedenen Krankenkassen, Rentenversicherungsträger, steuererhebungsberechtigten Körperschaften und Kirchen.
[782] Eine geringfügige Beschäftigung in einem Privathaushalt liegt vor, wenn sie durch einen
privaten Haushalt begründet worden ist und die Tätigkeit sonst gewöhnlich durch Mitglieder des privaten Haushalts erledigt wird. Typische Beispiele sind das Reinigen der
Wohnung, Gartenarbeiten oder die Pflege und Versorgung von Kindern, Kranken und alten Menschen. Die 12%ige Sozialversicherungspauschale des Arbeitgebers gliedert sich
in je 5 % Kranken- und Rentenversicherung sowie 2 % Steuer inklusive Kirchensteuer
und Solidaritätszuschlag, vgl. *Niermann/ Plenker*, DB 2003, 304 (305); *Scheriau*, Arbeitsverhältnis, S. 34.

beitgeberanteil, während für den Arbeitnehmer abgestufte Beitragshöhen gelten.[783]

Übt ein geringfügig Beschäftigter mehrere geringfügig entlohnte Beschäftigungen aus, werden diese gemäß § 8 Abs. 2 S. 1 SGB IV sozialversicherungsrechtlich zusammengerechnet. Sobald dabei die Geringfügigkeitsgrenze von 400 € überschritten wird, sind die Beschäftigungen in vollem Umfang sozialversicherungspflichtig. Eine Pauschalierung der Sozialversicherungsbeiträge und Steuern ist dann nicht mehr möglich, so dass die Arbeitgeber den vollen Arbeitgeberanteil zur Sozialversicherung zu zahlen haben. Arbeitgeber könnten folglich ein Interesse daran haben, die Aufnahme weiterer geringfügig entlohnter Beschäftigungen vertraglich zu unterbinden, um die Sozialversicherungsfreiheit beizubehalten. Dazu zwei Klauselbeispiele:

1. Der Arbeitnehmer verpflichtet sich, keine weitere geringfügige Beschäftigung auszuüben.

2. Bei Arbeitnehmern, die für eine versicherungsfreie Beschäftigung eingestellt werden, wird die Möglichkeit einer versicherungspflichtigen Beschäftigung ausdrücklich ausgeschlossen. Eine versicherungsfreie Beschäftigung ist nur möglich, solange Arbeitsentgelt und Arbeitszeit die in § 8 Abs. 1 SGB IV festgelegten Grenzen nicht überschreiten. (...) Um die Versicherungsfreiheit zu erhalten, verpflichtet sich der Arbeitnehmer, alle Änderungen in den persönlichen Verhältnissen sofort zu melden und keine weitere geringfügige Beschäftigung auszuüben."[784]

Ein vertragliches Verbot für die Ausübung einer weiteren geringfügig entlohnten Beschäftigung würde – ebenso wie ein Nebentätigkeitsverbot bei Vollzeitbeschäftigten – voraussetzen, dass der Arbeitgeber ein berechtigtes Interesse an dem Verbot hat. Interessen des Arbeitgebers sind im Hinblick auf die genannten Klauseln aber nur insoweit betroffen, als der Arbeitgeber nach Überschreiten der Geringfügigkeitsgrenze des § 8 Abs. 1 Nr. 1 SGB IV zur Entrichtung der vollen Sozialversicherungsbeiträge verpflichtet ist.

1. Rechtslage bis zum 31. März 2003

Stellte sich beim Zusammenrechnen mehrerer geringfügiger Beschäftigungen heraus, dass die Voraussetzungen der geringfügigen Beschäftigung nicht mehr vorlagen und damit Versicherungspflicht eintrat, waren Arbeitgeber bis zum 31. März 2003 von den Versicherungsträgern rückwirkend sowohl für den Arbeit-

---

[783] Die Sozialversicherungsbeiträge des Arbeitnehmers steigen beginnend bei 400,01 € mit 4 % linear bis 800 € auf den Gesamtarbeitnehmeranteil an. *Niermann/Plenker*, DB 2003, 304 (307); *Dröge*, AuA 2003 (Heft 3), 42 (43); *Kossens*, AuA 2003 (Heft 2), 21 (22).

[784] BAG, Urt. v. 27.4.1995 – 8 AZR 382/94 – NZA 1995, 935.

geber- als auch den Arbeitnehmeranteil am Gesamtsozialversicherungsbeitrag in Anspruch genommen worden.[785] Dem Arbeitgeber stand zwar nach § 28 g S. 1 SGB IV ein Anspruch gegen den Arbeitnehmer auf Ersatz der nachentrichteten Arbeitnehmerbeiträge zu. Allerdings konnte sich dieser Anspruch als nicht durchsetzbar erweisen, wenn der Arbeitnehmer nicht mehr bei dem Arbeitgeber beschäftigt und/oder vermögenslos war.[786] Unabhängig davon hatte der Arbeitgeber aber in jedem Fall die bis zur Feststellung der Sozialversicherungpflicht entstandenen Arbeitgeberbeiträge nachzuentrichten. Die Aufnahme einer weiteren geringfügigen Beschäftigung, die wegen Überschreiten der Grenzen des § 8 Abs. 1 SGB IV a.F. zur Sozialversicherungpflicht führte, beeinträchtigte insoweit das betriebliche Interesse des Arbeitgebers, als dieser keinen Ersatz für die nachentrichteten Versicherungsbeiträge erhielt.[787] Mit dieser Argumentation versuchten Arbeitgeber, ein berechtigtes Interesse am Verbot einer weiteren geringfügigen Beschäftigung zu begründen.

Es stellte sich jedoch die Frage, ob eine solche Vorgehensweise mit dem Grundrecht der Berufsfreiheit vereinbar ist. Die Entscheidung des Arbeitgebers, einen geringfügig beschäftigten Arbeitnehmer einzustellen, ist ebenso von Art. 12 Abs. 1 GG geschützt wie die Möglichkeit des Arbeitnehmers, mehrere geringfügige Beschäftigungen nebeneinander auszuüben. Fraglich war daher, ob die Möglichkeit einer sozialversicherungsfreien Beschäftigung von Arbeitnehmern den Schluss zuließ, dass der Arbeitgeber ein Recht auf Beibehaltung der einmal begründeten Sozialversicherungsfreiheit hatte. Die Vorschriften über die Versicherungsfreiheit geringfügig Beschäftigter beruhen auf dem Gedanken, dass geringfügig Beschäftigte nicht sozial schutzbedürftig sind, weil eine Beschäftigung in solch geringem Umfang nicht die alleinige wirtschaftliche Existenzgrundlage des Arbeitnehmers bilden kann.[788] Geringfügige Beschäftigungsverhältnisse unterliegen auch deshalb nicht der Versicherungpflicht, weil dies für die Sozialversicherungsträger einen im Verhältnis zur Höhe der Beiträge und Ansprüche

---

[785] *Niermann/Plenker*, DB 2003, 304 (307).

[786] *Breiken*, Geringfügige Beschäftigung, S. 55.

[787] Denn üblicherweise berücksichtigt ein Arbeitgeber bei der Berechnung seiner Angebotspreise die ihm entstehenden variablen und fixen Kosten, zu denen auch die Aufwendungen für die Sozialversicherung zählen und wälzt sie über die Angebotspreise auf seine Vertragspartner und Kunden ab. Solange er jedoch nicht weiß, dass für den Arbeitnehmer Versicherungpflicht besteht, kann er dies in seinen Kalkulationen nicht berücksichtigen, vgl. *Breiken*, Geringfügige Beschäftigung, S. 54 ff.

[788] *Breiken*, Geringfügige Beschäftigung, S. 56; Erf-Komm-*Rolfs*, § 8a SGB IV, Rn. 1; BAG, Urt. v. 18.11.1988 – 8 AZR 12/86 – AP Nr. 3 zu § 611 BGB – Doppelarbeitsverhältnis, Bl. 3R: „Der gesetzlichen Regelung über die Versicherungsfreiheit bei geringfügiger Beschäftigung liegt der Gedanke zugrunde, daß der beabsichtigte soziale Schutzzweck es nicht gebietet, solche Tätigkeiten in die Versicherungpflicht einzubeziehen."

unverhältnismäßig hohen Verwaltungsaufwand mit sich bringen würde.[789] Die Regelungen über die Sozialversicherungsfreiheit bezwecken jedoch nicht den Schutz des Arbeitgebers an der Beibehaltung der Sozialversicherungsfreiheit.[790] Insofern war es dem Arbeitgeber auch nach alter Rechtslage nicht möglich, einem geringfügig beschäftigten Arbeitnehmer, die Aufnahme einer weiteren geringfügigen Beschäftigung im Hinblick auf die Beibehaltung der einmal begründeten Sozialversicherungsfreiheit zu verbieten.

2. Rechtslage seit dem 1. April 2003

Fraglich ist, ob sich an diesem Ergebnis durch die seit dem 1. April 2003 geltenden Neuerungen im Bereich der geringfügigen Beschäftigung etwas ändert. Eine geringfügig entlohnte Beschäftigung nach § 8 Abs. 1 Nr. 1 SGB IV liegt vor, wenn das Arbeitsentgelt regelmäßig 400 € im Monat nicht übersteigt. Übt der Arbeitnehmer mehrere geringfügige Beschäftigungen aus, werden diese nach § 8 Abs. 2 Nr. 1 SGB IV zusammengerechnet. Solange das Arbeitsentgelt insgesamt 400 € nicht übersteigt, besteht Sozialversicherungsfreiheit. Für die Arbeitgeber besteht lediglich die Pflicht, Pauschalabgaben und Steuern in Höhe von insgesamt 25 % an die Bundesknappschaft zu zahlen.

Die volle Sozialversicherungspflicht tritt ein, sobald bei der Zusammenrechnung mehrerer geringfügig entlohnter Beschäftigungen die Grenze des § 8 Abs. 1 Nr. 1 SGB IV überschritten wird. Wird bei dieser Zusammenrechnung festgestellt, dass die Voraussetzungen der geringfügigen Beschäftigung nicht mehr vorliegen, tritt im Gegensatz zur früheren Rechtslage die Sozialversicherungspflicht erst mit dem Tag der Bekanntgabe der Feststellung durch die Einzugsstelle oder einen Rentenversicherungsträger ein, vgl. § 8 Abs. 2 S. 3 SGB IV. Dadurch wird vermieden, dass Arbeitgeber infolge der Unkenntnis einer weiteren geringfügig entlohnten Beschäftigung ihres Arbeitnehmers rückwirkend mit Sozialversiche-

---

[789] BAG, Urt. v. 18.11.1988 – 8 AZR 12/86 – AP Nr. 3 zu § 611 BGB – Doppelarbeitsverhältnis, Bl. 3R; *Breiken*, Geringfügige Beschäftigung, S. 56.

[790] *Breiken*, Geringfügige Beschäftigung, S. 56; BAG, Urt. v. 18.11.1988 – 8 AZR 12/86 – AP Nr. 3 zu § 611 BGB – Doppelarbeitsverhältnis, Bl. 3R: Aus den Regelungen über die Versicherungsfreiheit könne nicht geschlossen werden, „es werde ein Interesse des Arbeitgebers geschützt, den Arbeitnehmer an der ursprünglichen Entscheidung für eine geringfügige Beschäftigung festzuhalten."; LAG Köln, Urt. v. 28.1.1994 – 4 (2) Sa 970/94 – ArbuR 1995, 158; *Hunold*, NZA-RR 2002, 505 (510); Erf-Komm-*Preis*, § 611 BGB, Rn. 888; Preis-*Rolfs*, Arbeitsvertrag, II B 20, Rn. 35; *Franke*, Zweitarbeitsverhältnis, S. 46; BAG, Urt. v. 6.9.1990 – 2 AZR 165/90 – AP Nr. 47 zu § 615 BGB, Bl. 4: „Aus der sozialrechtlichen Regelung des § 8 Abs. 2 SGB IV über die Zusammenrechnung mehrerer geringfügiger Beschäftigungen folgt kein schutzwürdiges Interesse des Arbeitgebers, den Arbeitnehmer an ausschließlich einer geringfügigen Beschäftigung festzuhalten. Im Gegenteil: Sie geht davon aus, daß mehrere Beschäftigungen nebeneinander möglich und zulässig sind."

rungsbeiträgen belastet werden. In Zukunft wird es damit nicht mehr zu einer rückwirkenden Sozialversicherungspflicht kommen.[791] Arbeitgeber haben damit auch heute kein schutzwürdiges Interesse daran, die Aufnahme einer weiteren geringfügigen Beschäftigung vertraglich zu unterbinden. Eine solche Vorgehensweise wurde schon nach alter Rechtslage abgelehnt, als der Arbeitgeber durch die nachträgliche Kenntnis des tatsächlichen Nichtbestehens der Sozialversicherungsfreiheit sogar rückwirkend zur Zahlung der Sozialversicherungsbeiträge verpflichtet war. Durch den neu eingefügten S. 3 in § 8 Abs. 2 SGB IV ist eine rückwirkende Sozialversicherungspflicht ausgeschlossen. Die Versicherungsfreiheit zielt nicht darauf ab, dem Arbeitgeber die einmal begründete Sozialversicherungsfreiheit beizubehalten und ihn damit nur zur Zahlung der Pauschalbeiträge zu verpflichten. Der Arbeitgeber hat kein rechtlich berechtigtes Interesse an der Aufrechterhaltung der Sozialversicherungsfreiheit, weil er angesichts der grundrechtlich geschützten wirtschaftlichen Betätigungsfreiheit des Arbeitnehmers nicht verlangen kann, dass dieser auf eine weitere Einkommensquelle verzichtet.

Der Arbeitgeber hat damit im Ergebnis kein schutzwürdiges Interesse an der Beibehaltung der Sozialversicherungsfreiheit.[792] Er kann daher die Aufnahme einer weiteren geringfügig entlohnten Beschäftigung arbeitsvertraglich nicht verbieten. Ein zur Vermeidung der Sozialversicherungspflicht für geringfügig entlohnte Arbeitnehmer getroffenes Nebentätigkeitsverbot ist unwirksam.[793] Vielmehr gelten auch für mehrere nebeneinander ausgeübte geringfügige Beschäftigungen die allgemeinen Nebentätigkeitsgrenzen.[794] Ein berechtigtes Inte-

---

[791] *Niermann/Plenker*, DB 2003, 304 (307); *Figge*, DB 2003, 150 (152).

[792] So schon für die Rechtslage vor dem 31.3.2003: *Breiken*, Geringfügige Beschäftigung, S. 56; BAG, Urt. v. 18.11.1988 – 8 AZR 12/86 – AP Nr. 3 zu § 611 BGB – Doppelarbeitsverhältnis, Bl. 3R; LAG Köln, Urt. v. 28.1.1994 – 4 (2) Sa 970/94 – ArbuR 1995, 158; *Hunold*, NZA-RR 2002, 505 (510); Preis-*Rolfs*, Arbeitsvertrag, II B 20, Rn. 35; BAG, Urt. v. 6.9.1990 – 2 AZR 165/90 – AP Nr. 47 zu § 615 BGB, Bl. 4: „Aus der sozialrechtlichen Regelung des § 8 Abs. 2 SGB IV über die Zusammenrechnung mehrerer geringfügiger Beschäftigungen folgt kein schutzwürdiges Interesse des Arbeitgebers, den Arbeitnehmer an ausschließlich einer geringfügigen Beschäftigung festzuhalten. Im Gegenteil: Sie geht davon aus, daß mehrere Beschäftigungen nebeneinander möglich und zulässig sind." Ebenso für die Rechtslage seit 1.4.2003: *Röller*, in: Personalbuch – Mehrfachbeschäftigung, Rn. 3; Erf-Komm-*Preis*, § 611 BGB, Rn. 888; *Franke*, Zweitarbeitsverhältnis, S. 46.

[793] LAG Köln, Urt. v. 28.1.1994 – 4 (2) Sa 970/94 – ArbuR 1995, 158; BAG, Urt. v. 18.11.1988 – 8 AZR 12/86 – AP Nr. 3 zu § 611 BGB – Doppelarbeitsverhältnis, Bl. 3; BAG, Urt. v. 27.4.1995 – 8 AZR 382/94 – NZA 1995, 935.

[794] BAG, Urt. v. 18.11.1988 – 8 AZR 12/86 – AP Nr. 3 zu § 611 BGB – Doppelarbeitsverhältnis, Bl. 3R; *Reiserer/Freckmann/Träumer*, Scheinselbständigkeit, geringfügige Beschäftigung, A, Rn. 60: Die geringfügige Beschäftigung ist eine Form der Teilzeitarbeit mit der Folge, dass das Arbeitsrecht in vollem Umfang Anwendung findet.

resse an der Unterlassung eines zweiten Arbeitsverhältnisses besteht daher nur dann, wenn die zweite Tätigkeit Beeinträchtigungen im ersten Arbeitsverhältnis zur Folge hat. Allerdings wird es wegen des geringen Umfangs und der Art der üblicherweise als geringfügig entlohnte Beschäftigung ausgeübten Tätigkeiten in der Praxis nur in den seltensten Fällen zu Interessenbeeinträchtigungen kommen. Als vertragsimmanente Pflicht trifft aber jeden Arbeitnehmer die Pflicht, dem Arbeitgeber weitere Beschäftigungsverhältnisse anzuzeigen. Zur Klarstellung sollte diese Anzeigepflicht auch in den Arbeitsvertrag geringfügig entlohnter Beschäftigter beispielsweise in dieser Form aufgenommen werden:

Die Aufnahme oder Beendigung einer weiteren Beschäftigung, gleichgültig welchen Umfangs oder welcher Dauer, hat der Arbeitnehmer unverzüglich anzuzeigen.[795]

V. Ergebnis

Teilzeitarbeitsverhältnisse sind normale Arbeitsverhältnisse, was zur Folge hat, dass abgesehen von der verkürzten Arbeitszeit grundsätzlich die gleichen vertraglichen Pflichten bestehen. Unabhängig davon, ob die Hauptbeschäftigung in Voll- oder Teilzeit ausgeübt wird, sind Nebentätigkeiten immer unzulässig, wenn durch sie die Arbeitsleistung beeinträchtigt, Konkurrenten unterstützt oder sonstige berechtigte Arbeitgeberinteressen verletzt werden. Bei der Beurteilung einer Nebentätigkeit sind grundsätzlich die gleichen Maßstäbe anzulegen, wobei aber die geringere zeitliche Inanspruchnahme des Arbeitnehmers mit zu berücksichtigen ist. Bei der Vertragsgestaltung ist von Zustimmungsvorbehalten abzusehen. Für geringfügig entlohnte Arbeitnehmer zahlt der Arbeitgeber lediglich eine 25%ige Pauschalabgabe an die Bundesknappschaft. Der Arbeitgeber hat jedoch kein Interesse an der Beibehaltung dieses Status. Weitere geringfügige Beschäftigungen sind damit nur dann unzulässig, wenn durch sie das erste Beschäftigungsverhältnis beeinträchtigt wird.

---

[795] Preis-*Rolfs*, Arbeitsvertrag, II B 20, Rn. 37.

4. Teil: Zusammenfassung

1. In wirtschaftlich angespannten Zeiten, in denen sich viele Arbeitnehmer ihres Arbeitsplatzes nicht sicher sind, nimmt die Zahl derer, die eine zusätzliche Erwerbstätigkeit aufnehmen, zu. Dabei entstehen häufig Streitigkeiten zwischen Arbeitgeber und Arbeitnehmer über die Zulässigkeit der Nebentätigkeit.

2. Nebentätigkeit ist jede Tätigkeit des Arbeitnehmers, die dieser neben einem bereits bestehenden Arbeitsverhältnis zu Erwerbszwecken ausübt und die ihrem Umfang nach weniger Zeit und Kraft in Anspruch nimmt als die Haupttätigkeit. Unerheblich ist, in welcher Rechtsform die Nebentätigkeit ausgeübt wird.

3. Nebentätigkeiten genießen grundsätzlich den Schutz der Berufsfreiheit. Der Schutz von Nebentätigkeiten ausländischer Arbeitnehmer oder solcher Nebentätigkeiten, die den Berufsbegriff des Art. 12 Abs. 1 GG nicht erfüllen, ergibt sich aus Art. 2 Abs. 1 GG. Das Recht zur Nebentätigkeitsausübung kann durch Gesetz unter Beachtung der Drei-Stufen-Theorie und Vertrag beschränkt werden.

4. Das ArbZG steht der Ausübung von Nebentätigkeiten insoweit entgegen, als es durch die berufliche Doppelbelastung des Arbeitnehmers zu Überschreitungen der Höchstarbeitszeitgrenzen kommt. Sobald in einem der beiden Arbeitsverhältnisse eine Arbeitszeitüberschreitung auftritt, greift in diesem ein Beschäftigungsverbot ein.

5. In § 60 HGB ist für kaufmännische Angestellte ein Wettbewerbsverbot normiert. Ein inhaltsgleiches Konkurrenzverbot ergibt sich für alle sonstigen Arbeitnehmer aus den vertragsimmanenten Nebenpflichten. Es erfasst Nebentätigkeiten, durch die der Arbeitnehmer entweder selbst als Konkurrent zum Arbeitgeber auftritt oder er für einen im Wettbewerb zum Hauptarbeitgeber stehenden Dritten geschäftlich tätig wird.

6. Die Vorschrift des § 8 BUrlG verbietet während des Erholungsurlaubs solche Erwerbstätigkeiten, die dem Urlaubszweck widersprechen. Auch darf bei einer Nebentätigkeitsausübung nicht gegen die Vorschriften des SchwArbG verstoßen werden.

7. Mit Abschluss des Arbeitsvertrages stellt der Arbeitnehmer dem Arbeitgeber seine Arbeitskraft nur für eine bestimmte Zeitspanne zur Verfügung. Die Gestaltung seiner Freizeit steht ihm frei. Mit dem im Arbeitsvertrag statuierten Leistungsversprechen geht die Verpflichtung einher, alles zu unterlassen, was den Zweck des Arbeitsverhältnisses oder den Leistungserfolg beeinträchtigen oder

gefährden kann. Damit ist die übernommene Arbeitspflicht eine entscheidende Grenze für die Nebentätigkeitsausübung. Die Ausübung einer Nebentätigkeit ist unzulässig, wenn sie im Hauptarbeitsverhältnis zu erheblichen Leistungsstörungen in Form von Nicht- oder Schlechtleistungen führt.

8. Nebentätigkeiten sind mitunter auch ohne direkte Leistungseinbußen problematisch. Wie in jedem Schuldverhältnis ergeben sich auch im Arbeitsverhältnis für die Vertragsparteien über die Hauptpflichten hinaus aus §§ 241 Abs. 2, 242 BGB sog. Nebenpflichten. Die Arbeitsvertragsparteien haben demnach bei der Durchführung des Arbeitsverhältnisses auf die Rechte und Interessen des anderen Vertragspartners Rücksicht zu nehmen. Auch insoweit ergeben sich Nebentätigkeitsgrenzen. Allerdings ist zu beachten, dass Nebentätigkeiten zu einer Zeit ausgeübt werden, in der dem Arbeitnehmer im Hauptarbeitsverhältnis Freizeit gewährt wird. Private Aktivitäten außerhalb des Betriebes haben grundsätzlich keine arbeitsrechtlichen Auswirkungen. Hinzu kommt der verfassungsrechtliche Schutz der Nebentätigkeit. Die Beschränkung von (auch verfassungsrechtlich geschützten) Arbeitnehmerrechten bedarf einer intensiven Rechtfertigung. Nur berechtigte Arbeitgeberinteressen können einer Nebentätigkeit entgegenstehen.

9. Das „berechtigte Interesse" ist weit zu verstehen und erfasst alle Umstände, die für den Bestand und die Verwirklichung der Ziele des Arbeitgebers von Bedeutung sein können. Dazu zählen neben innerbetrieblichen auch außerdienstliche Belange, die für die Wertschätzung des Arbeitgebers in der Öffentlichkeit bedeutsam sind. Erforderlich ist ein betrieblicher Bezug des Arbeitgeberinteresses. Eine Interessenbeeinträchtigung ist zu bejahen, wenn es durch die Nebentätigkeitsausübung zu Störungen im Arbeitsverhältnis kommt. Es genügt, wenn mit an Sicherheit grenzender Wahrscheinlichkeit der Eintritt eines Schadens zu erwarten ist. Die Interessen des Arbeitgebers finden ihre Grenzen in der Wahrung der berechtigten Interessen des Arbeitnehmers. Nur wenn das Arbeitgeberinteresse gegenüber dem Interesse des Arbeitnehmers an der Nebentätigkeit überwiegt, ist es *berechtigt* und rechtfertigt ein vertragsimmanentes Nebentätigkeitsverbot.

10. Bei der Systematisierung berechtigter Arbeitgeberinteressen, die ein Nebentätigkeitsverbot rechtfertigen, stellt sich die Frage, ob auf Erkenntnisse aus anderen Bereichen des Arbeitsrechts zurückgegriffen werden kann. In § 65 Abs. 2 BBG findet sich über die Verweisung in § 11 BAT ein Katalog, in dem festgelegt ist, in welchen Fällen Nebentätigkeiten von Angestellten im öffentlichen Dienst untersagt werden können. Auf diesen kann nicht zurückgegriffen werden. Grund dafür sind die zwischen öffentlichem und privatem Arbeitsrecht bestehenden Unterschiede, vor allem die besondere Nähe der im öffentlichen Dienst Beschäftigten zum Staat. Bei der Frage, inwieweit außerdienstliches Verhalten

eine Arbeitgeberkündigung rechtfertigen kann, differenziert das Bundesarbeitsgericht zwischen vier verschiedenen Störbereichen. Bei der Systematisierung berechtigter Arbeitgeberinteressen und sich daraus ergebender vertragsimmanenter Nebentätigkeitsbeschränkungen kann die Differenzierung des Bundesarbeitsgerichts Anhaltspunkte bieten, da Nebentätigkeiten zum außerdienstlichen Verhalten zählen.

11. Aus den arbeitsrechtlichen Nebenpflichten können sich Beschränkungen des Nebentätigkeitsrechts in Form von vertragsimmanenten Nebentätigkeitsverboten ergeben. Die im Nebentätigkeitsverbot angelegte Beschneidung der Berufsfreiheit des Arbeitnehmers muss durch ein anerkennenswertes Interesse des Arbeitgebers gerechtfertigt sein. Die Nebentätigkeitsbeschränkung darf nicht übermäßig sein und muss sachbezogenen, betrieblichen Interessen dienen. Eine Nebentätigkeit ist unzulässig, wenn berechtigte Arbeitgeberinteressen der Nebentätigkeit entgegenstehen und gegenüber dem Arbeitnehmerinteresse an der Nebentätigkeitsausübung überwiegen. Schutzwürdige Arbeitgeberinteressen sind:

- Gefährdung der künftigen Leistungsfähigkeit des Arbeitnehmers: *Riskante Nebentätigkeiten* mit konkreter Gefahr für den Arbeitnehmer

- Beeinträchtigung betrieblicher Interessen: *Wettbewerbsinteressen* des Arbeitgebers, *Betriebs- und Geschäftsgeheimnisse*, *Störungen des Betriebsablaufs*

- Vertrauensbeeinträchtigung und Ansehensgefährdung: Störungen im Vertrauensverhältnis zwischen den Arbeitsvertragsparteien beziehungsweise der Öffentlichkeit können sich aus *Interessenkonflikten* und *konträren Zielrichtungen* in Haupt- und Nebentätigkeit oder aus dem *zweifelhaften gesellschaftlichen Stellenwert der Nebentätigkeit* ergeben. Wenn Haupt- und Nebentätigkeit wegen der bestehenden Gegensätze nicht miteinander in Einklang zu bringen sind, besteht zudem die Gefahr einer Ansehensgefährdung des Arbeitgebers. Gleiches gilt bei Nebentätigkeiten, durch die der Arbeitnehmer faktisch seine *Arbeitsleistung im Hauptarbeitsverhältnis entwertet*.

12. Das Arbeitsvertragsrecht wird vom Grundsatz der Vertragsfreiheit geprägt. Die Vertragsparteien haben daher das Recht Nebentätigkeitsvereinbarungen zu treffen, die über die gesetzlichen und vertragsimmanenten Grenzen hinausgehende Beschränkungen enthalten. Die Vertragsfreiheit findet ihre Grenze beim Individualarbeitsvertrag in den §§ 134, 138, 242, 315 BGB sowie den sonstigen Vorschriften zwingenden Rechts und beim Formulararbeitsvertrag zudem in der AGB-rechtlichen Inhaltskontrolle.

13. In der arbeitsrechtlichen Praxis überwiegt der Formulararbeitsvertrag. Nach Aufhebung der Bereichsausnahme unterliegen nun auch vorformulierte Arbeitsverträge der AGB-Kontrolle. Eine Klausel ist demnach unwirksam, „wenn sie den Vertragspartner des Verwenders entgegen den Geboten von Treu und Glauben unangemessen benachteiligt." Ob und inwieweit eine Vertragsklausel für den Arbeitnehmer eine unangemessene Benachteiligung darstellt, ist anhand einer umfassenden Interessenabwägung zu prüfen. Dabei sind gemäß § 310 Abs. 4 S. 2 BGB die „im Arbeitsrecht geltenden Besonderheiten" angemessen zu berücksichtigen. Klauseln, die gegen das AGB-Recht verstoßen, sind unwirksam. Aufgrund des auch im Arbeitsrecht anzuwendenden Verbotes geltungserhaltender Reduktion kann die Klausel nicht mit noch zulässigem Inhalt aufrechterhalten werden. Fehlt es an gesetzlichen Vorschriften, kann die durch die unwirksame Klausel entstandene Lücke im Wege der ergänzenden Vertragsauslegung geschlossen werden.

14. Die Vertragsfreiheit erlaubt es den Parteien, Nebentätigkeitsklauseln im Arbeitsvertrag zu vereinbaren. Zulässig sind deklaratorische Klauseln, die lediglich die bestehenden gesetzlichen und vertragsimmanenten Grenzen wiederholen. Nach § 307 Abs. 3 S. 1 BGB sind diese von der Inhaltskontrolle ausgeschlossen. Konstitutive Nebentätigkeitsklauseln sind zulässig, solange sie den Arbeitnehmer nicht unangemessen benachteiligen. Absolute Nebentätigkeitsverbote, die ohne Rücksicht darauf, ob es durch die Nebentätigkeit tatsächlich zu Beeinträchtigungen des Arbeitsverhältnisses kommt, die Ausübung jeglicher Nebentätigkeit untersagen, sind unzulässig. Es ist kein Arbeitgeberinteresse denkbar, dass ein so weitreichendes Nebentätigkeitsverbot rechtfertigt. Zulässig sind hingegen eingeschränkte Nebentätigkeitsverbote, soweit sie durch ein berechtigtes Arbeitgeberinteresse gedeckt sind.

15. In den Arbeitsverträgen werden sehr häufig Zustimmungsvorbehalte für Nebentätigkeiten vereinbart. Auch hier ist zwischen generellen und eingeschränkten Vorbehaltsklauseln zu differenzieren. Die Zulässigkeit von generellen Zustimmungsvorbehalten, die für jegliche Nebentätigkeit das Einverständnis des Arbeitgebers verlangen, ist umstritten. Das Bundesarbeitsgericht hält sie für zulässig, legt sie aber im Ergebnis dahingehend aus, dass der Arbeitnehmer einen Anspruch auf Zustimmung hat, wenn berechtigte Arbeitgeberinteressen nicht beeinträchtigt werden. Richtigerweise sind generelle Zustimmungsvorbehalte jedoch als unzulässig zu bewerten, da der Arbeitnehmer bis zum Vorliegen der Arbeitgeberentscheidung faktisch an der Nebentätigkeitsausübung gehindert wird und sie somit im Ergebnis die gleiche Wirkung wie absolute Nebentätigkeitsverbote haben. Auch im Hinblick auf das Transparenzgebot sind generelle Zustimmungsvorbehalte problematisch. Schließlich widerspricht die Vorgehensweise des Bundesarbeitsgerichts dem Verbot geltungserhaltender Redukti-

on. Generelle Zustimmungsvorbehalte sind nur dann möglich, wenn sie zugleich einen Zusatz enthalten, der klarstellt, wann eine Zustimmung erteilt bzw. nicht erteilt wird. Unproblematisch sind hingegen eingeschränkte Zustimmungsvorbehalte, die nur für solche Nebentätigkeiten die Zustimmung erfordern, von denen Beeinträchtigungen berechtigter Arbeitgeberinteressen ausgehen können. Empfehlenswert sind auch Zustimmungsfiktionen. Sie dienen der Vermeidung unnötig langer Wartezeiten und ersparen dem Arbeitgeber Verwaltungsaufwand.

16. Die Vereinbarung umfassender Anzeigepflichten ist zulässig, da das Informationsinteresse des Arbeitgebers gegenüber dem Geheimhaltungsinteresse des Arbeitnehmers überwiegt. Aufgrund der ohnehin bestehenden vertragsimmanenten Anzeigepflicht haben vertragliche Anzeigepflichten nur deklaratorischen Charakter. Vertragliche Rechtsfolgeregelungen, die über die gesetzlichen Sanktionen hinausgehen, sind unwirksam, da sie in der Regel gegen zwingende gesetzliche Bestimmungen verstoßen, von denen nicht zum Nachteil des Arbeitnehmers abgewichen werden darf.

17. Auf vertragliche Nebentätigkeitsklauseln sollte trotz bestehender gesetzlicher und vertragsimmanenter Grenzen nicht verzichtet werden. Jeder Beruf und jede Tätigkeit birgt Möglichkeiten für Interessenkollisionen in sich. Vertragliche Nebentätigkeitsklauseln dienen dazu, Missverständnisse und Streitigkeiten zwischen den Vertragsparteien zu vermeiden. Nebentätigkeitsklauseln, die eindeutig formuliert sind und das mit ihnen verfolgte Ziel erkennbar machen, bieten den Vertragsparteien eine solide Beurteilungsgrundlage.

18. Bei individuell ausgehandelten Arbeitsverträgen besteht zwischen den Vertragsparteien ein annäherndes Kräftegleichgewicht. Dies hat zur Folge, dass beide Parteien in der Lage sind, eigene Vorstellungen im Arbeitsvertrag zu realisieren. Die Vertragsfreiheit kommt damit stärker zur Geltung als beim Formularvertrag. In den Grenzen der §§ 134, 138, 242, 315 BGB können Arbeitgeber und Arbeitnehmer vertragliche Nebentätigkeitsregelungen vereinbaren. Damit sind auch generelle Nebentätigkeitsverbote oder Zustimmungsvorbehalte möglich, jedenfalls soweit sich die individuell vereinbarte Vertragsklausel als „Produkt" des gemeinsamen Aushandelns der Parteien darstellt. Hingegen sind vertragliche Rechtsfolgenregelungen, die über die gesetzlichen Sanktionsmöglichkeiten hinausgehen, unwirksam.

19. Teilzeitarbeitsverhältnisse sind abgesehen von der verkürzten Arbeitszeit normale Arbeitsverhältnisse mit denselben grundlegenden vertraglichen Pflichten. Bei einem Teilzeit-Hauptarbeitsverhältnis sind Nebentätigkeiten unzulässig, soweit durch sie die Arbeitsleistungen beeinträchtigt oder sonstige berechtigte Arbeitgeberinteressen verletzt werden. Die Zulässigkeit von Nebentätigkeiten

beurteilt sich im Grunde nach den gleichen Maßstäben, wobei aber die geringere zeitliche Inanspruchnahme des Arbeitnehmers mit zu berücksichtigen ist. Bei der Vertragsgestaltung ist von Zustimmungsvorbehalten abzuraten, weil sie den Arbeitnehmer bis zum Vorliegen der Arbeitgeberentscheidung faktisch an der Ausübung der Nebentätigkeit hindern. Bei geringfügig entlohnten Beschäftigten hat der Arbeitgeber kein Interesse an der Beibehaltung der Sozialversicherungsfreiheit. Zusätzliche Teilzeit- oder geringfügige Beschäftigungen sind nur dann unzulässig, soweit durch sie das erste Arbeitsverhältnis beeinträchtigt wird.

20. Die Ausübung einer Nebentätigkeit bietet jedem Arbeitnehmer die Möglichkeit, seine Fähigkeiten in einer weiteren Erwerbstätigkeit zu verwerten und sich zugleich ein zusätzliches Einkommen zu sichern. Durch die seit 1. April 2003 geltenden Neuerungen, vor allem die Änderungen bei der geringfügigen Beschäftigung, hat nunmehr jeder Arbeitnehmer die Möglichkeit, eine sozialversicherungsfreie Nebentätigkeit auf 400-€-Basis auszuüben. Vor dem Hintergrund der derzeitigen wirtschaftlichen Situation und den rechtlichen Veränderungen ist mit einer weiteren Zunahme von Nebentätigkeiten zu rechnen. Interessenkonflikte zwischen Arbeitgeber und Arbeitnehmer sind dabei vorprogrammiert. Eine den Interessen beider Seiten angepasste Vertragsgestaltung kann helfen, solche Konflikte zu vermeiden.

Literaturverzeichnis

Adomeit, Klaus: Anmerkung zum Urteil des BAG vom 25.2.1988, AZ: 8 AZR 596/85 – SAE 1989, S. 159-160

Annuß, Georg: AGB-Kontrolle im Arbeitsrecht, in: BB 2002, S. 458-463

Ascheid, Reiner / Preis, Ulrich / Schmidt, Ingrid: Kündigungsrecht, Großkommentar zum gesamten Recht der Beendigung von Arbeitsverhältnissen, 2. Auflage; München 2004

Aussem, Uwe: Die Ausstrahlungswirkung der Grundrechte auf das Arbeitsrecht, Diss., Univ. Köln 1994

Baeck, Ulrich / Deutsch, Markus: Arbeitszeitgesetz – Kommentar, 2. Auflage; München 2004,

Bährle, Ralph Jürgen: Zweitjob – welche Auswirkungen müssen Arbeitgeber beachten? in: BuW 2004, S. 395-396

Ballerstedt, Kurt: Probleme einer Dogmatik des Arbeitsrechts, in: RdA 1976, S. 5-14

Bamberger, Heinz Georg / Roth, Herbert: Kommentar zum Bürgerlichen Gesetzbuch, Band 1: §§ 1-610, München 2003

Bartz, Alexander: „AGB"-Kontrolle nun auch im Arbeitsrecht, in: AuA 2002, S. 62-65

Bauer, Jobst-Hubertus / Kock, Martin: Arbeitsrechtliche Auswirkungen des neuen Verbraucherschutzrechts, in: DB 2002, S. 42-46

Bauer, Jobst-Hubertus / Lingemann, Stefan / Diller, Martin / Haußmann, Katrin: Anwaltsformularbuch Arbeitsrecht, Köln 2001

Bayreuther, Frank: Das Verbot der geltungserhaltenden Reduktion im Arbeitsrecht – Zur Kehrtwende des BAG vom 4.3.2004, in: NZA 2004, S. 953-956

Becker, Friedrich / Danne, Harald, / Lang, Walter / Lipke, Gert-Albert / Mikosch, Ernst / Steinwedel, Ulrich: Gemeinschaftskommentar zum Teilzeitarbeitsrecht, Neuwied, Darmstadt 1987, zitiert: GK-TzA-Bearbeiter)

Becker, Friedrich: Arbeitsrechtliche Aspekte der Teilzeitbeschäftigung, Frankfurt am Main 1971, Zugl.: Diss., Univ. Frankfurt am Main 1970

Becker-Schaffner, Reinhard: Die Nebenbeschäftigung in der Rechtsprechung, in: BlStSozArbR 1973, S. 321-328

Beer, Hans: Über den Betriebsfrieden, in: ArbuR 1958, S. 236-238

Berkowsky, Wilfried: Die personen- und verhaltensbedingte Kündigung, Eine umfassende Darstellung unter Berücksichtigung des Betriebsverfassungsrechts und des Arbeitsgerichtsverfahrens, 3. Auflage; München 1997

Berkowsky, Wilfried: Anmerkung zum Urteil des BAG vom 21.1.1999, AZ: 2 AZR 665/98 – RdA 2000, S. 112-115

Berkowsky, Wilfried: Was ändert die Reform im Arbeitsrecht? in: AuA 2002, S. 11-16

Berning, Harald: Anmerkung zum Urteil des BAG vom 26.8.1993, AZ: 2 AZR 154/93 – AP Nr. 112 zu § 626 BGB, Bl. 7-9R

Berrisch, Hansjörg: Aktuelle Entscheidungen zur Nebentätigkeit, in: FA 2000, S. 306-308

Bieler, Frank: Zur Problematik der Kontrolle von Nebenbeschäftigungen und Nebentätigkeit, in: DÖD 1978, S. 215-218

Birnbaum, Christian: Was sind die „im Arbeitsrecht geltenden Besonderheiten"? in: NZA 2003, S. 944-950

Bitter, Walter: Die Arbeitspflicht des Arbeitnehmers, in: AR-Blattei SD – Arbeitspflicht, Stand: EL 134; Heidelberg 2004, (zitiert: Bitter, AR-Blattei SD – Arbeitspflicht des Arbeitnehmers)

Blomeyer, Wolfgang: Die rechtliche Bewertung des Betriebsfriedens im Individualarbeits- und Betriebsverfassungsrecht, in: ZfA 1972, S. 85-123

Bock, Annette: Das Doppelarbeitsverhältnis, Sinzheim 1998, Zugl.: Diss., Univ. Heidelberg 1997

Böckel, Eberhard: Moderne Arbeitsverträge, Vertragsmuster für Arbeiter und Angestellte, 5. Auflage; Planegg/München 1992

Boemke, Burkhard: Privatautonomie im Arbeitsvertragsrecht, in: NZA 1993, S. 532-538

Boemke, Burkhard: Schuldvertrag und Arbeitsverhältnis, München 1999, (zitiert: Boemke, Schuldvertrag und Arbeitsverhältnis)

Boemke, Burkhard: Nebenpflichten des Arbeitnehmers, in: AR-Blattei SD – Nebenpflichten des Arbeitnehmers, Stand: EL 134; Heidelberg 2004, (zitiert: Boemke, AR-Blattei SD – Nebenpflichten des Arbeitnehmers)

Boemke, Burkhard: Höhe der Verzugszinsen für Entgeltforderungen des Arbeitnehmers, in: BB 2002, S. 96-97

Boemke, Burkhard / Gründel, Mirko: Grundrechte im Arbeitsverhältnis, in: ZfA 2001, S. 245-280

Böhner, Hans: Die Beurteilung der Nebenbeschäftigung im Arbeits- und Sozialversicherungsrecht, in: DB 1969, S. 483-488

Boudon, Ulrich: Anmerkung zum Urteil des LAG Hamm vom 24.4.2001, AZ: 7 Sa 59/01 – ArbRB 2002, S. 4

Boudon, Ulrich: Anmerkung zum Urteil des BAG vom 26.6.2001, AZ: 9 AZR 343/00 – ArbRB 2002, S. 3-4

Boudon, Ulrich: AGB-Kontrolle – neue Regeln für den Entwurf von Arbeitsverträgen, in: ArbRB 2003, S. 150-153

Brändli, Thomas: Arbeitsvertrag und Nebenbeschäftigung, Unter besonderer Berücksichtigung von Nebenbeschäftigungsverboten im Individualarbeitsrecht, Diss., Univ. Zürich 2000

Braun, Stefan: Zulässigkeit, Grenzen und Probleme der Nebentätigkeit, in: DB 2003, S. 2282-2286

Braun, Stefan: Arbeitsrechtliche Rahmenbedingungen der Nebenbeschäftigung, in: ArbuR 2004, S. 47-50

Braun, Stefan: Das Nebentätigkeitsrecht der Angestellten und Arbeiter im öffentlichen Dienst, in: ZTR 2004, S. 69-75

Breiken, Claudia: Die geringfügige Beschäftigung unter besonderer Berücksichtigung der Mehrfachbeschäftigung, Frankfurt am Main 1999, Zugl.: Diss., Univ. Köln 1998

Brune, Ulrike: Schlechtleistung, in: AR-Blattei SD – Schlechtleistung, Stand: EL 134; Heidelberg 2004, (zitiert: Brune, AR-Blattei SD – Schlechtleistung)

Buchner, Herbert: Das Wettbewerbsverbot während der Dauer des Arbeitsverhältnisses, in: AR-Blattei SD – Wettbewerbsverbot II, Stand: EL 134; Heidelberg 2004, (zitiert: Buchner, AR-Blattei SD – Wettbewerbsverbot II)

Buchner, Herbert: Anmerkung zum Urteil des BAG vom 11.12.2001, AZ: 9 AZR 464/00 – RdA 2003, S. 177-179

Buchner, Herbert: Tendenzförderung als arbeitsrechtliche Pflicht, Zur Bindung des Arbeitnehmers an die Unternehmenszielsetzung, in: ZfA 1979, S. 335-356

Callam, Peter: Arbeitsrechtliche Probleme mehrfacher Erwerbstätigkeit von Arbeitnehmern, Diss., Univ. Bonn 1969

Coester, Michael: Inhaltskontrolle von Arbeitsverträgen, in: Jura 2005, S. 251-257

Conrad, Dieter: Freiheitsrechte und Arbeitsverfassung, Berlin 1965

de Convillé, André: Schuldrechtliche Haupt- und Nebenpflichten aus dem arbeitsvertraglichen Arbeitsverhältnis der Arbeitgeber und Arbeitnehmer, Frankfurt am Main 1986

Daum, Ulrich: Außerdienstliche Verhaltenspflichten des Arbeitnehmers, Diss., Univ. München 1969

Daumke, Michael: Grundriss des deutschen Steuerrechts, Die wesentlichen Steuerarten, Verfahrensrecht, Internationales Steuerrecht, 5. Auflage; Bielefeld 2002

Däubler, Wolfgang: Die Auswirkungen der Schuldrechtsmodernisierung auf das Arbeitsrecht, in: NZA 2001, S. 1329-1337

Dieterich, Thomas (Hrsg.) / Müller-Glöge, Rudi (Hrsg.) / Preis, Ulrich (Hrsg.) / Schaub, Günter (Hrsg.): Erfurter Kommentar zum Arbeitsrecht, 5. Auflage; München 2005, (zitiert: Erf-Komm-Bearbeiter)

Dieterich, Thomas: Grundgesetz und Privatautonomie im Arbeitsrecht, Köln 1995

Dobberahn, Peter: Das neue Arbeitszeitgesetz in der Praxis, 2. Auflage; München 1996

Dörner, Hans-Jürgen: Der befristete Arbeitsvertrag, Eine systematische Darstellung des Befristungsrechts, München 2004

Dörner, Klemens / Luczak, Stefan / Wildschütz, Martin: Handbuch Arbeitsrecht, 3. Auflage; Neuwied, Kriftel 2002, (zitiert: DLW-Bearbeiter)

Dröge, Sandra: Geringfügige und kurzfristige Beschäftigung, Die wichtigsten Änderungen für Unternehmen, in: AuA 2003 (Heft 3), S. 42-47

Dudenbostel, Karl / Klas, Helmut: Außerdienstliches Verhalten als Kündigungsgrund, in: ArbuR 1979, S. 296-306

Düwell, Franz Joseph: Überblick über die aktuelle Rechtsprechung des Neunten Senats des BAG, in: Jahrbuch des Arbeitsrechts 1999, S. 87-116

Eckert, Michael / Wallstein, Caroline: Das neue Arbeitsvertragsrecht, Vertragsgestaltung nach der Schuldrechtsreform und dem AGB-Recht, München 2002

Edelmann, Klaus: Das Verbot der dem Urlaubszweck widersprechenden Erwerbstätigkeit nach § 8 Bundesurlaubsgesetz, Diss., Univ. Frankfurt am Main 1970, (zitiert: Edelmann, Verbot des § 8 BUrlG)

Engel, Oliver: Konventionalstrafen im Arbeitsvertrag, Bayreuth 1990, Zugl.: Diss., Univ. Bayreuth 1990

Erman, Walter: Bürgerliches Gesetzbuch, Handkommentar mit EGBGB, ErbbauVO, HausratsVO, LPartG, ProdHaftG, UKlaG, VAHRG und WEG, 11. Auflage; Münster, Köln 2004, (zitiert: Erman-Bearbeiter)

Etzel, Gerhard (Gesamtredaktion): Gemeinschaftskommentar zum Kündigungsschutzgesetz und zu sonstigen kündigungsschutzrechtlichen Vorschriften, 7. Auflage; München/Unterschleißheim 2004, (zitiert: KR-Bearbeiter)

Färber, Peter: Rechtliche Aspekte von Nebentätigkeiten, in: Personalführung 1997, S. 782-785

Fastrich, Lorenz: Richterliche Inhaltskontrolle im Privatrecht, München 1992

Fenn, Herbert: Formulararbeitsverträge, gesamteinheitliche Arbeitsbedingungen und das AGBG, in: Festschrift für Alfred Söllner, S. 333-365, München 2000, (zitiert: Fenn, in: FS-Söllner)

Feuerborn, Andreas: Sachliche Gründe im Arbeitsrecht, Konkretisierung eines normativen Rechtsbegriffs zwischen Vertragsfreiheit und Arbeitnehmerschutz, München 2003

Figge, Gustav: Zusätzliche Änderungen in der Sozialversicherung zum Jahreswechsel 2002/2003, in: DB 2003, S. 150-155

Fingerhut, Michael: Formularbuch für Verträge, 10. Auflage; Köln, Berlin, Bonn, München 2002

Franke, Thomas: Arbeits- und sozialrechtliche Probleme des Zweitarbeitsverhältnisses, Frankfurt am Main 2003, Zugl.: Diss. Univ. Freiburg i. Br. 2003

Friese, Birgit: Urlaubsrecht, München 2003

Frey, Erich: Die Berufsfreiheit des Art. 12 Abs. 1 GG in arbeitsrechtlicher Sicht, in: ArbuR 1967, S. 326-334

Fuchs, Dieter: Veraltete Klauseln in Formulararbeitsverträgen, in: BlStSozArbR 1978, S. 321-324

Gamillscheg, Franz: Die Grundrechte im Arbeitsrecht, Berlin 1989

Gamillscheg, Franz: Ein Gesetz über das internationale Arbeitsrecht, in: ZfA 1983, S. 307-373

Gamillscheg, Franz: Gedanken zur Neuregelung der Wettbewerbsvereinbarungen, in: RdA 1975, S. 13-23

Gaul, Björn: Der Musterarbeitsvertrag – zwischen unternehmerischer Vorsorge und den Vorgaben des Nachweisgesetzes, in: NZA 2000, Sonderbeilage zu Heft 3 zur Passauer Tagung vom 17. und 18. Juni 1999, S. 51-64

Gaul, Björn / Bonanni, Andrea: Die Nebentätigkeitsgenehmigung, in: ArbRB 2002, S. 284-286

Gift, Emil: Zur Zulässigkeit einer Nebenbeschäftigung im Arbeitsrecht, in: BB 1959, S. 43-47

Gitter, Wolfgang: Anmerkung zum Urteil des BAG vom 14.12.1967, AZ: 5 AZR 74/67 – AP Nr. 2 zu § 1 AZO, Bl. 4-5

Glöckner, Martin: Nebentätigkeitsverbote im Individualarbeitsrecht, Baden-Baden, 1993, Zugl.: Diss., Univ. Köln 1993

Götz, Volkmar / Söllner, Alfred: Einheitlichkeit und Unabhängigkeit der Technischen Überwachung, Heidelberg 1978

Gotthardt, Michael: Arbeitsrecht nach der Schuldrechtsreform, Neue Rechtslage für bestehende Arbeitsverträge ab 1.1.2003, 2. Auflage; München 2003, (zitiert: Gotthardt, Schuldrechtsreform)

Gotthardt, Michael: Der Arbeitsvertrag auf dem AGB-rechtlichen Prüfstand, in: ZIP 2002, S. 277-289

Graf, Bettina: Grundzüge und Überlegungen zum Qualitätsmanagement und zur Qualitätssicherung der Dienstleistung Ernährungsberatung, Diss., Univ. Giessen 2003, (zitiert: Graf, Dienstleistung Ernährungsberatung)

Grobys, Marcel: AGB-Kontrolle von Arbeits- und Dienstverträgen nach dem Schulrechtsmodernisierungsgesetz, in: DStR 2002, S. 1002-1009

Grunewald, Benno: Inhalt und Grenzen des arbeitsvertraglichen Nebentätigkeitsverbotes, in: NZA 1994, S. 971-973

Grunsky, Wolfgang: Das Recht auf Privatleben als Begrenzung vertraglicher Nebenpflichten, in: JuS 1989, S. 593-599

Günther, Hellmuth: Unterbinden von Nebenbeschäftigung bei Kollision mit dienstlichen Interessen, in: DÖD 1988, S. 78-94

Gumpert, Jobst: Inhaltskontrolle von Formulararbeitsverträgen und „Allgemeinen Arbeitsbedingungen", in: BB 1974, S. 139-142

Hadeler, Indra: Auswirkungen der Schuldrechtsreform auf das Arbeitsrecht, in: FA 2002, S. 66-72

Haferkorn, Astrid: Swingerclubs als aktuelle gaststättenrechtliche Problemstellung, in: GewArch 2002, S. 145-150

Hanau, Peter / Preis, Ulrich: Der Arbeitsvertrag, Praxis – Kommentar – Muster, Neuwied, Kriftel 1995

Hanel, Erich: Arbeitnehmer und Nebentätigkeit, in: Personal 1994, S. 92-93

Hansen, Ralf: Die Anwendung der §§ 305 ff. auf vorformulierte Arbeitsverträge, in: ZGS 2004, S. 21-26

Hartmann, Jens: Praktische Aspekte der Nebentätigkeit aus Sicht des Arbeitgebers, in: BuW 1996, S. 566-568

Heinrich, Christian: Formale Freiheit und materielle Gerechtigkeit, Die Grundlagen der Vertragsfreiheit und Vertragskontrolle am Beispiel ausgewählter Probleme des Arbeitsrechts, Tübingen 2000

Helberger, Christof / Schwarze, Johannes: Umfang und Struktur der Nebenerwerbstätigkeit in der Bundesrepublik Deutschland, in: MittAB 1986, S. 271-286

Henssler, Martin: Arbeitsrecht und Schuldrechtsreform, in: RdA 2002, S. 129-140

Henssler, Martin / Graf von Westphalen, Friedrich: Praxis der Schuldrechtsreform, 2. Auflage; Recklinghausen 2003

Herschel, Wilhelm: Anmerkung zum Urteil des BAG vom 13.11.1979, AZ: 6 AZR 934/77 – AP Nr. 5 zu § 1 KSchG 1969 – Krankheit

Hessel, Philipp: Anmerkung zum Urteil des BAG vom 17.7.1970, AZ: 3 AZR 423/69 – ArbuR 1971, S. 64

Hönn, Günther: Zu den „Besonderheiten" des Arbeitsrechts, in: ZfA 2003, S. 325-359

Hohmann, Burkhard: Arbeitsrechtliche Probleme der Nebentätigkeit: eine vergleichende Untersuchung am Beispiel der Bundesrepublik Deutschland, Österreichs und der Schweiz, Diss., Univ. Salzburg 1989

Hohmeister, Frank Udo: Nebentätigkeit und Wettbewerb im Arbeitsverhältnis, in: BuW 1996, S. 108-112

Hohn, Hannsjosef / Romanovzsky, Bruno: Vorteilhafte Arbeitsverträge – Vertragsmuster und Winke für die Praxis bei der Begründung, Gestaltung und Beendigung von Arbeitsverhältnissen, 5. Auflage; Freiburg i. Br. 1994

Holtkamp, Werner: Anmerkung zum Urteil des BAG vom 28.2.2002, AZ: 6 AZR 357/01 – AuA 2002, S. 472-473

Hoyningen-Huene, Gerrick von: Die kaufmännischen Hilfspersonen, Handlungsgehilfen, Handelsvertreter, Handelsmakler, Systematischer Kommentar der §§ 59-104 HGB, München 1996, (zitiert: v. Hoyningen-Huene, Die kaufmännischen Hilfspersonen)

Hoyningen-Huene, Gerrick von: Die Inhaltskontrolle nach § 9 AGBG, Ein Kommentar, Heidelberg 1991, (zitiert: v. Hoyningen-Huene, Inhaltskontrolle)

Hromadka, Wolfgang: Schuldrechtsmodernisierung und Vertragskontrolle im Arbeitsrecht, in: NJW 2002, S. 2523-2530

Hromadka, Wolfgang / Maschmann, Frank: Arbeitsrecht, Band I: Individualarbeitsrecht, 2. Auflage; Heidelberg 2002

Hueck, Alfred / Nipperdey, Hans Carl: Lehrbuch des Arbeitsrechts 1. Band, 7. Auflage; Berlin, Frankfurt am Main 1963

Hümmerich, Klaus: Arbeitsrecht, 2. Auflage; Bonn 1999

Hümmerich, Klaus / Holthausen, Joachim: Der Arbeitnehmer als Verbraucher, in: NZA 2002, S. 173-181

Hunold, Wolf: Mehrere Arbeitsverhältnisse eines Arbeitnehmers, in: AR-Blattei SD – Mehrfachbeschäftigung, Stand: EL 134; Heidelberg 2004, (zitiert: Hunold, AR-Blattei SD – Mehrfachbeschäftigung)

Hunold, Wolf: Nebentätigkeit und Arbeitszeitgesetz, in: NZA 1995, S. 558-561

Hunold, Wolf: 30 Musterarbeitsverträge und Zeugnisse für die betriebliche Praxis / 200 Musterformulierungen für die Personal- und Rechtsabteilung, 3. Auflage; Kissing 1981, (zitiert: Hunold, 30 Musterarbeitsverträge)

Ignor, Alexander / Rixen, Stephan: Handbuch Arbeitsstrafrecht, Die Tatbestände der einschlägigen Gesetze, Stuttgart, München, Hannover, Berlin, Weimar, Dresden 2002

Isensee, Josef / Kirchhof, Paul: Handbuch des Staatsrechts der Bundesrepublik Deutschland, Band VI: Freiheitsrechte, Heidelberg 1989, (zitiert: Bearbeiter, in: Handbuch des Staatsrechts)

Janert, Wolf-Rüdiger: Das vertragswidrige Doppelarbeitsverhältnis, Diss., Univ. Göttingen 1969

Junker, Abbo: Grundzüge Arbeitsrecht, 4. Auflage; München 2004

Kania, Thomas / Gilberg, Dirk: Befristete Arbeitsverträge, 2. Auflage; Köln 2000

Kappes, Karl-Heinz / Aabadi, Rachid: Nebentätigkeit und Abmahnung, Besprechung des BAG-Urteils vom 11.12.2001 – 9 AZR 464/00, in: DB 2003, S. 938-940

Kaskel, Walter: Arbeitsrecht, Berlin 1925

Kempen, Otto Ernst / Kreuder, Thomas: Nebentätigkeit und arbeitsrechtliches Wettbewerbsverbot bei verkürzter Arbeitszeit, in: ArbuR 1994, S. 214-220

Kempff, Gilbert: Grundrechte im Arbeitsverhältnis, in: AiB 1990, S. 455-459

Keymer, Dietrich: Das Nebentätigkeitsrecht der Arbeitnehmer im öffentlichen Dienst, in: ZTR 1988, S. 193-198

Kindschuh-van Roje, Ellen: Der Erzieher im Heim, Eine Untersuchung zu Verarbeitungsformen von Problemen in der Interaktion Erzieher – Kind unter besonderer Berücksichtigung der Aggression, Weinheim 1989, Zugl.: Diss., Univ. Frankfurt am Main 1987

Kittner, Michael / Zwanziger, Bertram: Arbeitsrecht – Handbuch für die Praxis, 2. Auflage; Frankfurt am Main 2003, (zitiert: Kittner/Zwanziger-Bearbeiter)

Kittner, Michael / Däubler, Wolfgang / Zwanziger, Bertram: Kündigungsschutzrecht, Kommentar für die Praxis zu Kündigungen und anderen Formen der Beendigung des Arbeitsverhältnisses, 5. Auflage; Köln 2001, (zitiert: Kittner/Däubler/Zwanziger-Bearbeiter)

Köndgen, Johannes: Grund und Grenzen des Transparenzgebotes im AGB-Recht, in: NJW 1989, S. 943-952

Koller, Ingo: Das Transparenzgebot als Kontrollmaßstab Allgemeiner Geschäftsbedingunge, in: Festschrift für Ernst Steindorff, S. 667-686, Berlin, New York 1990, (zitiert: Koller, in: FS-Steindorff)

Kopp, Peter: Arbeitsverträge für Führungskräfte, 4. Auflage; München 2001

Kornbichler, Hendrik: Zulässigkeit und Grenzen von Nebentätigkeiten, in: AuA 2003 (Heft 6), S. 16-18

Kossens, Michael: Ich-AG, Mini-Jobs und Scheinselbständigkeit, in: AuA 2003 (Heft 2), S. 21-23

Krause, Rüdiger: Inhalt des Arbeitsverhältnisses, in: AR-Blattei SD – Arbeitsvertrag-Arbeitsverhältnis II A, Stand: EL 134; Heidelberg 2004, (zitiert: Krause, AR-Blattei SD – Arbeitsvertrag II A)

Krüger, Wolfgang: Münchener Kommentar zum Bürgerlichen Gesetzbuch, Schuldrecht Allgemeiner Teil, Bd. 2a (§§ 241-432), 4. Auflage; München 2003, (zitiert: Münch-Komm/Bearbeiter)

Küttner, Wolfdieter: Personalbuch 2004, Arbeitsrecht, Lohnsteuerrecht, Sozialversicherungsrecht, 11. Auflage; München 2004, (zitiert: Bearbeiter, in: Personalbuch)

Kuhn, Diether: Probleme der Nebentätigkeit im Individualarbeitsrecht, Bern 1985, Zugl.: Diss., Univ. Zürich 1985

Kunz, Jürgen: Betriebs- und Geschäftsgeheimnisse und Wettbewerbsverbot während der Dauer und nach Beendigung des Anstellungsverhältnisses, in: DB 1993, S. 2482-2487

Leder, Tobias / Morgenroth, Sascha: Die Vertragsstrafe im Formulararbeitsvertrag, in: NZA 2002, S. 952-957

Leinemann, Wolfgang: Kasseler Handbuch zum Arbeitsrecht, Band 1: Arbeitsverhältnis, Inhalt des Arbeitsverhältnisses und Arbeitsverhältnisse mit erhöhtem Schutz, 2. Auflage; Neuwied, Kriftel 2000, (zitiert: Kasseler Handbuch-Bearbeiter)

Leinemann, Wolfgang / Linck, Rüdiger: Urlaubsrecht, 2. Auflage; München 2001

Lindemann, Viola: Flexible Gestaltung von Arbeitsvertragsbedingungen nach der Schuldrechtsreform, Köln 2003, Zugl.: Diss., Univ. Köln 2003

Lindemann, Viola: Neuerungen im Arbeitsrecht durch die Schuldrechtsreform, in: ArbuR 2002, S. 81-87

Lingemann, Stefan: Allgemeine Geschäftsbedingungen und Arbeitsvertrag, in: NZA 2002, S. 181-192

Linke, Klaus: Muss Arbeitgeber Nebenjob dulden? in: AuA 2002, S. 365-366

Löwisch, Manfred / Schönfeld, Thorleif: Anmerkung zum Urteil des BAG vom 9.12.1982, AZ: 2 AZR 620/80 – EzA Nr. 86 zu § 262 n.F., S. 356a-c

Mangoldt, Hermann von / Klein, Friedrich / Starck, Christian: Das Bonner Grundgesetz – Kommentar, Band 1: Präambel, Artikel 1 bis 19, 4. Auflage; München 1999

Marschall, Dieter: Bekämpfung illegaler Beschäftigung, 3. Auflage; München 2003

Mayer, Gunnar: Das außerdienstliche Verhalten von Arbeitnehmern, Frankfurt am Main 2000, Zugl.: Diss., Univ. Kiel 1999

Mayer-Maly, Theo: Arbeitsverhältnis und Privatsphäre, in: ArbuR 1968, S.1-13

Mayer-Maly, Theo: Treue- und Fürsorgepflicht in rechtstheoretischer und rechtsdogmatischer Sicht, in: Wiener Beiträge zum Arbeits- und Sozialrecht, S. 71-90, Wien 1975, (zitiert: Mayer-Maly, Treue- und Fürsorgepflicht, in: Wiener Beiträge)

Medicus, Dieter: Bürgerliches Recht, 20. Auflage; Köln, Berlin, Bonn, München 2004

Meisel, Peter G. / Hiersemann, Walter: Arbeitszeitordnung – Kommentar, 2. Auflage; München 1977

Metzner, Richard: Gaststättengesetz – Kommentar, 6. Auflage; München 2002

Meyer, Wolfgang: Handbuch Arbeitsrecht für die Praxis, 9. Auflage; Baden-Baden 2000

Monjau, Herbert: Nebentätigkeit von Arbeitnehmern, in: AR-Blattei – Nebentätigkeit des Arbeitnehmers I, Stand: EL 502; Wiesbaden 1992, (zitiert: Monjau, AR-Blattei Nebentätigkeit)

Mosler, Rudolf: Teilzeitarbeit, in: AR-Blattei SD – Teilzeitarbeit, Stand: EL 134; Heidelberg 2004, (zitiert: Mosler, AR-Blattei SD – Teilzeitarbeit)

Motzer, Stefan: Die „positive Vertragsverletzung" des Arbeitnehmers, Zugleich ein Beitrag zur Bestimmung von Inhalt und Rechtsnatur der Arbeitnehmerpflichten, Köln, Berlin, Bonn, München 1982, Zugl.: Diss., Univ. Tübingen 1981

Müller, Christoph Johannes: Die Berufsfreiheit des Arbeitgebers, Einwirkungen des Art. 12 Abs. 1 GG auf das Individual- und Kollektivarbeitsrecht, Köln 1996, Zugl.: Diss., Univ. Köln 1996

Müller, Eugen / Berenz, Claus: Entgeltfortzahlungsgesetz, 3. Auflage; Stuttgart 2001

Müller, Gerhard: Die personen- und verhaltensbedingte sowie die betriebsbedingte Kündigung nach der Rechtsprechung des Bundesarbeitsgerichts, in: Das Arbeitsrecht der Gegenwart 1963, S. 19-41

Müller, Gerhard: „Komponenten des Arbeitsverhältnisses", in: In Memoriam Otto Kahn-Freund, S. 571-592, München 1980, (zitiert: Müller, in: In Memoriam Otto Kahn-Freund)

Müller, Gernot: Der Leistungsbegriff im Arbeitsverhältnis, Frankfurt am Main 1974, Zugl.: Diss., Univ. Würzburg 1974

Müller, Michael: Whistleblowing – Ein Kündigungsgrund? in: NZA 2002, S. 424-437

Müller-Glöge, Rudi: Strafversprechen im Arbeitsvertrag, in: FA 2000, S. 114-117

Münch, Ingo von / Kunig, Philip: Grundgesetz-Kommentar, Band 1: Präambel bis Art. 19, 5. Auflage; München 2000

Natzel, Ivo: Schutz des Arbeitnehmers als Verbraucher? in: NZA 2002, S. 595-597

Nebe, Klaus: Der Arbeitsvertrag des leitenden Angestellten, München 1980

Nebendahl, Mathias: Der Teilzeitarbeitsvertrag, Herkömmliche Teilzeitarbeit, Abrufarbeit und Arbeitsplatzteilung, 2. Auflage; München 2000

Neumann, Dirk: Verbotene Urlaubsarbeit, in: DB 1972, S. 2209-2212

Neumann, Dirk / Biebl, Josef: Arbeitszeitgesetz – Kommentar, 14. Auflage; München 2004, (zitiert: Neumann/Biebl, ArbZG)

Neumann, Dirk / Fenski, Martin: Bundesurlaubsgesetz, 9. Auflage; München 2003, (zitiert: Neumann/Fenski, BUrlG)

Niermann, Walter / Plenker, Jürgen: Die Neuregelung der geringfügigen Beschäftigungsverhältnisse ab 1.4.2003, in: DB 2003, S. 304-309

Nikisch, Arthur: Arbeitsrecht, I. Band: Allgemeine Lehren und Arbeitsvertragsrecht, 3. Auflage; Tübingen 1961

Nipperdey, Hans Carl: Grundrechte und Privatrecht, Krefeld, 1961

Nipperdey, Hans Carl: Gleicher Lohn der Frau für gleiche Leistung, in: RdA 1950, S. 121-128

Notz, Andreas: Überschreiten der höchstzulässigen Arbeitszeit, in: AuA 2003 (Heft 2), S. 18-20

Oetker, Hartmut: Die Ausprägung der Grundrechte des Arbeitnehmers in der Arbeitsrechtsordnung der Bundesrepublik Deutschland, in: RdA 2004, S. 8-19

Oligmüller, Peter: Nebentätigkeitsproblematik im Individualarbeitsrecht, Düsseldorf 1979, Zugl.: Diss., Univ. Bielefeld 1979

Otto, Alexander: Der Wegfall des Vertrauens in den Arbeitnehmer als wichtiger Grund zur Kündigung des Arbeitsverhältnisses, Berlin 2000, Zugl.: Diss., Univ. Potsdam 1998, (zitiert: Otto, Wegfall des Vertrauens)

Otto, Hansjörg: Personale Freiheit und soziale Bindung, München 1978, (zitiert: Otto, Personale Freiheit)

Palandt, Otto: Bürgerliches Gesetzbuch – Kommentar, 64. Auflage; München 2005, (zitiert: Palandt-Bearbeiter)

Palme, Antonie: Zur Nebenbeschäftigung des Arbeitnehmers, in: BB 1959, S. 329-332

Palme, Antonie: Nebentätigkeit im Arbeitsrecht, in: BlStSozArbR 1973, S. 137-140

Papier, Hans-Jürgen: Art. 12 GG – Freiheit des Berufs und Grundrecht der Arbeit, in: DVBl 1984, S. 801-814

Papier, Hans-Jürgen: Der verfassungsrechtliche Rahmen für Privatautonomie im Arbeitsrecht, in: RdA 1989, S. 137-144

Pauly, Holger: Analoge Anwendung des AGB-Gesetzes auf Formulararbeitsverträge? in: NZA 1997, S. 1030-1034

Pauly, Renate: Anmerkung zum Urteil des VG Berlin vom 17.1.2000, AZ: VG A 441.99 – GewArch 2000, S. 203-204

Petrovic, Gabriela: Kommentar zum Urteil des OGH vom 15.9.1981, AZ: 4 Ob 69/81 – ZAS 1983, S. 139-143

Preis, Ulrich: Prinzipien des Kündigungsrechts bei Arbeitsverhältnissen, Eine Untersuchung zum Recht des materiellen Kündigungsschutzes, insbesondere zur Theorie der Kündigungsgründe, München 1987, Zugl.: Diss., Univ. Köln 1986, (zitiert: Preis, Prinzipien des Kündigungsrechts)

Preis, Ulrich: Grundfragen der Vertragsgestaltung im Arbeitsrecht, Neuwied, Kriftel, Berlin 1993, (zitiert: Preis, Grundfragen der Vertragsgestaltung)

Preis, Ulrich: Der Arbeitsvertrag, Köln 2002, (zitiert: Preis-Bearbeiter, Arbeitsvertrag, 1. Auflage)

Preis, Ulrich: Der Arbeitsvertrag, 2. Auflage; Köln 2005, (zitiert: Preis-Bearbeiter, Arbeitsvertrag)

Preis, Ulrich: Arbeitsrecht, Praxis-Lehrbuch zum Individualarbeitsrecht, 2. Auflage; Köln 2003, (zitiert: Preis, LB)

Preis, Ulrich: Arbeitsrecht, Verbraucherschutz und Inhaltskontrolle, in: NZA 2003, Sonderbeilage zu Heft 16: „Auf dem Weg zu einem modernen Arbeitsrecht? – NZA Jahrestagung 2002", S. 19-33

Preis, Ulrich / Kliemt, Michael / Ulrich, Christoph: Aushilfs- und Probearbeitsverhältnis, 2. Auflage; Heidelberg 2003

Pudel, Volker: Praxis der Ernährungsberatung, 2. Auflage; Berlin, Heidelberg, New York 1991

Radü, Friedrich Wilhelm: Die Konkretisierung der Berufsfreiheit im Arbeitsrecht der Bundesrepublik Deutschland und der Schweiz, Basel 1978, Zugl.: Diss., Univ. Basel 1976

Rebmann, Kurt / Säcker, Franz Jürgen / Rixecker, Roland: Münchener Kommentar zum Bürgerlichen Gesetzbuch, Band 2a, Schuldrecht Allgemeiner Teil (§§ 241-432), 4. Auflage; München 2003, (zitiert: MünchKomm/Bearbeiter)

Rebmann, Kurt / Säcker, Franz Jürgen / Rixecker, Roland: Münchener Kommentar zum Bürgerlichen Gesetzbuch, Band 4, Schuldrecht Besonderer Teil 2 (§§ 607-704), 3. Auflage; München 1997

Resch, Reinhard: Arbeitsvertrag und Nebenbeschäftigung, Wien 1991, Zugl.: Diss., Univ. Linz 1990

Reiserer, Kerstin / Freckmann, Anke / Träumer, Stefan: Scheinselbständigkeit, geringfügige Beschäftigung, München 2002

Reiserer, Kerstin / Freckmann, Anke: Freie Mitarbeit und Mini-Jobs nach der Hartz-Reform, München 2003

Rewolle, Hans-Dietrich: Die Nebenbeschäftigung im Arbeitsrecht, in: BB 1959, S. 670-673

Richardi, Reinhard / Wlotzke, Otfried: Münchener Handbuch zum Arbeitsrecht, Band 1: Individualarbeitsrecht I, 2. Auflage; München 2000, (zitiert: MüArbR-Bearbeiter)

Richardi, Reinhard / Wlotzke, Otfried: Münchener Handbuch zum Arbeitsrecht, Band 2: Individualarbeitsrecht II, 2. Auflage; München 2000, (zitiert: MüArbR-Bearbeiter, Bd. 2)

Richardi, Reinhard: Gestaltung der Arbeitsverträge durch Allgemeine Geschäftsbedingungen nach dem Schuldrechtsmodernisierungsgesetz, in: NZA, 2002, S. 1057-1064

Rieble, Volker: Arbeitsmarkt und Wettbewerb, Der Schutz der Vertrags- und Wettbewerbsfreiheit im Arbeitsrecht, Berlin, Heidelberg 1996

Riedel, Ingo: Das Grundrecht der Berufsfreiheit im Arbeitsrecht, Diss., Univ. Würzburg 1987

Röhsler, Waldemar / Borrmann, Helga: Wettbewerbsbeschränkungen für Arbeitnehmer und Handelsvertreter, Berlin 1981

Roggendorff, Peter: Arbeitszeitgesetz, München 1994

Rolfs, Christian: Das Verbot geltungserhaltender Reduktion, in: Festschrift für Peter Schwerdtner, S. 151-167, Neuwied 2003, (zitiert: Rolfs, in: FS-Schwerdtner)

Rolfs, Christian: Scheinselbständigkeit, geringfügige Beschäftigung und „Gleitzone" nach dem zweiten Hartz-Gesetz, in: NZA 2003, S. 65-72

Rossbruch, Robert: Nebentätigkeit eines Krankenpflegers als Leichenbestatter, in: PflegeR 2002, S. 362-368

Sachs, Michael: Grundgesetz – Kommentar, 3. Auflage; München 2003, (zitiert: Bearbeiter, in: Sachs)

Sachs, Michael: Verfassungsrecht II – Grundrechte, 2. Auflage; Berlin Heidelberg 2003, (zitiert: Sachs, Verfassungsrecht II)

Säcker, Franz Jürgen / Oetker, Hartmut: Das Dienstordnungsrecht der Sozialversicherungsangestellten im Spannungsfeld zwischen Arbeits- und Beamtenrecht, in: ZfA 1987, S. 95-130

Schaub, Günter / Koch, Ulrich / Linck, Rüdiger: Arbeitsrechtshandbuch, 11. Auflage; München 2005, (zitiert: Schaub-Bearbeiter)

Schaub, Günter: Arbeitsrechtliche Formularsammlung, 7. Auflage; München 1999, (zitiert: Schaub, Arbeitsrechtliche Formularsammlung)

Scheriau, Karl Michael: Arbeitsverhältnis: Ist das noch normal? 3. Auflage; Berlin 2004

Schliemann, Harald (Hrsg.): Das Arbeitsrecht im BGB, Kommentar, 2. Auflage; Berlin, New York 2002, (zitiert: Bearbeiter, in: Das Arbeitsrecht im BGB)

Schliemann, Harald: Arbeitszeitgesetz, Kommentar mit Nebenrecht, Stand: EL 7; Neuwied, Kriftel, Berlin 2004, (zitiert: Schliemann, ArbZG)

Schliemann, Harald / Meyer, Jürgen: Arbeitszeitrecht, Gesetzliche, tarifliche und betriebliche Regelungen, 2. Auflage; Neuwied, Kriftel 2002, (zitiert: Schliemann/Meyer, ArbZR)

Schlodder, Antje: Der Arbeitsvertrag im neuen Schuldrecht, Heidelberg 2004, Zugl.: Diss., Univ. Regensburg 2003

Schmidt, Karsten (Hrsg.): Münchener Kommentar zum Handelsgesetzbuch, Erstes Buch: Handelsstand §§ 1-104, München 1996, (zitiert: Münch-Komm/Bearbeiter)

Schmidt, Karsten: Handelsrecht, 5. Auflage; Köln, Berlin 1999

Schnorr von Carolsfeld, Ludwig: Arbeitsrecht, 2. Auflage; Göttingen 1954

Schrader, Peter / Schubert, Jens M.: AGB-Kontrolle von Arbeitsverträgen, Grundsätze der Inhaltskontrolle arbeitsvertraglicher Vereinbarungen, Teil 1: Tätigkeit, Arbeitszeit, Vergütung, in: NZA-RR 2005, S. 169-179; Teil 2: Gestaltung des Arbeitsverhältnisses, Vertragsstrafe und Ausschlussfristen, in: NZA-RR 2005, S. 225-237

Schulze, Reiner (Schriftleitung): Bürgerliches Gesetzbuch, Handkommentar, 4. Auflage; Baden-Baden 2005, (zitiert: Hk-BGB/Bearbeiter)

Schwarz, Eckard: Überraschungskontrolle nach § 3 AGBG im Arbeitsrecht? Oder gilt § 23 Abs. 1 AGBG doch noch? in: BB 1996, S. 1434-1437

Schwarz, Walter / Holzer, Wolfgang: Die Treuepflicht des Arbeitnehmers und ihre künftige Gestaltung, Wien 1975

Schweigert, Rolf-Rainhart: Urlaubsrechtliche Probleme der Nebentätigkeit im Arbeitsrecht, Diss., Univ. Würzburg 1970

Schwerdtner, Peter: Grenzen der Vereinbarungsfähigkeit von Vertragsstrafen im Einzelarbeitsverhältnis, in: Festschrift für Marie Luise Hilger und Hermann Stumpf, S. 631-656, München 1983, (zitiert: Schwerdtner, in: FS-Hilger/Stumpf)

Singer, Reinhard: Anmerkung zu den Urteilen des BAG vom 28.2.2002 AZ: 6 AZR 357/01 und BAG vom 11.12.2001 AZ: 9 AZR 464/00 – AP Nr. 8 zu § 611 BGB – Nebentätigkeit, Bl. 4-7

Sinzheimer, Hugo: Grundzüge des Arbeitsrechts, 2. Auflage; Jena 1927

Sommer, Hans-Eckhard: Die Nichterfüllung der Arbeitspflicht, Grundfragen zur Nichtleistung der Arbeit im Leistungsstörungsrecht des BGB, Baden-Baden 1996, Zugl.: Diss., Univ. München 1996

Söllner, Alfred: Zur Anwendung der gesetzlichen Vorschriften über Allgemeine Geschäftsbedingungen im Arbeitsrecht, in: ZfA 2003, S. 145-161

Söllner, Alfred: Die Bedeutung des Art. 12 GG für das Arbeitsrecht, in: ArbuR 1991, S. 45-52

Söllner, Alfred: „Wes Brot ich eß`, des Lied ich sing`", Zur Freiheit der Meinungsäußerung im Arbeitsverhältnis, in: Festschrift für Wilhelm Herschel, S. 389-407, München 1982, (zitiert: Söllner, in: FS-Herschel)

Spiegelhalter, Hans Joachim: Arbeitsrechtslexikon, EL 56; München 2004, (zitiert: Bearbeiter, in: Arbeitsrechtslexikon)

Spiegelhalter, Hans Joachim: Arbeitsrechtslexikon, Aktueller Dienst, Arbeitshilfen, EL 56; München 2004, (zitiert: Bearbeiter: in Arbeitsrechtslexikon/Arbeitshilfen)

Stahlhacke, Eugen / Bachmann, Bernward / Bleistein, Franzjosef / Berscheid, Ernst-Dieter: Gemeinschaftskommentar zum Bundesurlaubsgesetz, 5. Auflage; Neuwied, Berlin, Kriftel 1992, (zitiert: GK-BUrlG/Bearbeiter)

Stahlhacke, Eugen / Preis, Ulrich / Vossen, Reinhard: Kündigung und Kündigungsschutz im Arbeitsverhältnis, 9. Auflage; München 2005, (zitiert: Stahlhacke/Preis/Vossen-Bearbeiter)

Staudacher, Heribert / Hellmann, Andrea / Hartmann, Claudia / Wenk, Herbert: Teilzeitarbeit, Arbeitsrecht – Sozialrecht – Steuerrecht, München 2003

Staudinger, Julius von: Kommentar zum Bürgerlichen Gesetzbuch, Erstes Buch: Allgemeiner Teil (§§ 134-163), 13. Auflage; Berlin 1996, (zitiert: Staudinger-Bearbeiter)

Staudinger, Julius von: Kommentar zum Bürgerlichen Gesetzbuch, Zweites Buch: Besonderer Teil (§§ 611-615), 13. Auflage; Berlin 1999

Stebut, Dietrich von: Rechtsfolgen von Arbeitszeitüberschreitungen, in: NZA 1987, S. 257-263

Stechl, Hans-Albert: Teilzeit- und Aushilfskräfte, Freiburg i. Br. 1990

Stein, Peter: Grundrechte im Arbeitsrecht, in: AR-Blattei SD – Grundrechte im Arbeitsrecht, Stand: EL 134; Heidelberg 2004, (zitiert: Stein, AR-Blattei SD – Grundrechte im Arbeitsrecht)

Steinau-Steinrück, Robert von / Hurek, Christoph R.: Die im Arbeitsrecht geltenden Besonderheiten – Der Nebel lichtet sich! in: NZA 2004, S. 965-967

Steinhausen, Helene: Berufsziel: Ernährungsberatung, Untersuchung über Ausbildungs- und Einsatzmöglichkeiten für Ernährungsfachkräfte, Diss., Univ. Giessen 1980

Stöckli, Jean-Fritz: Allgemeine Arbeitsbedingungen, Bern 1979

Stoffels, Markus: Vertragsgestaltung nach der Schuldrechtsreform – eine Zwischenbilanz, in: NZA 2004, Sonderbeilage zu Heft 10: „Personalarbeit in schwieriger Zeit", S. 19-28

Stollenwerk, Detlef: Noch einmal: Swingerclubs und Gaststättenrecht, in: GewArch 2000, S. 317-319

Sträßner, Heinz R. / Ill-Groß, Manuela: Die Nebentätigkeit in der Pflege, in: PflegeR 2001, S. 343-352

Stuhlmann, Wolfgang: Mini-Jobs – Neue versicherungsrechtliche Maßgaben, in: AuA 2003 (Heft 4), S. 42-45

Sturn, Helmut: Grenzen der Beschäftigung in mehreren Arbeitsverhältnissen, in: BB 1968, S. 1252-1254

Thees, Thomas: Das Arbeitnehmer-Persönlichkeitsrecht als Leitidee des Arbeitsrechts – Persönlichkeitsschutz und Persönlichkeitsentfaltung im Arbeitsverhältnis, Berlin 1995, Zugl.: Diss., Univ. Trier 1994

Thüsing, Gregor: Inhaltskontrolle von Formulararbeitsverträgen nach neuem Recht, in: BB 2002, S. 2666-2674

Thüsing, Gregor: Was sind die Besonderheiten des Arbeitsrechts? in: NZA 2002, S. 591-595

Thüsing, Gregor: Gedanken zur Vertragsautonomie im Arbeitsrecht, in: Festschrift für Herbert Wiedemann, S. 559-585, München 2002, (zitiert: Thüsing, in: FS-Wiedemann)

Tietje, Teemu: Grundfragen des Arbeitszeitrechts, Berlin 2001, Zugl.: Diss., Univ. Göttingen 1999

Ulmer, Peter / Brandner, Hans Erich / Hensen, Horst-Diether: AGB-Gesetz, Kommentar zum Gesetz zur Regelung des Rechts der Allgemeinen Geschäftsbedingungen, 9. Auflage; Köln 2001, (zitiert: Bearbeiter, in: Ulmer/Brandner/Hensen)

Vogelsang, Hinrich: Entgeltfortzahlung, München 2003

Wagner, Susanne: Die Besonderheiten beim Arbeitsverhältnis des Handlungsgehilfen, Berlin 1993, Zugl.: Diss., Univ. Heidelberg 1992

Wank, Rolf: Nebentätigkeit, Heidelberg 1995, (zitiert: Wank, Nebentätigkeit)

Wank, Rolf: Nebentätigkeit des Arbeitnehmers, in: AR-Blattei SD – Nebentätigkeit, Stand: EL 134; Heidelberg 2004, (zitiert: Wank, AR-Blattei SD – Nebentätigkeit)

Wank, Rolf: Tendenzen der BAG-Rechtsprechung zum Kündigungsrecht, in: RdA 1993, S. 79-88

Wank, Rolf: Anmerkung zum Urteil des BAG vom 24.6.1999, AZ: 6 AZR 605/97 – AP Nr. 5 zu § 611 – Nebentätigkeit, Bl. 4R-6

Wätzig, Martin: Die Zulässigkeit einer Nebenbeschäftigung in Hinblick auf die Grundrechte des Bonner Grundgesetzes, Diss., Univ. Köln 1961

Weber, Christoph: Anmerkung zum Urteil des BAG vom 11.12.2001, AZ: 9 AZR 464/00 – SAE 2003, S. 364-368

Weber, Ulrich / Dahlbender/Frank: Arbeitsverträge, 2. Auflage; Köln 2003

Weber, Michael / Kaplik, Lars: Freie Fahrt dem Tüchtigen? in: AuA 2000, S. 536-539

Wehr, Eberhard: Zur Frage der Nebentätigkeit im Arbeitsrecht, in: AuSozPol 1960, S. 265-270

Weise, Stefan: Persönlichkeitsschutz durch Nebenpflichten dargestellt an Beispielen des Arbeits- und Arztvertrages, München 1987, Zugl.: Diss., Univ. München 1986

Weiß, Klaus-Peter / Steinmeier, Karl: Arbeitsrecht für den öffentlichen Dienst, 3. Auflage; Stuttgart, München, Hannover, Berlin, Weimar, Dresden 1996

Wernsmann, Rainer: Die Deutschengrundrechte des Grundgesetzes im Lichte des Europarechts, in: Jura 2000, S. 657-663

Wertheimer, Frank / Krug, Margarete: Rechtsfragen zur Nebentätigkeit von Arbeitnehmern, in: BB 2000, S. 1462-1468

Willemsen, Heinz Josef / Grau, Timon: Geltungserhaltende Reduktion und „Besonderheiten des Arbeitsrechts", in: RdA 2003, S. 321-328

Winderlich, Ute: Der Urlaubszweck, in: ArbuR 1989, S. 300-306

Wisskirchen, Amrei: Außerdienstliches Verhalten von Arbeitnehmern, Berlin 1999, Zugl.: Diss., Univ. Bonn 1998

Wisskirchen, Gerlind / Stühm, Thomas: Anspruch des Arbeitgebers auf Änderung von unwirksamen Klauseln in alten Arbeitsverträgen? in: DB 2003, S. 2225-2230

Wlotzke, Otfried: Leistungspflicht und Person des Arbeitnehmers in der Dogmatik des Arbeitsvertrages, in: RdA 1965, S. 180-191

Zeller-Müller, Linus: Auswirkungen der Schuldrechtsreform auf die Inhaltskontrolle von Arbeitsverträgen und auf Aufhebungsverträge, Frankfurt am Main 2004, Zugl.: Diss., Univ. Augsburg 2003

Zirk, Wolfgang: Jugend und Gewalt, Polizei-, Sozialarbeit und Jugendhilfe, Stuttgart, München, Hannover, Berlin, Weimar, Dresden 1999

Zmarzlik, Johannes: Arbeitszeit, in: AR-Blattei SD – Arbeitszeit, Stand: EL 134; Heidelberg 2004, (zitiert: Zmarzlik, AR-Blattei SD – Arbeitszeit)

Zmarzlik, Johannes / Anzinger, Rudolf: Kommentar zum Arbeitszeitgesetz, Heidelberg 1995

Zöllner, Wolfgang: Immanente Grenzen arbeitsvertraglicher Regelungen, in: RdA 1989, S. 152-162

Zöllner, Wolfgang / Loritz, Karl-Georg: Arbeitsrecht, 5. Auflage; München 1998

Stichwortverzeichnis

283

Schriften zum Arbeitsrecht und Wirtschaftsrecht

Herausgegeben von Abbo Junker

www.peterlang.de

Peter Lang · Europäischer Verlag der Wissenschaften

Philipp Christopher Brügge

Das Gesetz über Teilzeitarbeit

**Eine Analyse unter arbeitsrechtlichen und
beschäftigungspolitischen Gesichtspunkten**

Frankfurt am Main, Berlin, Bern, Bruxelles, New York, Oxford, Wien, 2004. 429 S.
Zivilrechtliche Schriften. Herausgegeben von Peter Kreutz und Dieter Reuter.
Bd. 39
ISBN 3-631-52875-2 · br. € 68.50*

Die Arbeit befasst sich mit dem am 01.01.2001 in Kraft getretenen Gesetz über
Teilzeitarbeit und befristete Arbeitsverhältnisse (TzBfG), welches das bis dahin
geltende BeschFG ablöste. Gesetzgeberischer und gleichzeitig europarechtlicher
Hintergrund der Neuregelung war die Förderung von Teilzeitarbeit und die
gleichzeitige Bekämpfung der wachsenden Arbeitslosigkeit durch Umverteilung
von Arbeit. Unter arbeitsrechtlichen Gesichtspunkten wird die Einordnung des
neuen Regelwerks in die bestehende Arbeitsrechtsordnung untersucht. Einen
besonderen Schwerpunkt bildet dabei der neu geschaffene Anspruch auf Teilzeitarbeit. Die Studie zeigt Wertungs- und Wirkungswidersprüche des Gesetzes
und versucht Alternativen aufzuzeigen. Gleichzeitig wird eine Bewertung des
Gesetzes unter beschäftigungspolitischen Aspekten vorgenommen.

Aus dem Inhalt: Hintergrund des TzBfG · Arbeitsform Teilzeit · Erosion des
Normalarbeitsverhältnisses · Anspruch auf Teilzeitarbeit · Voraussetzungen ·
Freie unternehmerische Entscheidung · Konsensprinzip · Prozessuale
Durchsetzung des Teilzeitanspruchs · Anspruchsabwehr · Betriebliche Gründe ·
Diskriminierungsverbot · Pro rata temporis · Mitbestimmung bezüglich Arbeits-
zeitverlängerung

Frankfurt am Main · Berlin · Bern · Bruxelles · New York · Oxford · Wien
Auslieferung: Verlag Peter Lang AG
Moosstr. 1, CH-2542 Pieterlen
Telefax 00 41 (0) 32 / 376 17 27

*inklusive der in Deutschland gültigen Mehrwertsteuer
Preisänderungen vorbehalten
Homepage http://www.peterlang.de